高职高专"十四五"规划学前教育专业新标准实践型示范教材

总主编　蔡迎旗

学前教育政策法规与职业道德

主　编　◎　焦名海

副主编　◎　于兴荣　李　华　郭秋霞

参编者　◎　焦名海（深圳信息职业技术学院）

　　　　　　于兴荣（湖北幼儿师范高等专科学校）

　　　　　　李　华（深圳信息职业技术学院）

　　　　　　郭秋霞（汕尾职业技术学院）

　　　　　　于　磊（福建华南女子职业学院）

华中科技大学出版社
http://press.hust.edu.cn
中国·武汉

图书在版编目(CIP)数据

学前教育政策法规与职业道德/焦名海主编.—武汉:华中科技大学出版社,2023.8
ISBN 978-7-5680-9436-8

Ⅰ.①学… Ⅱ.①焦… Ⅲ.①学前教育-教育政策-中国-教材 ②学前教育-教育法-中国-教材 ③幼教人员-师德-教材 Ⅳ.①G619.20 ②D922.16 ③G615

中国国家版本馆CIP数据核字(2023)第154506号

学前教育政策法规与职业道德　　　　　　　　　　　　　　　　　　　　　焦名海　主编
Xueqian Jiaoyu Zhengce Fagui yu Zhiye Daode

丛书策划:周晓方　周清涛	
策划编辑:李承诚　袁文娣	
责任编辑:刘　凯	
封面设计:廖亚萍	
责任校对:张汇娟	
责任监印:周治超	
出版发行:华中科技大学出版社(中国·武汉)	电话:(027)81321913
武汉市东湖新技术开发区华工科技园	邮编:430223
录　排:华中科技大学惠友文印中心	
印　刷:湖北新华印务有限公司	
开　本:889mm×1194mm　1/16	
印　张:20	
字　数:478千字	
版　次:2023年8月第1版第1次印刷	
定　价:49.90元	

本书若有印装质量问题,请向出版社营销中心调换
全国免费服务热线:400-6679-118　竭诚为您服务
版权所有　侵权必究

高职高专"十四五"规划学前教育专业新标准实践型示范教材

编写委员会

总主编

蔡迎旗　华中师范大学早期教育学院院长，教授，博士生导师
　　　　教育部高等学校幼儿园教师培养教学指导委员会委员
　　　　中国教育学会学前教育分会副会长
　　　　学前教育"国培计划"首批专家和学前教育师范类专业认证专家

副总主编

（按照姓氏拼音排序）

邓艳华	衡阳幼儿师范高等专科学校	徐丽蓉	江汉艺术职业学院
刘丽伟	华中师范大学	杨　龙	郑州幼儿师范高等专科学校
罗春慧	湖北幼儿师范高等专科学校	杨素苹	武汉城市职业学院
李　娜	湖北幼儿师范高等专科学校	杨冬伟	湖北工程职业学院
唐翊宣	广西幼儿师范高等专科学校	叶圣军	福建幼儿师范高等专科学校
王任梅	华中师范大学	尹国强	华中师范大学
王先达	福建幼儿师范高等专科学校		

编委

（按照姓氏拼音排序）

陈启新	三峡旅游职业技术学院	苏　洁	湖北幼儿师范高等专科学校
董艳娇	安阳师范学院	孙丹阳	铜仁幼儿师范高等专科学校
段　为	湖北艺术职业学院	谭学娟	江汉艺术职业学院
俸　雨	武汉商贸职业学院	田海杰	烟台幼儿师范高等专科学校
郝一双	湖北商贸学院	王　梨	常州幼儿师范高等专科学校
焦　静	福建幼儿师范高等专科学校	王任梅	华中师范大学
焦名海	深圳信息职业技术学院	王　雯	华中师范大学
李　卉	华中师范大学	王先达	福建幼儿师范高等专科学校
李志英	三峡旅游职业技术学院	王　淼	湖北商贸学院
廖　凤	湘南幼儿师范高等专科学校	闫振刚	郑州升达经贸管理学院
刘翠霞	湖北工程学院	杨　洋	三峡旅游职业技术学院
刘凤英	湘南幼儿师范高等专科学校	尹国强	华中师范大学
刘丽伟	华中师范大学	张　娜	华中师范大学
刘　艳	三峡旅游职业技术学院	郑艳清	湖北省幼儿师范高等专科学校
欧　平	衡阳幼儿师范高等专科学校	赵倩倩	湖北三峡职业技术学院

网络增值服务

使用说明

欢迎使用华中科技大学出版社人文社科分社资源网

1 教师使用流程

（1）登录网址：http://rwsk.hustp.com （注册时请选择教师用户）

注册 > 登录 > 完善个人信息 > 等待审核

（2）审核通过后，您可以在网站使用以下功能：

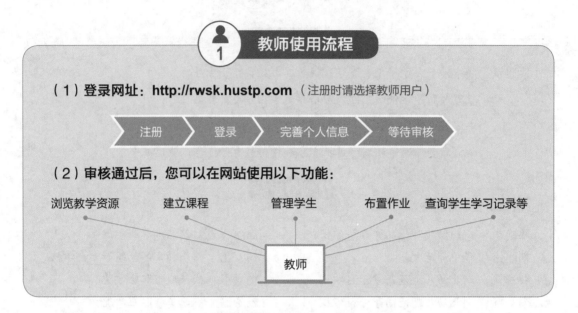

2 学员使用流程

（建议学员在PC端完成注册、登录、完善个人信息的操作）

（1）PC端学员操作步骤

① 登录网址：http://rwsk.hustp.com （注册时请选择普通用户）

注册 > 完善个人信息 > 登录

② 查看课程资源：（如有学习码，请在个人中心-学习码验证中先验证，再进行操作）

（2）手机端扫码操作步骤

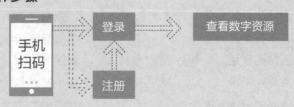

Abstract 内容提要

本书是高职高专学前教育"课、岗、证、赛"本体化新形态教材。

本书遵从职业教育特点，贯彻在做中学的理念，从幼儿园教师在教育保育实践遇到的政策法规和职业道德问题出发，通过理论阐述和案例，让本教材的实用性更加突出。

本书分学前教育政策法规和幼儿园教师职业道德两篇，共六个项目，包括：幼儿权利的保障、幼儿园教师的权利与义务、幼儿园举办与管理、学前教育政策、幼儿园教师职业道德与伦理、幼儿园教师职业道德实践。每个项目下安排2～4个任务。

本书紧扣幼儿园教师资格考试大纲，将考试大纲规定的政策法规和幼儿园教师职业道德等相关内容融入教材，对参加幼儿园教师资格考试的考生有较大的帮助。

本书可以作为高职高专院校（含五年制高专），本科院校的职业学院、成人教育学前教育专业的教材，也可以作为幼儿园教师教学活动的参考书和培训用书。

总　序

人生百年,立于幼学。学前教育是我国学校教育制度的奠基、国民教育体系的重要组成部分和重要的社会公益事业,其关系到我国千万儿童的健康快乐成长和家庭的和谐幸福,故我国各级政府高度重视,社会各界高度关注。推动学前教育普及、普惠和高质量发展已成为我国学前教育事业改革与发展的未来路向。

幼儿园教师是决定幼儿园保育与教育质量的关键因素,是我国构建现代化、高质量的学前教育体系的根本保障。当前,我国学前教育事业发展的薄弱环节是幼儿园教师队伍的建设,当务之急是补足配齐幼儿园教师。而高质量的幼教师资来源于高水平的学前教师教育。为顺应我国学前教育事业发展的迫切需求,我国颁布了《教师教育课程标准(试行)》《幼儿园教师专业标准(试行)》《新时代幼儿园教师职业行为十项准则》《学前教育专业师范生教师职业能力标准(试行)》等多部法规,对我国幼儿园教师教育课程、幼儿园教师专业素养、职业道德与行为、职业能力与岗位适应等进行规范与引导,以努力提升我国学前教师教育的整体质量与水平。

当前,我国幼儿园教师起点学历已由中专提升为专科层次。在职幼儿园专任教师中专科及以上学历比例超过了90%,其中近八成是专科学历。高职高专在我国幼儿园教师人才培养中具有举足轻重的地位,是我国学前教师教育的主力军。

职业教育是我国国民教育体系和人力资源开发的重要组成部分，是培养多样化人才、传承技术技能、促进就业创业的重要途径。我国各级各类职业教育院校守正创新、锐意改革，大力提升职业教育办学质量和适应性，而职业教育课程与教材是提高职业教育办学质量和适应性的关键所在。华中科技大学出版社计划出版的"高职高专'十四五'规划学前教育专业新标准实践型示范教材"，正好回应了我国学前教育事业发展之所急和职业教育事业发展之所需。本人受邀作为本套教材的总主编，深感荣幸且责任重大。经过跟出版社深度沟通、市场调研和全国学前专业相关院校教师专家的研讨，本套教材试图实现如下六个方面的创新与突破。

第一，坚持立德树人，创新教材理念。本套丛书将以培养高素质专业化幼儿园教师为目标，坚持教材的思想性和先进性，把社会主义核心价值体系有机融入教材，精选对培养优秀幼儿园教师有重要价值的课程内容，将学前教育领域的前沿知识、教育改革和教育研究最新成果充实到教学内容中，加强中华优秀文化的渗透与融入，实现课程思政一体化，立德树人，德技并修。本教材注重引导学习者树立正确的儿童观、教师观、教育观和长期从教、终身从教信念，塑造未来教师的人格魅力；加强职业道德教育和职业态度与行为的养成；着力培养学习者的社会责任感、创新精神和实践能力。

第二，分层分类设计，优化教材体系。本套丛书从"教育信念与责任、教育知识与能力、教育实践与体验"三个维度，按照国家《教师教育课程标准（试行）》对幼儿园教师教育课程的要求，设计了"人文素养与思政类、保教理论与实践类、教师技能与艺术类"共三个层次47本教材，分别着重培养学习者的人文科学素养与师德理念、幼儿园保育与教育职业能力以及幼儿园教师教育素养与艺术素养；强化教育实践环节，加强职业技能训练内容，编写教育见习、实习和研习手册，提供名师优秀教学案例；坚持育人为本，促使学习者"德、才、能、艺"全面发展，人才培养目标从促进就业、创业转变为促进人的全面发展和专业职业的可持续发展。

第三，"课、岗、证、赛"并重，精选教材内容。本套丛书所有教材的大纲与内容、拓展练习与教学资源库，均依据我国幼儿园教师职前和职后教育、幼儿园教师职业与岗位准则、幼儿园教师资格制度、幼儿园教师职业技能大奖赛等方面的相关法规，实现"课、岗、证、赛"一体化。每本教材坚持职前教育和职后培训贯通设计。在全面夯实学习者专业知识与能力的基础上,注重学习者职业道德与能力的培养和从业态度与行为的养成教育。另外,教材注重课前、课中与课后的整体设计,课前预习相关学习资源,课中精讲关键知识点,课后链接"课、岗、证、赛"相关练习,以利于学习者巩固所学内容并学以致用,提升学习者的专业与职业综合素质以及职业与岗位适应能力,实现终身学习和毕生发展。

第四,以生为本引导学习,完善教材体例。本套丛书从"教"与"学"两个角度设置教材体例,使其符合学习者的学习、内化直至实践应用的规律,具有启发引导性,也充分考虑了教材面向的主体——高职高专学生的学习特点,内容编排由浅入深,理论与实践并重,努力做到"教师好教,学生好学";注重培养学习者对学前教育学科知识的理解和感悟,设计模拟课堂、情境教学、案例分析、技能训练、教学竞赛等多样化的教学方式,增强学习者的学习兴趣,提高学习效率,使其实现学习能力、实践能力和创新能力的三重提升。

第五,数字技术强力支撑,丰富教材形式。本套丛书注重将信息技术作为基础条件与支撑,构建丰富多彩、高质量的电子资源库,努力实现课程与教学资源的共建共享;实现"互联网＋教育"和教材形态的多样化与电子化,将纸质媒介和电子媒介相结合,创设数字化的教育教学情境。教材中穿插大量数字资源二维码,引导学习者在课前和课后拓展学习海量专业知识,培养学习者的数字化教育能力和数字化学习能力,做新时代高素质的数字化教育者和学习者。针对幼儿园管理与保教的特点,本套丛书尤其注重提升学习者的信息素养和利用信息技术进行保育与教育、安全风险防控和质量管理的能力。

第六,"校、社、产、教"多元合作,确保教材质量。为确保丛书质量,特聘请全国开设学前教育专业的高职高专院校、本科高校推荐遴选教学经验丰富、有影响力的专家和一线骨干教师担任每本教材的主编和副主编,拟定丛书编写体例,给出丛书编写样章,同时参与审定大纲、样章,总体把控书稿的编写进度与品质。参与的作者分别来自高校、行业领域和实践一线,来源广泛而多元,实现"校、社、产、教"不同领域人员的协同创新与深度合作。

当然,以上六个方面只是本人作为总主编对这套丛书的美好期待与设想,这些想法是否真正得以实现和彰显,有赖于所有参编人员和编辑的共同努力,也有待广大读者的审读与评判。在本套丛书编写的过程中,我们参阅、借鉴和引用了国内外大量学术成果和教研教改案例。科研成果为丛书提供了学术滋养,而实践经验与案例展示了当前我国学前教育改革与发展的生动样态,在此一并表示感谢。书中如有疏漏和不妥之处,敬请各位读者批评指正。

最后,我谨代表本套丛书的所有编委和作者,衷心感谢本套丛书的策划者——华中科技大学出版社人文分社社长周晓方,周社长对学前教育充满热情和信心,对丛书的编写、出版和发行倾注了大量心血,还要感谢本套丛书的策划编辑袁文娣和其他各位编辑及相关工作人员。我们基于教材的首次合作渐趋默契和融洽。让我们携手共进,继续为我国学前儿童的福祉和学前教育事业的健康可持续发展奉献智慧与力量!

武汉桂子山·华中师范大学教育学院

2023 年 5 月

前言

2016年,习近平总书记在北京八一学校考察时提出:"党和国家事业发展需要一支宏大的师德高尚、业务精湛、结构合理、充满活力的高素质专业化教师队伍,需要一大批好老师。"党的二十大报告提出教育要"坚持为党育人,为国育才"。教师是育人之人,要培养社会主义事业建设者和接班人,就需要培养一批"四有"好老师,这是强调教育强国、实现中华民族伟大复兴的基础性工程,也是时代赋予教师教育的伟大使命,更是从事教师教育工作者的重要责任与奋斗方向。"四有"好老师不仅要具有坚定正确的政治立场、远大的理想信念、扎实的理论知识与全面的能力,还要具有高尚的道德情操和良好的法治素养。幼儿园教师的教育对象是正在成长的幼儿,教师的道德风貌、遵纪守法观念无不影响着幼儿和谐全面的发展。教师的专业发展也需要幼儿园教师做到依法治教和以德治教。因此,提高学前教育专业学生的法治素养和职业道德水平对于幼儿和教师来说具有积极意义。为了完成我们担负的使命,培养出满足幼儿园所需要的人才,教材编写组对幼儿教育岗位进行充分调研,并结合幼儿园教师教育的特点和学前教育的人才培养目标,确定教材的内容与训练体系。

本教材具有以下特色。

紧贴幼儿园教师岗位,突出以幼儿为本的教育理念。本教材以培养"四有"好老师为出发点,围绕幼儿园教师岗位的需要组织教材内容与框架,将保护幼儿权利、维护教师法定权利、履行教师义务、解决教师工作中的伦理困境和把握当前最新学前教育政策放在重要位置,并在此基础上进行延伸,拓展到幼儿园保教工作、纠正"小学化"和家园共育等相关法规与政策。

依据教师教育的特点、教师法治教育和职业道德教育的规律,选取和编排了教材的内容。本教材共分为学前教育政策法规与职业道德两个部分,共六个项目,十七个任务。

依据职业教育特点,突出训练的主线,强调"教、学、做"一体化。本教材从"情境导入"开始,通过对情境的感知、问题的思考,激发学生的学习兴趣。然后,学生在教师的指导下进行理论学习和幼儿园实际问题的分析,运用所学知识与技能完成实训任务。最后,通过"课外活动",培养学生的迁移能力。

注重岗课对接和课证融通。教材将幼儿园教师岗位任务及工作事项转化为课程的学习内容,并通过引入幼儿园一线的实际案例,让学生了解在保教工作中如何依法从教,如何践行新时代社会主义教师职业道德。同时,将幼儿园教师资格证考试的相关内容纳入教材中,以帮助学生顺利通过幼儿园教师资格证考试。

直面幼儿园教师保教工作的实际问题,突出教材的实用性。为了帮助学生更好地理解法律条文和职业道德的内容,教材中编写了许多"微案例"。同时,教材以幼儿园最常遇到的问题作为学习"任务",体现了实用性。

借鉴工程项目实施流程,突出对学生的目标意识与反思能力的培养。教材借鉴工程项目实施中甲方先提"要求"后施工,再根据"要求"进行"验收"的过程来安排"课内实训",即在学生实训之前,让学生明确本次任务的要求以及不同等级的评价要求,然后,学生带着明确的目标进行实训,在实训之后,学生对照实训评价表进行自我评价和小组评价,最后,学生在修订和确认之后再提交给教师评判。这样可以让学生在行动时有明确的目标,同时可以培养学生的反思能力。

本教材由深圳信息职业技术学院焦名海担任主编,负责设定框架体例、拟定编写提纲和修改定稿。湖北幼儿师范高等专科学校于兴荣、深圳信息职业技术学院李华、汕尾职业技术学院郭秋霞担任副主编,她们参与了教材编写前期的调研和编写大纲的讨论。具体编写分工如下:焦名海负责编写项目一、项目二,于兴荣负责编写项目三、项目四,李华负责编写项目五,郭秋霞负责编写项目六。在教材编写过程中,得到过深圳市大鹏新区葵涌中心幼儿园蔡晓蓝和深圳市大鹏新区亚迪新村幼儿园叶巧如的帮助,在此表示谢意。

在编写过程中,编者参阅了大量国内外同类教材和专家学者的研究成果,还引用了许多幼儿园教师的案例,恕不能一一列出,在此谨向各位学者和教师致谢。

尽管我们在编写过程中,致力于按照教师教育的规律来编写教材内容,但还是存在对学前教育政策法规吃得不透、理解不深的地方,书中的缺点、错误在所难免,恳请有关专家、广大教师及读者批评指正。

本教材配套在线课程为"智慧职教"平台(https://www.icve.com.cn/)的"学前教育政策法规与职业道德",在线课程提供了丰富的资源,其中包括幼儿园教师资格证考试资源。

在线课程获取方式
扫一扫,线上听课与练习。

2023 年 2 月 28 日

Contents 目 录

第一篇　学前教育政策法规篇　　1

项目一　幼儿权利的法律保障　　2
　　任务1　保障幼儿的基本权利　　3
　　任务2　保护幼儿的安全　　18
　　任务3　预防与处置侵害幼儿权利的行为　　34
　　任务4　指导家庭保护幼儿的权利　　49

项目二　幼儿园教师的权利与义务　　67
　　任务1　领会教育法与国家教师制度　　68
　　任务2　依法行使幼儿园教师的教育权　　84
　　任务3　依法维护幼儿园教师的公民权利　　99
　　任务4　履行幼儿园教师的义务　　117

项目三　幼儿园举办与管理　　132
　　任务1　协助举办幼儿园　　134
　　任务2　依法参与幼儿园管理　　150
　　任务3　依法开展幼儿园保教工作　　165

项目四　学前教育政策　　182
　　任务1　把握我国学前教育事业发展政策　　183
　　任务2　把握我国学前教育保教改革政策　　200

第二篇　幼儿园教师职业道德篇　221

项目五　幼儿园教师职业道德与伦理　222
　　任务1　认识幼儿园教师职业道德　223
　　任务2　走出幼儿园教师专业伦理困境　245

项目六　幼儿园教师职业道德实践　262
　　任务1　践行幼儿园教师职业道德　263
　　任务2　自塑成为新时代"四有"好老师　277

参考文献　296

数字资源目录

项目一

数字资源1：《唐律》对儿童的保护	5
数字资源2：《儿童权利公约》	6
数字资源3：《中华人民共和国未成年人保护法》	8
数字资源4：参考答案	13
数字资源5：《中国儿童发展纲要（2021—2030年）》	15
数字资源6：幼儿园环境扫描	18
数字资源7：《中小学幼儿园安全管理办法》	20
数字资源8：《校车安全管理条例》	26
数字资源9：参考答案	30
数字资源10：《〈民典法〉第七编　侵权责任》	36
数字资源11：《学生伤害事故处理办法》	39
数字资源12：参考答案	45
数字资源13：《〈民法典〉第五编　婚姻家庭》	50
数字资源14：《中华人民共和国家庭教育促进法》	55
数字资源15：参考答案	61
数字资源16：法律案例库	65
数字资源17：法律知识库	65
数字资源18：幼儿权利保护实训	65

项目二

数字资源1：《中华人民共和国教育法》	68
数字资源2：《教师资格条例》	73
数字资源3：《小学教师职务试行条例》	75

数字资源 4：参考答案 … 78
数字资源 5：《中小学教师资格考试暂行办法》 … 80
数字资源 6：《中华人民共和国教师法》 … 84
数字资源 7：《幼儿园教师专业标准（试行）》 … 87
数字资源 8：参考答案 … 94
数字资源 9：宪法 … 100
数字资源 10：《中华人民共和国劳动法》 … 103
数字资源 11：《中华人民共和国妇女权益保障法》 … 106
数字资源 12：参考答案 … 111
数字资源 13：《工伤保险条例》 … 112
数字资源 14：《中华人民共和国劳动合同法》 … 113
数字资源 15：《幼儿园工作规程》 … 122
数字资源 16：参考答案 … 125
数字资源 17：工作报告写作视频 … 127
数字资源 18：法制宣传馆 … 130
数字资源 19：教师权利维护实训资源 … 130

项目三

数字资源 1：《幼儿园管理条例》 … 136
数字资源 2：《幼儿园建设标准》 … 138
数字资源 3：《幼儿园教职工配备标准（暂行）》 … 140
数字资源 4：参考答案 … 144
数字资源 5：《托儿所、幼儿园建筑设计规范》 … 145
数字资源 6：《幼儿园收费管理暂行办法》 … 145

数字资源 7：《幼儿园园长专业标准》　　　　　　　　　　　　　　154
数字资源 8：《幼儿园工作规程》　　　　　　　　　　　　　　　157
数字资源 9：参考答案　　　　　　　　　　　　　　　　　　　160
数字资源 10：《学校教职工代表大会规定》　　　　　　　　　　161
数字资源 11：查看《全国幼儿园园长任职资格、职责和岗位要求（试行）》　　162
数字资源 12：《幼儿园教育指导纲要（试行）》　　　　　　　　168
数字资源 13：《3—6 岁儿童发展与学习指南》　　　　　　　　 172
数字资源 14：参考答案　　　　　　　　　　　　　　　　　　176
数字资源 15：学前教育法规汇编实训资源　　　　　　　　　　181

项目四

数字资源 1：《中国教育现代化 2035》　　　　　　　　　　　　184
数字资源 2：《关于学前教育深化改革规范发展的若干意见》　　188
数字资源 3：《国务院关于当前发展学前教育的若干意见》　　　191
数字资源 4：《"十四五"学前教育发展提升行动计划》全文　　193
数字资源 5：参考答案　　　　　　　　　　　　　　　　　　　195
数字资源 6：《幼儿园保育教育质量评估指南》　　　　　　　　200
数字资源 7：查看《教育部办公厅关于开展幼儿园"小学化"专项治理工作的通知》　205
数字资源 8：《关于大力推进幼儿园与小学科学衔接的指导意见》　207
数字资源 9：《幼儿园入学准备教育指导要点》　　　　　　　　209
数字资源 10：《小学入学适应教育指导要点》　　　　　　　　　211
数字资源 11：参考答案　　　　　　　　　　　　　　　　　　 214
数字资源 12：《幼儿园办园行为督导评估办法》　　　　　　　 215
数字资源 13：家园合作实训资源　　　　　　　　　　　　　　 219

项目五

数字资源1：幼儿园一日生活	232
数字资源2：幼儿园游戏	232
数字资源3：《幼儿园教师违反职业道德行为处理办法》	238
数字资源4：参考答案	241
数字资源5：《关于进一步加强和改进师德建设的意见》	249
数字资源6：《高等学校预防与处理学术不端行为办法》	253
数字资源7：参考答案	256
数字资源8：体验教师楷模馆	260
数字资源9：教师职业道德实训资源	260

项目六

数字资源1：幼儿园教师师德格言	264
数字资源2：幼儿园师德修养总结	268
数字资源3：《幼儿园教师师德承诺书》	269
数字资源4：参考答案	271
数字资源5：《关于加强和改进新时代师德师风建设的意见》	273
数字资源6：苏霍姆林斯基相关信息	278
数字资源7：优秀教师工作	285
数字资源8：参考答案	291
数字资源9：体验教师魅力馆	295

第一篇 学前教育政策法规篇

- 项目一　幼儿权利的法律保障
- 项目二　幼儿园教师的权利与义务
- 项目三　幼儿园举办与管理
- 项目四　学前教育政策

项目一 幼儿权利的法律保障

◇ **学习目标**

1. 掌握《中华人民共和国未成年人保护法》、《学生伤害事故处理办法》、《中华人民共和国民法典》（部分内容）、《中小学幼儿安全管理办法》、《儿童权利公约》、《中华人民共和国家庭教育促进法》等相关法律条文，并能运用这些法律保障幼儿权利。

2. 明确幼儿的权利，理解幼儿在学前教育中的法律地位，熟练运用恰当的方法保护幼儿的生命权、健康权、教育权、游戏与娱乐权、言论权等权利。

3. 能防范幼儿权利被侵害、预防幼儿安全事故发生，能指导家长和社会机构保护幼儿权利。

4. 通过学习法律条文、处理与幼儿权利有关的法律问题，培养学生树立热爱学前教育、关爱幼儿、接纳幼儿、保护幼儿的职业理念。

5. 通过运用习近平新时代中国特色社会主义思想的世界观和方法论分析幼儿权利保护的案例，培养学生的社会责任感和家国情怀，落实"人民至上"的教育理念和行动。

◇ **情境导入**

捷克教育家夸美纽斯谈道："儿童比黄金更为珍贵，但比玻璃还脆弱，它是易于被震荡和受伤的，甚至成为不可补偿的损伤。"[①] 2011年甘肃某幼儿园接送幼儿的校车与一辆卡车相撞，导致17名幼儿、1名司机和1名陪护教师死亡；2012年海南某幼儿园发生食物中毒事件，共有39名幼儿入院治疗；2010年江苏1名47岁的男子冲进幼儿园，砍伤29名幼儿；2012年浙江省台州市某幼儿园教师颜某多次用胶带封幼儿嘴巴，将幼儿倒插进垃圾桶。经过这些年努力，虽然幼儿权利的保护得到了加强，但不时还会

---

① 夸美纽斯. 夸美纽斯教育论著选［M］. 任宝祥，熊礼贵，鲍晓苏，等译. 北京：人民教育出版社，2005.

项目一 幼儿权利的法律保障

发生幼儿权利被侵害的情况。从以上种种事件来看,幼儿由于弱小,其权利被侵害的事件时有发生。

紫格幼儿园是一家普惠性幼儿园。为了节省经费,幼儿园鼓励幼儿教师自行制作玩具,小(一)班的江老师为了准备一堂数学活动课,从家里找来几个听筒和快递盒,放在集体活动区域,由于早晨忙于准备早餐,几个早来的小孩看到这些玩具,就拿来"架桥"。没想到,到了中午这几个小男孩的手上和脸上皮肤起了疹子。

六一前夕,一家玩具厂想到紫格幼儿园推销高端玩具。工厂销售人员找到老乡江老师,希望她找几张形象好的幼儿照片做宣传广告。江老师认为这是一个宣传班级的好机会,就提供了3张幼儿的照片,销售人员给了江老师300元作为酬劳。离园时,小(一)班亮亮与涵涵争排第一打了起来,导致涵涵手划破皮,江老师因要参加同学聚会,让接送涵涵的奶奶找亮亮的家长协调。

紫格幼儿园今年刚从民办园转为普惠性幼儿园,幼儿园生源大幅增加,江老师等几名非学前教育专业的老师也被招聘进了紫格幼儿园。由于时间紧迫,这几名老师没有经过岗前培训就被安排进了班级。一个学期下来,紫格幼儿园李园长明显感觉到这几名老师被家长投诉的次数较多。为了提升整个幼儿园老师的素质,李园长决定对非学前教育专业毕业的老师进行一次普法教育,并要求老师学以致用,将幼儿权利保护放在首要位置。李园长将具体的普法教育工作交给负责幼儿安全教育的黄副园长负责。黄副园长梳理幼儿园相关事务之后,准备从保护幼儿权利、防范侵害幼儿权利、预防幼儿安全事故以及指导家长保护幼儿权利四个方面开展培训。

思考:小(一)班的幼儿权利是否受到了侵害?江老师是否起到了保护责任?针对上述三件事,江老师应该怎样做才符合法律要求?

任务1 保障幼儿的基本权利

一 法学基础:权利与法的渊源

(一)权利

权利是主体依法享有并受法律保护的利益范围或实施一定行为以实现某种利益的资格,是法律赋予人实现其利益的一种力量，与"义务"相对应，是法学的基本范畴之一。它表现为权利享有者可以自己作出一定的行为，也可以要求他人作出或不作出一定的行为。

在法律关系中，权利和义务相互依存。义务的存在是权利存在的前提，权利人要享受权利必须履行相应的义务。

1. 权利的特征

（1）得到国家认可与保障

权利来自法律明确的授予，一切法律权利都受到国家的保护。当权利受到侵害时，权利享有者有权向人民法院或者有关主管机关申诉或请求保护。

（2）自主性

权利是权利主体按照自己的愿望来决定是否实施的行为，也就是说权利主体有行使权利的自由。

（3）约束性

权利是保护一定的利益所采取的法律手段，所以，法律权利应当依法行使，不能不择手段地行使法律权利。

（4）边界性

权利确定了权利人从事法律所允许的行为范围。在允许的范围内，权利人满足自己利益的行为或者要求义务人从事一定的行为是合法的，而超出这一范围，则是非法的或不受法律保护的。

（5）差异性

法律权利的内容、分配和实现方式因社会制度和国家法律的不同而存在差异，同时，法律权利的实现程度和保障水平受社会经济发展水平和政治文化环境的影响，也存在差异。

2. 权利的分类

根据权利的特征和内容，权利可分为基本权利和特殊权利。

基本权利是公民依照宪法规定，在政治、人身、经济、社会、文化等方面享有的主要权利，也叫宪法权利。我国宪法规定，我国公民享有的基本权利大致可以分为以下几类：选举权和被选举权，平等权，政治自由权利，人身自由权利，社会经济权利，教育、科学、文化权利，宗教信仰自由权利，特定主体权利和监督权。

特殊权利是指公民在特定条件下具有的法律资格，这种资格并不是每个公民都可以享有，而只授予某些特定的法律主体，如国家机关及其工作人员行使职权的资格，就是特殊权利。

除了基本权利和特殊权利，还有其他的权利分类方式，例如，绝对权利和相对权利、个人权利和集体权利、财产权利和非财产权利等。每种分类方式都有其自身的特点和适用范围，可以根据实际需要进行选择和运用。

（二）法的渊源

法的渊源，简称法源，也称法律的本源或法律的来源，是指被承认具有法的效力、法的权威或具有法律意义,并作为法官审理案件依据的规范或准则的来源。具体来说,指法所形成的力量从何而来,法的创立方式或表现形式又是由何种国家机关、通过何种法律文件的形式以及通过怎样的被国家认可的程序而形成的。

法源根据约束力分为有约束力法源和无约束力但有参考作用的法源。根据法律效力,法源可以分为直接法源和间接法源。

现代国家法源主要有:①立法;②国家机关的决策、决定或阐释;③司法机关的判例和法律解释;④国家和有关社会组织的政策;⑤习惯、道德规范、理论学说;⑥乡规民约、社会规章以及其他民间合约规则;⑦外国法、国际法等。

我国正式法源包括宪法、法律、行政法规、地方性法规、民族自治法规、经济特区法规、特别行政区的规范性文件、国际条约。

宪法,是国家的根本大法,是我国社会主义法律的主要渊源。它规定了当代中国的根本制度和根本任务,公民的基本权利和义务,主要国家机关的组成和职权、职责等,涉及社会生活各个领域最根本、最重要的方面。

学前教育法源主要是指国家根据法定的权利和程序所制定的关于学前教育方面的规范性文件。我国学前教育法源主要有以下几种:宪法、教育法律、学前教育行政法规、地方性学前教育法规、民族自治法规中关于学前教育的内容和学前教育规章制度。另外,联合国、国际劳工组织等国际组织为保护儿童权益制定了一些公约和法律,主要有《儿童权利公约》。

二 儿童权利保护的立法

1　视频资料
扫一扫,观看《唐律》对儿童的保护。

(一) 儿童权利保护立法概述

在古代,儿童就是被保护的对象和权利客体,相关立法有《唐律》《庆元条法事类》《十二铜表法》等。但是,这些法律并非对儿童权利主体的确定,只是人类自身发展的必然产物,事实上儿童的地位依然很低下。到了20世纪,儿童的法律地位才得到显著提升,关于儿童保护的立法才进入快速发展阶段。

1945年，《联合国宪章》第一次明确了对普通人权的尊重与保护，其中包括儿童。1948年，《世界人权宣言》第一次明确提出儿童权利保护的思想，并确认了儿童的权利，还设置了专门的条款来保护儿童。1959年，联合国大会通过了《儿童权利宣言》，它最早从国际法层面确认了儿童最大利益原则，其中第二条规定：儿童应受到特别保护，并应通过法律和其他方法而取得各种机会与便利，使其能在健康而正常的状态和自由与尊严的条件下，得到身体、心智、道德、精神和社会等方面的发展。由于宣言并不具有法律的约束力，1978年，第三十三届联合国大会通过了起草《儿童权利公约》的决议，自1979年至1989年，起草工作组经过10年的努力完成了起草工作。迄今已有190多个国家批准履行《儿童权利公约》，我国于1990年8月29日签署了《儿童权利公约》。1991年12月29日，全国人大常委会批准加入，《儿童权利公约》于1992年4月2日在我国正式生效。

为了促进儿童德、智、体等方面的发展，保障儿童的合法权益，根据宪法，我国制定了《中华人民共和国未成年人保护法》，这为我国儿童权利的保护提供了有力的法律保障。

此外，《中华人民共和国民法典》《中华人民共和国教育法》《中华人民共和国教师法》《中华人民共和国残疾人保障法》《残疾人教育条例》等从不同方面保障了儿童的权利。

（二）《儿童权利公约》

1.《儿童权利公约》的基本构架

2　政策法规
扫一扫，查看《儿童权利公约》全文。

《儿童权利公约》（以下简称《公约》）共有五十四条，分为三部分。

第一部分（第一条至第四十一条）是实质性条款，这一部分包括对儿童的定义和儿童权利的具体内容。它规定"儿童系指18岁以下的任何人"，并强调每一位儿童的人权必须被重视和保护，而且这些权利必须依据《公约》的指导原则去践行，还强调缔约国应"确保其管辖范围内的每一儿童均享受此种权利，不因儿童或其父母或法定监护人的种族、肤色、性别、语言、宗教、政治或其他见解、民族、族裔或社会出身、财产、伤残、出生或其他身份而有任何差别"。

第二部分（第四十二条至第四十五条）是程序性条款。规定了缔约国有推广《公约》、定期提交执行《公约》情况报告的义务，同时为了审查缔约国履行义务的情况，成立了权利委员会，并规定权利委员会的组成、产生、任期和职责。

第三部分（第四十六条至第五十四条）为说明性条款。规定了《公约》的签署、批准、加入、生效、修改、保留、退出等事项。

2. 儿童保护的原则

《公约》提出了儿童保护的四个原则。

(1) 不歧视原则

《公约》第二条规定儿童享有《公约》中提出的儿童权利，缔约国"不因儿童或其父母或法定监护人的种族、肤色、性别、语言、宗教、政治或其他见解、民族、族裔或社会出身、财产、伤残、出生或其他身份而有任何差别……不受基于儿童父母、法定监护人或家庭成员的身份、活动、所表达的观点或信仰而加诸的一切形式的歧视或惩罚"。

(2) 儿童最大权利原则

《公约》第三条规定，在执行关于儿童的一切行动时，"不论是由公私社会福利机构、法院、行政当局或立法机构执行，均应以儿童的最大利益为一种首要考虑"。

(3) 确保儿童的生命权、生存权和发展权原则

《公约》第六条规定缔约国应"确认每个儿童均有固有的生命权"，并且"应最大限度地确保儿童的存活与发展"。

(4) 尊重儿童的意见原则

凡是涉及儿童的事情，都要听取儿童的意见。《公约》第十二条规定："缔约国应确保有主见能力的儿童有权对影响到其本人的一切事项自由发表自己的意见，对儿童的意见应按照其年龄和成熟程度给以适当的看待。"

3. 儿童享有的权利

《公约》中提到的儿童权利多达几十种，如姓名权、国籍权、受教育权、健康权、医疗保健权、受父母照料权、娱乐权、闲暇权、隐私权、表达权等。

最基本的权利可以概括为四种：生存权、受保护权、发展权和参与权。

(1) 生存权

指儿童享有维持其生存所必需的健康和生活保障的权利，包括生命权、获得姓名和国籍权、健康和医疗保健权。

(2) 受保护权

指不受危害自身发展影响的，免受歧视、剥削、酷刑、虐待或者疏忽照料的权利，包括保护儿童与家庭团聚的权利、免受虐待或任何形式的身心摧残的权利、得到照顾的权利、免受剥削和性侵犯。

(3) 发展权

指儿童有充分发展其全部体能和智能的权利，包括信息权、受教育权、娱乐权、思想与宗教自由权、个性发展权。

(4) 参与权

指儿童有参与家庭、文化和社会生活的权利，包括发表自己意见的权利、自由发表言论的权利。

微案例

2004年，小龙出生，其母为林某，但不知小龙的生父是谁，所以小龙自出生后一直随林某共同生活。林某平时对小龙疏于管教，经常让小龙挨饿，还多次殴打小龙，致使小龙后背满是伤疤。自2013年8月开始，当地政府、妇联、村委会干部及派出所民警多次对林某进行批评教育，但林某仍不悔改。2014年5月29日凌晨，林某再次用菜刀划伤小龙的后背、双臂，6月13日，该村村委会以林某长期对小龙的虐待行为已严重影响小龙的身心健康为由，向法院提出申请撤销林某对小龙的监护人资格。法院征求小龙的意见，小龙表示不愿意随其母林某共同生活，最后法院依法撤销林某对小龙的监护人资格，并指定该村村委会担任小龙的监护人，切实保护了小龙的权利。①

三 《中华人民共和国未成年人保护法》

（一）修订情况

3　政策法规
扫一扫，查看《中华人民共和国未成年人保护法》全文。

1991年9月4日，第七届全国人民代表大会常务委员会第二十一次会议通过《中华人民共和国未成年人保护法》（以下简称《未成年人保护法》）。第十届全国人民代表大会常务委员会第二十五次会议于2006年12月29日进行了第一次修订，2020年10月17日，第十三届全国人民代表大会常务委员会第二十二次会议进行了第二次修订。

《未成年人保护法》实施以后，未成年人的权利得到了很好的保护，但也存在一些问题，主要表现为监护人监护不力的情况严重，校园安全和学生欺凌问题频发，密切接触未成年人行业的从业

---

① 新野县人民检察院. 保护未成年人权益十大优秀案例［EB/OL］.（2021-01-06）［2023-04-30］. http://www.nanyanggx.jcy.gov.cn/sitesources/xyxjcy/page_pc/qsnwqzl/ajjj/article2d32110c323d41b4a1f6c90b3888a8c9.html.

人员性侵害、虐待、暴力伤害未成年人的问题时有发生，未成年人沉迷网络特别是网络游戏的问题显著，对刑事案件中未成年被害人缺乏应有的保护等。这些问题在当时受到社会的普遍关注，针对这些问题，2020年10月17日，十三届全国人大常委会第二十二次会议表决通过《未成年人保护法》第二次修订案，自2021年6月1日起施行。通过这次修订，未成年人保护的法治化走向了更高水平。

（二）《未成年人保护法》的基本内容

《未成年人保护法》分为总则、家庭保护、学校保护、社会保护、网络保护、政府保护、司法保护、法律责任和附则，共九章一百三十二条。

1. 总则

总则（第一章）阐明了立法的目的、未成年人的定义、未成年人享有的权利、未成年人的保护原则和未成年人保护的责任主体。

《未成年人保护法》的立法目的是"保护未成年人身心健康，保障未成年人合法权益，促进未成年人德智体美劳全面发展，培养有理想、有道德、有文化、有纪律的社会主义建设者和接班人，培养担当民族复兴大任的时代新人"。

未成年人是指未满18周岁的公民。

未成年人享有生存权、发展权、受保护权、参与权等权利。

保护未成年人权利时应遵循以下原则：无歧视原则、优先保护原则、适应未成年人身心健康发展的规律和特点原则、保护与教育相结合的原则。

未成年人保护的责任主体为：国家机关、武装力量、政党、人民团体、企业事业单位、社会组织、城乡基层群众性自治组织、未成年人的监护人及其他成年人。

此外，总则还规定增设发现未成年人权益受侵害后的强制报告制度和国家建立健全未成年人统计调查制度。

2. 主体部分

主体部分（第二至八章）主要规定了未成年人的家庭保护、学校保护、社会保护、网络保护、政府保护、司法保护和法律责任。

（1）家庭保护

对幼儿权利的家庭保护，《未成年人保护法》规定家庭应承担的责任和监护人应承担的责任。

（2）学校保护

《未成年人保护法》完善了学校、幼儿园的教育、保育职责。

在"教育"方面，要求学校应当开展勤俭节约、反对浪费、珍惜粮食、文明饮食等宣传教育活动。

在"保育"方面，规定了校园安全的保障机制以及突发事件的处置措施，增加了学生欺凌及性侵害的防控与处置措施。

另外，强调学校、幼儿园不得歧视学生；学校不得违反国家规定开除、变相开除未成年学生；不得占用国家法定节假日、休息日及寒暑假期；不得组织义务教育阶段的未成年人集体补课，加重学习负担；不得对学龄前未成年人进行小学课程教育；不得安排未成年人参加商业性活动；不得向未成年人及其父母或者其他监护人推销或者要求其购买指定的商品和服务。

（3）社会保护

《未成年人保护法》规定全社会应当树立关心、爱护未成年人的良好风尚。国家鼓励、支持和引导人民团体、企业事业单位、社会组织以及其他组织和个人，开展有利于未成年人健康成长的社会活动和服务。

（4）网络保护

这是《未成年人保护法》2020年修订时新增的条款，对网络保护的理念、网络环境管理、相关企业责任、网络信息管理、个人网络信息保护、网络沉迷防治等方面作出了全面规范，力图实现对未成年人的线上线下全方位保护。条款规定学校应当合理使用网络开展教学活动，未经学校允许，未成年学生不得将手机等智能终端产品带入课堂，带入学校的应当统一管理。学校发现未成年学生沉迷网络的，应当及时告知其父母或者其他监护人，共同教育引导。未成年人的父母或者其他监护人应当提高网络素养，规范自身使用网络的行为，避免未成年人接触危害或者可能影响其身心健康的网络信息，合理安排未成年人使用网络的时间，防范未成年人沉迷网络。

（5）政府保护

条款明确规定国务院和县级以上地方人民政府应当建立未成年人保护工作协调机制，细化了政府及其有关部门的职责，并对国家监护制度作出了详细规定，如乡镇人民政府和街道办事处应当设立未成年人保护工作站，或者指定专门人员及时办理未成年人相关事务；对尚未完成义务教育的辍学未成年学生，教育行政部门应当责令父母或者其他监护人将其送入学校接受义务教育；教育行政部门应当加强未成年人的心理健康教育、建立早期发现和干预机制等。

（6）司法保护

《未成年人保护法》规定公安机关、人民检察院、人民法院、司法行政部门、法律援助机构应当承担起保护未成年人的职责。主要内容包括：法律援助机构根据未成年人特点进行的法律援助、司法活动中对未成年人保护的共性要求、特定类型民事案件中对未成年人的保护、刑事案件中对未成年被害人的保护，以及对违法犯罪未成年人的保护等。《未成年人保护法》还设立了检察机关代为行使诉讼权利制度，细化了中止和撤销监护人资格制度和刑事案件中对未成年被害人的保护措施等。

（7）法律责任

《未成年人保护法》从第一百一十七至一百二十九条规定了违反本法的行为应承担的责任。下列行为都将承担不同的法律责任：

未履行报告义务造成严重后果的；

监护人不履行监护职责或侵害未成年人权益的；

学校、幼儿园、婴儿照护机构和教职工不尊重未成年人人格、非法剥夺其教育权、纵容对未成年人欺凌行为的；

图书馆、青少年宫、博物馆等场所，城市公共交通等部门未给未成年人免费或优惠的，出版或传播危害未成年人身心健康或可能影响未成年人身心健康的内容而未提示的；

大型场所或住宿经营者未设置安全警报系统或未履行报告义务的，营业性娱乐场所、酒吧等经营者未履行有关未成年人保护方面义务的，在学校、幼儿园和其他未成年人集中活动的公共场所吸烟、饮酒的；

未按规定招用未成年人的；

密切接触未成年人的单位招聘工作人员时未查询应聘者是否有违法犯罪记录的，或者继续聘用具有相关违法犯罪记录人员的；

信息处理者或者网络产品和服务提供者未履行保护未成年人义务的，国家机关工作人员玩忽职守、滥用职权、徇私舞弊，损害未成年人合法权益的。

（三）附则部分

附则（第九章）包括有三个方面的内容：界定本法中相关用语；对中国境内未满十八周岁的外国人、无国籍人，也依法予以保护；本法的生效时间。

> **微案例**
>
> 任某（女）与王某（男）婚后育有一女，后二人产生矛盾，在女儿六岁时，任某提起离婚诉讼。一审法院对任某的离婚诉讼请求不予支持，任某上诉至二审法院。二审法院在审理中发现，任某远在外地打工，婚生女由其姐姐进行照顾，导致王某抚养、探视孩子存在障碍。案件争议的焦点是任某与王某二人争夺孩子的抚养权。为了全面保护未成年人的身心健康，法院依照《未成年人保护法》和《中华人民共和国家庭教育促进法》的规定，向原、被告双方下达了《责令接受家庭教育指导令》，指导王某可通过法律手段维护自己的探视权利，劝导任某不得阻碍王某探望女儿。经过家庭教育指导，任某自愿撤诉，愿意给孩子一个完整幸福的家庭。①

---

① 山西省高级人民法院. 10起典型案例！司法保护未成年人健康成长 [EB/OL]. （2022-06-01）[2023-04-30]. http://sxgy.shanxify.gov.cn/article/detail/2022/06/id/6718790.shtml.

课证融通

1. 【2015年真题】因为父母双亡，5岁的亮亮成了孤儿。根据《中华人民共和国未成年人保护法》，应对其履行收留抚养责任的主体是（ ）。

   A. 教育行政部门　　B. 幼儿教育机构　　C. 儿童福利机构　　D. 社区居民委员会

2. 【2014年真题】学生刘某因家庭经济困难无法按规定完成义务教育。依据《中华人民共和国未成年人保护法》，对于刘某的受教育权利，具有保障责任的是（ ）。

   A. 刘某的监护人　　B. 当地教育机构　　C. 儿童福利机构　　D. 当地人民政府

3. 【2015年真题】联合国《儿童权利公约》规定，对儿童的养育与发展负有首要责任的是（ ）。

   A. 联合国儿童权利委员会　　　　B. 父母或法定监护人

   C. 国家　　　　　　　　　　　　D. 幼儿园

4. 【2012年真题】根据《中华人民共和国未成年人保护法》的规定，县级以上人民政府及其民政部门应当根据需要设立救助场所，对流浪乞讨等生活无着的未成年人实施救助，承担（ ）。

   A. 临时监护责任　　B. 委托监护责任　　C. 教育管理责任　　D. 收留抚养责任

5. 【2015年真题】赵某在幼儿园活动室抽烟，赵某的做法（ ）。

   A. 不正确，教师不能在幼儿园抽烟　　　　B. 不正确，教师只能在休息时抽烟

   C. 正确，教师有抽烟的权利　　　　　　　D. 正确，教师在休息时可以抽烟

6. 【2013年真题】根据联合国《儿童权利公约》的规定，各缔约国应采取措施保障儿童获得保健服务的权利，确认儿童有权享有（ ）。

   A. 可达到的最高标准的健康　　　　B. 成人同等水平的健康

   C. 可达到的最低标准的健康　　　　D. 社会平均水平的健康

7. 联合国《儿童权利公约》要求各缔约国采取有效措施保障儿童享有受教育的权利。关于这些措施，下列措施正确的是（ ）。

   A. 实施全面免费的九年义务教育

   B. 鼓励发展不同形式的课外教育

C. 根据条约适用所有人享有平等的接受高等教育的机会

D. 使所有儿童均能得到教育和职业方面的资料和指导

4　课证融通
扫一扫，查看参考答案。

课内实训

一、实训任务

1. 实训情境

正在紫格幼儿园黄副园长准备培训讲义时，幼儿园又发生了几件事，这几件事主要发生在中（二）班。一天午餐时间，怡怡与辉辉坐一起说笑，值班陈老师呵斥他们："别说话，有吃的还堵不上你们的嘴，再说话，你们出去！"怡怡与辉辉安静了一会儿，突然，他们俩大打出手，怡怡大哭，陈老师问他们为什么打架，怡怡边哭边说："辉辉用筷子打我的手。"怡怡伸出手给陈老师看，手上确实有三条红印子。这时辉辉说是怡怡在吃饭时先挤他，并将口水吐到他的碗里。陈老师批评辉辉："别人挤你，你就打人啊，我打你试试，看是什么感觉。"于是陈老师拿起一双筷子打在辉辉的手上，边打边问："痛不痛？你手上有什么感觉，记住老师的话，什么情况下都不可以动手打人，你记住了吗？"辉辉也哭了起来，边哭边说："记住了，我下次不打人了。"

下午体育活动时，月月因鞋带没有系好，走平衡桥时，崴伤了脚。陈老师看后，觉得没有扭伤，事情不太大，然后她就去看其他小朋友了。等到离园时，月月的脚踝肿起来，家长看到后，要求陈老师带月月去医院，并支付医疗费。陈老师对家长说："这不是我的责任，是你的小孩没有系好鞋带造成的。我可以带月月去医院，但我不支付医疗费。"

第二天，中（二）班虎虎的妈妈找到黄副园长投诉陈老师，说昨天陈老师上户外活动课时，因虎虎害怕玩索道，陈老师对虎虎说他根本就没有虎的胆量，还是叫鼠鼠更好，并且还让其他小朋友叫虎虎为鼠鼠。离园时，班上很多小朋友取笑虎虎为鼠鼠，导致虎虎很不开心。

黄副园长认为这几个案例正好可以作为这次普法教育的案例，她准备用"以案说法"的方式为教师讲讲如何保护幼儿的权利。

2. 实训任务

请认真阅读"情境导入"和"实训情境"，在熟悉"实训情境"的基础上，结合所学知识，帮助黄副园长制作一份培训演示文稿，内容至少包括：幼儿享有的权利、《未成年人保护法》和《儿童权利公约》相关内容、对陈老师言行的分析等。

二、实训成果

每个小组提供1份演示文稿，要求内容丰富，排版简洁、美观。

三、实训准备

1. 材料工具准备

连接网络的计算机、Office 或 WPS 等软件。

2. 知识准备

（1）幼儿权利保护相关知识

明确幼儿保护的概念：保护儿童免受歧视，免受身体虐待和经济剥削，免受战乱、遗弃和照顾疏忽；当儿童有需要时，随时提供适当的照顾及康复服务。

（2）演示文稿美化知识

可以通过网络搜索"让你的PPT出彩的10个大招"和"如何把多段文字的页面做出高级感"等相关内容，掌握演示文稿的制作。

3. 相关能力准备

（1）网络搜索能力；

（2）计算机操作能力；

（3）Office 或 WPS 软件操作能力。

四、实训评价

请使用实训评价表（见"课外活动"后），进行自我评价或师生共同评价。

拓展阅读

一、《中国儿童发展纲要（2021—2030年）》导读

1. 背景

当前，我国正处于实现"两个一百年"奋斗目标的历史交汇期。坚持党的全面领导，坚持以人民为中心，坚持新发展理念，统筹推进"五位一体"总体布局，协调推进"四个全面"战略布局，

推进国家治理体系和治理能力现代化，构建人类命运共同体，为儿童事业发展提供了重大机遇、擘画了美好前景。为了进一步落实儿童优先原则，全面提高儿童综合素质，培养造就德智体美劳全面发展的社会主义建设者和接班人，引领亿万儿童勇担新使命、建功新时代，2021年9月，国务院印发《中国儿童发展纲要（2021—2030年）》（以下简称《儿童发展纲要》）。

5　政策法规
扫一扫，查看《中国儿童发展纲要（2021—2030年）》全文。

2. 内容

《儿童发展纲要》主体部分提出了到2030年我国儿童和儿童事业发展的指导思想、基本原则和总体目标。从儿童与健康、儿童与安全、儿童与教育、儿童与福利、儿童与家庭、儿童与环境、儿童与法律保护等7个领域共设置了70项主要目标和89项策略措施。《儿童发展纲要》是指导我国未来儿童事业发展的纲领性文件。

《儿童发展纲要》坚持以习近平新时代中国特色社会主义思想为指导，切实把党的领导贯彻到儿童事业发展的全过程和各方面，用习近平新时代中国特色社会主义思想铸魂育人，牢记为党育人、为国育才的使命，培养德智体美劳全面发展的社会主义建设者和接班人，将立德树人作为主线贯穿始终。

针对儿童身心健康需要长期关注的问题和新情况，《儿童发展纲要》把坚持促进儿童全面发展作为基本原则，强调要尊重儿童的人格尊严，遵循儿童身心发展的特点和规律，保障儿童身心健康，促进儿童在德智体美劳各方面实现全面发展。

《儿童发展纲要》贯彻落实习近平总书记关于注重家庭家教家风建设的重要论述和指示精神，强调发挥家庭立德树人作用，落实监护责任，树立科学育儿理念。

《儿童发展纲要》更加注重学校家庭社会协同育人，办好儿童事业，做好儿童工作，家庭、学校、社会都有责任。

《儿童发展纲要》的"儿童与法律保护"部分，旨在防范与严惩性侵害、家庭暴力、拐卖、遗弃等侵犯儿童人身权利的违法犯罪行为，以及利用网络侵犯儿童合法权益的违法犯罪行为，并制定了相应的策略措施。

二、幼儿园教师实施幼儿保护的策略

幼儿园是对3~6岁儿童进行保护的重要机构,幼儿园教师则是实施保护的关键人员。尊重和保障幼儿权利的实现是幼儿园教师的基本职责,幼儿园教师在保教工作中如何保护幼儿的权利呢?

1. 教师提升自己的教育能力与综合素养

打铁还需自身硬,要在工作中保护幼儿权利,幼儿园教师应该学习与儿童相关的法律法规,如《未成年人保护法》《幼儿园工作规程》等,学习学前教育相关的理论知识,增强对幼儿的保育、教育实践的能力,提升以职业道德为核心的综合素养。

2. 养成依法执教的意识

依法执教,保护幼儿权利应该成为教师的自觉习惯,时刻牢记保护幼儿的各项权利,促进幼儿的全面发展。教师在教育活动中,首先,要了解幼儿的权利,幼儿拥有生命健康权、受教育权、名誉权、姓名权、肖像权等。其次,要在日常活动中加以维护,并在每天的总结中,反思自己的言行是否保护了幼儿应当享有的权利,是否有侵害幼儿权利的言行。最后,要制定规章制度,让幼儿权利保护工作有章可循。

3. 确立幼儿在保教活动中的主体地位

现代教育学认为,幼儿是保教活动中的主体,教师是幼儿活动的引导者、鼓励者、支持者和合作者。因此,教师不能利用自己的主导地位,侮辱和体罚幼儿,更不可让幼儿处于不安全的环境中。另外,教师与幼儿的关系是平等的关系,在保教活动中,涉及幼儿的事项应该与幼儿商量,尊重并采纳幼儿的合理意见。

4. 坚持保护与教育相结合的原则

幼儿由于身心发展不成熟,缺乏社会生活经验和知识,在处理事情时,容易偏激,出现过错。教师在面对幼儿的错误行为时,应采取保护与教育相结合的原则,一方面要注意保护幼儿的尊严,另一方面要耐心地进行教育,让幼儿认识到自己的过错。

课外活动

1. 请研讨下面的案例,从法律的角度,谈谈如何做好幼儿权利的保护工作。

马某并不具备幼儿园教师资格,但是,在2016年9月,她通过应聘,来到河南省某县幼儿园担任小班教师。2017年4月18日下午上课期间,马某在该幼儿园小班教室内,以学生上课期间不听话、不认真读书为由,用针分别扎本班多名幼儿的手心、手背等部位。当天下午幼儿离园时,家长发现幼儿被扎的痕迹,随后报警。经鉴定,多名幼儿的损伤程度虽不构成轻微伤,但体表皮肤存在损伤,当晚马某被公安人员带走,4月19日被刑事拘留。

2. 讨论:如何理解《未成年人保护法》第二十六条"幼儿园应当做好保育、教育工作,遵循幼儿身心发展规律,实施启蒙教育,促进幼儿在体质、智力、品德等方面和谐发展",并在教育工作中遵守它。

项目一 任务1实训评价表

A级(优秀)	B级(良好)	C级(及格)	D级(稍弱)	E级(较差)
1. 对《未成年人保护法》《儿童权利公约》的内容概括全面,重点突出,表述简洁准确; 2. 分析较深入,观点正确,运用法律条款准确,能进行多角度分析; 3. 演示文稿的内容前后衔接较好,逻辑合理,结构较为完整(有封面页、目录页、过渡页、正文页和致谢页); 4. 演示文稿图文并茂,文字简洁,有一定的设计感	1. 对《未成年人保护法》《儿童权利公约》的内容概括全面,重点突出; 2. 分析较深入,观点正确,运用法律条款准确; 3. 演示文稿的内容前后衔接较好,逻辑合理,结构较为完整(有封面页、目录页、过渡页、正文页和致谢页); 4. 演示文稿图文并茂,文字简洁	1. 能展现《未成年人保护法》《儿童权利公约》的主要内容; 2. 分析观点正确,能借助法律条款进行说明; 3. 演示文稿的结构较为完整(有封面页、目录页、过渡页、正文页和致谢页),内容安排上注意到前后衔接; 4. 演示文稿注意到图文结合	1. 对《未成年人保护法》《儿童权利公约》的内容缺少概括,重点不突出; 2. 分析观点不清晰,没有援引法律条款来陈述; 3. 演示文稿的内容前后衔接缺乏合理性,结构不完整(缺封面页、目录页); 4. 演示文稿图片与文字随意放置	1. 对《未成年保护法》《儿童权利公约》的整理内容不全; 2. 分析观点错误,论述无条理,援引法律错误; 3. 演示文稿的内容前后错乱,只有正文页; 4. 演示文稿全是文字,无图片,而且字体太小
学生自评		( )级,符合( )级第( )条		
小组评价		( )级,符合( )级第( )条 建议:		

任务 2 保护幼儿的安全

 幼儿园安全管理工作

（一）幼儿园安全工作的地位

幼儿园安全工作是幼儿园工作中的重中之重。幼儿安全直接关系着幼儿的安危、家庭的幸福、社会的稳定。保护幼儿的安全是顺利开展幼儿保教活动的前提，也是幼儿身心健康发展的基础。《幼儿园教育指导纲要（试行）》指出："幼儿园必须把保护幼儿的生命和促进幼儿的健康放在工作的首位。"《幼儿园教师专业标准（试行）》多次提出教师要加强幼儿安全的保护，比如在"专业知识"中，要求幼儿园教师"熟知幼儿园的安全应急预案，掌握意外事故和危险情况下幼儿安全防护与救助的基本方法"；在"专业能力"方面，要求幼儿园教师"建立班级秩序与规则，营造良好的班级氛围，让幼儿感受到安全、舒适……有效保护幼儿，及时处理幼儿的常见事故，危险情况优先救护幼儿"。

（二）幼儿园安全工作的内容

6 视频资料
扫一扫，观看幼儿园环境扫描。

《幼儿园管理条例》《幼儿园工作规程》和《中小学幼儿园安全管理办法》对幼儿园安全工作的内容作了不同程度的规定，结合幼儿园实际情况，幼儿园安全工作的内容包括以下几个方面。

1. 创设幼儿园安全环境

幼儿园安全环境包括室内安全环境和室外安全环境。

室内安全环境是指幼儿园活动室、保健室等室内环境健康、安全、舒适和环保，能让该环境中的人身心处于良好的状态。室内安全环境具体来说，是指空气无有害气体，PM 值处在安全水平，水质达标，菌落安全、病毒属群处于安全水平，无虫鼠害；室内的开关门把手、插座等危险设施，装置在安全范围内，墙壁、门缝、桌角等用软皮包裹；提供安全设计的剪刀、美工刀等；保育室、贮藏室、办公室不能让幼儿随意进入，危险品如火柴、打火机、电器等要放在幼儿无法接触的地方，保持地面干燥；集体教学时，座位距离要合适，并安排在光线好的地方，保证室内空气流畅。

室外安全环境是指幼儿园户外活动场地等室外环境处于健康、安全和环保状态。室外环境的安全包括空气安全、水质安全、土壤安全和设施安全等，具体来说，它包括空气无有害气体，PM值处在安全水平，水质达标，土壤无污染，场地符合人数要求与活动要求，地面平整、无障碍和积水，干燥不起尘，下水窨井盖完好，戏水池边无青苔；幼儿使用的运动器械牢固安全，不出现歪倒、生锈、铁钉外露、螺丝松动、木头腐烂、绳索断裂等问题，在容易出现安全事故的地方设置警示牌。

2. 做好一日生活安全工作

幼儿的日常生活中存在各种安全隐患。为了保证幼儿安全，教师应做好以下工作：入园时认真晨检，幼儿运动环节的场地检查和观察；保证饮水、盥洗时地面干燥，以及幼儿取水、盥洗时的秩序；确认进餐前盛饭菜的桶和盆放在安全的地方；进餐时，给予幼儿充足的时间；进餐后帮助幼儿消食；午睡前检查幼儿是否带有尖硬物品进卧室，幼儿的睡姿是否正确，醒后衣服鞋子穿着是否正确；离园时，提醒幼儿整理物品，做好交接工作。

微案例

2011年，陕西一家幼儿园教室由于紫外线灯的开关没标志，幼儿被误照8小时，导致170名幼儿被紫外线灯灼伤。2016年，杭州一家幼儿园教师因忘关教室紫外线灯，2小时内导致多位小朋友的眼睛被紫外线灯灼伤，引起了发烧、眼睛红肿、流泪等症状。

3. 做好游戏活动安全工作

为了保证幼儿游戏活动安全，教师应提供安全、充足的游戏材料，充分的游戏场地和时间，随时观察幼儿游戏活动，并适时介入。

4. 做好集体活动安全工作

幼儿集体活动时由于人多，稍不注意容易出现事故，因此教师应注意维持集体活动时的秩序，提供安全的教学材料，确保活动场所安全并有充足的空间。

5. 做好安全教育工作

幼儿园教师可以利用绘本、主题活动、一日活动对幼儿进行安全教育。

6. 做好突发事故处理

当幼儿遇到突发事件时，幼儿园教师应根据事故的大小进行判断，启动应急预案，按《学生伤害事故处理办法》的要求处理事故。

（三）幼儿园教师安全管理责任

幼儿园教师在保教工作中，应履行以下安全管理责任。

1. 安全教育责任

幼儿园教师要根据《中华人民共和国教师法》《中华人民共和国未成年人保护法》《幼儿园工作规程》《中小学幼儿园安全管理办法》《教育系统突发公共事件应急预案》等法律法规，对幼儿进行安全教育。

2. 安全告知责任

教师应履行以下告知义务：在保教活动中，向幼儿告知活动场所和活动玩具存在的安全隐患、校园及其周边设施存在的安全隐患；向家长告知幼儿在幼儿园的有关情况；向园领导告知自己发现的班级、园内和周边的安全隐患。

3. 安全告诫责任

教师在教育教学活动中负有对幼儿告诫的责任，即对幼儿的危险行为或潜在的危险行为要及时地告诫、制止和纠正。

4. 安全防范责任

教师应当对幼儿在园内活动中可能出现的安全问题进行防范，对在各类活动中存在的幼儿冲突和伤害进行预防。

5. 安全救护责任

幼儿出了安全事故后，教师除了及时上报和通知家长外，还要在最短时间内进行自护和自救。

二 《中小学幼儿园安全管理办法》主要内容

7　政策法规
扫一扫，查看《中小学幼儿园安全管理办法》全文。

《中小学幼儿园安全管理办法》（以下简称《安全管理办法》）是教育部、公安部、司法部等部门于2006年发布的，用于加强中小学、幼儿园的安全管理。《安全管理办法》共九章，分别为：总则、安全管理职责、校内安全管理制度、日常安全管理、安全教育、校园周边安全管理、安全事故处理、奖励与责任、附则。

（一）总则

主要陈述了立法的目的、适用范围、安全管理工作方针和内容，以及对相关部门的要求。

《安全管理办法》的立法目的：第一，加强中小学、幼儿园的管理工作；第二，保障学校及其学生和教职工的人身、财产安全；第三，维护中小学、幼儿园正常的教育教学秩序。

适用范围：普通中小学、中等职业学校、幼儿园（班）、特殊教育学校、工读学校（以下统称学校）。

安全管理工作方针：积极预防、依法管理、社会参与、各负其责。

安全管理工作内容：第一，构建学校安全工作保障体系；第二，健全学校安全预警机制，制定突发事件应急预案；第三，建立校园周边整治协调工作机制；第四，安全宣传教育培训；第五，事故发生后启动应急预案、对伤亡人员实施救治和责任追究等。

对相关部门的要求：要求各级教育、公安、司法行政、建设、交通等相关部门依法履行学校周边治理和学校安全的监督与管理职责。

（二）安全管理职责

《安全管理办法》规定了地方各级人民政府及其教育、公安、司法行政、建设、交通、文化、卫生、工商、质检、新闻出版等部门应当按照职责分工，依法负责学校安全工作，履行学校安全管理职责。

教育行政部门对学校安全工作履行下列职责：

（1）全面掌握学校安全工作状况，制定学校安全工作考核目标，加强对学校安全工作的检查指导，督促学校建立健全并落实安全管理制度；

（2）建立安全工作责任制和事故责任追究制，及时消除安全隐患，指导学校妥善处理学生伤害事故；

（3）及时了解学校安全教育情况，组织学校有针对性地开展学生安全教育，不断提高教育实效；

（4）制定校园安全的应急预案，指导、监督下级教育行政部门和学校开展安全工作；

（5）协调政府其他相关职能部门共同做好学校安全管理工作，协助当地人民政府组织对学校安全事故的救援和调查处理。

（三）校内安全管理制度

《安全管理办法》要求学校在遵守有关安全工作的法规和制度的同时，建立健全校内各项安全管理制度和安全应急机制。主要内容包括：

（1）建立校内安全工作领导机构；

(2) 设立保卫机构，健全门卫制度；

(3) 建立校内安全定期检查制度和危房报告制度；

(4) 落实消防安全制度和消防工作责任制，建立用水、用电、用气等相关设施设备的安全管理制度和实验室安全管理制度；

(5) 严格执行《学校食堂与学生集体用餐卫生管理规定》《餐饮业和学生集体用餐配送单位卫生规范》；

(6) 配备具有从业资格的专职医务（保健）人员，查验预防接种证，建立学生健康档案，组织学生定期体检；

(7) 建立学生安全信息通报制度和安全工作档案，视情况建立住宿学生安全管理制度和车辆管理制度。

（四）日常安全管理

《安全管理办法》要求学校日常安全管理以预防为主，强调组织的各种活动应当符合学生的心理、生理特点和身体健康状况，接收学生的单位要做好保护措施，保证学生的安全。

针对组织学生开展体育活动，要求成立临时安全管理机构、进行安全教育，配备安全人员，交通应避开主要街道和交通要道。

幼儿园和小学低年级实施交接制度，要求不得将晚离学校的低年级学生、幼儿交与无关人员。

学生在教学楼进行教学活动和晚自习时，学校应当合理安排学生疏散时间和楼道上下顺序。

学校不得组织学生参加抢险、具有危险性的活动，以及商业性活动。学校不得将场地出租给他人从事易燃、易爆、有毒、有害等危险品的生产、经营活动；不得出租校园内场地停放校外机动车辆，不得利用学校用地建设对社会开放的停车场。

学校教职工应当符合相应任职资格和条件要求。学校不得聘用因故意犯罪而受到刑事处罚的人，或者有精神病史的人担任教职工。学校教师应当遵守职业道德规范和工作纪律，不得侮辱、殴打、体罚或者变相体罚学生；发现学生行为具有危险性的，应当及时告诫、制止，并与学生监护人沟通。学生应当遵守学校纪律和规章制度，服从学校的安全教育和管理，监护人发现被监护人有特异体质、特定疾病或者异常心理状况的，应当及时告知学校。

微案例

广州某幼儿园组织午睡时，不满 6 岁的幼儿刘某从幼儿园寝室的高低床上铺掉到地板上，导致刘某右锁骨骨折及头部受伤，并出现阵发性失明、失听、抽搐、记忆力下降、反应迟钝等情况。后来引起了一些法律纠纷。

（五）安全教育

《安全管理办法》要求学校将安全教育纳入教学内容。在新生入学时，让学生熟悉安全工作制度和安全规定，开学初、放假前集中进行安全教育。进行安全教育时要根据不同课程的特点与要求，实施不同的安全防护教育。

《安全管理办法》规定学校要对学生开展交通、消防、戏水、游泳的安全卫生教育，同时根据当地情况，开展多种形式的事故预防演练、灾害事故的紧急疏散演练等。学校还应当设立法治副校长或法治辅导员，对学生进行法制教育。学校还要多种途径和方法，使教职工熟悉安全规章制度、掌握安全救护常识，学会指导学生具备预防事故、自救、逃生、紧急避险的方法和手段。

《安全管理办法》要求教育行政部门应当组织学校安全主管人员开展培训。监护人应当与学校互相配合，在日常生活中加强对被监护人的各项安全教育。

（六）校园周边安全管理

《安全管理办法》规定了教育、公安、司法行政、建设、交通、文化、卫生、工商、质检、新闻出版等部门应当如何加强校园周边的安全管理。

（七）安全事故处理

《安全管理办法》要求教育等部门，在自然灾害和重大治安、公共卫生突发事件、突发安全事故时，立即启动应急预案，及时转移、疏散学生，或者采取其他必要防护措施，保障学校安全和师生人身财产安全。

发生教职工或学生伤亡事故时，学校应当按照《学生伤害事故处理办法》规定的原则和程序等，及时实施救助，并进行妥善处理，及时报告主管教育行政部门和政府有关部门。

微案例

某幼儿园大（四）班在开展户外活动时，一个男孩爬网绳山洞时，一时疏忽，双脚踏空，加上手没有抓牢绳，导致额头碰到了铁柱子上，裂了一个小口子。男孩随即大哭起来。带班的何老师发现孩子出事后，立即把孩子带到保健室，让保健医生检查，保健医生仔细地查看了孩子的伤情，对伤口进行了简单的止血处理，建议何老师将男孩带到医院做缝针手术。何老师马上打电话将情况告诉园长，同时通知家长男孩受伤的大致情况，让男孩家长直接到医院去。等家长到了医院后，医生向家长说明了情况，认为采用缝针手术为最佳治疗方案，家长接受了医生的建议。随后，园长也到医院看望男孩，并告知家长园方的处理方案。等幼儿园调查情况后，园长再次与何老师来到男孩家中看望男孩，并向家长说明了事情发生的经过，家长表示理解，接受了园方的道歉和慰问金，最终事件得到了解决。

（八）奖励与责任

《安全管理办法》规定教育、公安、司法行政、建设、交通、文化、卫生、工商、质检、新闻出版等部门，对在学校安全工作中成绩显著或者做出突出贡献的单位和个人，应当视情况联合或者分别给予表彰、奖励；对不履行责任的将进行惩罚，构成犯罪的，依法追究刑事责任。

学校不履行安全管理和安全教育职责，对重大安全隐患未及时采取措施的，有关主管部门应当责令其限期改正；拒不改正或者有下列情形之一的，教育行政部门应当对学校负责人和其他直接责任人员给予行政处分；构成犯罪的，依法追究刑事责任：

（1）发生重大安全事故、造成学生和教职工伤亡的；
（2）发生事故后未及时采取适当措施、造成严重后果的；
（3）瞒报、谎报或者缓报重大事故的；
（4）妨碍事故调查或者提供虚假情况的；
（5）拒绝或者不配合有关部门依法实施安全监督管理职责的。

校外单位或者人员违反治安管理规定、引发学校安全事故的，或者在学校安全事故处理过程中，扰乱学校正常教育教学秩序、违反治安管理规定的，由公安机关依法处理；构成犯罪的，依法追究其刑事责任；造成学校财产损失的，依法承担赔偿责任。

（九）附则

补充说明中等职业学校学生实习劳动的安全管理办法另行制定，以及本办法的生效时间。

三 加强中小学幼儿园安全管理工作的相关法规

（一）《教育系统安全专项整治三年行动实施方案》

2020年，教育部为加强教育系统安全专项整治，依据《全国安全生产专项整治三年行动计划》，制定了《教育系统安全专项整治三年行动实施方案》（以下简称《三年行动实施方案》）。

《三年行动实施方案》提出，通过三年行动，推动各校树牢安全发展理念，强化安全生产底线思维和红线意识，完善和落实消除教育系统事故隐患的责任链条、制度成果、管理办法、重点工程、工作机制和预防控制体系，全面加强教育系统安全风险防控和隐患治理；加强学生安全教育、安全人才培养和学科建设；使专项整治取得积极成效，坚决遏制重特大事故发生，安全形势持续向好，实现教育系统安全发展高质量发展。

《三年行动实施方案》对三年行动提出五个方面的任务：①全面落实教育系统安全责任体系；

②建立风险管控和隐患治理的安全防控体系；③开展重点领域安全专项治理；④加强安全学科专业建设和人才培养；⑤提升安全基础支撑保障能力。

（二）《教育部办公厅关于做好2021年中小学幼儿园安全管理工作的通知》

2021年，教育部为切实做好2021年中小学幼儿园安全管理工作，防范和遏制涉校涉生安全事件发生，确保广大师生生命财产安全，维护教育系统和谐稳定，发布了《教育部办公厅关于做好2021年中小学幼儿园安全管理工作的通知》，要求中小学幼儿园应做好以下几方面的工作：①进一步健全校园安全管理制度；②进一步加强校园周边综合治理；③进一步落实校车安全管理要求；④进一步开展学生欺凌防治行动；⑤进一步深化网络环境专项治理；⑥进一步加强安全教育工作；⑦进一步推动家长落实监护责任。

对于幼儿园来说，需要加强对关键环节的研判、检查，补齐短板，健全相关制度和措施；加强教职工和临聘人员的教育，化解其纠纷；落实门卫值守和内部巡查制度，严防暴力恐怖事件发生；定期检查校园场所和设施，及时整改安全隐患；组织学校安保人员、教师和家长志愿者，配合公安部门加强校园周边防控；加强校车管理，杜绝把幼儿遗忘在车内致死的悲剧发生。

> **微案例**
>
> L是某幼儿园大（一）班的幼儿，在班上很有"号召力"，并形成了以她为中心的"朋友圈"，圈内的所有小伙伴都会听从她的意见，和她一起玩耍。在遇到有人不听从她命令的时候，L就会发动她的"朋友圈"一起孤立这名同学，甚至还可能给这名同学起外号。G也是该班一名幼儿，由于小时候生病，个子长得矮小，但头特别大。L经常欺负G，并且还给她取了外号——"丑怪怪"，后来又叫班上其他小朋友不要跟她玩，本来性格开朗的G，后来变得不爱讲话。教师在发现这一问题之后，严厉批评了L，并将这件事告诉了L的家长。但是L的家长拒绝批评他们的孩子，认为这是小孩子间的矛盾，过一段时间自然就会和好。对于家长的这种态度，带班教师很无奈，只能加大在校内的监管力度，同时做好对G的保护工作。好在经过教师努力，好多小朋友也与G一起玩了，G的性格也开朗了许多。

（三）《教育部办公厅关于开展2022年教育系统"安全生产月"活动的通知》

2022年6月是第21个全国"安全生产月"。教育部为了落实习近平总书记关于安全生产的重要论述，推动教育系统安全专项整治三年行动巩固提升，根据《国务院安委会办公室 应急管理部关于开展2022年全国"安全生产月"活动的通知》(安委办〔2022〕7号)、《教育系统安全专项整治三年行动实施方案》要求,决定在教育系统开展2022年"安全生产月"活动。

该通知要求各地教育行政部门"一把手"带头讲安全,通过多种形式的学习活动,落实安全生产十五条措施,全力抓好校园安全防范工作,坚决稳控安全形势。同时,该通知还要求各地各校要广泛开展安全生产法主题宣传活动,自觉把安全放在第一位,贯穿工作全过程各方面;在全社会大力营造"关爱生命、关注安全"的浓厚氛围。

四　《校车安全管理条例》主要内容

8　政策法规
扫一扫,查看《校车安全管理条例》全文。

《校车安全管理条例》(以下简称《校车条例》)是国务院于2012年为加强校车安全管理,保障乘坐校车学生的人身安全而制定的条例。《校车条例》共8章62条,其主要内容如下。

(一)校车定义

校车,是指依照《校车条例》取得使用许可,用于接送接受义务教育的学生上下学的7座以上的载客汽车。

接送小学生的校车应当是按照专用校车国家标准设计和制造的小学生专用校车。

(二)学校与校车提供者

1. 学校

学校可以配备校车。学校应当建立健全校车安全管理制度,配备安全管理人员,加强校车的安全维护,定期对校车驾驶人进行安全教育,组织他们学习交通安全法律法规以及安全防范、应急处置和应急救援知识,保障学生乘坐校车安全。

学校还应当对教师、学生及其监护人进行交通安全教育,向学生讲解校车安全乘坐知识和校车安全事故应急处理技能,并定期组织校车安全事故应急处理演练。

如果学校的校车是由企业提供的,学校要将校车安全管理责任书报县级或者设区的市级人民政府教育行政部门备案。

2. 校车提供者

校车提供者主要为依法设立的道路旅客运输经营企业、城市公共交通企业，以及根据县级以上地方人民政府规定设立的校车运营单位。

县级以上地方人民政府根据本地区实际情况，可以制定管理办法，组织依法取得道路旅客运输经营许可的个体经营者提供校车服务。

校车服务提供者要与学校签订校车安全管理责任书，明确各自的安全管理责任，落实校车运行安全管理措施。

（三）校车许可制

学校如果要配备校车，校车提供者要从事校车服务都要取得校车许可。

其条件为：车辆要符合国家校车标准，驾驶人要取得校车驾驶资格，有合理可行的校车运行方案，有健全的安全管理制度，已经投保机动车承运人责任保险。

取得校车标牌的车辆应当配备统一的校车标志灯和停车指示标志。

（四）校车驾驶人资格

校车驾驶人的资格条件如下：

(1) 需要3年以上驾驶经历，年龄在25周岁以上、不超过60周岁；
(2) 最近连续3个记分周期内没有被记满分记录；
(3) 无致人死亡或者重伤的交通事故责任记录；
(4) 无饮酒后驾驶或者醉酒驾驶机动车记录；
(5) 无超员、超速等严重交通违法行为记录，无犯罪记录；
(6) 无传染性疾病，无癫痫、精神病等病史；
(7) 无酗酒、吸毒行为记录；
(8) 身体健康。

（五）校车乘车安全

《校车条例》规定学校、校车服务提供者应当指派照管人员随校车全程照管乘车学生。校车服务提供者为学校提供校车服务的，双方可以约定由学校指派随车照管人员。

照管人员应当履行以下职责：

(1) 学生上下车时，在车下引导、指挥，维护上下车秩序；
(2) 发现驾驶人无校车驾驶资格，有饮酒、醉酒后驾驶，或者身体严重不适以及校车超员等明显妨碍行车安全情形的，制止校车开行；
(3) 清点乘车学生人数，帮助并指导学生安全落座、系好安全带，确认车门关闭后示意驾驶人启动校车；

（4）制止学生在校车行驶过程中离开座位等危险行为；

（5）核实学生下车人数，确认乘车学生已经全部离车后本人方可离车。

为了校车安全，《校车条例》对校车的乘坐还作出了以下规定：

（1）副驾驶座位不得安排学生乘坐；

（2）校车运载学生过程中，禁止除驾驶人、随车照管人员以外的人员乘坐；

（3）校车载有学生时不得给车辆加油，不得在校车发动机引擎熄灭前离开驾驶座位；

（4）校车发生交通事故，驾驶人、随车照管人员应当立即报警，设置警示标志；随车照管人员应当将学生撤离到安全区域，并及时与学校、校车服务提供者、学生的监护人联系处理后续事宜。

（六）法律责任

生产不符合国家标准校车，使用拼装或者达到报废标准的机动车，使用未取得校车标牌的车辆提供校车服务，使用未取得校车驾驶资格的人员驾驶校车，伪造、变造或者使用伪造、变造的校车标牌，不按照规定为校车配备安全设备，不按照规定对校车进行安全维护都将受到不同程度的处罚。

学校违反本条例规定的，除依照本条例有关规定予以处罚外，由教育行政部门给予通报批评；导致发生学生伤亡事故的，对政府举办的学校的负有责任的领导人员和直接责任人员依法给予处分；对民办学校由审批机关责令暂停招生。

> **微案例**
>
> 2020年9月23日7时56分，豫S237线禹州市花石镇白龙村路段发生了交通事故，一辆货车与面包车相撞。面包车上共乘坐13人，包括1名司机、1名教师和11名幼儿。事故共造成4人死亡，其中包括1名教师、3名幼儿，9人受伤。为防止此类事故再次发生，校车安全管理部际联席会议办公室特发布2020年第1号预警，提醒有关部门、学校、校车运营单位加大校车安全管理力度，切实保障中小学生和幼儿上下学交通安全。

课证融通

1. 【2015年真题】预防幼儿异物入体，以下哪种说法是不妥当的（　　）。

A. 幼儿进餐时不惊吓、逗乐幼儿

B. 幼儿能吸入或吞入的物品不应作为玩具使用

C. 为锻炼幼儿的咀嚼能力，让孩子多食用花生米、瓜子及带核、带骨、带刺的食物

D. 教育幼儿不要把别针、豆子、玻璃珠等小物件塞进嘴、鼻孔、耳朵里

2. 《中小学幼儿园安全管理办法》规定，小学、幼儿园应当建立（　　）制度，不得将晚离学校的低年级学生、幼儿交与无关人员。

A. 低年级学生、幼儿上下学时接送的交接

B. 低年级学生、幼儿上下学时教师护送

C. 低年级学生、幼儿上下学时集体回家

D. 低年级学生、幼儿上下学时必须乘坐校车

3. 【2022年真题】幼儿园创设物质环境时首先应考虑的要求是（　　）。

A. 经济性　　　B. 安全卫生性　　　C. 功能性　　　D. 美观性

4. 【2021年真题】洗手时，东东突然叫了起来："洗手液溅进眼睛里了！"这时老师首先应该做的是（　　）。

A. 用流动水冲洗眼睛　　　B. 用干净的纸或软布擦眼睛

C. 找保健医生　　　D. 拉开眼皮吹一吹

5. 【2017年真题】我国不少地方已形成为校车提供最高路权、路人自觉礼让校车的良好风气。这对未成年人的保护是（　　）。

A. 家庭保护　　　B. 社会保护　　　C. 学校保护　　　D. 司法保护

6. 【2018年真题】某幼儿园要求幼儿必须到医院接受体检，合格后方可入园。该幼儿园的做法（　　）。

A. 有利于全面了解幼儿健康状况　　　B. 有利于选拔优秀幼儿入园

C. 侵犯了幼儿的受教育权　　　D. 侵犯了幼儿的个人隐私

7. 【2018年真题】小华的父母出差，将其委托给好友胡某代为监护。胡某带着小华在小区内玩耍，在与小朋友们的追逐打闹中，小刚将小华推倒摔伤。对小华所受的伤害，应承担赔偿责任的是（　　）。

A. 小华的父母　　　B. 胡某

C. 小刚的父母　　　D. 胡某与小刚的父母

9 课证融通
扫一扫，查看参考答案。

课内实训

一、实训项目

1. 实训情境

正值黄副园长思考如何将紫格幼儿园打造为"幼儿权利安全岛"时，她看到了一则新闻：一名男子持械冲入一家私立幼儿园袭击幼儿，共有9名儿童被男子捅伤，其中3名幼儿伤势太重当场死亡，另有6名儿童伤势危重。黄副园长看到这个新闻后大为震惊，在谴责男子人性泯灭时，也反思本园是否也还存在安全漏洞。仔细一想，黄副园长还真无法淡定了，她记得前几天有个保育员向她反映，幼儿的米饭有股霉味，只是保育员反映情况时，幼儿已经离园，而整个下午幼儿并没有出现拉肚子或呕吐的情况，当时就没有放在心上。不过现在想来，她还是感到有点后怕。于是，黄副园长在幼儿吃早餐时，对园内的安全进行了检查。她走到户外活动攀爬区发现一个踏脚板脱了，并且钉子尖锐地露在外面，黄副园长赶紧电话通知后勤负责人员来修理，并让安全主任前来，告知其加强场地设备和设施的安全巡查。处理完这件事后，黄副园长走进大（一）班。大（一）班在进行语言集体教学，主班老师正在给幼儿讲故事，大部分幼儿听得很认真。细心的黄副园长发现坐在最右边的一个幼儿手上拿着两个皮球，嘴里好像还含着什么东西。黄副园长走近副班老师，问右边这个幼儿怎么回事。副班老师说：这个幼儿比较好动，喜欢在大家听课时，用手拉扯旁边的小朋友，并且还喜欢乱讲话，所以就让他手里拿着球，嘴里含着一块水果。黄副园长明显感到了这种做法不仅侵犯了儿童的权利，而且还存在极大的安全隐患。幼儿长时间托举物品容易拉伤手臂肌肉，嘴里含着食物也容易噎住喉咙。黄副园长赶紧让副班老师取下幼儿手上的球，并让幼儿吐出嘴里的水果。经巡视，黄副园长发现本园存在不少安全隐患，有些当时处理了，有些拍下了照片。她准备将今天看到的情况作为本周总结会的重点内容，让全体教师认识幼儿身边的安全隐患，从而明确保护幼儿安全的重要性和必要性。此外，她还想在会上让全体老师签订安全责任书。

2. 实训任务

依据国家关于幼儿园安全工作的相关法规和制度，并结合幼儿园教师与保育的岗位要求，拟写教师安全责任书和保育员安全责任书各1份。

二、实训成果

每个小组提供教师安全责任书和保育员安全责任书各1份，要求援引法律正确，内容合理全面，表述清楚，排版简洁、美观。

三、资源准备

1. 材料工具准备

连接网络的计算机、Office 或 WPS 等软件。

2. 知识准备

（1）幼儿生活活动、游戏活动和教育活动等相关知识

了解幼儿一日生活的环节与游戏活动和教育活动内容。

（2）文档排版美化知识

可通过网络查询"Office 办公实战能力技能提升"和"版式设计与计算机排版"等课程学习排版知识。

3. 相关能力准备

（1）计算机操作及网络搜索能力；

（2）Office 或 WPS 软件操作能力；

（3）责任书的写作能力。

四、实训评价

请使用实训评价表（见"课外活动"后），进行自我评价或师生共同评价。

拓展阅读

一、幼儿园常用安全教育途径

1. 丰富幼儿安全知识，提高幼儿的警惕意识

教师应当根据幼儿的年龄特点和学习规律，进行安全知识教育。例如，教师可以通过"你问我答"的活动形式教学生一些生活中的安全知识，或者通过"不跟陌生人走""鲁鲁的鼻子""不用脏手揉眼睛""认标志讲安全"等故事来丰富幼儿的安全知识，此外，也可以通过图片、视频等直观材料直接告诉幼儿哪些是危险品，应该如何避开，从而提高幼儿的警惕意识。

幼儿常常以游戏的形式展开学习，幼儿园的安全教育可将安全教育内容融入教师游戏活动中，让幼儿在游戏中掌握更多的安全知识。例如，通过角色游戏让幼儿掌握如何避免地震和台风等自然灾害带来的危险。此外，教师还可以利用幼儿的生活活动，开展随机教育，将安全教育融入一日生活中，丰富幼儿的安全知识。

2. 师幼共创安全环境，提高幼儿的保护意识

安全环境是保证幼儿在幼儿园过得舒心、愉快、健康的前提，也是幼儿发展体能与智能的基础。教师可以通过与幼儿共同创设环境进行安全教育，从而提高幼儿的保护意识，如与幼儿在电器上张贴"禁止触摸"的标记，在有台阶的地方张贴"小心台阶"的标志，在盥洗室张贴"小心摔倒"的标志等。

教师还可以组织幼儿寻找幼儿园里的安全隐患，发现安全隐患后共同来处理。如教师发现饮水区有水，可以与幼儿一起来清洁；发现生活用品坏了，可以与幼儿一起维修等。

3. 开设安全主题课程，培养学生的安全保护能力

教师可以根据需要，给幼儿上一些安全主题课程。比如，临近春节时，幼儿可能会玩爆竹，这时教师可以给幼儿上一堂玩爆竹的安全教育课，从而提高幼儿的保护能力。

4. 使用直观教学法，巩固幼儿防范损伤的能力

幼儿在幼儿园难免会有碰碰磕磕，这时可以及时让幼儿观察受到碰磕的小孩，分析他为什么会碰到，通过讲解让幼儿知道哪些行为不能做，从而提高防范损伤的能力。另外，教师也可让幼儿通过直观体验，让幼儿正确使用物品。比如，让幼儿体验重量大或体积大的物品，告诉幼儿如何正确使用这些物品，避免受伤。

5. 加强家园合作，发挥家长的作用

良好的行为习惯和规则意识有利于保证幼儿的安全，而行为习惯和规则意识的培养，家庭是重要的阵地。因此，教师应该加强与家长的联系，通过多种形式，提高家长安全教育的能力。同时，发挥家园共育的优势，为幼儿安全成长提供良好的环境和自我保护能力。

二、幼儿安全保护案例

户外活动时，沛沛由于跑得太快，不小心崴了脚，沛沛大哭起来。带班的李老师刚入职，以前没有碰到过这种情况，她拿起沛沛的脚看看，发现沛沛的脚并没有破皮，问沛沛哪里有痛，沛沛指了指脚踝处。李老师也不会处理，于是她抱着沛沛到医务室，可是保健医生不在。李老师看到沛沛的脚好像有点肿了，于是她一边安慰沛沛，一边用手给沛沛做脚部按摩。可是沛沛的脚肿得更高，李老师心里有点紧张。好在不一会儿，保健医生回来了，一看沛沛脚肿了，就赶紧让李老师不要再按摩了。保健医生先摸了摸沛沛的脚踝，然后从冰箱里拿来冰袋敷在沛沛的脚上。保健医生告诉李老师，小孩子如果脚扭伤，不要让小孩子继续走路，要把他放在凳子上坐着或台面上平躺，然后对患部使用冰敷以降低肿胀及疼痛。同时，可以举高他的脚，只有过24小时后才可以施以温湿敷。这次好在没有按摩多久，否则沛沛的脚会肿得更高。

当天李老师在她的反思记录里写下:"掌握必备的急救知识,可以让幼儿减轻意外事故带来的损伤,避免再次损伤。"

课外活动

1. 阅读下列案例,谈谈在今后的工作中如何避免类似的事发生。

2016年6月16日,湖南省常德市某幼儿园司机和随车监管员接送学生来校时,将一名4岁幼儿遗忘在车内,导致幼儿在车内死亡。

2017年7月10日,河北省遵化市某幼儿园用校车将幼儿送至该园后,未点清人数,将一名3岁幼儿遗忘在校车内,下午4:45分才发现,幼儿经抢救无效死亡。

2018年5月24日,湖北省武汉市某幼儿园将一名4岁幼儿送至该园后,未留意车上是否还有孩子,将车停在公司露天停车场,并锁闭车门车窗,致该名幼儿死亡。

2. 搜集幼儿伤害救助知识,制作一份幼儿安全防护卡片。

项目一 任务2实训评价表

A级(优秀)	B级(良好)	C级(及格)	D级(稍弱)	E级(较差)
1. 责任书结构完整,语言准确、顺畅,条理清楚; 2. 岗位任务具体明确,引用法律条款正确; 3. 责任要求明确,涵盖岗位各个环节,内容具体、细致,操作性强; 4. 责任书主题突出,能体现"首位"地位和"预防第一"的方针; 5. 排版美观,符合实用要求	1. 责任书结构完整,语言准确、顺畅,条理清楚; 2. 岗位任务明确,引用法律条款正确; 3. 责任要求明确,涵盖岗位主要环节,内容具体,操作性强; 4. 责任书主题突出,能体现"首位"地位和"预防第一"的方针; 5. 排版美观、得体	1. 责任书结构完整,语言通顺,条理清楚; 2. 岗位任务清晰,引用法律条款正确; 3. 责任要求清楚,涵盖岗位基本环节,内容具体; 4. 责任书主题突出,能体现"首位"地位; 5. 排版美观	1. 责任书结构有欠缺,表达清楚; 2. 岗位任务清晰,引用法律条款错误; 3. 责任要求清楚,涵盖岗位较少; 4. 责任书主题能围绕保护幼儿安全来写; 5. 排版一般	1. 责任书结构有欠缺,表达不清; 2. 岗位任务不清晰,未能引用法律条款; 3. 责任要求不清楚,与责任岗位无关; 4. 责任书主题与保护幼儿安全无关; 5. 未进行排版
学生自评		( )级,符合( )级第( )条		
小组评价		( )级,符合( )级第( )条 建议:		

任务3 预防与处置侵害幼儿权利的行为

一、侵权责任概述

（一）侵权行为概念

侵权是一种侵害他人权益的行为，这种侵权行为有时也称侵害行为。

侵权行为可以分为一般侵权行为和特殊侵权行为。

一般侵权行为是行为人有过错直接致人损害，因而适用民法上一般责任条款的行为。《中华人民共和国民法典》（以下简称《民法典》）规定，一般侵权行为包括侵害人身权利的行为、侵害人格权利的行为、侵害身份权利的行为和侵害财产权利的行为等。

特殊侵权行为是指基于法律的特别规定，而不以行为人具有主观过错为前提，适用无过错原则或过错推定原则归责的侵权行为，包括职务侵权行为、无民事行为能力人的侵权行为、饲养动物致人损害、产品瑕疵致人损害、高度危险业务致人损害、建筑物及其悬置物致人损害、环境污染侵权行为、雇员的侵权行为等。

（二）侵权责任构成要件

侵权责任构成要件是指侵权行为人承担侵权民事责任依法须具备的条件。如果具备了构成要件，则构成一般侵权责任；如果任何一个构成要件欠缺，都可能不构成一般侵权责任。

一般侵权责任包括四个方面，即侵权行为、损害事实、因果关系和过错。它们的关系如图1-1所示。

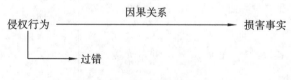

图1-1 侵权责任构成要件

1. 侵权行为

侵权行为是指行为人实施的行为违反了法律的禁止性规定或强制性规定，它是承担侵权责任的前提。根据《民法典》，在幼儿园侵权责任中的侵权行为主要表现为没有履行教育、管理职责的行为，即幼儿园消极对待法律法规等规定的应当履行的教育、管理职责。比如，幼儿园未建立并执行严格的安全保护制度，未消除幼儿活动区域存在的安全隐患，教师在保教活动中渎职或教师在观察到幼儿受到伤害时未及时采取相应的措施等。

2. 损害事实

损害事实是指加害人的侵权行为，使权利主体的人身、财产和精神受到损害的客观事实。它是认定侵权责任的首要条件。其中人身损害是对被侵权人的身体权、健康权、生命权进行损害的事实。财产损害是指对被侵权人的财产或因人身权益而造成被侵权人经济上的损失。它包括侵害财产权而造成的经济损失和侵害人身权益而产生的经济损失。精神损害是指侵权行为所导致的，致使受害人心理和感情遭受创伤和痛苦，无法正常进行日常活动的非财产上的损害。

在幼儿园侵权行为中，由于幼儿属于无民事行为能力人，他们的抗压能力、心理承受能力较低，对幼儿的人身损害常导致其精神损害，如恐惧、畏惧，并对幼儿成长发育造成较大的影响。不过，在司法实践中为了防止过分"诉讼"，对精神损害赔偿进行了严格限制。

另外，损害事实要具有实质性，才能形成侵权责任。只有符合以下条件的损害才构成损害事实。第一，损害事实要有可诉性，即幼儿在幼儿园遭受损害的人身权益，应当是在法律调整和保护范围内的。第二，损害事实要有可救济性，即损害对受害的幼儿的正常生活、学习产生了影响，即损害达到一定程度，若损害程度极其轻微，未达到法律规定的可归责的程度，则幼儿园不承担侵权责任。第三，损害事实要有确定性，即幼儿园的某些行为导致的损害事实是现实发生并且能够在客观上被认定的，对于未来可能发生的利益的损害，幼儿园不承担侵权责任。

3. 因果关系

因果关系是指不法行为与损害事实之间有因果关系。也就是说，引起损害事实的发生是由不法行为的实施造成的，如果侵权人有侵权行为，被侵权人也有民事权益受损害的事实，但二者毫不相干，则侵权行为仍不能构成。

侵权行为法上的因果关系具体表现形式多样：①一因一果，即一个侵权行为导致一个损害结果；②一因多果，即一个侵权行为导致多种损害结果；③多因一果，即多个侵权行为导致一个损害结果。第三种因果关系最为复杂，有时需要进行司法鉴定。

4. 过错

过错，是侵权人决定其侵权行为时的一种可归责心理状态，包括故意和过失两种心态。故意是明知侵权行为会发生损害结果，希望或放任结果发生。侵权人应当对这种故意为之的行为所造成的损害承担责任。过失指侵权人应当预见自己的行为可能发生侵害他人权益的结果，但却因为疏忽大意而没有预见，或者已经预见而轻信能够避免的主观状态。

幼儿园在幼儿伤害事故中是否存在过错，常常是司法实践中争论的焦点与难点。在进行过错判定时，一般采取客观标准，即以善良管理人或合理人的标准对客观行为进行价值判断，而不是对侵权人的内心状态的判断。

微案例

方方属于特殊体质，对芒果和牛奶过敏。这天，方方妈妈因要赶早班，将3岁半的方方委托邻居送入园。又因当天的点心配有芒果，方方妈妈让邻居告诉老师不要把芒果分给方方。在送入园的路上，邻居除了给自己的小孩一盒牛奶，也给了方方一盒，方方在进园前全部喝完了，方方当时没有过敏反应。上午10点，是幼儿水果餐时间，老师开始把预先配好的水果分配给每个幼儿，方方的水果盆里没有配芒果。在吃水果时，方方的邻座笑笑嫌自己的水果太多，把芒果给了方方，方方不知道这是芒果，觉得芒芒甜甜的，很好吃，方方将芒果全部吃完。到了午餐前，方方开始有过敏反应，带班老师发现情况后，就立刻通知了方方妈妈，并立即将方方送到医院治疗，3天后方方痊愈返园。送入园时方方妈妈与幼儿园协商赔偿医药费、交通费、照护费共4000元。幼儿园认为自己尽到职责，方方过敏不仅仅是芒果引起的，她还喝了牛奶，认为全部由幼儿园赔偿的要求不合理。最后协商由本人、邻居与幼儿园共同承担责任。

二 《〈民法典〉第七编 侵权责任》概要

（一）《民法典》基本情况

10 政策法规
扫一扫，查看《〈民典法〉第七编 侵权责任》全文。

《中华人民共和国民法典》（以下简称《民法典》）是新中国第一部以法典命名的法律，开创了我国法典编纂立法的先河，具有里程碑意义。

《民法典》共七编，依次为总则、物权、合同、人格权、婚姻家庭、继承、侵权责任及附则，合计1260条。侵权责任为《民法典》的第七编。《民法典》出台前处理侵权责任依据单行法律《中华人民共和国侵权责任法》（以下简称《侵权责任法》），《民法典》实施后，《侵权责任法》同时废除。

(二)《〈民法典〉第七编 侵权责任》的基本内容

《〈民法典〉第七编 侵权责任》(以下简称《侵权责任编》)共有10章,合计97条(《民法典》第一千一百六十四条至第一千二百六十条),分别是:一般规定、损害赔偿、责任主体的特殊规定、产品责任、机动车交通事故责任、医疗损害责任、环境污染和生态破坏责任、高度危险责任、饲养动物损害责任、建筑物和物件损害责任。

1. 一般规定

"一般规定"共有15条,内容包括适用范围、侵权责任的归责原则、多数人侵权的责任承担、侵权责任的减轻或者免除等一般规则。

(1)适用范围

《民法典》第一千一百六十四条规定本编的适用范围是"调整因侵害民事权益产生的民事关系"。与《侵权责任法》中"侵权责任"的表述相比,《侵权责任编》的适用范围更明确,更有针对性。

(2)侵权责任的归责原则

第一,过错责任原则。过错责任原则是在法无明文规定的情况下,有过错就要承担责任。《侵权责任编》采用了过错责任原则。《民法典》第一千一百六十五条规定:"行为人因过错侵害他人民事权益造成损害的,应当承担侵权责任。依照法律规定推定行为人有过错,其不能证明自己没有过错的,应当承担侵权责任。"依据举证责任,过错责任原则又分为一般过错责任原则和过错推定责任原则。前者是指在追究行为人责任时,需要受害人举证证明行为人有过错,如果不能证明,则行为人不承担责任;后者是指法律无明文规定的情况下,如果发生侵权,首先推定行为人有过错,如果行为人不能证明自己没有过错,就应当承担侵权责任。比如,幼儿在幼儿园受伤,如果教师能证明尽到职责,则可以不承担责任。

第二,无过错责任原则。无过错责任原则是指不考虑行为人的过错,一旦有损害结果发生,行为人就应承担责任,并不存在免责的事由。但是,该类侵权责任的承担,必须有法律的明确规定,否则不能适用无过错责任。在司法实践中,只要满足侵权行为、损害事实和因果关系这三个构成要件,行为人就应当承担赔偿责任,而不要求具备主观过错的要件。《民法典》第一千一百六十六条规定:"行为人造成他人民事权益损害,不论行为人有无过错,法律规定应当承担侵权责任的,依照其规定。"适用无过错责任的典型案件有:产品缺陷致人损害、高度危险作业致人损害、环境污染致人损害、饲养的动物致人损害等损害赔偿案件。

第三,"自甘风险"责任原则。该原则是指已知有风险而自愿冒风险,当风险出现时自己承担责任与损害后果。《民法典》第一千一百七十六条规定:"自愿参加具有一定风险的文体活动,因其他参加者的行为受到损害的,受害人不得请求其他参加者承担侵权责任;但是,其他参加者对损害的发生有故意或者重大过失的除外。"

第四,公平责任原则。该原则是指民事主体从事民事活动时要秉承公平理念,公正、平允、合理地确定各方的权利和义务,并依法承担相应的民事责任。《民法典》第一千一百七十二条规定:"二人以上分别实施侵权行为造成同一损害,能够确定责任大小的,各自承担相应的责任;难以确定责任大小的,平均承担责任。"第一千一百八十六条规定:"受害人和行为人对损害的发生都没有过错的,依照法律的规定由双方分担损失。"

(3) 多数人侵权的责任承担

《民法典》规定,二人以上共同实施侵权行为,需要承担连带责任,多人实施危及他人人身、财产安全的行为,其中一人或者数人的行为造成他人损害,能够确定具体侵权人的,由侵权人承担责任;不能确定具体侵权人的,行为人承担连带责任。

(4) 侵权责任的减轻或者免除

有下列几种情况的可以减轻或者免除行为人的责任:被侵权人对同一损害的发生或者扩大有过错的,可以减轻侵权人的责任;损害是因受害人故意造成的,行为人不承担责任;损害是因第三人造成的,第三人应当承担侵权责任。

另外,《民法典》还规定"自助行为"制度。明确合法权益受到侵害,情况紧迫且不能及时获得国家机关保护,不立即采取措施将使其合法权益受到难以弥补的损害的,受害人可以在保护自己合法权益的必要范围内,采取扣留侵权人的财物等合理措施,但是应当立即请求有关国家机关处理;受害人采取的措施不当造成他人损害的,应当承担侵权责任。

2. 损害赔偿

《侵权责任编》第二章规定了侵害人身权益和财产权益的赔偿规则和精神损害赔偿规则。

《民法典》对侵害人身权益的赔偿包括医疗费、护理费、交通费、营养费、住院伙食补助费等为治疗和康复支出的合理费用,以及因误工减少的收入;如果造成残疾的,还应当赔偿辅助器具费和残疾赔偿金;造成死亡的,还应当赔偿丧葬费和死亡赔偿金。

侵权行为造成受害人财产权益损害的,则侵权人应按照损失发生时的市场价格或者其他合理方式计算。对侵害他人知识产权,情节严重的,被侵权人有权请求相应的惩罚性赔偿。

相对以往的《侵权责任法》,《民法典》完善了精神损害赔偿制度,规定因故意或者重大过失侵害自然人具有人身意义的特定物造成严重精神损害的,被侵权人有权请求精神损害赔偿。

3. 关于责任主体的特殊规定

《侵权责任编》第三章规定了无民事行为能力人、限制民事行为能力人及其监护人的侵权责任,用人单位的侵权责任,网络侵权责任,以及公共场所的安全保障义务等。

无民事行为能力人、限制民事行为能力人造成他人损害的,由监护人承担侵权责任。监护人将监护职责委托给他人的,监护人应当承担侵权责任;受托人有过错的,应承担相应的责任。

《民法典》还规定了网络侵害责任,规定网络用户、网络服务提供者利用网络侵害他人民事权益的,应当承担侵权责任。

经营场所、公共场所的经营者、管理者或者群众性活动的组织者,未尽到安全保障义务,造成他人损害的，应当承担侵权责任，因第三人的行为造成他人损害的，由第三人承担侵权责任。

此外，《民法典》还规定了产品责任、机动车交通事故责任、医疗损害责任、环境污染和生态破坏责任、高度危险责任、饲养动物损害责任、建筑物和物件损害责任。

三　《学生伤害事故处理办法》

11　政策法规
扫一扫，查看《学生伤害事故处理办法》全文。

《学生伤害事故处理办法》（以下简称《处理办法》）是教育部于 2002 年发布的，用于处理在校学生伤害事故。2010 年，教育部对第八条进行了修改。《处理办法》共六章，分别是总则、事故与责任、事故处理程序、事故损害的赔偿、事故责任者的处理和附则。在附则中，《处理办法》规定，幼儿园和其他教育机构可以根据各自特点参照执行。

（一）总则

总则共有七条，主要表述了立法的目的与法源，规定了伤害事故处理的适用范围、处理事故的原则和各法律主体承担的责任。

1. 立法目的与法源

《处理办法》的立法目的是"积极预防、妥善处理在校学生伤害事故，保护学生、学校的合法权益"，其法源为《中华人民共和国教育法》《中华人民共和国未成年人保护法》和其他相关法律、行政法规及有关规定。

2. 适用范围

《处理办法》适用于在学校实施的教育教学活动或者学校组织的校外活动中，以及在学校负有管理责任的校舍、场地、其他教育教学设施、生活设施内发生的伤害事故。

3. 处理原则

《处理办法》要求及时、妥善地处理伤害事故，并遵循依法、客观公正、合理适当的原则。

4. 法律主体的责任

《处理办法》要求学校应当提供符合安全标准的校舍、场地、其他教育教学设施和生活设施，进行必要的安全教育和自护自救教育，建立健全制度，并采取相应的管理措施，预防和消除教育教学环境中存在的安全隐患；当发生事故时，应当及时采取措施救助学生。

教育行政部门应当加强安全工作，指导和协助学校做好事故处理工作。

学生应当遵守学校的规章制度和纪律。

未成年学生的父母或者其他监护人应当依法履行监护职责，配合学校对学生进行安全教育、管理和保护工作。

（二）事故与责任

《处理办法》规定了学生受到伤害时，学校、学生、学生监护人和其他相关人员承担责任的情形以及无须承担责任的情形。

1. 学校应当承担责任的情形

学校的校舍、场地，学校提供给学生的学具、教育与生活的设施和设备、药品、食品、饮用水不符合国家安全标准或行业标准；学校的安全制度存在疏漏、管理混乱、存在重大安全隐患而未及时采取措施；组织教育教学活动或者校外活动时未对学生进行安全教育，并未采取安全措施；组织学生从事不适宜的劳动和活动；知道教师患有不适宜教学的疾病而不采取措施；未注意到特异体质或者特定疾病的学生参加其不适宜的活动；发现在校发病或被伤害的学生，而未采取措施；教师或其他工作人员体罚或者变相体罚学生，或在履职中违反工作要求、操作流程或职业道德；发现学生行为具有危险性，但未进行必要的管理、告诫或者制止；发现或知道学生离校，不通知其监护人。

2. 学生或其监护人应当承担责任的情形

知道有危险或危害他人，仍然采取违反国家法律、社会准则和学校规章的行为；不听学校或教师劝阻，并拒不改正危险行为；监护人未将学生的特异体质或患有特定疾病的情况告诉学校；监护人知道或学校已经告知学生的身体状况、行为、情绪等有异常情况而未采取措施；学生和监护人的其他过错。

3. 其他人应当承担责任的情形

提供场地、设备、交通工具、食品及其他消费与服务的经营者，或者学校以外的活动组织者造成的学生伤害事故，应当依法承担相应的责任。

4. 学校无须承担责任的情形

不可抗的自然因素造成的；学校外部的突发性、偶发性侵害造成的；学校不知道或者难以知道学生特异体质、特定疾病或者异常心理状态的；自杀、自伤的；体育竞赛活动中发生意外伤害的；其他意外因素造成的；学生在上学或放学途中，自行外出或擅自离校，学校放学后自行留校或入校受到伤害，而学校并无不当行为的；教师或其他工作人员的非职务行为，或者学生、教师或其他人故意伤害学生的。

（三）处理程序

事故发生—学校及时通知监护人—（如果条件允许）紧急救援、救助—（严重情形）上报上级教育行政部门—（重大情形）教育行政部门上报同级政府或上级教育行政部门—（如有必要）教育行政部门指导与协调，恢复教学秩序—与家长协商（或家长诉讼）—教育行政部门调解（终止调解）—撰写事故报告。

（四）事故损失赔偿

对发生学生伤害事故负有责任的组织或个人，应当依照法律法规的有关规定，承担相应的损害赔偿责任，并按相应的法律和责任划分进行赔偿。学生伤害事故赔偿的范围与标准，按照有关行政法规、地方性法规或最高人民法院司法解释中的有关规定来确定。

学校对学生伤害事故负有责任的，根据责任大小，适当予以经济赔偿，但不承担解决户口、住房、就业等与救助受伤害学生和赔偿相应经济损失无直接关系的其他事项。

未成年学生对学生伤害事故负有责任的，由其监护人依法承担相应的赔偿责任。学生的行为侵害学校教师及其他工作人员及其他组织、个人的合法权益，造成损失的，成年学生或未成年学生的监护人应当依法予以赔偿。

（五）事故责任者的处理

学校负有责任且情节严重的，分别给予学校直接负责的主管人员和其他直接责任人员相应的行政处分；若行为触犯刑法的，应当移送司法机关依法追究刑事责任。

学校管理混乱，存在重大安全隐患的，拒不改正或情节严重的，给予相应的行政处罚。

教育行政部门未履行相应职责，对学生伤害事故的发生负有责任的，对直接负责的主管人员和其他直接责任人员分别给予相应的行政处分；触犯刑法的，移送司法机关追究刑事责任。

学生违反学校纪律，对造成学生伤害事故负有责任的，学校给予其相应的处分；触犯刑法的，由司法机关依法追究刑事责任；

受伤害学生的监护人、亲属或其他有关人员，在事故处理过程中无理取闹，扰乱学校正常教育教学秩序，或者侵犯学校、学校教师或其他工作人员的合法权益的，学校报告公安机关处理；造成损失的，可要求赔偿。

> **微案例**
>
> 2001年6月4日晚21时10分左右，江西某幼儿园小（六）班的班主任杨某在宿舍室内的过道上点了三盘蚊香。临走时，杨某将这一情况告诉了当晚值班的保育员吴某。晚上11时许，幼儿园保教主任倪某和值班医生在巡查中发现小（六）班点了蚊香，倪某对吴某只进行了简单询问，但未做任何处理便离开了。晚11时30分，吴某离开宿舍

后约45分钟内未到宿舍巡视。在此期间,床上的棉被掉落在床边过道上点燃的蚊香上,引起燃烧后,火势迅速蔓延,造成13名3至4岁的幼儿在火灾中丧生。其中男孩7人、女孩6人,大部分为窒息死亡。

南昌市西湖区人民法院对4名被告作出了一审判决,保育员吴某、班主任杨某因失火罪分别被判处有期徒刑5年和3年,保教主任倪某、园长刘某因国有企业、事业单位失职罪分别被判处有期徒刑3年。

法庭认为,担任小(六)班保育员的吴某既无上岗证,也未受过幼儿保育的职业培训,身为幼儿园园长的刘某违反有关规定让吴某担任保育员一职,属严重失职行为。①

四 预防侵害幼儿权利行为

(一)幼儿权利被侵害的原因

幼儿权利被侵害多是由以下原因造成的。

(1)幼儿园制度不完善、不健全,或者执行不到位给幼儿造成损害。比如,幼儿园未制定教师保教行为规范,或者有相应行为规范,但对于教师打骂幼儿不进行干预给幼儿造成损害。

(2)教学设施、设备、玩具等不符合国家或行业标准,或者存在安全隐患给幼儿带来损害。比如,有些幼儿园采购毒塑料玩具给幼儿玩,结果导致幼儿身体过敏。

(3)保教人员行为失当。比如,幼儿园保教人员违背职业道德,体罚或变相体罚幼儿、恐吓幼儿;保教人员让幼儿从事超越其能力的劳动、运动等活动;对幼儿冲突不加以干预,造成严重后果;保教过程中讥讽幼儿或者当众批评幼儿等不尊重幼儿人格的行为。

(4)幼儿自身行为。比如,幼儿之间攻击、碰撞等行为造成的损害。

(5)幼儿园外第三方人员造成的伤害。

(二)教师预防侵害幼儿权利的途径

依据《侵权责任编》相关规定,教师要预防幼儿权利被侵害,教师应当做到以下几点。

1. 尽到教育职责

《教育法》《教师法》《幼儿园教师专业标准(试行)》《幼儿园工作规程》等相关法律明确规

---

① 张敏,胡锦武. 南昌"6·5"幼儿园火灾4名责任人终审被判3至5年[N/OL]. (2002-09-05)[2023-05-03]. https://news.sina.com.cn/c/2002-09-05/1920708736.html.

定了教师的职责（具体内容见后面相关章节），教师应该按上述法律中的相关要求从事教育活动。

2. 尽到管理职责

幼儿教师除了履行保教活动职能之外，还有班级管理的职能。班级管理包括幼儿日常生活管理、教育活动管理、环境管理、安全管理、设施管理、人际关系管理、家园合作管理等。教师应按照幼儿园班级管理标准完成管理工作，并不断提升管理水平。

3. 尽到保护的职责

《民法典》第一千二百零一条规定："无民事行为能力人或者限制民事行为能力人在幼儿园、学校或者其他教育机构学习、生活期间，受到幼儿园、学校或者其他教育机构以外的第三人人身损害的，由第三人承担侵权责任；幼儿园、学校或者其他教育机构未尽到管理职责的，承担相应的补充责任。幼儿园、学校或者其他教育机构承担补充责任后，可以向第三人追偿。"所以，要预防幼儿的权利不被侵害，幼儿园应从制度建设、管理措施与教师要求上履行保护幼儿的职责。

微案例

彬彬和强强都是南京市江宁区一家幼儿园小（二）班的学生。2021年3月25日午餐过后，小（二）班的两位老师带着全班30多名小朋友，排着队到楼顶平台散步。走在队伍最前面的老师停下给一名同学整理衣物，另外一位老师还没上楼，孩子们的队伍出现了混乱。这时，排在后面的强强快速往前奔跑，扑向了彬彬，导致彬彬摔倒在地。彬彬送医诊治后，被确诊为左侧肱骨外髁骨折，需要通过手术复位。后经过司法鉴定，彬彬被鉴定为十级伤残，总损失为14.45万元。但由于几方达不成一致的赔偿意见，彬彬家长将幼儿园和强强都告上了法院。

法官认为，虽然幼儿园对小孩没有监护义务，但是这些幼儿是无民事行为能力的人，他们不知道危险，学校对他们有管理和保护义务。从事发时的视频可以清楚看到，孩子们之间出现了推搡的情况，如果两位老师加以提醒和制止，完全可以避免这起事故的发生。因此，幼儿园承担这起事故的主要责任，强强的父母因为教育不力，没有尽到监护义务，也要承担部分责任。①

课证融通

1. 【2020年真题】 幼儿园教师王某带领小朋友参加户外活动，王某时不时叮嘱小朋友们注意安全，彼此保持适当的距离。可是淘气的天天还是将文文撞倒在地，造成文文摔伤，对文文

---

① 江苏新闻. 幼童在幼儿园里被同学撞伤，谁担主责？法院这样判！[EB/OL]. (2022-05-29) [2023-04-30]. https://m.huanqiu.com/article/48CnG5CqDcd.

所受伤害应该承担主要赔偿责任的是（　　）。

  A. 幼儿园　　　　　　　　　　　　B. 天天的法定监护人

  C. 王某　　　　　　　　　　　　　D. 文文的法定监护人

2. 杜某 6 岁的儿子在幼儿园上学期间，因与小朋友潘某发生口角并将其打伤，潘某花去医药费近万元。这一损失应由谁负责？（　　）

  A. 杜某承担，如果幼儿园有过错，幼儿园应负连带责任

  B. 杜某承担，如果幼儿园有过错，幼儿园应当给予适当的赔偿

  C. 幼儿园承担，如果杜某有过错，杜某应负连带责任

  D. 幼儿园承担，如果杜某有过错，杜某应当给予适当的赔偿

3. 【2021 年真题】幼儿园户外活动时，妞妞与丁丁撞到一起，丁丁摔倒并擦伤了手肘。对于丁丁受伤，应承担赔偿责任的是（　　）。

  A. 幼儿园　　　　　　　　　　　　B. 妞妞的监护人

  C. 妞妞与丁丁的主班老师　　　　　　D. 妞妞的监护人与丁丁的监护人

4. 【2015 年真题】洋洋在自由活动时自行从幼儿园走出，在人行道上被一电动车刮伤，对洋洋的伤害有赔偿责任的是（　　）。

  A. 幼儿园　　　B. 车主　　　C. 父母　　　D. 幼儿园和车主

5. 【2016 年真题】某民办寄宿制幼儿园小朋友军军睡觉时不小心从上铺摔下受伤，关于该事故（　　）。

  A. 幼儿园无过错，不承担法律责任

  B. 幼儿园无过错，但应负赔偿责任

  C. 幼儿园有过错，承担一定的补偿费

  D. 幼儿园有过错，承担相应的法律责任

6. 【2017 年真题】教师成某带领小班幼儿户外活动，东东在玩滑梯时突然从滑梯上跳下摔伤。事后调取监控录像发现，事发时成某背对着幼儿活动区域。对于东东受伤，应承担赔偿责任的主体是（　　）。

  A. 成某　　　B. 幼儿园　　　C. 东东　　　D. 东东的监护人

12 课证融通
扫一扫,查看参考答案。

课内实训

一、实训项目

1. 实训情境

黄副园长完成第 1 次培训后,新进的这几位教师对保护幼儿权利的认知有了很大的提高,就在准备第 2 次培训时,接到园长一个电话,园长在电话中告诉黄副园长:中(三)班一位刚转入的幼儿佳佳在户外活动时被一位大班的幼儿无意撞伤,导致右手摔伤。当时上课的副班老师王老师看了一下这个大班幼儿没有擦伤,佳佳也没有哭,就没有再关注佳佳,直到午餐时,佳佳向保育老师说自己的右手拿不起筷子,而且还很痛。保育老师简单问了原因后,将佳佳带到保健室找医生,医生检查后判断佳佳的右手脱臼并有可能骨裂,需要到医院接受治疗。之后,保育老师将情况反映了给了主班老师刘老师。刘老师赶紧将情况告诉佳佳妈妈,佳佳妈妈来幼儿园接走佳佳并带她到市骨科医院治疗。后来,佳佳妈妈带佳佳进行了伤情鉴定,最后法医评定为九级伤残。为此,佳佳妈妈向法院起诉幼儿园,要求赔偿包括医疗费、护理费、残疾赔偿金、精神抚慰金等在内的 20 万余元。

园长还跟黄副园长讲了幼儿园当天下午发生的另一件事,小(二)班下午在园区大树下上户外活动课时,一根较大的枯树枝从树上掉落下来,砸在该班宣宣跟前的地上,树枝反弹砸到她的右眼上,致使宣宣右眼受伤。宣宣受伤后哭泣,带班郭老师立即将宣宣带到医务室检查,保健医生建议送到医院治疗。郭老师在送宣宣去医院的同时,打电话通知家长。后宣宣父母带宣宣先后到省会多家大医院治疗,共花费医疗费、交通费、住宿费累计 5 万余元,目前宣宣父母要求幼儿园赔偿这些损失。

现在园长接到了法院传票,估计过不了多久就要开庭,园长希望两件事都能和解。园长让黄副园长依法帮助分析幼儿园是否要承担责任,应承担哪些责任,是否有相似案例可以参考。

2. 实训任务

请你为黄副园长制作 1 份幼儿伤害事件处理建议书,内容至少包括:幼儿园应承担的责任、承担责任的依据、建议处理方法和参考案例。

二、实训成果

每个小组提供 1 份,要求援引法律正确,观点正确,方法恰当,逻辑性强,排版简洁、美观。

三、资源准备

1. 材料工具准备

连接网络的计算机、Office 或 WPS 等软件。

2. 知识准备

(1) 侵权责任及侵权处理方法等相关知识

依据《民法典》规定，不满 8 周岁的未成年人为无民事行为能力人，由其法定代理人代理实施民事法律行为。幼儿园的幼儿年龄在 3～6 岁，他们属于无民事行为能力人，他们的监护人属于法定代理人。

(2) 建议书的相关知识

格式一般由标题、称呼、正文、结尾、落款几部分构成。建议书的正文包括：提出建议的原因、理由和目的。

3. 相关能力准备

(1) 计算机操作及网络搜索能力；

(2) Office 或 WPS 软件操作能力；

(3) 建议书的写作能力。

四、实训评价

请使用实训评价表（见"课外活动"后），进行自我评价或师生共同评价。

> 拓展阅读

一、《处理办法》运用案例

1. 案情

娟娟今年 5 岁多，是中（一）班的小朋友。娟娟在美术区做手工时，与另外两位小朋友聊天，负责美术区域指导的李老师听到后，便揪着她的耳朵，将她拉出教室，让她站在走廊上。在区域活动小结时，李老师还说娟娟是坏孩子，告诉大家不要跟她玩。晚上娟娟回到家里，妈妈给她洗头时，她喊痛。妈妈停止洗头动作，认真查看她的头，发现她的右耳有撕裂的小口。妈妈问娟娟怎么把耳朵弄伤的，娟娟把上午李老师揪她的事说了一遍。妈妈给娟娟洗完澡后，马上给李老师打电话询问原因。李老师承认拉了娟娟，还否认拉伤，认为拉伤是娟娟与同伴玩耍时造成的或者自己撞伤的，李老师说明天会调查。妈妈挂了电话后又问娟娟到底是谁拉伤了耳朵。娟娟说李老师拉的时候已经出血了，后来又有几个小朋友学李老师的样子拉她的耳朵，又出了血。第二天，李老师向幼儿询问了一遍，就回复娟娟妈妈，说是强强和瑶瑶拉伤的，让娟娟妈妈去找这两位小朋友的家长。娟娟妈妈不想直接面对两位家长，认为李老师也负有责任，于是娟娟妈妈选择报警。后来李老师向警方承认揪了小孩的耳朵，当时确实看到一道伤口。调查认为李老师存在体罚幼儿的错误并造成幼儿损伤，另外李老师在班上说娟娟是坏孩子，并让大家不要跟她玩，致使其他幼儿模仿李老师的行为，最终导致损伤扩大。李老师存在侮辱幼儿、言行不当等有违师德的行为。后来，幼儿园与家长签订了和解协议并赔偿，李老师因其错误行为被辞退。

2. 分析

《处理办法》第九条规定，如果学校教师或者其他工作人员"体罚或者变相体罚学生，或者在履行职责过程中违反工作要求、操作规程、职业道德或者其他有关规定的"，学校要承担责任。李老师揪着娟娟的耳朵让她到走廊上罚站的行为，属于体罚幼儿的行为。同时，李老师揪耳朵的行为，造成了幼儿人身权利的损害。李老师的体罚和损害行为都是在指导幼儿活动时进行的，属于其职务行为，符合学校责任事故认定情形，幼儿园应承担责任。

另外，其他幼儿对娟娟的伤害是在李老师的不当言辞下产生的。幼儿属于无民事行为能力的人，不承担责任；监护人也不用承担责任，但要履行加强教育幼儿的义务。根据《民法典》第一千一百九十九条规定，对于娟娟的损害，李老师无法证明自己尽到了教育职责，幼儿园也应该承担责任。《处理办法》第三十二条规定，教育行政部门可以对直接责任人员给予相应的行政处分，因此幼儿园辞退李老师的做法也是合理的。

《中华人民共和国刑法修正案（九）》规定："对未成年人、老年人、患病的人、残疾人等负有监护、看护职责的人虐待被监护、看护的人，情节恶劣的，处三年以下有期徒刑或者拘役。"幼儿教师在教育活动中，如果出现虐待幼儿的情形有可能面临牢狱之灾。

二、《侵权责任编》与《侵权责任法》的区别

1. 承担责任的方式不同，增加了精神损害赔偿

《侵权责任法》承担侵权责任的方式主要有：停止侵害、排除妨碍、消除危险、返还财产、恢复原状、赔偿损失、赔礼道歉、消除影响、恢复名誉。这些承担侵权责任的方式可以单独适用，也可以合并适用。

《民法典》第一千一百六十七条规定："侵权行为危及他人人身、财产安全的，被侵权人有权请求侵权人承担停止侵害、排除妨碍、消除危险等侵权责任。"人身和财产损害涉及的内容较为复杂，《侵权责任编》只是《民法典》的一部分。

另外，《民法典》还将精神损害赔偿纳入其中。第一千一百八十三条规定："因故意或者重大过失侵害自然人具有人身意义的特定物造成严重精神损害的，被侵权人有权请求精神损害赔偿。"

2. 责任主体特殊规定中的差异

《侵权责任编》增加了个人劳务关系的规定：提供劳务的人侵害第三人的，接受劳务的一方在承担责任后，可以向提供劳务的人进行追偿。比如，你招用一个人，他在工作的过程中给别人造成损害，你在承担责任时，可以向招用的人追偿，《侵权责任法》则没有类似的规定。

另外，《侵权责任编》规定承揽关系中，承揽人在完成工作中造成第三人甚至自己损害的，定作人不承担责任，这也是《侵权责任法》没有的规定。

3. 机动车交通事故责任、医疗责任、环境破坏责任、饲养动物、高度危险、建筑物等规定的差异

《侵权责任编》中关于机动车交通事故责任、医疗责任、环境破坏责任、饲养动物、高度危险、建筑物等责任的规定，大多数与《侵权责任法》的规定相似，所增加的内容与幼儿园和幼儿教师关系不紧密，这里从略。

课外活动

1. 阅读下列案例的裁判，掌握分析方法。

幼儿意外受伤也要追责

真真是某幼儿园中班的学生。一天上午，幼儿园老师组织户外活动，真真在活动期间，因意外受伤致会阴处疼痛流血，一个小时后，老师发现异常并将其送往医院治疗。

南宁市良庆区法院认为，事发时真真为4岁幼儿，属于无民事行为能力人。真真在幼儿园内接受教育期间受伤，幼儿园如果要免除责任，应当举证已经尽到了教育、管理职责。本案中，真真在老师组织的园内户外活动中受伤，幼儿园作为负有教育、管理、保护义务的教育机构，却未能查明幼儿在园内受伤的原因，也没有在幼儿受伤后及时发现其身体异常，未能证明幼儿园具体如何尽到了教育、管理职责。因此，幼儿园应承担全部赔偿责任。

2. 如果你是以下案例中组织幼儿秋游的老师，你会如何处理此事？请你写出处理流程。

租车出游幼儿受伤谁负责？

春天花花幼儿园组织小朋友及其家长到城乡接合部的农家乐开展秋游活动，因幼儿园车辆不够，幼儿园特意从旅游公司租用了一辆40座的大巴。驾驶员不熟悉道路情况，在一处山体转弯处与一辆迎面驶来的大货车相撞，导致2名幼儿死亡，20多名家长和幼儿不同程度受伤。

《学生伤害事故处理办法》第十一条对第三方责任事故进行了规定："学校安排学生参加活动，因提供场地、设备、交通工具、食品及其他消费与服务的经营者，或者学校以外的活动组织者的过错造成的学生伤害事故，有过错的当事人应当依法承担相应的责任。"依据此规定可知，本案例是因车祸造成的幼儿伤害事故，属于第三方责任事故，主要应当由大巴所属的旅游公司及司机承担赔

偿责任。幼儿园虽无直接责任，根据《学生伤害事故处理办法》第二十六条规定，幼儿园"如果有条件，可以根据实际情况，本着自愿和可能的原则，对受伤害学生给予适当的帮助"。[①]

项目一　任务3实训评价表

A级（优秀）	B级（良好）	C级（及格）	D级（稍弱）	E级（较差）
1. 建议书结构完整，语言简洁，顺畅，条理清楚； 2. 所建议的原因描述简洁、清晰； 3. 所建议的理由具体明确，引用法律条款正确； 4. 提出的建议内容具体，可行性强； 5. 排版美观，符合实用要求	1. 建议书结构完整，语言准确顺畅，条理清楚； 2. 所建议的原因描述清晰； 3. 所建议的理由明确，引用法律条款正确； 4. 提出的建议内容具体，有可行性； 5. 排版美观、得体	1. 建议书结构完整，语言流畅，条理清楚； 2. 所建议的原因描述明确； 3. 所建议的理由明确，能引用法律条款； 4. 提出的建议内容具体； 5. 排版美观	1. 建议书结构有欠缺，表达清楚； 2. 能说明建议的原因； 3. 所建议的理由合理； 4. 能提出建议； 5. 排版一般	1. 建议书结构有欠缺，表达不清； 2. 没有说明提出建议的原因； 3. 所建议的理由不合法； 4. 提出建议无可行性； 5. 未进行排版
学生自评		（　）级，符合（　）级第（　）条		
小组评价		（　）级，符合（　）级第（　）条 建议：		

任务4　指导家庭保护幼儿的权利

一　儿童权利的家庭保护

我国法律对儿童权利的保护较为全面。它不仅保护了儿童的财产权利，还保护了儿童精神方面的权利。儿童权利的家庭保护主要体现在《民法典》和《未成年人保护法》相关条款中。

---

① 中公教育. 幼儿综合素质《学生伤害事故处理办法》案例解读［EB/OL］. （2021-04-21）［2023-5-03］. https://www.offcn.com/jiaoshi/2021/0421/439644.html.

（一）《民法典》中儿童权利的家庭保护

《民法典》对儿童权利的家庭保护，主要体现在《民法典》的总则、物权编、婚姻家庭编和人格权编中。

在总则的第二章"自然人"中，《民法典》第十六条规定："涉及遗产继承、接受赠与等胎儿利益保护的，胎儿视为具有民事权利能力。"这就是说还没有出生的胎儿也能享有遗产继承权和接受赠与等权利。在总则第二章第二节"监护"中明确提出"父母对未成年子女负有抚养、教育和保护的义务"。《民法典》第三十四条提出："监护人的职责是代理被监护人实施民事法律行为，保护被监护人的人身权利、财产权利以及其他合法权益等。"《民法典》第三十五条提出："未成年人的监护人履行监护职责，在作出与被监护人利益有关的决定时，应当根据被监护人的年龄和智力状况，尊重被监护人的真实意愿。"在物权编的第十四章"居住权"中，《民法典》第三百六十八条规定可以通过约定和遗嘱设立居住权，并规定"居住权无偿设立"。这个条款可以给予儿童充分的居住权协商余地，尤其是父母离婚分割共同财产时，可以更好地保护儿童的居住权。

13　政策法规
扫一扫，查看《〈民法典〉第五编　婚姻家庭》全文。

在婚姻家庭编的第三章第二节"父母子女关系和其他近亲属关系"中规定"未成年人有要求父母给付抚养费的权利"，并规定"有负担能力的祖父母、外祖父母，对于父母已经死亡或者父母无力抚养的未成年孙子女、外孙子女，有抚养的义务……父母有教育、保护未成年子女的权利和义务。未成年子女造成他人损害的，父母应当依法承担民事责任"。在婚姻家庭编的第四章"离婚"中规定："离婚后，不满两周岁的子女，以由母亲直接抚养为原则。已满两周岁的子女，父母双方对抚养问题协议不成的，由人民法院根据双方的具体情况，按照最有利于未成年子女的原则判决。子女已满八周岁的，应当尊重其真实意愿。"在婚姻家庭编的第一章"一般规定"中，《民法典》第一千零四十四条规定"禁止借收养名义买卖未成年人"。在婚姻家庭编的第五章"收养"中，还就未成年人的收养作出了详细的规定，如规定了收养人的范围和收养未成年人的条件等。这些法律条款很好地保护了未成年人的各种权益。

在人格权编中，《民法典》第一千零一十五条还规定未成年人可以在父姓和母姓之外选取姓氏。

（二）《未成年人保护法》中儿童权利的家庭保护

从前述相关内容中我们了解到《未成年人保护法》从多个方面来保护儿童的权利，其中家庭保护是重要的组成部分。下面我们将重点介绍未成年人的家庭保护。

《未成年人保护法》第二章"家庭保护"共 10 条，这些条款分别从父母或其他监护人的要求、监护职责、禁止行为以及应当履行的义务等方面来确保未成年人的权利得到保护。

1. 对父母或其他监护人的要求

《未成年人保护法》规定父母或其他监护人应当学习家庭教育知识，接受家庭教育指导，创造良好、和睦、文明的家庭环境。其他家庭成员应当协助未成年人的父母或其他监护人抚养、教育和保护未成年人。

2. 父母或其他监护人的监护职责

《未成年人保护法》规定父母或其他监护人应履行 10 项监护职责，包括：第一，为未成年人提供生活、健康、安全等方面的保障；第二，关注未成年人的生理、心理状况和情感需求；第三，教育和引导未成年人遵纪守法、勤俭节约，养成良好的思想品德和行为习惯；第四，对未成年人进行安全教育，提高未成年人的自我保护意识和能力；第五，尊重未成年人受教育的权利，保障适龄未成年人依法接受并完成义务教育；第六，保障未成年人休息、娱乐和体育锻炼的时间，引导未成年人进行有益身心健康的活动；第七，妥善管理和保护未成年人的财产；第八，依法代理未成年人实施民事法律行为；第九，预防和制止未成年人的不良行为和违法犯罪行为，并进行合理管教；第十，其他应当履行的监护职责。

3. 父母或其他监护人的禁止行为

为了保障未成年人的权利，《未成年人保护法》规定父母或其他监护人的 11 项禁止行为，分别为：虐待、遗弃、非法送养未成年人或者对未成年人实施家庭暴力；放任、教唆或者利用未成年人实施违法犯罪；放任、唆使未成年人参与邪教、迷信活动或者接受恐怖主义、分裂主义、极端主义等侵害；放任、唆使未成年人吸烟（含电子烟）、饮酒、赌博、流浪乞讨或者欺凌他人；放任或者迫使应当接受义务教育的未成年人失学、辍学；放任未成年人沉迷网络，接触危害或者可能影响其身心健康的图书、报刊、电影、广播电视节目、音像制品、电子出版物和网络信息等；放任未成年人进入营业性娱乐场所、酒吧、互联网上网服务营业场所等不适宜未成年人活动的场所；允许或者迫使未成年人从事国家规定以外的劳动；允许、迫使未成年人结婚或者为未成年人订立婚约；违法处分、侵吞未成年人的财产或者利用未成年人牟取不正当利益；其他侵犯未成年人身心健康、财产权益或者不依法履行未成年人保护义务的行为。

4. 父母或其他监护人的义务

《未成年人保护法》详细规定了父母或其他监护人应履行保护的义务，主要包括：为未成年人提供安全的家庭生活环境；配备儿童安全座椅、教育未成年人遵守交通规则；提高户外安全保护意识；在作出与未成年人权益有关的决定前，听取未成年人的意见，充分考虑其真实意愿；发现未成年人身心健康受到侵害、疑似受到侵害或者其他合法权益受到侵犯的，应当及时了解情况并采取保护措施；不得使未满八周岁或者由于身体、心理原因需要特别照顾的未成年人处于无人看护状态；监护人在一定期限内不能完全履行监护职责的，应当委托具有照护能力的完全民事行为能力人代为照护；未成年人的父母离婚时，应当妥善处理未成年子女的抚养、教育、探望、财产等事宜，听取有表达意愿能力未成年人的意见；不得以抢夺、藏匿未成年子女等方式争夺抚养权；未成年人的父母离婚后，不直接抚养未成年子女的一方应当依照协议、人民法院判决或者调解确定的时间和方式，在不影响未成年人学习、生活的情况下探望未成年子女。

2020年8月，原告胡某和被告陈某协议离婚，约定女儿胡小某由其母即被告陈某抚养，原告每月支付抚养费。一个月后，因被告再婚，有两三个星期未送胡小某去上学。自2020年12月10日起，原告为胡小某找来全托保姆单独居住，原告自己住在距胡小某住处20公里的乡下别墅内，由保姆单独照护胡小某，被告每周末去接孩子。原告胡某认为离婚后，被告陈某未能按约定履行抚养女儿的义务，遂将陈某诉至法院，请求法院判令将女儿胡小某的抚养权变更给原告。经法庭询问，胡小某表示更愿意和妈妈陈某在一起生活。①

二 家长的监护权与探视权

0~6岁的儿童是未成年人，属于无民事行为能力人。依据我国法律规定，他们的权利主要由父母代理，同时父母也必须履行对子女的抚养、教育和保护义务，禁止虐待、残害儿童。现有研究表明，儿童的各种权利中，儿童的生存权和受教育权最受父母关注，而参与权和休闲娱乐权常被忽视，甚至被剥夺。父母是守护幼儿权利的第一责任人，在儿童的成长过程中，应当履行好自己的职责。

（一）监护权

1. 监护人资格

监护权是监护人对于未成年人和精神病人等无民事行为能力人和限制行为能力人的人身权益、财产权益所享有的监督、保护的身份权。

当幼儿进入幼儿园后，不少家长对监护权有一种误解，认为幼儿既然进入了幼儿园，幼儿在幼

---

① 中华人民共和国最高人民法院. 未成年人权益司法保护典型案例［EB/OL］.（2022-03-02）［2023-05-01］. https：//www. court. gov. cn/zixun-xiangqing-347931. html.

儿园所发生的一切都应该由幼儿园负责。针对这种错误的看法，《学生伤害事故处理办法》明确规定，学校对未成年人学生不承担监护责任。据此可知，幼儿园和幼儿园教师不是幼儿在园时的临时监护人，也就是说幼儿在园期间，幼儿园与教师不承担监护职责。

幼儿园的幼儿年龄介于3～6岁，根据《民法典》规定："不满八周岁的未成年人为无民事行为能力人，由其法定代理人代理实施民事法律行为。无民事行为能力人、限制民事行为能力人的监护人是其法定代理人。"《民法典》总则第二章规定："父母是未成年子女的监护人。未成年人的父母已经死亡或者没有监护能力的，由下列有监护能力的人按顺序担任监护人：祖父母、外祖父母；兄、姐；其他愿意担任监护人的个人或者组织，但是须经未成年人住所地的居民委员会、村民委员会或者民政部门同意。"

2. 监护权的指定

监护权的指定可以通过以下途径来实现：

（1）通过遗嘱指定监护人；

（2）依法具有监护资格的人之间，可以通过协议确定监护人，但必须尊重被监护人的真实意愿；

（3）对监护人的确定有争议的，由被监护人住所地的居民委员会、村民委员会或者民政部门指定监护人，有关当事人对指定不服的，可以向人民法院申请指定监护人；有关当事人也可以直接向人民法院申请指定监护人。

有关当事人也可以直接向人民法院申请指定监护人。

3. 监护人职责

监护人职责是指代理被监护人实施民事法律行为，保护被监护人的人身权利、财产权利以及其他合法权益，监护人同时享有由此产生的权利。《民法典》要求"监护人应当按照最有利于被监护人的原则履行监护职责"，作出与被监护人利益相关的决定时应尊重被监护人的意愿。监护人不履行监护职责或者侵害被监护人合法权益的，也应当承担法律责任。

微案例

中（一）班的雯雯是刚插班进来的幼儿，很多行为习惯并没有养成。一日饮水排队时，雯雯不排队，直接插到队伍的最前面，把站在前面的亮亮推倒，导致亮亮额头撞伤，经过治疗，还是留下一小块疤痕，亮亮的父母要求幼儿园赔偿各项费用2万元。亮亮父母认为，亮亮在幼儿园期间，幼儿园作为监护人，没有履行监护职责，应当承担责任。事实上幼儿园不是亮亮的监护人，不承担监护责任，但根据《民法典》侵权责任条款，"无民事行为能力人在幼儿园、学校或者其他教育机构学习、生活期间受到人身损害的，幼儿园、学校或者其他教育机构应当承担侵权责任"，亮亮受伤，是幼儿园没有尽到教育、管理职责，应当承担责任。

如果监护人严重损害被监护人身心健康、怠于履行监护职责、无法履行监护职责，且又拒绝将监护职责委托给他人，导致被监护人处于危困状态，或者严重侵害被监护人合法权益，人民法院可根据有关个人或组织的申请，撤销其监护人资格，并依法指定其他监护人。

（二）探望权

1. 探望权的含义

在工作中，幼儿园教师常常会遇到已经离婚的夫妻一方到幼儿园探望幼儿，甚至将幼儿接走，而另一方则不允许的情况。这种情况让夹在中间的幼儿园教师无所适从。有时还因为幼儿园教师同意幼儿父母一方接走了幼儿，另一方将教师告上法庭。

探望权，也称探视权，是指夫妻离婚后，不直接抚养子女一方对子女享有按约定或依据人民法院的判决，遵循一定的时间、地点和方式，看望由另一方直接抚养的子女，或者将子女短暂接回共同生活的权利。《民法典》第一千零八十六条规定："离婚后，不直接抚养子女的父或者母，有探望子女的权利，另一方有协助的义务。"

在实际生活中，还存在离婚后的父母一方不让幼儿见祖辈的情况，如不让婆婆见孙子。这种情况不违法，因为《民法典》规定探视权的权利主体是子女的父亲或母亲。

2. 探望权的特征

（1）探望权的权利主体为离婚后不直接抚养子女的父亲或母亲一方，而探望权的义务主体为离婚后直接抚养子女的一方。直接抚养子女的一方应为另一方提供便利，积极协助，不得阻碍对方行使权利。

（2）行使探望权利的方式、时间由当事人协议；协议不成的，由人民法院判决。

（3）探望权是离婚后父亲或母亲对子女的一项法定权利。探望权既是亲属法上的权利，又是一项基本人权。离婚后不与子女共同生活的一方，通过探望子女、与子女交流、与子女短暂生活等多种形式行使探望权，可以起到继续教育子女的目的，促进父母与子女之间的关系，利于子女身心健康和全面成长。

（4）探望权产生的时间是离婚后。离婚前，父母存在着有效的婚姻关系，与孩子共同生活，共同教育孩子，行使探望权的问题还不存在。

（5）探望权的行使必须有利于孩子的身心健康。《民法典》第一千零八十六条规定："父或者母探望子女，不利于子女身心健康的，由人民法院依法中止探望；中止的事由消失后，应当恢复探望。"探望权实际是一种义务性的权利，它的行使应使子女完整地享受父母之爱，使孩子得到健康、积极向上的教育。如果行使探望权损害了孩子的身心健康，人民法院可以依法中止探望权的行使。

微案例

杨某与吴某于 2016 年 12 月 26 日登记结婚，2017 年 10 月 15 日生育一子飞飞。2021 年 5 月 20 日，双方经法院调解离婚，并确认儿子飞飞随杨某共同生活，吴某每月支付抚养费人民币 2000 元。

因杨某阻拦，吴某自 2018 年底搬离住处后未能正常探望儿子。离婚后，2021 年 5 月和 6 月吴某直接到幼儿园将飞飞接走，杨某得知飞飞被吴某接走后，在幼儿园大吵大闹，后又向教育主管部门投诉。教育主管部门经过调查后认为，幼儿园在不知杨某与吴某离婚情况下，允许吴某接走飞飞并无不妥，即使知道杨某与吴某已经离婚，但幼儿园不能剥夺吴某的探望权，所以幼儿园没有过错，不承担责任。

三 《中华人民共和国家庭教育促进法》概述

14　政策法规
扫一扫，查看《中华人民共和国家庭教育促进法》全文。

受教育权是儿童发展权的重要组成部分。家庭教育既是父母必须履行的一项义务，又是落实儿童受教育权的重要形式。

为了发扬中华民族重视家庭教育的优良传统，引导全社会注重家庭、家教、家风，增进家庭幸福与社会和谐，培养德智体美劳全面发展的社会主义建设者和接班人，2021 年，我国发布了《中华人民共和国家庭教育促进法》（以下简称《家庭教育促进法》）。该法共 6 章，分别是总则、家庭责任、国家支持、社会协同、法律责任和附则。

（一）总则

总则主要阐明了立法目的，家庭教育的内涵，家庭教育任务，家庭教育的主体与要求，政府、社会、各职能部门对于家庭教育的责任，以及国家对于家庭教育的政策。

家庭教育是指父母或者其他监护人为促进未成年人全面健康成长，对其实施的道德品质、身体素质、生活技能、文化修养、行为习惯等方面的培育、引导和影响。

家庭教育的任务以立德树人为根本任务，培育和践行社会主义核心价值观，弘扬中华民族优秀传统文化、革命文化、社会主义先进文化，促进未成年人健康成长。

家庭教育的主体为未成年人的父母或者其他监护人，国家、社会为家庭教育提供指导、支持和服务。

对于家庭教育，《家庭教育促进法》提出以下要求：

（1）尊重未成年人身心发展规律和个体差异；

（2）尊重未成年人人格尊严，保护未成年人隐私权和个人信息，保障未成年人合法权益；

（3）遵循家庭教育特点，贯彻科学的家庭教育理念和方法；

（4）家庭教育、学校教育、社会教育紧密结合、协调一致；

（5）结合实际情况采取灵活多样的措施。

《家庭教育促进法》提出建立健全家庭学校社会协同育人机制，负责妇女儿童工作的机构应组织、协调、指导、督促有关部门做好家庭教育工作。社会各机构在各自的职责范围内，做好家庭教育工作。国家鼓励开展公益性家庭教育活动、开展家庭教育研究、进行家庭教育服务人才的培养与培训，并将每年5月15日所在的周定为家庭教育宣传周。

（二）家庭责任

1. 家庭责任

《家庭教育促进法》要求父母或者其他监护人应当树立家庭是第一个课堂、家长是第一任老师的责任意识，承担对未成年人实施家庭教育的主体责任，用正确的思想、方法和行为教育未成年人养成良好的思想、品行和习惯。同时，《家庭教育促进法》还要求父母或监护人注重家庭建设，培育积极健康的家庭文化，树立和传承优良家风，弘扬中华民族家庭美德，共同构建文明、和睦的家庭关系，为未成年人健康成长营造良好的家庭环境。

2. 家庭教育内容

（1）教育未成年人爱党、爱国、爱人民、爱集体、爱社会主义，树立维护国家统一的观念，铸牢中华民族共同体意识，培养家国情怀；

（2）教育未成年人崇德向善、尊老爱幼、热爱家庭、勤俭节约、团结互助、诚信友爱、遵纪守法，培养其良好的社会公德、家庭美德、个人品德意识和法治意识；

（3）帮助未成年人树立正确的成才观；

（4）保证未成年人养成良好的生活习惯和行为习惯，促进其身心健康发展；

（5）关注未成年人心理健康，教导其珍爱生命，对其进行安全知识教育，帮助其掌握安全知识和技能，增强其自我保护的意识和能力；

（6）帮助未成年人树立正确的劳动观念。

3. 家庭教育方法

《家庭教育促进法》要求开展家庭教育时应当关注未成年人的生理、心理、智力发展状况，尊重其参与相关家庭事务和发表意见的权利，合理运用恰当的方式方法：①亲自养育，加强亲子陪伴；②共同参与，发挥父母双方的作用；③相机而教；④言传与身教相结合；⑤严慈相济；⑥尊重差异；⑦平等交流；⑧父母与子女共同成长等。

《家庭教育促进法》还要求父母或其他监护人自觉学习家庭教育知识，掌握科学的家庭教育方法，提高家庭教育的能力；与中小学校、幼儿园、婴幼儿照护服务机构、社区密切配合；合理安排未成年人学习、休息、娱乐和体育锻炼的时间；禁止歧视未成年人，禁止家庭暴力，不得胁迫、引诱、教唆、纵容、利用未成年人从事违反法律法规和社会公德的活动。

（三）国家支持

《家庭教育促进法》对上至国务院，下到地方政府以及基层机构应当承担家庭教育的职责作出了明确的规定：国务院制定全国家庭教育大纲；省级人民政府建立家庭教育平台，提供课程和线上指导；县级政府加强监管，减轻未成年人负担，建立家庭教育指导队伍，确定家庭教育机构；市、县、乡级人民政府结合当地实际，对留守未成年人和困境未成年人家庭建档立卡，提供关爱服务。

（四）社会协同

《家庭教育促进法》除了要求居民委员会、村民委员会依托城乡社区公共服务设施，设立家庭教育指导服务站点之外，重点对中小学校和幼儿园开展家庭教育作出明确的规定，主要内容有：

（1）中小学校、幼儿园应当将家庭教育指导服务纳入工作计划，作为教师业务培训的内容；

（2）中小学校、幼儿园可以采取建立家长学校，针对不同年龄段未成年人的特点，定期组织公益性家庭教育指导服务和实践活动，并及时联系、督促监护人参加；

（3）中小学校、幼儿园应当根据家长的需求，邀请有关人员传授家庭教育理念、知识和方法，组织开展家庭教育指导服务和实践活动；

（4）具备条件的中小学校、幼儿园应当为家庭教育指导服务站点开展公益性家庭教育指导服务活动提供支持；

（5）婴幼儿照护服务机构、早期教育服务机构应当为未成年人的监护人提供科学养育指导等家庭教育指导服务；

（6）中小学校发现未成年学生严重违反校规校纪的，应当及时制止、管教，告知其父母或其他监护人，并为其父母或其他监护人提供有针对性的家庭教育指导服务。

其他机构如医疗机构、图书馆、博物馆、文化馆、纪念馆、美术馆、科技馆等应当为未成年人及其监护人提供家庭教育服务。广播、电视、报刊、互联网等新闻媒体应当宣传正确的家庭教育知识，营造重视家庭教育的良好社会氛围。

（五）法律责任

居民委员会、村民委员会、中小学校、幼儿园等有关密切接触未成年人的单位，发现父母或其他监护人拒绝、怠于履行家庭教育责任，或者非法阻碍其他监护人实施家庭教育的，应当予以批评教育、劝诫制止。

公安机关、人民检察院、人民法院在办理案件过程中，发现未成年人存在严重不良行为或者实施犯罪行为，或者未成年人的父母或其他监护人不正确实施家庭教育，侵害未成年人合法权益的，根据情况对父母或其他监护人予以训诫，并可以责令其接受家庭教育指导。

负有家庭教育工作职责的政府部门、机构，如果不履行家庭教育工作职责，截留、挤占、挪用或者虚报、冒领家庭教育工作经费，有其他滥用职权、玩忽职守或者徇私舞弊的情形，上级机关或者主管单位责令限期改正，情节严重的，对直接负责的主管人员和其他直接责任人员依法予以处分。

家庭教育指导机构、中小学校、幼儿园、婴幼儿照护服务机构、早期教育服务机构，不履行或者不正确履行家庭教育指导服务职责的，由主管部门责令限期改正；情节严重的，对直接负责的主管人员和其他直接责任人员依法予以处分。

微案例

原告刘某与被告张某于2011年生育张小某，但未办理结婚登记。2015年二人分手，张小某随刘某生活并由其抚养。张某未支付抚养费，亦未履行家庭教育等责任。后刘某起诉张某，要求其支付2016年以来张小某的抚养费，并按每月人民币2000元的标准给付，教育费、医疗费平摊至张小某成年时止。

人民法院经审理认为，非婚生子女享有与婚生子女同等的权利，不直接抚养非婚生子女的张某应当负担未成年子女的抚养费。经调解，双方达成协议：张某每月支付抚养费人民币1000元至张小某独立生活时止；医疗费、教育费凭有效发票由张某承担50%；刘某应为张某探视张小某提供方便。

家庭教育指导实施过程中，人民法院针对张某未给付抚养费且未履行家庭教育主体责任，向其发出《家庭教育指导令》，督促其积极履行给付抚养费义务，并关注张小某的心理和情感需求，加强亲子陪伴和交流。人民法院督促张某认真学习《未成年人保护法》和《家庭教育促进法》等法律法规，掌握家庭教育知识，提高家庭教育能力，切实履行家庭教育责任。[①]

---

① 重庆高级人民法院. 重庆法院实施《家庭教育促进法》典型案例［EB/OL］.（2022-06-01）［2023-04-25］. https://www.thepaper.cn/newsDetail_forward_18375911.

四 幼儿园对家庭教育的指导

家庭是幼儿教育的重要场所，父母是幼儿的第一任老师。父母拥有科学的家庭教育知识与能力，有利于保护幼儿的权利，因此加强对家庭教育的指导非常重要。

《中华人民共和国教育法》规定："未成年人的父母或者其他监护人应当配合学校及其他教育机构，对其未成年子女或者其他被监护人进行教育……学校、教师对学生家长提供家庭教育指导。"《幼儿园工作规程》中也规定幼儿园的任务除了贯彻国家的教育方针，实施德、智、体、美等方面全面发展的教育外，还应该"面向幼儿家长提供科学育儿指导"。《幼儿园教育指导纲要（试行）》认为家庭是幼儿园重要的合作伙伴。幼儿园应本着尊重、平等、合作的原则，争取家长的理解、支持和主动参与，并积极支持、帮助家长提高教育能力。所以，指导、支持和帮助家长提高教育能力是幼儿园的重要任务，也能增强家长保护幼儿权利的能力。

幼儿园教师可以用以下方式指导家庭教育：①家庭访问；②个别面谈；③家教咨询；④家庭联系本（手册）；⑤电话或短信；⑥家长会或家委会；⑦家长开放日；⑧宣传栏、展览台、陈列室；⑨网络平台（如网站、公众号、视频号等）。

幼儿园教师指导家庭教育的内容主要有：①国家教育方针；②现代儿童观和教育观；③幼儿法律地位及权利；④家庭教育的独特价值和父母的职责；⑤家庭教育的内容；⑥家庭教育的方式；⑦汇报幼儿在园的动态；⑧介绍幼儿的个性特点、习惯特性、幼儿发展水平等；⑨幼儿园取得的成绩与存在的困难等。

微案例

以下是一名幼儿园教师进行家庭教育指导的记录。

中（四）班幼儿王××，性别男，中班年龄入园。其父母均是上海某高校研究生，母亲医学专业毕业。因孩子的病情加之长年的居家生活，母亲变得敏感、焦虑、紧张，对孩子关爱与呵护过度，导致孩子很黏妈妈。因过度的饮食控制，王××较同龄孩子明显瘦小，给人一种胆小而羸弱的感觉。

孩子入园的前一天，妈妈局促、紧张、不安地带着他站在办公室门口，手里还拿着一张纸条，我热情地将他们请进来，还没坐稳，妈妈便急切地将纸条塞到我手里，开口说："管老师，这上面是王××的禁忌食物，能给我看看你们的食谱吗？"我接过纸条将食谱交给她，她认真看食谱的时候，我打开纸条看了看母亲口中孩子过敏的食物，几乎包括了所有我们能吃的东西。妈妈抬起头看着我说："管老师，这些我用笔标注出来的孩子都不能吃，所以这个食谱不适合我们家孩子。不过我也咨询过专家说很多东西不吃，容易造成营养不良，影响身体发育，可是你们食谱上的东西有很多我从来没有给他尝试过，担心吃了之后会再引起肠道过敏，孩子又要遭罪了。"听到这里，我打断她说："××妈妈，专家说得一点没错，我想问一下，你罗列的这些过敏食物都是正规医院检测出来的吗？什么时间检测的？"妈妈告诉我这些食物不是医院检测的，而是因为孩子从小肠胃不好，两岁的时候专家给出的建议，从两岁一直到现在再没给孩子吃过这些东西。原来如此，我又问："××妈妈，那么专家是建议短时间之内不吃，还是以后都不能吃？"妈妈说："当时也没问，可是自从停止吃这些食物之后，孩子肠胃真的好了很多，所以以防万一，就再也没有给他吃过这些东西。如果你们非要让他吃的话，适当地给他一点，但要观察记录，出现问题马上与我联系。"

1. 利用卫生保健知识，从专业的角度为妈妈解读学龄前儿童膳食营养，从营养需求、膳食营养要求等方面进行详细的讲解，让妈妈了解营养摄入不足对孩子的危害。为妈妈分析幼儿园每周食谱的制定依据和一份健康食谱的各营养素含量，让妈妈转变饮食观念，为孩子以后正常饮食，拥有健康的身体做好铺垫。

2. 向妈妈说明，对于孩子没有尝试过的食品，我们不会贸然给孩子进食，以免孩子发生意外情况。但我们建议妈妈可以在家里适当地给孩子少吃一点，观察孩子的反应并做好记录，家中观察两周后在无不适的情况下将记录交给我们以作参考。①

课证融通

1. 【2021年真题】离园时间已经过了半个小时。明明的家长还没有来，也不接电话。于是蒋老师把明明送回了家，发现明明的妈妈正在打麻将。事后，蒋老师与明明的妈妈进行了沟通。明明的妈妈以后再也没出现过类似情况。这体现的是（　　）。

A. 家长是教师的助手　　　　　　B. 家庭教育是幼儿园教育的延伸
C. 教师是家庭教育的指导者　　　D. 幼儿园教育是家庭教育的补充

2. 【2022年真题】小孙是个流浪儿童，相关部门一直没有找到小孙的父母或其他监护人。对于小孙的监护问题，下列说法正确的是（　　）。

---

① 管晓英. 幼儿园家庭教育指导案例［EB/OL］.（2020-05-29）［2023-04-29］. http://jxhz.qdedu.net/jxhz/9135/9150/38489/index.html.

A. 应当由民政部门对小孙进行长期监护 B. 应当由教育部门对小孙进行长期监护

C. 应当由福利机构对小孙进行长期监护 D. 应当由公安机关对小孙进行长期监护

3. 【2019年真题】 林某因不履行监护职责，被当地人民法院依法剥夺了其对子女家长的监护权，根据《中华人民共和国未成年人保护法》，下列说法正确的是（　　）。

A. 林某应继续负担抚养费 B. 林某可不再承担抚养费

C. 法院可委托他人代为监护 D. 林某可指定他人为其监护

4. 【2019年真题】 对下图中父母行为判断正确的是（　　）。

A. 体现对孩子的严格要求 B. 有助于激励孩子不断进步

C. 损害孩子的人格尊严 D. 侵犯孩子的受教育权

5. 【2021年真题】 爸爸把自己抽的电子烟给小学生兵兵吸了一口，兵兵呛得直咳。妈妈责怪爸爸，爸爸说，电子烟对身体没有危害。对此，下列说法正确的是（　　）。

A. 电子烟不是烟，未成年人吸也没有问题

B. 任何人不得唆使未成年人吸烟（含电子烟）

C. 未成年人偶尔吸口烟（含电子烟）没关系

D. 学生上了初中以后才可以吸烟（含电子烟）

15　课证融通
扫一扫，查看参考答案。

课内实训

一、实训任务

1. 实训情境

午餐时黄副园长找到中（三）班一位新入职的曾老师进行了交流。在与她交流的过程中，得知曾老师的班上有个叫乐乐的小朋友近期突然不太说话了，常常躲在角落闷闷不乐。曾老师也问了原因，是因为父母闹离婚，乐乐成了出气筒，只要一方骂架中觉得没有赢，就会骂乐乐，有时还会打她，有几次乐乐没有来上学，也是因为父母吵架没有人送她来。现在曾老师不知如何去做乐乐家长的工作，希望黄副园长能做一些培训。幼儿园工作离不开家庭的配合与支持，但是目前家长的儿童观千差万别，加上育儿知识与经验不足，导致家庭教育的手段与方式千奇百怪，幼儿的权利时不时被家长侵害。记得前天钱老师在教研会上也谈到他们班的幼儿兰兰被虐待的事：兰兰的父母离婚后跟随爸爸生活，后来爸爸又重组了家庭。兰兰的继母趁她爸爸出差时，多次对兰兰实施打骂，有时用铅笔扎，用棒子打，有时还用热水烫兰兰的手。最近一次，她继母用筷子捅她的嘴，导致口腔多次受伤。黄副园长清楚地知道保护未成年人是全社会的共同职责，《未成年人保护法》在"家庭保护"章节中要求父母或者其他监护人学习家庭教育知识，接受家庭教育指导，为幼儿创造良好、和睦、文明的家庭环境。根据《家庭教育促进法》《幼儿园工作规程》规定，幼儿园有对家庭教育进行指导的义务。而目前紫格幼儿园大多数老师对家庭教育指导有所欠缺，尤其是不熟悉新颁布的《家庭教育促进法》。于是，黄副园长决定在近期组织一次座谈会，主题为"幼儿的家庭保护"，参加者为全体老师和中小班幼儿家长。

2. 实训任务

请你为黄副园长准备1份座谈会的讲话稿。

二、实训成果

每个小组提供1份讲话稿，内容至少应该包括父母或其他监护人的职责、家庭对幼儿发展的作用、开展家庭教育的方法与途径。对于《家庭教育促进法》的核心内容，要求援引内容全面，观点正确，层次清楚，逻辑性强，排版简洁、美观。

三、资源准备

1. 材料工具准备

连接网络的计算机、Office 或 WPS 等软件。

2. 知识准备

（1）教育法中关于监护人的职责等相关知识

《中华人民共和国教育法》规定："未成年人的父母或者其他监护人应当为其未成年子女或者其他被监护人受教育提供必要条件……未成年人的父母或者其他监护人应当配合学校及其他教育机构，对其未成年子女或者其他被监护人进行教育。"

（2）家庭教育的相关知识

熟悉《家庭教育促进法》的主要内容。

家庭是儿童成长的第一环境，父母是儿童的第一任老师，家庭教育是整个教育系统的基础与起点，也是儿童全面发展的条件，同时还是落实儿童权利保护的重要手段。家庭教育内容丰富，包括生活与技能的教育，人际交往技能的教育，认知能力、艺术能力和学习习惯的培养。幼儿园教师的家庭指导也要围绕这些内容进行，并指导家长在进行上述内容的教育时应注意什么，哪些做法是正确的，哪些做法是错误的，以及如何配合幼儿园的教育。

熟悉讲话稿的写作知识。用于座谈会主持人的讲话稿，重点要讲清楚召开座谈会的原因，对照幼儿权利的家庭保护现状，谈谈家庭在保护幼儿权利方面的重要意义。此外，还要讲清楚家庭如何来保护幼儿的权利，以及幼儿园教师应如何指导家庭去保护幼儿的权利。

3. 相关能力准备

（1）计算机操作及网络搜索能力；

（2）家庭教育资料的收集与分析能力；

（3）讲话稿的写作能力。

四、实训评价

请使用实训评价表（见"课外活动"后），进行自我评价或师生共同评价。

拓展阅读

一、《关于指导推进家庭教育的五年规划（2021—2025年）》

2022年，全国妇联、教育部等11个部门印发《关于指导推进家庭教育的五年规划（2021—2025年）》（以下简称《家庭教育五年规划》）。

《家庭教育五年规划》立足新发展阶段，贯彻新发展理念，构建新发展格局，以法治为引领，以立德树人为根本任务，以构建覆盖城乡的家庭教育指导服务体系、健全学校家庭社会协同育人机制、促进儿童健康成长为根本目标，进一步提升家庭教育公共服务供给水平，扩大指导服务的覆盖面，增强其精准度和实效性，持续提升家庭教育工作法治化、专业化、规范化水平，全面促进家庭家教家风建设，更好地满足人民群众科学育儿的新期盼、新需求，为全面建设社会主义现代化国家、实现第二个百年奋斗目标奠定人才基础。

《家庭教育五年规划》明确到 2025 年，各类家庭教育指导服务阵地数量明显增加，稳定、规范、专业的指导服务队伍基本建立，公共服务资源供给更加充分，覆盖城乡、公平优质、均衡发展的家庭教育指导服务体系逐步完善，学校家庭社会协同育人的机制更加健全，家庭教育在培养德智体美劳全面发展的社会主义建设者和接班人中发挥更重要的基础性作用。

《家庭教育五年规划》确立了未来五年要完成的重要任务：第一，完善立德树人根本任务落实机制；第二，完善家庭教育法律政策体系；第三，构建普惠性家庭教育公共服务供给体系；第四，打造专业化家庭教育支持体系；第五，完善精准化家庭教育指导服务机制；第六，构建全链条的家校社协同育人机制。

在实施策略中，《家庭教育五年规划》要求健全学校家庭社会协同育人的机制，形成学校、家庭、社会协同育人合力；推动中小学、幼儿园普遍建立家长学校，每学期至少组织两次家庭教育指导服务活动，做到有制度、有计划、有师资、有活动、有评估；因地制宜探索完善协同育人工作协调机制，加强统筹规划和资源整合，充分发挥家庭教育实验区、创新实践基地作用，探索家校社协同育人的有效机制和模式，及时总结推广鲜活经验和做法。

二、案例

丁某（女，2006 年生）随母亲孟某与继父李某某共同生活。2010 年至 2018 年期间，李某某多次对丁某实施性侵害，孟某在发现后没有采取任何措施，致使丁某长期遭受李某某侵害。2018 年 9 月，丁某的姑姑得知情况后报警，之后法院认定李某某因犯强奸罪被判处有期徒刑。随后，丁父起诉孟某要求撤销其监护人资格。

法院认为，孟某的行为严重侵害了未成年人的合法权益，应当撤销其监护人资格，由丁父承担监护人职责，故对丁父的申请予以支持。

这是一起因继父性侵害未成年子女的恶性案件而引发的家庭伦理悲剧。父母是未成年人的监护人，对未成年子女负有抚养、教育和保护的义务。监护人实施严重侵害未成年人合法权益行为的，法院应根据个人或者组织的申请，撤销监护人资格，并按照最有利于未成年人的原则依法指定其他监护人。孟某系丁某的母亲，是丁某的监护人，对丁某负有抚养、教育和保护的义务。丁某跟随母亲改嫁至继父家，比正常家庭的孩子缺少了许多关爱，作为监护人的孟某更应当关心、保护好丁某。但孟某没有履行监护职责与保护义务，致使李某某对丁某实施性侵害，且孟某在发现和知晓后，没有采取任何制止措施，助长了李某某的侥幸心理与犯罪的嚣张气焰，致使丁某长期遭受李某某侵害，身心受到剧烈创伤。孟某的行为严重侵害未成年人的合法权益，应当撤销其监护人资格。①

---

① 无锡市中级人民法院. 无锡地区保护妇女儿童权益十大典型案例［EB/OL］.（2021-03-09）［2023-05-02］. http：//www.jszf.org/zyyg/jscawq_320/xuxi/202103/t20210309_57385.html.

课外活动

1. 阅读下列案例的判决，理解判决依据。

蔡某与邓某于2013年7月经人民法院调解离婚，婚生子蔡小某（2008年5月出生）由蔡某直接抚养，邓某每月支付抚养费人民币200元至蔡小某年满18周岁为止。后蔡某以邓某学历低、未按时支付抚养费且个人私生活对孩子造成不良影响为由，请求人民法院判决邓某探望孩子必须征得其同意，不得离开其视线，且不得将孩子带到邓某新组建的家庭。庭审中，邓某举示了转账记录、照片等证据，拟证明其按时给付了抚养费，且母子关系较好。

綦江区人民法院经审理认为，不直接抚养子女的一方有探望子女的权利，另一方有协助的义务。蔡某设置苛刻条件限制邓某探望孩子，既妨碍了邓某的探望权，也影响了孩子对母爱的需求，故对其诉讼请求不予支持。宣判后，双方均未上诉，判决已生效。①

2. 一个幼儿向她的老师说因为自己想玩手机，被妈妈打了，还将其关黑屋，如果你是这位老师，如何对家长的教育方法进行指导？

16 视频资料
扫一扫，查看法律案例库。

17 视频资料
扫一扫，查看法律知识库。

18 视频资料
扫一扫，查看幼儿权利保护实训。

---

① 田荣. 綦江法院案例入选重庆法院实施《家庭教育促进法》典型案例 [N/OL]. （2022-08-11）[2023-05-02]. http://qjqfy.cqfygzfw.gov.cn/article/detail/2022/08/id/6844945.shtml.

项目一　任务4实训评价表

A级（优秀）	B级（良好）	C级（及格）	D级（稍弱）	E级（较差）
1. 讲话稿的结构完整，语言简洁、顺畅，条理清楚； 2. 召开座谈会的原因描述简洁、清晰； 3. 讲话稿的主体部分逻辑顺序合理，内容具体、明确，引用法律条款正确； 4. 提出的幼儿园指导方法内容详细，操作性强； 5. 排版美观，符合实用要求	1. 讲话稿的结构完整，语言准确、顺畅，条理清楚； 2. 召开座谈会的原因描述清晰； 3. 讲话的主体部分内容具体、明确，引用法律条款正确； 4. 提出的幼儿园指导方法内容具体，有可行性； 5. 排版美观、得体	1. 讲话稿的结构完整，语言流畅，条理清楚； 2. 召开座谈会的原因描述明确； 3. 讲话稿的主体部分内容明确，能引用法律条款； 4. 提出的幼儿园指导方法，操作性一般； 5. 排版美观	1. 讲话稿的结构有欠缺，表达清楚； 2. 能说明召开座谈会的原因； 3. 讲话稿缺少家庭保护幼儿权利的方法与要求； 4. 能提出幼儿园的指导方法； 5. 排版一般	1. 讲话稿的结构有欠缺，表达不清； 2. 没有说明召开座谈会的原因； 3. 讲话稿的主体部分逻辑混乱，没有涉及重要内容； 4. 所提出的幼儿园指导方法无可行性或缺少具体内容； 5. 未进行排版
学生自评		（　）级，符合（　）级第（　）条		
小组评价		（　）级，符合（　）级第（　）条 建议：		

项目二 幼儿园教师的权利与义务

◇ **学习目标**

1. 掌握《中华人民共和国教育法》《中华人民共和国教师法》《幼儿园教师专业标准（试行）》《中华人民共和国劳动合同法》、宪法等法律条文的相关内容。

2. 理解教师的权利和教师在法律上的地位，能依法维护教师的各种法定权利。

3. 熟悉教师应承担的义务与职责。

4. 能运用法律相关知识处理与教师有关的法律问题，培养热爱学前教育、关爱幼儿的情感，担负起为国家培养建设者与接班人的责任使命。

◇ **情境导入**

小莉是某综合性大学美术专业的学生。她姑妈是一名幼儿园园长，因同在一个城市，小莉常去姑妈的幼儿园玩。与姑妈的交流中，小莉听到了很多有趣味又感人的故事，假期小莉还经常到姑妈的幼儿园帮忙，例如，帮助幼儿园教师做些环境创设工作。随着去幼儿园多了，小莉对幼儿园的认知不断加深，也非常喜欢幼儿园的工作环境和这些充满童真的幼儿，她渴望在毕业之后做一名幼儿园教师。

小莉把自己的想法告诉了姑妈，姑妈听了很高兴。姑妈告诉她："国家对进入教师队伍实行资格证制度，也就是说，如果要成为一名幼儿园教师，必须先考取幼儿园教师资格证。考试的内容还蛮丰富的，我让我的助理张老师帮助你，她是去年刚毕业的学前教育的研究生。"姑妈把小莉介绍给了张助理，希望张助理能帮助小莉考取幼儿园教师资格证。张助理结合自己的经验以及对学前教育的认识，准备先让小莉对幼儿园教师有一个全面的了解，然后在这基础上对她的专业知识与专业技能进行辅导。根据张助理的了解，现在很多人并非因为真心喜欢小孩、热爱幼儿而从事幼儿教育工作。有些人觉得幼儿园教师这一职业好玩，可以天天和萌娃在一起；有些人是因为小时候崇拜老师，想圆儿时的梦想；还有些人追求的是教师工作的稳定。这些人对幼教职业的错误认识，导致不少幼儿园教师做了一段时间后就出现职业倦怠,甚至开始讨厌这一职业。这对教师本人和幼儿来说都是不利的。

思考:

1. 你认同张助理的看法吗?请结合体罚幼儿的案例,讨论对幼儿园教师这一职业的理解。

2. 幼儿园教师在幼儿园具有哪些权利?教师的权利如何得到保护,在保教活动中能否以爱孩子的名义去惩罚幼儿?

任务1　领会教育法与国家教师制度

一 《中华人民共和国教育法》概要

(一) 基本概述

1　政策法规
扫一扫,查看《中华人民共和国教育法》全文。

为了发展教育事业,提高全民族的素质,促进社会主义物质文明和精神文明建设,我国根据宪法制定了《中华人民共和国教育法》(以下简称《教育法》)。

《教育法》于1995年3月18日由第八届全国人民代表大会第三次会议通过,2009年进行了第一次修正,2015年进行了第二次修正,2021年进行了第三次修正。

《教育法》全文包括总则、教育基本制度、学校及其他教育机构、教师和其他教育工作者、受教育者、教育与社会、教育投入与条件保障、教育对外交流与合作、法律责任、附则,共计10章68条。

（二）《教育法》的主要内容

1. 总则

总则的内容包括《教育法》的适用范围、教育性质与地位、教育的方针与内容、教育的原则与管理等。

《教育法》的适用范围为我国境内的各级各类教育。

我国的教育性质是在中国共产党的领导下，以马克思列宁主义、毛泽东思想、邓小平理论、"三个代表"重要思想、科学发展观、习近平新时代中国特色社会主义思想为指导的社会主义教育。

《教育法》规定我国教育地位为社会主义现代化建设的基础，对提高人民综合素质、促进人的全面发展、增强中华民族创新创造活力、实现中华民族伟大复兴具有决定性意义。国家保障教育事业优先发展，全社会关心和支持教育事业的发展。

我国教育方针为"教育必须为社会主义现代化建设服务、为人民服务，必须与生产劳动和社会实践相结合，培养德智体美劳全面发展的社会主义建设者和接班人"。

《教育法》要求我国的教育内容应当：①坚持立德树人，对受教育者进行社会主义核心价值观教育，增强受教育者的社会责任感、创新精神和实践能力；②在受教育者中进行爱国主义、集体主义、中国特色社会主义的教育，进行理想、道德、纪律、法治、国防和民族团结的教育；③继承和弘扬中华优秀传统文化、革命文化、社会主义先进文化，吸收人类文明发展的一切优秀成果。

《教育法》要求教育遵循以下原则：①教育应当符合国家和社会公共利益；②公民不分民族、种族、性别、职业、财产状况、宗教信仰等，依法享有平等的受教育机会。

总则还对教育管理作出了规定：①帮助各少数民族地区和贫困地区发展教育事业，发展残疾人教育事业；②推进教育改革，推动各级各类教育协调发展，完善现代国民教育体系，健全终身教育体系；③国家通用语言文字为学校及其他教育机构的基本教育教学语言文字，少数民族地区根据实际情况实施双语教学；④国务院和地方各级人民政府根据分级管理、分工负责的原则，领导和管理教育工作，国务院教育行政部门主管全国教育工作，统筹规划、协调管理全国的教育事业，县级以上地方各级人民政府教育行政部门主管本行政区域内的教育工作；⑤国务院和县级以上地方各级人民政府应当向本级人民代表大会或者其常务委员会报告教育工作和教育经费预算、决算情况，接受监督；⑥国家对发展教育事业做出突出贡献的组织和个人，给予奖励。

2. 教育基本制度

《教育法》规定了我国教育的基本制度，包括：学校教育制度、义务教育制度、职业教育制度、继续教育制度、教育考试制度、学业证书制度、学位制度和督导评估制度。

（1）学校教育制度

《教育法》规定国家实施学前教育、初等教育、中等教育和高等教育的学校教育制度。《教育法》对学前教育作出的规定有：国家制定学前教育标准，加快普及学前教育，构建覆盖城乡，特别是农村的学前教育公共服务体系,各级人民政府应当采取措施,为适龄儿童接受学前教育提供条件和支持。

(2) 义务教育制度

国家实行九年义务教育制度,适龄儿童的父母或者其他监护人以及社会组织和个人有义务为适龄儿童、少年接受并完成规定年限的义务教育。

(3) 职业教育制度

国家实施职业教育制度,各级人民政府、行政部门和行业组织以及企事业单位采取措施,发展并保障公民接受职业学校教育或者各种形式的职业培训。

(4) 继续教育制度

国家鼓励发展多种形式的继续教育,推动全民终身学习。

(5) 教育考试制度

国家实行国家教育考试制度,国家教育考试由国务院教育行政部门确定种类,并由国家批准的实施教育考试的机构承办。

(6) 学业考试制度

国家实行学业证书制度。经国家批准设立或者认可的学校及其他教育机构,按照有关规定颁发学历证书或其他学业证书。

(7) 学位制度

国家实行学位制度,学位授予单位依法对达到一定学术水平或者专业技术水平的人员授予相应的学位,颁发学位证书。

(8) 督导评估制度

国家实行教育督导制度和学校及其他教育机构教育评估制度。

3. 学校及其他教育机构

《教育法》规定:"国家制定教育发展规划,并举办学校及其他教育机构。国家鼓励企业事业组织、社会团体、其他社会组织及公民个人依法举办学校及其他教育机构。国家举办学校及其他教育机构,应当坚持勤俭节约原则。以财政性经费、捐赠资产举办或者参与举办的学校及其他教育机构不得设立为营利性组织。"

《教育法》规定举办教育机构应具备下列基本条件:①有组织机构和章程;②有合格的教师;③有符合规定标准的教学场所及设施、设备等;④有必备的办学资金和稳定的经费来源。

《教育法》规定学校及其他教育机构享有按章程自主管理等9项权利,同时必须履行遵守法律、法规等6项义务。

《教育法》规定了学校及其他教育机构的管理制度。学校及其他教育机构的校长或主要行政负责人由具有中华人民共和国国籍,在国内定居,同时具备国家规定任职条件的公民来担任。学校的教学及其行政管理由校长负责。教师通过教职工代表大会参与民主管理和监督。

《教育法》规定具有法人条件的学校及其他教育机构,从批准设立或者登记注册之日起取得法人资格。学校及其他教育机构在民事活动中依法享有民事权利，承担民事责任，学校及其他教育机构中的国家资产属于国家所有，学校及其他教育机构兴办的校办产业独立承担民事责任。

4. 教师和其他教育工作者及受教育者

《教育法》规定教育者享有法律规定权利的同时，应履行法定的义务，忠诚于人民的教育事业。国家保护教师的合法权益，改善教师的工作条件和生活条件。国家实施教师资格、职务、聘任制度，并通过考核和培训，提升教师素质。学校及其他教育机构中的管理人员，实行教育职员制度，教学辅助人员和其他专业技术人员，实行专业技术职务聘任制度。

《教育法》规定受教育者依法享有平等权利，保证男女享有同等的权利。国家对符合条件、家庭困难的儿童提供资助，并根据实际需要，扶持和发展残疾人教育事业。国家、社会、家庭、学校及其他教育机构应当为有违法犯罪行为的未成年人接受教育创造条件。从业人员有依法接受职业培训和继续教育的权利和义务。国家鼓励学校及其他教育机构、社会组织采取措施，为公民接受终身教育创造条件。

《教育法》规定了受教育者享有参加教育教学计划安排的各种活动等5项权利，同时履行遵守法律、法规等4项义务。

5. 教育与社会

《教育法》规定："国家机关、军队、企业事业组织、社会团体及其他社会组织和个人，应当依法为儿童、少年、青年学生的身心健康成长创造良好的社会环境。国家鼓励企业事业组织、社会团体及其他社会组织同高等学校、中等职业学校在教学、科研、技术开发和推广等方面进行多种形式的合作。国家机关、军队、企业事业组织及其他社会组织应当为学校组织的学生实习、社会实践活动提供帮助和便利。学校及其他教育机构在不影响正常教育教学活动的前提下，应当积极参加当地的社会公益活动。未成年人的父母或者其他监护人应当为其未成年子女或者其他被监护人受教育提供必要条件。图书馆、博物馆、科技馆、文化馆、美术馆、体育馆（场）等社会公共文化体育设施，以及历史文化古迹和革命纪念馆（地），应当对教师、学生实行优待，为受教育者接受教育提供便利。"

6. 教育投入与条件保障及教育对外交流与合作

《教育法》规定国家建立以财政拨款为主、其他多种渠道筹措教育经费为辅的体制。企业事业组织、社会团体及其他社会组织和个人依法举办的学校及其他教育机构，办学经费由举办者负责筹措。《教育法》规定国家财政性教育经费支出占国民生产总值的比例应当随着国民经济的发展和财政收入的增长逐步提高，各级人民政府教育财政拨款的增长应当高于财政经常性收入的增长；国务院及县级以上地方各级人民政府应当设立教育专项资金，重点扶持边远贫困地区、少数民族地区实施义务教育；税务机关依法足额征收教育费附加，由教育行政部门统筹管理，主要用于实施义务教育；各级人民政府及其教育行政部门应当加强对学校及其他教育机构教育经费的监督管理，提高教育投资效益；国家鼓励境内、境外社会组织和个人捐资助学；国家鼓励学校及其他教育机构推广运用现代化教学方式。

国家鼓励开展教育对外交流与合作，支持学校及其他教育机构引进优质教育资源，依法开展中外合作办学，发展国际教育服务，培养国际化人才。

7. 法律责任

《教育法》规定："违反国家有关规定，不按照预算核拨教育经费的，由同级人民政府限期核拨；情节严重的，对直接负责的主管人员和其他直接责任人员，依法给予处分。违反国家财政制度、财务制度，挪用、克扣教育经费的，由上级机关责令限期归还被挪用、克扣的经费，并对直接负责的主管人员和其他直接责任人员，依法给予处分；构成犯罪的，依法追究刑事责任。"

扰乱学校及其他教育机构教育教学秩序或者破坏校舍、场地及其他财产的，由公安机关给予治安管理处罚；构成犯罪的，依法追究刑事责任。侵占学校及其他教育机构的校舍、场地及其他财产的，依法承担民事责任。

对于学校管理渎职的，造成人员伤害或重大财产损失的，对直接负责人依法给予处分。

对于学校乱收费的，责令退还所收费用，对直接负责的主管人和其他负责人给予处分。

违反国家有关规定，举办学校或者其他教育机构的，由教育行政部门或者其他有关行政部门予以撤销；有违法所得的，没收违法所得；对直接负责的主管人员和其他直接责任人员，依法给予处分。

在招收学生工作中滥用职权、玩忽职守、徇私舞弊的，由教育行政部门或者其他有关行政部门责令退回招收的不符合入学条件的人员；对直接负责的主管人员和其他直接责任人员，依法给予处分；构成犯罪的，依法追究刑事责任。

对于考试作弊、破坏考试秩序、违法颁发证书等违法行为，《教育法》都作了详细的规定。

二 国家教师制度

国家教师制度是国家以法律设定和推行的教师制度的总称，通常包括教师资格许可制度、职务制度、聘任制度、继续教育制度、教师考核制度、教师奖惩制度、教师荣誉制度、教师争议调解和法律援助制度等。这里重点学习教师资格制度、教师职务制度、教师聘任制度和教师继续教育制度。

（一）教师资格制度

1. 教师资格制度内涵及其分类

教师资格制度是国家对教师实行的一种职业许可制度，它是国家对专门从事教育教学工作人员的基本要求，也是公民获得教师工作的前提条件。《教育法》第三十五条规定了"国家实行教师资格、职务、聘任制度"，《中华人民共和国教师法》（以下简称《教师法》）、《教师资格条例》规定了各级各类学校实行教师资格制度，它包括教师资格的基本条件、资格认定、丧失和撤销原则以及认定的程序。2022年4月，教育部等8部门颁发了《新时代基础教育强师计划》，再次明确严把教师入口关，全面推动中小学教师资格考试和定期注册制度改革。教师必须取得相应的教师资格，持教师资格证上岗任教。

目前我国教师资格分为幼儿园教师资格、小学教师资格、初级中学教师资格、高级中学教师资格、中等职业学校教师资格、中等职业学校实习指导教师资格和高等学校教师资格。

2　政策法规
扫一扫，查看《教师资格条例》全文。

2．取得教师资格的条件

《教师法》第三章规定了取得教师资格证的基本条件：第一，必须是中国公民；第二，具有良好的思想政治素质；第三，具有良好的道德品质；第四，具有教育教学能力；第五，具备本法规定的教师资格学历或者通过国家教师资格考试。国家教师资格考试制度由国务院规定。其中，取得幼儿园教师资格，应当具备幼儿师范学校毕业及其以上学历。

《教师资格条例》对取得教师资格证的条件作了进一步的说明，"有教育教学能力"应当包括符合国家规定的从事教育教学工作的身体条件。

《教师法》第十四条和《教师资格条例》第十九条对丧失或撤销教师资格作了明确的规定。

3．教师资格的考试

《教师法》规定："不具备本法规定的教师资格学历的公民，申请获取教师资格，必须通过国家教师资格考试。国家教师资格考试制度由国务院规定。"《教师资格条例》对教师资格考试作了进一步的细化："教师资格考试科目、标准和考试大纲由国务院教育行政部门审定……由县级以上人民政府教育行政部门组织实施。"《教育部关于开展中小学和幼儿园教师资格考试改革试点的指导意见》将教师资格考试由原来各省组织考试改为国家组织考试。后来，教育部又对教育类研究生和公费师范生免试认定中小学教师资格。教师资格考试的具体报考流程、科目可以参考"拓展阅读"中的《中小学教师资格考试暂行办法》。

4．教师资格的认定

通过考试的公民需要进行认定，方可取得教师资格证书。《教师法》规定："中小学教师资格由县级以上地方人民政府教育行政部门认定。"

认定教师资格，应当由本人提出申请。教育行政部门和受委托的高等学校每年春季、秋季各受理一次教师资格认定申请。认定时，需要提交教师资格认定申请表和下列材料：①身份证明；②学历证书或者教师资格考试合格证明；③教育行政部门或者受委托的高等学校指定的医院出具的体格检查证明；④户籍所在地的街道办事处、乡人民政府或者工作单位、所毕业的学校对其思想品德、有无犯罪记录等方面情况的鉴定及证明材料。

《教师资格条例》规定：对符合认定条件的，应当在受理期限终止之日起30日内颁发相应的教师资格证书；对不符合认定条件的，将认定结论通知本人。非师范院校毕业或者教师资格考试合格的公民申请认定幼儿园、小学或者其他教师资格的，应当进行面试和试讲，考察其教育教学能力。

微案例

王某小时候因视神经疾病，右眼失明萎缩。2008年，王某进入当地一家幼儿园工作，她在幼儿园一干就是七八年，王某发现，自己与那些持证教师的待遇并不相同。幼儿园负责人看重她的能力，提醒她要争取拿到幼儿园教师资格证。2016年前后，她与这个幼儿园多名没有教师资格证的老师尝试考证，但令她没有想到的是，报考教师资格证时，她的笔试和面试成绩均合格，并在中国教师资格网上申报成功，但是，2016年7月，卡在了体检这最后一关。体检报告显示，"右眼义眼"是不予认定教师资格的原因。王某认为自己的能力与其他幼儿园教师没有两样，而且浙江省教师资格认定的体检标准中并没有一只眼睛失明就不具有资格的规定。因此，2016年9月，她将义乌市教育局与金华市教育局诉至浙江省金华市婺城区人民法院，请求法院判令教育部门撤销不予行政许可决定及相关行政复议决定，同时责令义乌市教育局限期对其教师资格申请重新认定。2017年，婺城区人民法院一审撤销了被告义乌市教育局的决定、被告金华市教育局不予行政许可的行为。同年，金华市中级人民法院二审维持了撤销判决，并判决被告义乌市教育局重新作出决定。胜诉后，王某在体检复查中依旧被判定为不合格。2018年9月，她再次向婺城区人民法院提起行政诉讼，请求法院责令被告义乌市教育局在一定期限内重新对自己的教师资格申请作出行政许可行为。2019年4月，婺城区人民法院对第二次诉讼作出一审宣判，王某第三次胜诉。法院判决撤销义乌市教育局关于教师资格申请不予行政许可的决定；撤销金华市教育局相关行政复议决定。9月14日上午，王某从法院领到了义乌市教育局为其颁发的幼儿园教师资格证。①

（二）教师职务制度

1. 教师职务制度内涵

我国《教育法》规定，国家实行教师职务制度。教师职务是指从事教师职业人员的专业技术职

---

① 扬子晚报. 她打了4年官司拿到教师资格证［N/OL］（2020-09-23）［2023-05-05］. https：//news.cctv.com/2020/09/23/ARTIID6fZ1pHMgE7o8xcz0g5200923. shtml.

务，教师职务制度是关于教师任用的制度，它是国家对教师岗位设置及其各级岗位任职条件和取得该岗位任职资格的程序等方面的相关规定的总称。

国家实行教师职务制度是为了充分调动和发挥教师为社会主义教育事业服务的积极性和创造性，激励教师不断提高政治思想觉悟、文化业务水平、学术教育水平和履行职责的能力，努力完成本职工作，促进人才合理流动。

2. 教师职务系列

教师职务设置以下职务系列：高等学校教师职务、中等专业学校教师职务、中学教师职务、小学教师职务、技工学校教师职务，幼儿园教师职务。每一个系列又包含若干级别，其中，小学教师职务设小学高级教师、小学一级教师、小学二级教师、小学三级教师。

3 政策法规
扫一扫，查看《小学教师职务试行条例》全文。

根据《小学教师职务试行条例》规定，幼儿园各级教师职务的任职条件，由各省、自治区、直辖市参照本条例自行拟定。

3. 教师任职条件

教师任职的基本要求：拥护中国共产党的领导，热爱社会主义祖国，努力学习马克思主义和党的路线、方针、政策，有良好的师德，遵守法纪，品德言行成为学生的表率，关心爱护学生，教书育人，使学生在德育、智育、体育等方面得到全面发展，努力做好本职工作，并在做好本职工作的前提下，结合工作需要，努力进修，提高教育和学术水平。

此外，教师还应具备以下条件：第一，要有相应的教师资格；第二，要遵守法律法规，具有良好的思想政治素质和师德，做到教书育人，为人师表；第三，具有相应的教育教学水平和专业水平；第四，具有学历和学位；第五，身心健康。

4. 教师职务评定

各级教师职务评定由同行专家组成的教师职务评定组织依据任职条件评审。

（三）教师聘任制度

1. 教师聘任制度内涵

我国《教师法》第十七条规定："学校和其他教育机构应当逐步实行教师聘任制。"《幼儿园工作规程》第四十一条规定："幼儿园教师实行聘任制。"聘任制是指在符合国家法律制度的情况下，聘任双方在平等自愿的基础上由教育机构或教育机构举办者，根据教育教学需要设置工作岗位，聘请具有教师资格的公民担任相应的教师职务。

就现在的教师聘任情况而言，一般是用人单位采取招聘或竞聘的方式，经过资格审查和全面考核后，与确定的聘任人选签订聘书，明确双方的权利义务和受聘人员的职责、待遇、聘任期等。

教师职务聘任制度作为一种用人制度改革，其重要意义在于引入竞争激励机制，破除教师职务终身制，强调能上能下，强调履行岗位职责，强调权责利相统一的用人机制。实行教师职务聘任制度的目的，在于鼓励广大教师不断进取，鼓励学校选好人才，用好人才，优化队伍结构，不断提高办学效益和办学水平。

2. 教师聘任的形式

教师聘任主要有招聘、续聘、解聘和辞聘等形式。

招聘，即用人单位面向社会公开、择优选择具有教师资格的应聘人员。

续聘，即聘任期满后，聘任单位与教师继续签订聘任合同。

解聘，即用人单位因某种原因不适宜继续聘任教师，双方解除合同关系。

辞聘，即受聘教师主动请求用人单位解除聘任合同。

3. 教师聘任制的优缺点

教师聘任制的优点有：①提高教师的责任感，并淘汰不具备任教能力的庸才；②充分利用社会人力资源，减少人力资源的浪费；③打破传统教师任用制度，增进各地区教学经验的传播；④增加就业岗位。

教师聘任制也存在一些缺点：由于当前考核标准不健全，以成绩、升学率作为标准，加重了学生负担，对素质教育产生了一定的不利影响。

> **微案例**
>
> 2022年5月24日，民乐县某幼儿园樊某在组织舞蹈排练期间，对部分幼儿粗暴拉扯、推搡打骂，引起了有关家长的不满。24日21时，县教育局组织幼儿家长召开家长会，主动与家长沟通，诚挚表达了歉意；同时，立即对此事件进行处理。经民乐县教育局研究决定：对幼儿园老师樊某予以解聘。

（四）教师继续教育制度

《教育法》第二十条规定，国家实行继续教育制度，并提出"通过考核、奖励、培养和培训，提高教师素质，加强教师队伍建设"。第二十条还规定："各级人民政府、教育行政部门、有关行政部门和行业组织以及企业事业组织应当采取措施，发展并保障公民接受职业学校教育或者各种形式的职业培训。"为此国家还于1999年出台了《中小学教师继续教育规定》（以下简称《继续教育规定》），对幼儿园，特殊教育机构，普通中小学，成人初等、中等教育机构，职业中学以及其他教育机构的教师继续教育进行了具体的规定。

1. 继续教育制度内涵

继续教育制度是指为提高思想政治和业务素质，对取得教师资格的在职教师进行的培训。其目的是通过教育教学实践与培训，使每个教师的政治、业务素质不断得到提升，从中成长出一批教育教学骨干，甚至逐步成为教育教学专家。

教师继续教育制度对于教师来说具有重要意义：①通过学习培训，教师可以不断更新教育观念，掌握现代教育技术，优化知识结构，提高教师的专业水平；②通过继续教育，有利于实现学校的办学目标，形成每所学校独特的办学特色；③通过继续教育，可以促进每一名教师的专业化成长和学校的可持续发展。

2. 继续教育的主要内容与类别

幼儿园教师的继续教育，应当以提高教师实施素质教育的能力和水平为重点，内容主要包括：思想政治教育和师德修养；专业知识更新与拓展；现代教育理论与实践；教育科学研究；教育教学技能训练和现代教育技术；现代科技与人文社会科学知识等。

继续教育可以分为非学历教育和学历教育。

非学历教育包括：①新任教师培训，是为新任教师在试用期内适应教育教学工作需要而设置的培训，要求完成时长不少于120学时的培训；②教师岗位培训，是为教师适应岗位要求而设置的培训，要求培训时间每五年累计不少于240学时；③骨干教师培训，是对有培养前途的中青年教师按教育教学骨干的要求及对现有骨干教师按更高的标准进行的培训。

学历教育：对具备合格学历的教师进行的提高学历层次的培训。

3. 继续教育奖惩

《继续教育规定》明确指出，教师继续教育的考核成绩是教师职务聘任、晋升的依据之一，对于无正当理由拒不参加继续教育的教师，所在学校应督促其改正，并视情节给予批评教育。对于继续教育质量达不到规定要求的，教育行政主管部门可以责令其限期改正。

微案例

刘老师经幼儿园批准后到某师范大学进修，进修回来后她才发现，在她进修期间，幼儿园扣除了她一半工资，还扣发了节假日等福利。她将情况反馈到教育局，教育局根据《教师法》规定教师享有进修培训权和该县教师继续教育的规定，教育局责令幼儿园返还扣发的全部工资。

课证融通

1. 【2021年真题】我国实行教师职务制度，我国教师职务制度的具体办法为（　　）。
   A. 国务院规定　　　　　　　　　　B. 教育部规定
   C. 省级教育行政部门规定　　　　　D. 县级教育行政部门规定

2. 【2016年真题】李老师是一名幼儿园的骨干教师，教育局要求她去省城参加培训学习，她应该（　　）。
   A. 拒绝，又辛苦又浪费时间　　　　B. 拒绝，骨干教师不需要再参加培训
   C. 参加，有利于身心休闲　　　　　D. 参加，有利于提高教学水平

3. 【2022年真题】某学校年终对全体教师进行考核。根据《中华人民共和国教师法》的规定，下列说法正确的是（　　）。
   A. 考核包括教师的师德师风、业务水平、育人业绩和管理水平
   B. 考核结果是教师受聘任教、晋升工资、实施奖惩的唯一依据
   C. 考核应当充分听取教师本人、其他教师以及学生家长的意见
   D. 上级教育行政部门可以对该校教师考核工作进行指导与监督

4. 【2018年真题】幼儿园教师李某猥亵儿童被人民法院判处有期徒刑一年，缓刑一年。李某（　　）。
   A. 将终身不能从事教师职业　　　　B. 五年内不得从事教师职业
   C. 缓刑期内可继续从事教师职业　　D. 可在私立幼儿园从事教师职业

5. 【2017年真题】依据《中华人民共和国教育法》的相关规定，中华人民共和国公民不分民族、种族、性别、职业、财产状况、宗教信仰等，依法享有（　　）。
   A. 平等的受教育机会　　　　　　　B. 平等的受教育条件
   C. 免试入学的机会　　　　　　　　D. 就近入学的机会

4　课证融通
扫一扫，查看参考答案。

课内实训

一、实训项目

1. 实训情境

为了帮助小莉全面深刻地认识幼儿园教师这一职业，张助理没有直接给她讲法律，她先给小莉发了一段标题为"幼儿园教师的日常"的视频。视频记录幼儿园教师一日从入园到离园的全过程。早上6点钟起床，为自己上小学的孩子准备早餐，送孩子上学，然后自己换乘公交，保证自己7：20前踏入幼儿园，然后就是一天紧张的工作：组织幼儿的一日生活，开展区域活动、户外活动，上集体课，有时需要看护午睡，遇到突发事件，得联系家长，送幼儿上医院等。如果顺利，下午5：00可以准时下班，有时为了迎接检查或者开展教研活动，需要加班到晚上8：00。视频最后，这位老师也感慨，做一名幼儿园教师虽然很辛苦，但也无悔入幼教行业。尤其是当你看到那些孩子纯真的眼神、灿烂的笑脸、萌态可掬时，会有一种幸福感包裹着你，让你获得一种力量与温暖。小莉看完视频后，给张助理发了一条短信：张助理，以前对幼儿园教师的认知确实有点肤浅，但看了视频后很感动，准备为幼儿教育事业奉献力量。张助理看到小莉决心从事幼教后，准备找一些具体案例让她了解我国的教师制度，以便让小莉更好地通过幼儿园教师资格考试。

2. 实训任务

请你为张助理准备1份我国有关教师制度的文稿。文稿应至少包含教师资格制度、教师职务制度、教师聘任制度等内容，并为每个制度提供1个案例，案例可以是文字、图片或视频。最后，对案例进行点评。

二、实训成果

每个小组提供1份文稿，可以是PDF文档，也可以是演示文稿。

三、实训准备

1. 材料工具准备

连接网络的计算机、Office或WPS等软件。

2. 知识准备

（1）我国《教育法》《教师法》中关于教师制度等相关知识；

（2）教师人事聘用方面的知识。在完成任务前可以到当地的人事官网上了解教师聘用的相关制度；

（3）学会将Word或WPS文档转换为PDF文档的方法。

3. 相关能力准备

（1）计算机操作及网络搜索能力；

（2）Office 或 WPS 软件操作能力；

（3）材料整理与归纳能力。

四、实训评价

请使用实训评价表（见"课外活动"后），进行自我评价或师生共同评价。

拓展阅读

一、《中小学教师资格考试暂行办法》（以下简称《暂行办法》）

5　政策法规
扫一扫，查看《中小学教师资格考试暂行办法》全文。

通过教师资格考试是教师职业准入的前提条件。如果要申请幼儿园教师资格考试，须参加幼儿园教师职业资格证考试。

1. 报考条件

《暂行办法》规定报名参加教师资格考试的人必须满足以下条件：①具有中华人民共和国国籍；②遵守宪法和法律，热爱教育事业，具有良好的思想品德；③符合申请认定教师资格的体检标准；④符合《教师法》规定的学历要求。

普通高等学校在校三年级以上学生，可凭学校出具的在籍学习证明报考。

报名地点为申请人所在户籍或人事关系所在地。普通高等学校在校生可在就读学校所在地报名参加教师资格考试。

被撤销教师资格的，5 年内不得报名参加考试；受到剥夺政治权利，或故意犯罪受到有期徒刑以上刑事处罚的，不得报名参加考试。曾参加教师资格考试有作弊行为的，按照《国家教育考试违规处理办法》的相关规定执行。

2. 考试内容与形式

教师资格考试包括笔试和面试两部分。

笔试主要考查申请人从事教师职业所应具备的教育理念、职业道德、法律法规知识、科学文化素养、阅读理解、语言表达、逻辑推理和信息处理等基本能力；教育教学、学生指导和班级管理的基本知识；拟任教学科领域的基本知识，教学设计实施评价的知识和方法，运用所学知识分析和解决教育教学实际问题的能力。

幼儿园教师资格考试笔试科目为《综合素质》《保教知识与能力》。

面试主要考查申请人的职业认知、心理素质、仪表仪态、言语表达、思维品质等教师基本素养和教学设计、教学实施、教学评价等教学基本技能。面试采取结构化面试、情景模拟等方式，通过抽题、备课（活动设计）、回答规定问题、试讲（演示）、答辩（陈述）、评分等环节进行。

国家确定笔试成绩合格线，省级教育行政部门确定面试成绩合格线。

另外，在《教师资格条例》中规定当年考试不及格的科目可以在下一年度补考，经补考仍有一门或者一门以上科目不及格的，应当重新参加全部考试科目的考试。

3. 考试时间

笔试一般在每年 3 月和 11 月各举行一次。面试一般在每年 5 月和 12 月各举行一次。

考生笔试各科成绩合格并在有效期内的，方可报名参加面试。

二、《中小学教师资格定期注册暂行办法》

国家在推行全国统一的教师资格考试的同时，也推出了教师资格的注册制度，实施注册制度的目的是完善教师资格制度，健全教师管理机制，建设高素质专业化教师队伍。

1. 注册对象

注册对象为公办普通中小学、中等职业学校和幼儿园在编在岗教师。

2. 注册条件

申请首次注册的，应当具备下列条件：具有与任教岗位相应的教师资格；聘用为中小学在编在岗教师；省级教育行政部门规定的其他条件。

对于首次任教人员须试用期满且考核合格。

满足下列条件的，可视为定期注册合格：第一，遵守国家法律法规和《中小学教师职业道德规范》，达到省级教育行政部门规定的师德考核评价标准，有良好的师德表现；第二，每年年度考核合格以上等次；第三，每个注册有效期内完成不少于国家规定的 360 个培训学时或省级教育行政部门规定的等量学分；第四，身心健康，胜任教育教学工作；第五，省级教育行政部门规定的其他条件。

3. 注册周期

取得教师资格，初次聘用为教师的，试用期满考核合格之日起 60 日内，申请首次注册。经首次注册后，每 5 年应申请一次定期注册。

4. 注册程序

教师资格定期注册须由本人申请，所在学校集体办理，按照人事隶属关系报县级以上教育行政部门审核注册。

5. 注册材料

第一，《教师资格定期注册申请表》一式两份；第二，《教师资格证书》；第三，中小学或主管部门聘用合同；第四，所在学校出具的师德表现证明；第五，5 年的各年度考核证明；第六，省级教育行政部门认可的教师培训证明；第七，省级以上教育行政部门根据当地实际要求提供的其他材料。

6. 迟缓注册与取消注册

下列三种情况迟缓注册：第一，注册有效期内未完成国家规定的教师培训学时或省级教育行政部门规定的等量学分；第二，中止教育教学和教育管理工作一学期以上，但经所在学校或教育行政部门批准的进修、培训、学术交流、病休、产假等情形除外；第三，一个注册周期内任何一年年度考核不合格。

有下列三种情况之一，取消注册：第一，违反《中小学教师职业道德规范》和师德考核评价标准，影响恶劣；第二，一个定期注册周期内连续两年以上（含两年）年度考核不合格；第三，依法被撤销或丧失教师资格。

> **微案例**
>
> 2020 年 11 月，潘某在制止幼儿追逐过程中将幼儿拎起落地，致其左手大拇指受伤，后受伤幼儿的父母对潘某实施了殴打。潘某的行为违反了《新时代幼儿园教师职业行为十项准则》的第六项规定。根据《教师资格条例》《幼儿园教师违反职业道德行为处理办法》等相关规定，给予潘某解除聘任合同的处理；撤销其教师资格，收缴教师资格证书，将其列入教师资格限制库，5 年内不得重新取得教师资格。对于殴打潘某的两名幼儿家长，根据《中华人民共和国治安管理处罚法》，给予 5 日以下行政拘留。①

---

① 教师司. 违反幼儿园教师职业行为十项准则典型案例［EB/OL］.（2021-05-11）［2023-05-07］. http://www.moe.gov.cn/jyb_xwfb/moe_2082/2021/2021_zl37/jiaoyujingshi/202105/t20210511_530821.html.

课外活动

1. 阅读下列案例，你对此事的看法如何？

长沙某幼儿园的一名老师，12月1日突然就收到了幼儿园园长的通知，说要开除她。给出的理由也很简单，这位老师被家长投诉了。后来这位老师向家长们求证，发现家长并没有投诉自己，而是幼儿园有意要开除她，并且该幼儿园还不给这位老师结清工资。该老师本该拿3个月的工资，但是幼儿园只给结了2个月。但是，该园园长透露，是这位老师拒绝沟通，还借用另一个老师的手机进入每一个班级群，发了影响很不好的消息。后来这位老师继续爆料，说该幼儿园的老师很多都没有教师资格证。最终核查结果为该老师反映的情况属实。事件被曝光后，很快就引起了关注与热议，没有教师资格证就上岗，这是一种违法的行为，也有网友认为这种情况在很多幼儿园存在。

2. 路老师现在是幼儿园二级职称教师，现在她想评一级职称教师，请查找本地有关职称评定的政策，向路老师列出评审一级职称的条件。

项目二 任务1实训评价表

A级（优秀）	B级（良好）	C级（及格）	D级（稍弱）	E级（较差）
1. 对教师基本制度的内容概括全面，重点突出，表述简洁准确； 2. 案例观点正确，能很好地说明法律条款内容； 3. 对案例点评的观点正确，能抓住要点，点评语言简洁； 4. 演示文稿的内容前后衔接较好，逻辑合理，演示文稿图文并茂，文字简洁，有一定的设计	1. 对教师基本制度的内容概括全面，重点突出，表述清楚； 2. 案例观点正确，能很好地说明法律条款内容； 3. 对案例点评的观点正确，分析合理； 4. 演示文稿的内容前后衔接较好，逻辑合理，演示文稿图文并茂，文字简洁	1. 涉及主要的教育基本制度的主要内容； 2. 案例观点正确，内容与法律条款基本吻合； 3. 对案例点评的观点正确； 4. 演示文稿注意了图文结合	1. 主要教育基本制度的内容缺少概括、重点不突出； 2. 案例观点正确，内容与法律条款吻合度不高； 3. 对案例点评的观点与材料有偏差或错误； 4. 演示文稿图片与文字随意放置	1. 教育基本制度的内容错误； 2. 案例与基本制度无关； 3. 没有对案例进行点评； 4. 演示文稿的内容前后错乱，演示文稿全是文字，字体太小
学生自评		（ ）级，符合（ ）级第（ ）条		
小组评价		（ ）级，符合（ ）级第（ ）条 建议：		

任务 2　依法行使幼儿园教师的教育权

　《中华人民共和国教师法》概要

（一）基本情况

6　政策法规
扫一扫，查看《中华人民共和国教师法》全文。

《中华人民共和国教师法》（以下简称《教师法》）是教育单行法，于1993年10月由全国人民代表大会常委会第四次会议通过，2009年8月进行了修订。《教师法》包括总则、分则（权利和义务、资格和任用、培养和培训、考核、待遇、奖励、法律责任）和附则，共计9章43条。总则对立法目的和适应对象进行了说明；分则对教师权利和义务、教师队伍建设等进行了规定；附则对本法中主要名词、实施时间以及其他事项进行了规定和说明。

（二）《教师法》的主要内容

1. 总则

在总则中，《教师法》对立法目的、适用对象、教师职责、政府职责、管理体制和教师节进行了说明。

《教师法》的立法目的：为了保障教师的合法权益，建设具有良好思想品德修养和业务素质的教师队伍，促进社会主义教育事业的发展。

《教师法》的适用对象：在各级各类学校和其他教育机构中专门从事教育教学工作的教师。

《教师法》确定了教师的职责：履行教育教学职责的专业人员，承担教书育人、培养社会主义建设者和接班人、提高民族素质的使命。此外，还提出教师应忠诚于人民的教育事业。

《教师法》要求各级人民政府加强教师培训，改善教师的工作条件和生活条件，保障教师的合法权利，提高教师的社会地位。全社会都应当尊重教师。

《教师法》规定国务院教育行政部门主管全国的教师工作，其他相关部门负责职责范围内的教师工作。学校要加强教师的管理工作。

《教师法》规定每年 9 月 10 日为教师节。

2. 分则

《教师法》分则包含了教师的权利和义务、资格与任用、培养和培训、考核、待遇、奖励、法律责任这几个部分的内容。这是《教师法》的主体部分。

《教师法》规定教师享有 6 项权利，同时必须履行 6 项义务，这些内容将在之后的项目任务中进行详细阐述。

《教师法》要求各级人民政府、教育行政部门、相关部门、学校及其他教育机构为教师完成教育教学任务，提供安全的教育教学设施和设备，必需的图书、资料和其他教学用品；鼓励和帮助教师进行创造性工作，支持教师制止有害于学生的行为或其他侵犯学生合法权益的行为。

《教师法》对教师资格和任用的规定，在上一节已经涉及，这里不再赘述。

《教师法》对教师的培养和培训作了较为详细的规定。《教师法》要求各级人民政府和相关部门要办好师范教育，鼓励优秀青年进入各级师范学校。非师范学校应当承担培养和培训中小学教师的任务。

《教师法》规定各级人民政府的教育行政部门、学校主管部门和学校做好教师培训规划，采取措施为少数民族地区、边远贫困地区培养和培训教师。社会组织提供便利，给予协助。

《教师法》要求学校和其他教育机构对教师进行政治思想、业务水平、工作态度和工作成绩的考核。考核时要求做到客观、公正、准确，充分听取教师本人、其他教师和学校的意见。考核的结果是受聘任教、晋升、奖惩的依据。

《教师法》对教师工资、教师津贴、教师补贴、住房优惠、教师医疗、教师退休金等待遇作了明确的规定。要求教师的平均工资水平应当不低于或高于国家公务员平均工资水平，并逐步提高。对到少数民族地区和边远贫困地区从事教育教学工作的教师给予补贴。社会力量举办的学校的教师待遇，由举办者自行确定并予以保障。

《教师法》规定对在教育教学、培养人才、科学研究、教学改革、学校建设、社会服务、勤工俭学等方面成绩优异的教师给予奖励。

《教师法》对侮辱殴打教师和打击报复教师的行为，根据具体情况给予行政处分和行政处罚，情况严重、构成犯罪的，依法追究刑事责任。

教师存在故意不完成教育教学任务，给教育教学工作造成损失的；体罚学生，经教育不改的；品行不良、侮辱学生，影响恶劣的，将受到行政处分和解聘。

对于拖欠教师工资的情况，要求及时整改。如果存在违反国家财政制度、财务制度，挪用国家财政用于教育的经费，严重妨碍教育教学工作等行为，对直接责任人员给予行政处分；情节严重、构成犯罪的，依法追究刑事责任。

此外，《教师法》对教师申诉也进行了规定。教师对学校或其他教育机构侵犯其合法权益，或者对学校或其他教育机构作出的处理不服时,可以向教育行政部门提出申诉。教师认为当地人民政府有关行政部门,侵犯其根据本法规定享有的权利时,可以向同级人民政府或者上一级人民政府有关部门提出申诉。

3. 附则

《教师法》规定本法律条文适用的对象包括中小学教师和幼儿园教师。各类学校包括实施学前教育的幼儿园;另外,规定学校的教学辅助人员和其他学校的教师和教学辅助人员,参照《教师法》的有关规定执行。

二 幼儿园教师的基本条件

随着我国教育事业的快速发展,越来越多的人参加幼儿园教师资格考试,并取得了相应的资格证书。但是,这并不意味着所有这些取得教师资格证的人就是合格的教师。一个合格的教师除了有教师资格证外,还应该有较高的政治素养和师德,有扎实的专业素养要求和健康的身体条件。

(一)政治素养与师德

政治素养主要是指人们在政治立场、政治品质和政治水平等方面的政治素质。政治立场是人们在社会政治生活中观察、分析和处理各种问题的根本立足点,反映的是人们在想问题办事情时,以谁的利益为出发点,为谁谋利益的问题。政治品质,也称政治道德品质,它主要表现在政治生活的认识程度、思想状况、道德水准上。它包括对政治关系的处理、对政治原则的遵循、对政治手段的运用等方面。政治水平是人们的政治思想、政治觉悟及对政治形势及其变化规律的认识水平,掌握方针政策等方面所达到的高度,以及对政治问题、政治事件的认识和处理的能力。政治素养是人的综合素质的核心成分,也是教师必备的基本条件。

师德也称教师职业道德,是教师和一切教育工作者在从事教育活动中必须遵守的道德规范和行为准则,以及与之相适应的道德观念、情操和品质。

教师承担着传播知识、传播思想、传播真理的历史使命,肩负着塑造灵魂、塑造生命、塑造人的时代重任,是教育发展的第一资源,是国家富强、民族振兴、人民幸福的重要基石。教师的政治素养和师德影响着下一代,进而影响着国家的发展和民族的振兴。因此,国家对教师的政治素养和师德提出了明确要求。2018年1月,中共中央、国务院发布了《关于全面深化新时代教师队伍建设改革的意见》,意见要求"把提高教师思想政治素质和职业道德水平摆在首要位置","推动教师成为先进思想文化的传播者、党执政的坚定支持者、学生健康成长的指导者";还要求"加强理想信念教育,深入学习领会习近平新时代中国特色社会主义思想,引导教师树立正确的历史观、民族观、国家观、文化观，坚定中国特色社会主义道路自信、理论自信、制度自信、文化自信。引导教师准确理解和把握社会主义核心价值观的深刻内涵，增强价值判断、选择、塑造能力，带头践行社会主义核心价值观。引导广大教师充分认识中国教育辉煌成就，扎根中国大地，办好中国教育"。幼儿园教师应该按照中央和国家的要求，自觉提升政治素养，树立正确的政治立场、锤炼高尚的政治品质，提高政治水平。

在师德方面，意见对教师也提出了"弘扬高尚师德"的要求；强调广大教师以德立身、以德立学、以德施教、以德育德，坚持教书与育人相统一、言传与身教相统一、潜心问道与关注社会相统一、学术自由与学术规范相统一，争做"四有"好老师，全心全意做学生锤炼品格、学习知识、创新思维、奉献祖国的引路人。《中小学教师违反职业道德行为处理办法（2018年修订版）》对教师的11种违反职业道德的行为提出处理办法。《幼儿园工作规程》进一步对幼儿园教师师德作出了更具体的要求："幼儿园教职工应当尊重、爱护幼儿，严禁虐待、歧视、体罚和变相体罚、侮辱幼儿人格等损害幼儿身心健康的行为。"

（二）专业素养要求

专业素养是专业知识、专业能力、专业作风、专业精神的统一，有广义与狭义之分。广义的概念是指从事某个行业的人员应具备的道德、智能以及身心等各方面的素质。狭义的概念是指专业知识和专业能力。《幼儿园工作规程》规定幼儿园教职工除了应当贯彻国家教育方针，具有良好品德，热爱教育事业，尊重和爱护幼儿之外，还应"具有专业知识和技能以及相应的文化和专业素养，为人师表，忠于职责，身心健康"。2012年教育部发布的《幼儿园教师专业标准（试行）》则全面对幼儿园教师的专业素养提出了明确的标准。

7　政策法规
扫一扫，查看《幼儿园教师专业标准（试行）》全文。

1. 基本理念

《幼儿园教师专业标准（试行）》提出幼儿园教师的基本理念为："幼儿为本、师德为先、能力为重、终身学习。"其实质包含了四个方面的内容，即幼儿园教师对职业的认知与理解、对幼儿的态度与行为、对幼儿保育的态度和个人的修养与行为。

2. 专业知识

幼儿园教师应具有幼儿发展知识、幼儿保育知识和通识性知识。

3. 专业能力

《幼儿园教师专业标准（试行）》提出幼儿园教师应具有的专业能力如下：环境的创设与利用、

一日生活的组织与保育、游戏活动的支持与引导、教育活动的计划与实施、激励与评价、沟通与合作、反思与发展等。

(三)身体要求

学前教育阶段的幼儿自理能力不足,对成年人有较强的依赖性,在保教活动中经常与教师进行频繁接触,加上这个时期的幼儿处于发育时期,自身的免疫能力低下,很容易染上各种疾病。国家对教师的身心健康作了明确规定。

《幼儿园工作规程》第三十九条规定教师"为人师表,忠于职责,身心健康"。这里的身心健康包括身体健康与心理健康。身体健康指身体各器官生理功能正常,精力充沛,没有传染性疾病。心理健康是指心理的各方面及活动过程处于一种良好或正常的状态,具有良好的个性特征,面对外界影响时,能保持正常的调控能力,使自身心理活动与过程保持平衡。

《幼儿园工作规程》对患病的教师也作了规定:"患传染病期间暂停在幼儿园的工作。有犯罪、吸毒记录和精神病史者不得在幼儿园工作。"

为了提高托儿所、幼儿园的卫生保健工作水平,预防和减少疾病发生,保障儿童身心健康,2010年9月,教育部与卫生部联合发布了《托儿所幼儿园卫生管理办法》,要求教师持《托幼机构工作人员健康合格证》上岗,并规定:"托幼机构应当组织在岗工作人员每年进行1次健康检查;在岗人员患有传染性疾病的,应当立即离岗治疗,治愈后方可上岗工作……精神病患者、有精神病史者不得在托幼机构工作。"

> **微案例**
>
> 刘某曾经伙同他人偷盗国家财物被判刑6个月,她经过劳改教育,因之前上过师范学校,计划今后做一名幼儿园老师。出狱后,她报考了幼儿园教师资格证考试,通过了所有考试科目。可是,等她带着材料去认定时,当地教育行政部门不予以认定,理由是她提供的证明材料中有一份偷盗的犯罪记录,虽然刘某表示自己已经痛改前非,向认定单位的上级申诉,但认定单位还是维持不予认定的决定。

三 幼儿园教师的法律身份

1. 教师是专业人员

《教师法》第三条规定:"教师是履行教育教学职责的专业人员,承担教书育人、培养社会主义事业建设者和接班人、提高民族素质的使命。"这从法律上明确了教师的法律身份，教师属于专业人员。《幼儿园教师专业标准（试行）》中也规定："幼儿园教师是履行幼儿园教育工作职责的专业人员，需要经过严格的培养与培训，具有良好的职业道德，掌握系统的专业知识和专业技能。"

2. 专业人员的理解

何谓"专业人员"呢？要理解这个名词，先要知道什么样的职业才算是专业性的职业。国际上一般认为，一个职业是否具有专业性，应至少包括 4 个条件：①从业人员需要经过严格的训练，具有成熟的知识与技能；②拥有一定的伦理规范；③具有高度的专业自主权；④具有高度的专业自主性。只有满足这 4 个条件，才算是专业性职业，从事这种职业的人员是专业人员。

在国内，专业人员是指专门从事各种科学研究和专业技术工作的人员。他们都接受过系统的专业教育或培训，具备相应的专业理论知识和能力，按照一定专业标准进行专门化活动，具体包括科学研究人员，工程技术人员，农业技术人员，飞机和船舶技术人员，卫生专业技术人员，经济和金融专业人员，法律、社会和宗教专业人员，教学人员，文学艺术，体育专业人员，新闻出版、文化专业人员等。

长期以来，教师不被归为专业人员，尤其是幼儿园教师更不被认为是专业人员，有时还被视作专职"保姆"，从而导致幼儿园教师的社会地位与经济地位低下，不是职业声誉高的职业。不过，近些年随着我国社会经济的发展，幼儿园教师的地位正在逐渐提高，尤其是《教师法》颁布后，教师的社会地位、经济待遇都得到了明显的提高。与此同时，社会对教师的要求也在不断提高，作为未来的幼儿园教师，首先应该提升自己的专业水平与专业素养，使自己成为真正的专业人员。

四 教师的权利

教师的权利是指教师个体在从事教师职业过程中所拥有的权利，它是一种职业权利。在我国的法律体系中，教师的权利是由我国《教师法》授予的。《教师法》规定了教师享有 6 项权利。

1. 教育教学权

教育教学权属于职权，是教师最基本、最重要的权利，也是其他权利的基础，《教师法》赋予教师教育教学权，为教师创造性开展教育教学活动，保持学生对教育教学活动的兴趣提供了前提条件。任何组织或个人都不得非法剥夺在聘教师的这项权利。

《教师法》第七条规定教师有"进行教育教学活动、开展教育教学改革和实验"的权利。这里包括教育教学权、教育教学改革和实验权。教育教学权是指教师所享有的，在其受聘的教育教学岗位上，传授文化知识、进行能力训练和品德塑造等方面的教育教学权。教育教学改革和实验权是指教师有权对其受聘课程的教育教学活动进行改革和实验，即教师可以依据受聘课程标准或课程大纲，对课程内容、授课方式、教学环节和教学组织形式等方面进行改革；有权对教学设备的操作和使用方法进行改革和实验。教师的教育教学权表现为以下几种形式：率先垂范、立德树人；科学引领、点拨学习；开展活动、总结评价；正面激励、依法惩戒；交流合作、齐抓共管等。

对于幼儿园教师来说，应当依据《幼儿园管理条例》《幼儿园教育指导纲要（试行）》所规定的教育教学目标以及幼儿身心发展的年龄特点与规律行使教育教学权。

> **微案例**
>
> 2019 年 4 月的一天，中班张老师在指导幼儿开展美术活动时，建构区的佑佑与小伟发生了争执，彼此拿起建构积木打起来，还打到了另一名幼儿身上。张老师看到后，把他们推进了阅读区，想不到这过程中，两人撞在了一起。离园后，佑佑精神出现异常现象，目光呆滞，夜间多次哭醒。第二天佑佑的父母带他到医院进行检查，后诊断为脑血管精神障碍，并为此先后花费 4 万多元医疗费，佑佑父母多次向幼儿园讨要医药费。幼儿园认为张老师是在正常行使教育权，所以幼儿园只给了极少的钱作为慰问金。后佑佑父母代理佑佑，将幼儿园和张老师诉至市中级人民法院，要求幼儿园赔偿为佑佑治病的各种费用 5 万元，另要求精神抚慰金 5 万元。法院经审理认为，是被告使用了不当的教育方式，导致原告受伤，因此被告应当承担赔偿责任。赔偿原告治疗费、误工费、交通费等 4.8 万元，精神抚慰金 2 万元。

2. 学术活动权

学术活动权，就是从事科学研究、学术交流、参加专业的学术团体并在学术活动中发表意见的权利。这是教师作为专业技术人员的基本权利。《教师法》第七条规定教师有"从事科学研究、学术交流、参加专业的学术团体并在学术活动中发表意见的权利"。教师开展学术活动，有助于提高教育教学质量，促进教师的专业化发展，也有助于教师挖掘自己的潜力，展示自身的价值，克服职业倦怠，提升职业的幸福感。

学术活动权包括三个方面的内容：①教师有权从事科学、技术、文学、艺术等方面的创造性活动；②有权参加合法的学术交流活动和学术团体；③有权在学术研究中自由表达自己的学术观点、开展学术讨论。《教师法》第九条要求各级政府、教育行政部门、有关部门、学校和其他教育机构应当为教师的学术活动提供必需的图书、资料及其他教育教学用品，并对教师在教育教学和科学研究中创造性工作给予鼓励和帮助。

幼儿园教师行使学术活动权时，应当注意相应的研究伦理，比如，不可侵害幼儿的生命健康权、受教育权和幼儿隐私等。幼儿园教师的研究最好与自己的教育教学活动结合起来，从解决教育教学的问题开始，通过系列问题的解决，提高教育教学质量的同时，促进自身专业化的发展。

项目二 幼儿园教师的权利与义务

微案例

盖老师一直结合保教活动开展教研工作，最近她写了一篇关于幼儿身体发育的论文，论文中详细列出了24名幼儿的体重、身高等数据，其中在8名幼儿的"其他"栏里还写着"鸡胸、肋外翻"等字样，后来论文发表在某专业杂志上。但是，次年，一位家长发现了上述信息，要求盖老师道歉。盖老师虽然有学术研究的权利，但没有保护好幼儿的隐私。

3．指导评价学生权

管理学生是教师的权利，也是教师的职责。《教师法》规定，教师享有指导学生学习和发展、评定学生的品德和学业成绩的权利。《教师法》赋予教师指导评价权，其目的在于，要求教师发挥在教育教学过程中的主导作用，对学生的学习和发展进行指导，同时对学生的品行、学习与发展情况给出评价。这项权利的内涵如下：①教师有权根据学生的学习和发展情况，采取有针对性的指导，帮助学生得到全面发展；②教师有权根据一定的标准对学生学业与品行情况进行客观、公正的评价，并且教师的评价具有法律效力；③教师除了有权评价学生的学业成绩之外，还可以评价其品行。

教师在行使这项权利时，可以采取表扬与批评的方式，但是不能体罚、变相体罚和侮辱学生的人格，也不得侵犯学生的合法权利。

幼儿园教师在指导、评价幼儿时，要依据幼儿的发展特点和课程内容来进行。幼儿常常通过游戏活动或主题活动来学习，所以教师应在观察幼儿的基础上给予指导。教师指导可以集中指导，也可以随机指导；可以直接指导，也可以侧面暗示。幼儿园教师对幼儿的评价包括对幼儿品德、学习和劳动等方面的评价，教师的评价要以正面为主，即教师要通过鼓励，激发幼儿学习的兴趣，从而促进幼儿身体、个性和能力的全面发展。

4．获得报酬待遇权

获得报酬待遇权是指教师可以享有按时获取工资报酬、享受国家规定的福利待遇以及寒暑假期的带薪休假等权利。《教师法》第七条规定，教师有"按时获取工资报酬、享受国家规定的福利待遇以及寒暑假期的带薪休假"的权利。《中华人民共和国民办教育促进法》第三十一条也规定："民办学校应当依法保障教职工的工资、福利待遇和其他合法权益，并为教职工缴纳社会保险费。"《幼儿园工作规程》第三十六条也规定幼儿园教师依法享有寒暑假的带薪休假。这项权利是我国宪法规定公民有劳动权和劳动者有休息权在教师职业上的具体化。它的内涵如下：①教师有权按时、足额获得工资报酬，包括基础工资、岗位工资、资金、教龄津贴、班主任津贴和其他补贴；②教师有权享有国家规定的福利待遇，包括医疗、住房、退休等；③教师有权享有寒暑假带薪休假权。

在一些幼儿园经常有拖欠教师工资的情况，遇到此类情况，教师应该依法通过正规渠道反映诉求。

5. 民主管理权

民主管理权是指幼儿园教师有权对幼儿园的保教工作、管理工作和教育行政部门的工作提出意见和建议，并通过教工代表大会或其他形式参与学校的民主管理。教师民主参与学校管理是教师行使民主权利的重要形式。《教育法》第三十一条要求："学校及其他教育机构应当按照国家有关规定，通过以教师为主体的教职工代表大会等组织形式，保障教职工参与民主管理和监督。"《教师法》第七条规定，教师享有"对学校教育教学、管理工作和教育行政部门的工作提出意见和建议，通过教职工代表大会或者其他形式，参与学校的民主管理"的权利。《幼儿园工作规程》直接要求幼儿园建立教职工大会制度或者教工代表大会制度，依法加强民主管理和监督。

让教师参与幼儿管理，可以进一步发挥幼儿园教师的主动性、积极性，切实保障教师的民主权利和切身利益，推进园内民主建设水平，提高幼儿园的管理效率。

为了落实教师民主参与幼儿园管理的权利，2011年，教育部颁发了《学校教职工代表大会规定》，它要求学校的教职工代表大会以教师为主体。有80人以上的学校建立教职工代表大会制度，不足80人的学校，建立由全体教职工直接参加的教职工大会制度，教师代表不得低于教师总数的60%，并应当根据学校实际情况，保证一定比例的青年教师和女教师代表。教职工代表大会每学年至少召开一次。教职工代表大会的选举和表决，须经教职工代表大会半数以上的代表通过。学校工会为教职工代表大会的工作机构。

微案例

小朋友浩浩的思维很活跃，且不愿约束自己，想到什么做什么。他会突然离开座位，还会突然跑到角落或跑出活动室，哪里有危险的地方就去哪里，什么有危险就玩什么。浩浩的爸爸妈妈忙于工作无暇管他，幼儿园教师要求家长配合一起教育浩浩，家长口头答应得很好，但要做时，总是说忙不过来。带班老师感觉现在管理浩浩一个人的工作量超过以往一个班的工作量。带班老师将浩浩的情况反映给园长，并希望幼儿园能让浩浩转园，或者安排专人照顾浩浩。园长了解了这种情况，但没有立刻同意带班老师的意见，她把这个问题的讨论安排到全园教职工代表大会的议程里，让教师们发表言论，阐明自己的想法。经过讨论，教师们一致认为，让浩浩转园不符合就近入学的政策，浩浩家就在幼儿园所在小区，有理由在本园学习，如果强行要求其转走，会对幼儿园的社会声誉产生极大影响，并有可能"吃上"官司。至于管理浩浩工作量较大的问题，建议暂时增加一名老师协助管理，等浩浩养成好习惯后，这名老师即可不再协助管理。教职工代表大会同时建议幼儿园将此问题作为课题来研究，找到此类学生培养的最佳路径。

这次，教师参与幼儿园的民主管理，使问题得到解决，同时也增进了教师参与幼儿园管理的积极性。

6. 进修培训权

进修培训权是指教师有权参加进修或者其他方式的培训。《教师法》第七条规定了教师享有"参加进修或者其他方式的培训"的权利。《教师法》赋予教师这一权利，是保证教师适应时代发展的需要，也是提高教学质量、促进教师职业生涯发展的需要。教育行政部门、学校或其他教育机构应当采取多种形式，开辟多种渠道，保证教师进修培训权的行使。

幼儿园教师在行使这项权利时，首先，要在完成本职工作的前提下，经过批准后才能参加进修或培训，其次，教师参加的进修或培训项目要尽量与本职相关。

课证融通

1. 【2017年真题】某教师积极参加幼儿园集体活动，并对幼儿园的改革发展建言献策。该教师行使的权利是（　　）。

   A. 教育教学权　　　B. 科学研究权　　　C. 民主管理权　　　D. 公正评价权

2. 【2022年真题】为了更好地满足家长们提供的幼小衔接要求，幼儿园大班教师张某在最后一个学期，以拼音、20以内的加减法等作为主要教学内容，张某的做法（　　）。

   A. 正确，张老师有决定教学内容的权利

   B. 正确，张老师有效回应了家长的要求

   C. 不正确，幼儿园不得教授小学的内容

   D. 不正确，幼小衔接应在入园时开始

3. 白老师在幼儿园任教期间通过了硕士研究生入学考试，但该幼儿园园长以服务期未满、园内教师人数不足为由不批准白老师在职学习。该幼儿园剥夺了白老师的（　　）。

   A. 教育教学权　　　B. 获得报酬权　　　C. 进修培训权　　　D. 指导评价权

4. 【2022年真题】第二天一早李老师就要交职称材料了，她发现还缺少2份听课材料，但是，她已经没有时间听课了。李老师正确的做法是（　　）。

   A. 请同事帮忙提供听课材料　　　B. 参考同事教案改写听课材料

   C. 根据自己教案编写听课材料　　　D. 直接放弃本次职称评定机会

5. 【2019年真题】教师赵某因当地教育行政部门侵犯其合法权益，依法提出了申诉。对于赵某的申诉，有权受理的机关是（　　）。

   A. 同级人民政府或上级人民政府有关部门

   B. 所在地区中级人民法院或省高级人民法院

C. 所在地区人民检察院或最高人民检察院

D. 上一级人民政府或中央人民政府有关部门

8 课证融通

扫一扫，查看参考答案。

课内实训

一、实训任务

1. 实训情境

小莉在张助理的帮助下，终于考取了幼儿园教师资格证。在毕业时，如愿入职了她姑妈当园长的这所幼儿园，担任小（一）班的副班老师。尽管小莉已经向老教师请教了一些经验，且对小班幼儿入园的工作有一定的心理准备，可是，到了开学的第一天，还是有很多困难接踵而来，让她难以应对。比如，小孩看到家长离开时哭天喊地，小莉不知如何来安慰他们；那些不放心的家长常常在幼儿园栅栏外观看，幼儿看到他们又哭了起来，小莉这时又不知道如何与家长沟通；小孩进园找不到自己的物品、吃饭时常常发呆，小莉不知道如何帮助他们养成好习惯；有几个小孩紧紧跟在小莉身边，小莉无论干什么，他们都寸步不离，这让小莉很无奈；还有一个大男孩为抢玩具打了一个小女孩几个耳光，小莉跟男孩讲道理，小男孩一脸蒙，根本就没有听懂。小莉中午吃饭时，坐在张助理的身边，将今天遇到的问题讲给张助理听，希望张助理能帮她支支招。张助理听完后笑了笑说："这对于像你这样没有实习经验的新教师来说很正常，我想问的是你是否对幼教丧失了信心？"小莉说："虽然今天遇到很多问题，但是我还是很喜欢与孩子在一起。"张助理后来讲了一些应对方法，说到最后，张助理对小莉说："你不用担心，多学习会让你越来越顺手。但是，你要先将做一个合格教师作为近期的专业发展目标。另外，提醒你一下，作为教师，所有言行要符合法律法规要求，不可触碰红线。你可以先找一些与幼儿园教师相关的法律与案例来看看。"小莉向张助理表示了感谢，吃完饭后，她放弃休息，与保育老师一起照看幼儿午睡。

2. 实训任务

请你结合《教师法》《幼儿园教师专业标准（试行）》和《关于全面深化新时代教师队伍建设改革的意见》等政策法规，代小莉制作1份幼儿园教师权利清单及权利行使边界。演示文稿中包括幼儿园教师的权利、行使权利的注意事项及边界等内容，对教师权利的注意事项进行举例说明。

二、成果呈现

每个小组提供 1 个 PPT。

三、资源准备

1. 材料工具准备

连接网络的计算机、Word 或 Excel、剪映等软件。

2. 知识准备

（1）我国《教师法》《幼儿园教师专业标准（试行）》《关于全面深化新时代教师队伍建设改革的意见》中关于教师权利与条件等知识；

（2）搜集一线教师行使教师权利的案例。

3. 相关能力准备

（1）计算机操作能力；

（2）Word 或 Excel 软件操作能力。

四、实训评价

请使用实训评价表（见"课外活动"后），进行自我评价或师生共同评价。

> 拓展阅读

一、《学校教职工代表大会规定》概要

《学校教职工代表大会规定》（以下简称《教代会规定》）于 2011 年由教育部部长办公会议审议通过，经商中华总工会同意后发布。2012 年 1 月开始实施，共 6 章 30 条。

1. 总则

教育部出台《教代会规定》的目的是依法保障教职工参与学校民主管理和监督，完善现代学校制度，促进学校依法治校。

《教代会规定》强调教职工代表大会是教职工依法参与学校民主管理和监督的基本形式，并要求各学校建立和完善教职工代表大会制度。教职工代表大会应高举中国特色社会主义伟大旗帜，以马克思列宁主义、毛泽东思想、邓小平理论和"三个代表"重要思想为指导，深入贯彻落实科学发

展观，全面贯彻执行党的基本路线和教育方针，认真参与学校民主管理和监督，并遵守国家法律法规和学校规章制度。同时，规定教职工代表大会在中国共产党学校基层组织的领导下开展工作，实施民主集中制的组织原则。

2. 教职工代表大会职责

《教代会规定》明确了教职工代表大会八个方面的职责：听取学校章程草案的制定和修订情况报告，提出修改意见和建议；听取学校发展规划、教职工队伍建设、教育教学改革、校园建设以及其他重大改革和重大问题解决方案的报告，提出意见和建议；听取学校年度工作、财务工作、工会工作报告以及其他专项工作报告，提出意见和建议；讨论通过学校提出的与教职工利益直接相关的福利、校内分配实施方案以及相应的教职工聘任、考核、奖惩办法；审议学校上一届（次）教职工代表大会提案的办理情况报告；按照有关工作规定和安排评议学校领导干部；通过多种方式对学校工作提出意见和建议，监督学校章程、规章制度和决策的落实，提出整改意见和建议；讨论法律法规规章规定的以及学校与学校工会商定的其他事项。

3. 教职工代表大会代表产生

《教代会规定》确定"凡与学校签订聘任聘用合同、具有聘任聘用关系的教职工，均可当选为教职工代表大会代表"，并要求以学院、系（所、年级）、室（组）等为单位，由教职工直接选举产生。

教职工代表大会的代表要以教师为主体，教师代表不得低于代表总数的60%，并应当根据学校实际，保证一定比例的青年教师和女教师代表。民族地区的学校和民族学校，少数民族代表应当占有一定比例。代表采取任期制，一般任期为3年或5年，可以连选连任。

4. 教职工代表大会代表的权利与义务

代表享有以下五个方面的权利：第一，在教职工代表大会上享有选举权、被选举权和表决权；第二，在教职工代表大会上充分发表意见和建议；第三，提出提案并对提案办理情况进行询问和监督；第四，就学校工作向学校领导和学校有关机构反映教职工的意见和要求；第五，因履行职责受到压制、阻挠或者打击报复时，向有关部门提出申诉和控告。同时代表应承担以下五个方面的义务：第一，努力学习并认真执行党的路线方针政策、国家的法律法规、党和国家关于教育改革发展的方针政策，不断提高思想政治素质和参与民主管理的能力；第二，积极参加教职工代表大会的活动，认真宣传、贯彻教职工代表大会决议，完成教职工代表大会交给的任务；第三，办事公正，为人正派，密切联系教职工群众，如实反映群众的意见和要求；第四，及时向本部门教职工通报参加教职工代表大会活动和履行职责的情况，接受评议监督；第五，自觉遵守学校的规章制度和职业道德，提高业务水平，做好本职工作。

5. 组织规定

《教代会规定》要求"有教职工 80 人以上的学校，应当建立教职工代表大会制度；不足 80 人的学校，建立由全体教职工直接参加的教职工大会制度"。

学校还应当遵守教职工代表大会的组织规则，定期召开教职工代表大会，支持教职工代表大会的活动。每学年至少召开一次。遇有重大事项，经学校、学校工会或 1/3 以上教职工代表大会代表提议，可以临时召开教职工代表大会。

6. 教职工代表大会召开

教职工代表大会每 3 年或 5 年为一届，期满应当进行换届选举。教职工代表大会须有 2/3 以上教职工代表大会代表出席。

教职工代表大会的议题，应当根据学校的中心工作、教职工的普遍要求，由学校工会提交学校研究确定，并提请教职工代表大会表决通过。

在大会中由教职工代表大会代表推选人员，组成主席团主持会议。主席团应当由学校各方面人员组成，其中包括学校、学校工会主要领导，教师代表应占多数。

教职工代表大会的选举和表决，须经教职工代表大会代表总数半数以上通过方为有效。

教职工代表大会闭会期间，遇有急需解决的重要问题，可由执行委员会联系有关专门委员会（工作小组）与学校有关机构协商处理。

7. 工作机构

学校工会为教职工代表大会的工作机构，并承担以下职责：第一，做好教职工代表大会的筹备工作和会务工作，组织选举教职工代表大会代表，征集和整理提案，提出会议议题、方案和主席团建议人选；第二，教职工代表大会闭会期间，组织传达贯彻教职工代表大会精神，督促检查教职工代表大会决议的落实，组织各代表团（组）及专门委员会（工作小组）的活动，主持召开教职工代表团（组）长、专门委员会（工作小组）负责人联席会议；第三，组织教职工代表大会代表的培训，接受和处理教职工代表大会代表的建议和申诉；第四，就学校民主管理工作向学校党组织汇报，与学校沟通；第五，完成教职工代表大会委托的其他任务。

二、案例分析

王某从一所本科院校学前教育专业毕业后回到老家，应聘当地一家幼儿园，并签订了 5 年期限的合同。王某入职的头两年，由于生源充足，收入还可以，超过当地绝大多数幼儿园老师的收入，后来由于幼儿园周边的几个小区要改建，幼儿园生源数明显下降，相应地教师的收入也随之下降，大部分时候只能领到基本工资加少量津贴,很多教师因此已离职。王某也想辞职,但幼儿园以服务期未满为由不让其辞职,否则要求赔偿一笔违约金。王某眼看无法直接辞职,就想通过"曲线"达到换一家幼儿园的目的,王某报考了某师范大学的在职硕士研究生,并成功考取。尽管是在职研究生,但是根据该师范大学研究生培养的规定,在职研究生需要有半年时间到校参加面授。于是,王某向幼儿园申请半年假期脱产学习。但是,幼儿园不同意王某的请求,列出三个理由:第一,幼儿园教师只要幼师专业毕业即可,无须高学历,硕士研究生学历对于幼儿园来说更是多余,没有必要;第二,目前幼儿园教师已经严重缺编,如果王某脱产学习,她现在所带的班级无人接手,影响30名幼儿的学习;第三,当时应聘时口头答应过不参加脱产进修。于是,王某欲以剥夺其参加进修的权利为由向当地教育局提出申诉。教育行政认为,根据《教师法》和本县《教师脱产进修培训的规定》,幼儿园不得剥夺王某的进修培训权。但是,教师进修培训必须在不影响正常工作的前提下,有组织有计划地进行,王某的离开会影响到在园幼儿的学习,需要王某妥善安排后才可以脱产进修。后王某与幼儿园达成协议,王某脱产学习期间不带薪,幼儿园另聘请一名幼儿园教师来代课,为期半年。

课外活动

1. 阅读下列案例,宁老师的说法对吗?

胡某是某幼儿园大班的幼儿,性格活泼,比较好动,经常与其他幼儿打架。在一次户外探索活动时,胡某抓起一只蚂蚁放在同班幼儿小东的衣领里,带班的宁老师开始警告胡某不要这样做,否则不让参加这次活动。胡某稍微收敛了一些,但没过多久,胡某又故伎重施,这次抓了更多虫子放在其他幼儿的衣服内,导致其他幼儿不断惊叫,户外探索活动也无法进行。这次宁老师直接将他拉回了教室,让保育老师看着,不让走动。胡某家长知道这些事以后,认为尽管胡某违反了课堂纪律,但宁老师侵害了胡某的受教育权,要求幼儿园和宁老师向胡某道歉。宁老师认为自己在行使自己的教育权和管理幼儿的权利,她没有错,坚决不道歉。

2. 谁的做法对?

瑛瑛今年4岁,上中班,她经常在周一升旗时忘记穿礼服,导致所在班级经常被扣分,从来没有拿到过流动红旗,为此,带班老师很不满。晨谈环节时,带班老师让瑛瑛向全班同学道歉。后来家长知道此事后,认为老师的做法不对,老师则认为自己是在行使指导评价权,让瑛瑛道歉是让她长记性。

项目二　幼儿园教师的权利与义务

项目二　任务 2 实训评价表

A 级（优秀）	B 级（良好）	C 级（及格）	D 级（稍弱）	E 级（较差）
1. 对教师权利、教师考核申诉和培训权等有较全面的论述，重点突出，表述简洁准确； 2. 对行使教师权利注意事项的举例恰当，观点正确，符合《教师法》的要求； 3. 演示文稿的内容前后衔接较好，逻辑合理，演示文稿图文并茂，文字简洁，有一定的设计	1. 对教师权利、教师考核申诉和培训权等论述清楚，表述准确； 2. 对行使教师权利注意事项的举例观点正确，符合《教师法》的要求； 3. 演示文稿的内容前后衔接较好，逻辑合理，演示文稿图文并茂，文字简洁；	1. 有对教师权利、教师考核申诉和培训权等论述，语言通畅； 2. 对行使教师权利注意事项的举例，符合《教师法》的要求； 3. 演示文稿注意了图文结合	1. 对教师权利、教师考核申诉和培训权等论述不全面； 2. 对行使教师权利注意事项的举例，与符合《教师法》的要求有一定距离； 3. 演示文稿图片与文字随意放置	1. 对教师权利、教师考核申诉和培训权等论述较少或错误； 2. 对行使教师权利注意事项的举例，不符合《教师法》的要求； 3. 演示文稿的内容前后错乱
学生自评	（　　）级，符合（　　）级第（　　）条			
小组评价	（　　）级，符合（　　）级第（　　）条 建议：			

任务 3　依法维护幼儿园教师的公民权利

 一　宪法（节选）

宪法内容丰富，这里只选择一些重点条款来学习。

9　政策法规
扫一扫，查看宪法全文。

（一）宪法的基本情况

宪法共 4 章 143 条。宪法规定了国家的根本制度和根本任务，是国家的根本大法，具有最高的法律效力。全国人民都必须以宪法为根本活动准则，并且维护宪法尊严，保证宪法实施的职责。

（二）宪法的主要内容

宪法的第一章为总纲，是对国家根本制度的规定；第二章是对公民基本权利和义务的规定；第三章是对国家机构的规定；第四章对国旗、国歌、国徽、首都的规定。

1. 总纲

宪法规定我国的国家性质为工人阶级领导的、以工农联盟为基础的人民民主专政的社会主义国家。

社会主义制度是中华人民共和国的根本制度。中国共产党领导是中国特色社会主义最本质的特征，禁止任何组织或者个人破坏社会主义制度。

宪法规定中华人民共和国的一切权力属于人民。人民行使国家权力的机关是全国人民代表大会和地方各级人民代表大会。人民依照法律规定，通过各种途径和形式，管理国家事务，管理经济和文化事业，管理社会事务。

宪法规定中华人民共和国的国家机构实行民主集中制的原则。全国人民代表大会和地方各级人民代表大会都由民主选举产生，对人民负责，受人民监督。

宪法规定中华人民共和国各民族一律平等，国家保障各少数民族的合法权利和利益，维护和发展各民族的平等团结互助和谐关系。

宪法规定我国实施依法治国，建设社会主义法治国家，国家维护社会主义法治的统一和尊严。任何组织或个人都不得超越法律的特权。

宪法规定我国社会主义经济制度的基础是生产资料公有制，即全民所有制和劳动群众集体所有制。社会主义公有制消灭人剥削人的制度，实行各尽所能、按劳分配的原则。

我国的国有经济，即社会主义全民所有制经济，是国民经济中的主导力量。国家保障国有经济的巩固和发展。

宪法规定国家实行社会主义市场经济。国家加强经济立法，完善宏观调控。国家依法禁止任何组织或者个人扰乱社会经济秩序。

宪法规定国家举办各种学校，普及初等义务教育，发展中等教育、职业教育和高等教育，并且发展学前教育。国家发展各种教育设施，扫除文盲，对工人、农民、国家工作人员和其他劳动者进行政治、文化、科学、技术、业务的教育，鼓励自学成才。

国家鼓励集体经济组织、国家企业事业组织和其他社会力量依照法律规定举办各种教育事业。国家推广全国通用的普通话。

国家通过普及理想教育、道德教育、文化教育、纪律和法制教育，通过在城乡不同范围的群众中制定和执行各种守则、公约，加强社会主义精神文明的建设。

国家倡导社会主义核心价值观，提倡爱祖国、爱人民、爱劳动、爱科学、爱社会主义的公德，在人民中进行爱国主义、集体主义和国际主义、共产主义的教育，进行辩证唯物主义和历史唯物主义的教育，反对资本主义的、封建主义的和其他的腐朽思想。

中华人民共和国的武装力量属于人民。它的任务是巩固国防，抵抗侵略，保卫祖国，保卫人民的和平劳动，参加国家建设事业，努力为人民服务。

2. 公民的基本权利和义务

宪法第二章对中华人民共和国公民的政治权利、政治和宗教信仰、人身自由和人格尊严、住宅权、通信权、监督权、劳动权、休息权、物质帮助权，受教育权、科研和创作自由、维护荣誉义务、服兵役和纳税义务有明确的规定。

宪法规定中华人民共和国公民在法律面前一律平等。任何公民享有宪法和法律规定的权利，同时必须履行宪法和法律规定的义务。

宪法规定，满十八周岁的中国公民具有选举权和被选举权，但是依照法律被剥夺政治权利的人除外。

宪法规定公民有言论、出版、集会、结社、游行、示威的自由，宗教信仰自由，人身自由不受侵犯。

宪法规定我国公民的人格尊严和住宅不受侵犯，禁止用任何方法对公民进行侮辱、诽谤和诬告陷害，禁止非法搜查或者非法侵入公民的住宅。

宪法保护公民的通信自由和通信秘密。

宪法规定我国公民对于任何国家机构和国家工作人员有提出批评和建议的权利，对于他们的违法失职行为，有向有关国家机关提出申诉、控告或者检举的权利。

宪法规定我国公民有劳动的权利与义务，中华人民共和国的劳动者有休息的权利。我国公民在年老、疾病或者丧失劳动能力的情况下，有从国家获得物质帮助的权利。

宪法规定我国公民有受教育的权利和义务，有进行科学研究、文学艺术创作和其他文化活动的自由。

宪法也同时规定我国公民在行使自由和权利时，不得损害国家的、社会的、集体的利益和其他公民的合法的自由和权利。我国公民有维护祖国的安全、荣誉和利益的义务。

3. 国家机关

中华人民共和国全国人民代表大会是最高国家权力机关，它的常设机关是全国人民代表大会常务委员会。全国人民代表大会及其常务委员会行使国家立法权。

全国人民代表大会每届任期5年，全国人民代表大会会议每年举行一次，由全国人民代表大会常务委员会召集。

全国人民代表大会行使修改宪法，监督宪法的实施，修改刑事、民事、国家机关和其他的基本法律等16项权利。全国人民代表大会常务委员会行使解释宪法、监督宪法的实施、制定和修改除应当由全国人民代表大会制定的法律以外的其他法律等22项权利。

中华人民共和国国务院是最高国家行政机关，总理领导国务院的工作，国务院行使根据宪法和法律规定行政措施、制定行政法规、发布决定和命令等18项权利。

中华人民共和国各级监察委员会是国家的监察机关，国家监察委员会是最高监察机关。

中华人民共和国人民法院是国家的审判机关，最高人民法院是最高审判机关。

中华人民共和国检察院是国家法律的监督机关，最高人民检察院是最高检察机关。

监察委员会主任、最高人民法院院长、最高人民检察院检察长每届任期与全国人民代表大会每届任期相同，连续任期不超过两届。

4. 国旗、国歌、国徽、首都

中华人民共和国国旗是五星红旗，国歌是《义勇军进行曲》，国徽中间是五星照耀下的天安门，周围是谷穗和齿轮。首都是北京。

二 幼儿园教师的公民权利

幼儿园教师除了教育者的身份以外，还有公民的身份和劳动者的身份。身份不同，他们享有的权利也不相同。幼儿园教师女性较多，她们还享有妇女的相关权利。

（一）幼儿园教师作为公民享有的权利

1. 幼儿园教师享有宪法的权利

教师作为公民，享有宪法赋予的基本权利：

（1）在法律面前一律平等；

（2）在政治上，享有选举权和被选举权，享有言论、出版、集会、结社、游行、示威的自由；

（3）在宗教信仰上，享有宗教信仰自由；

（4）在人身和人格上，人身自由不受侵犯，人格尊严不受侵犯，住宅不受侵犯，通信自由和通信秘密受法律保护；

（5）在社会经济方面，享有劳动权利，劳动者休息权利，退休人员生活保障权利，获得社会保障与物质帮助的权利；

（6）在社会文化上，享有受教育权利，进行科研、文艺创作和其他文化活动的自由权；

（7）婚姻、家庭、母亲和儿童受国家的保护，妇女在政治、经济、文化、社会和家庭生活等方面享有同男子同等的权利。

宪法规定，中国公民享有宪法和法律规定的权利，同时必须履行宪法和法律规定的义务。

2. 幼儿园教师容易受侵害的公民基本权利

幼儿园教师享有的公民基本权利容易受到侵害，主要表现在以下几方面。

（1）人身权的侵害，主要表现为殴打教师、侮辱教师人格尊严、损害教师的名誉、侵害教师健康权等。

（2）财产权的侵害，主要表现为以各种名义克扣教师工资、要求教师集资、要求教师交培训费、上岗费、服装费等。

（3）受教育与科研权利的侵害，主要表现为阻止教师参与培训与进修、教师的科研成果被剽窃等。

> **微案例**
>
> 2011年6月21日9时许，某县公安局城区分局接到报警，称该县某幼儿园女教师齐某被一幼儿家长殴打，起因是该家长怀疑老师逼自己的孩子吃吐出来的饭菜。民警立即赶到案发地点，并将违法行为人许某传唤至分局进行询问，随后受害人齐老师也赶到。民警通过受害人了解了简要案情后，让齐老师先到医院进行检查治疗。经侦查，事实清楚，证据充分，公安机关依法对违法行为人许某行政拘留。

（二）幼儿园教师作为劳动者享有的权利

1. 幼儿园教师享有劳动者的权利

10　政策法规
扫一扫，查看《中华人民共和国劳动法》全文。

随着教师聘任制逐步实施，大多数幼儿园教师与幼儿园之间签订了劳动合同，教师与幼儿园的关系是劳动者与用人单位的合同关系。依据《中华人民共和国劳动法》（以下简称《劳动法》）和《中华人民共和国劳动合同法》，教师享有以下权利。

（1）享有平等就业和选择就业的权利

平等就业权是指具有劳动能力的公民有获得职业的权利，选择就业权是指劳动者根据自己意愿选择适合自己才能、爱好的职业。

（2）取得劳动报酬的权利

取得劳动报酬的权利是指劳动者付出劳动，依照合同及国家有关法律取得劳动报酬的权利。我国宪法明确规定我国实施各尽所能、按劳分配的原则，同时还规定男女同工同酬，国家在发展生产的基础上，提高劳动报酬和福利待遇。

（3）休息休假的权利

休息休假的权利是指劳动者享有的休息和休养的权利，是劳动者在进行劳动后为解除疲劳、恢复正常的劳动能力所必需的权利。我国《劳动法》规定的休息时间包括工作间歇、两个工作日之间的休息时间、公休日、法定节假日以及年休假、探亲假、婚丧假、事假、生育假、病假等。劳动者每日工作时间不超过 8 小时、平均每周工作时间不超过 44 小时。因特殊原因需要延长工作时间的，在保障劳动者身体健康的条件下，延长工作时间每日不得超过 3 小时，但是每月不得超过36 小时。

（4）获得劳动安全卫生保护的权利

获得劳动安全卫生保护的权利是指劳动者在生产和工作过程中应得到的生命安全和身体健康基本保障的权利。劳动安全指的是用人单位应当保证工作场所不发生危及劳动者生命安全的伤害事故。劳动卫生指的是用人单位应当保证工作场所不存在危害劳动者健康的慢性职业病危害。《劳动法》规定，用人单位必须建立、健全劳动安全卫生制度，严格执行国家安全卫生规程和标准，为劳动者提供符合国家规定的劳动安全制度、卫生条件和必要的劳动防护用品。对从事特种作业的人员进行专门培训，防止劳动过程中的事故，减少职业危害。

（5）接受职业技能培训的权利

职业技能培训是指对准备就业的人员和已经就业的职工，以培养其基本的职业技能或提高其职业技能为目的，而进行的技术业务知识和实际操作技能教育和训练。职业技能培训权是指劳动者有要求接受职业技能的教育和训练的权利，并可根据这一权利享受相应的待遇。

（6）享受社会保险和福利的权利

社会保险是指一种为丧失劳动能力、暂时失去劳动岗位或因健康原因造成损失的人口提供收入或补偿的一种社会和经济制度。社会保险的主要项目包括养老保险、医疗保险、失业保险、工伤保险、生育保险。社会福利，广义上是指面对广大社会成员并改善其物质和文化生活的一切措施，使社会成员生活的良好状态，狭义上是指向困难群体提供的带有福利性质的社会支持，包括物质支持和服务支持。享受社会保险和福利的权利，是指劳动者由于年老、疾病、失业、伤残、生育等原因失去劳动能力或劳动机会因而没有正常的劳动收入来源或者生活存在困难时，通过国家社会保险制度或社会支持获得物质帮助的权利和支持的权利。

(7) 提请劳动争议处理的权利以及法律规定的其他劳动权利

劳动争议是指劳动关系当事人,因执行劳动法或履行集体合同和劳动合同的规定引起的争议。提请劳动争议处理的权利是劳动者在提请行使劳动争议处理权时,依法享有的对争议处理途径和方式的选择权。我国《劳动法》第七十七条规定:"用人单位和劳动者发生劳动争议,当事人可以依法申请调解、仲裁、提起诉讼,也可以协商解决。"

微案例

2018年,青岛市为更好地激发农村幼儿园等非编制教师的积极性,解决"同工不同酬"问题,青岛市实行"双80%"政策,即公办园非编制教师工资达到当地编制教师平均工资的80%以上,所需经费按照不低于80%的比例列入区(市)、镇(街道)财政预算。享受此优惠政策的西海岸新区泊里中心幼儿园教师张玮玮说:"我们也有了五险一金,也可以贷款买房了。"近年来西海岸新区农村幼儿园教师的待遇不断提高,单位除了缴纳公积金外,在评选先进、评定职称时也有政策倾斜,这让他们工作更有动力。

2. 幼儿园教师作为劳动者容易受到的权利侵害

幼儿园教师享有的劳动者权利,容易受到侵害的权利主要表现在以下几方面。

(1) 就业权被侵害

主要表现为幼儿园不招聘未结婚与生育的教师,不招聘身体有残疾的教师,不招聘外貌不漂亮的教师,聘用期满不让教师辞职,将教师安排在不适合的岗位等。

(2) 劳动报酬权被侵害

主要表现为教师之间同工不同酬,劳动报酬被拖欠或随意克扣,以扣工资作为管理的唯一手段等。

(3) 休息权被侵害

主要表现为延长工作时间不给加班补贴,幼儿园安排大量超过本职工作之外的工作,缩短教师生育假,占用教师的国家法定节假日。

(4) 职业培训权和社会保险权被侵害

主要表现为幼儿园不安排教师参加职业培训,不为幼儿园教师购买社会保险,减扣幼儿园教师应享的福利等。

(三) 幼儿园教师作为妇女享有的权利

2018年教育统计数据显示我国幼儿园女性教师占比97.8%。2018年,我国对《中华人民共和国妇女权益保障法》（以下简称《妇女权益保障法》）进行第二次修正。《妇女权益保障法》规定"妇女在政治的、经济的、文化的、社会的和家庭的生活等各方面享有同男子平等的权利。"具体来说妇女享有以下权利。

11　政策法规
扫一扫，查看《中华人民共和国妇女权益保障法》全文。

1. 政治权利

《妇女权益保障法》规定，国家保障妇女享有与男子平等的政治权利。妇女有权通过各种途径和形式，管理国家事务，管理经济和文化事业，管理社会事务。妇女享有与男子平等的选举权和被选举权。干部培养、选拔和任用干部要坚持男女平等的原则，并有适当数量的妇女担任领导成员。有关部门应听取和采纳保障妇女权益的批评或合理建议。

2. 文化教育权益

国家保障妇女享有与男子平等的文化教育权利，它既包括从事各个领域的科学技术研究、文学艺术创作及其他文化活动的权利，也包括入学、升学、毕业分配、授予学位、派出留学等方面的权利。此外，还包括适龄女性儿童少年接受义务教育的权利和接受职业教育和实用技术培训的权利。

3. 劳动和社会保障权益

《妇女权益保障法》规定，国家保障妇女享有与男子平等的劳动权利和社会保障权利，主要包括不得对妇女就业有性别歧视；禁止录用未满十六周岁的女性未成年人；实施男女同工同酬；在晋职、晋级、评定专业技术职务等方面，应当坚持男女平等的原则，不得歧视女性；保护妇女在工作和劳动时的安全和健康，不得安排不适合妇女从事的工作和劳动；不得因结婚、怀孕、产假、哺乳等情形，降低女职工的工资，辞退女职工，单方解除劳动（聘用）合同或者服务协议；妇女享有社会保险、社会救助、社会福利和卫生保健等权益；国家推行生育保险制度。

4. 财产权益

妇女的财产权益是指与妇女具有直接经济内容的民事权利。《妇女权益保障法》规定国家保障妇女享有与男子平等的财产权利；在婚姻、家庭共有财产关系中，不得侵害妇女依法享有的权益；妇女在农村土地承包经营、集体经济组织收益分配、土地征收或者征用补偿费使用以及宅基地使用等方面，享有与男子平等的权利；不得侵害妇女在农村集体经济组织中的各项权益；妇女享有的与男子平等的财产继承权受法律保护，在同一顺序法定继承人中，不得歧视妇女。

5. 人身权利

妇女的人身权是指妇女依法享有的，与妇女自身不可分离的，没有直接财产内容的一种民事权利。《妇女权益保障法》规定，国家保障妇女享有与男子平等的人身权利；妇女的人身自由不受侵犯；妇女的生命健康权不受侵犯；禁止拐卖、绑架妇女；禁止收买被拐卖、绑架的妇女；禁止阻碍解救被拐卖、绑架的妇女；禁止对妇女实施性骚扰；禁止卖淫、嫖娼；妇女的名誉权、荣誉权、隐私权、肖像权等人格权受法律保护。

6. 婚姻家庭权益

《妇女权益保障法》规定妇女享有与男子平等的婚姻家庭权利；妇女享有婚姻自主权；妇女怀孕期间、分娩后一年内或者终止妊娠后六个月内，男方不得提出离婚；禁止对妇女实施家庭暴力。女方对夫妻共同财产享有与其配偶平等的权利；离婚时在住房问题上对女方进行保护；父母双方对未成年子女享有平等的监护权；在法定情形下，照顾女方抚养子女的合理要求；保障妇女的生育权和生殖健康权。

微案例

曹老师是一名90后，年纪轻轻就当了老师。能歌善舞的她，在学校里是孩子们的好老师，小孩子都很喜欢她。因性格原因，回到家，夫妻经常吵架，后丈夫出轨单位同事，被曹老师发现。一天晚上，曹老师约丈夫在家里谈话，曹老师的态度较为强势，丈夫承认自己出轨，并发下毒誓：以后再也不和该女同事来往了。然而，一天晚上，夫妻两人吵架时曹老师又翻出这件事，并强迫丈夫打电话给女同事算账，丈夫不愿意打，两人因此吵到凌晨5点。最终，丈夫忍无可忍，情绪彻底爆发，将妻子殴打致死。这严重侵害了妇女的人身权益和婚姻家庭的权益，违法者最终得到了应有的惩罚。

三 幼儿园教师的权益保障

教师要维护自身的合法权益，主要有两条路径：一是诉讼；二是非诉讼。诉讼属于司法救济，它包括行政诉讼、刑事诉讼、民事诉讼。非诉讼是指不运用法律手段，双方协商调解，或请求仲裁机构裁决等，以解决纠纷，它包括集体谈判、行政申诉、人事争议仲裁、教育行政复议、人民信访和人民调解等。

（一）非诉讼渠道

1. 集体谈判

集体谈判是指教师在合法权益得不到保障时，教师通过教职工代表大会或工会组织与幼儿园进行谈判，谈判结果具有法律约束力。

2. 教师申诉

教师申诉是指当教师的合法权益受到侵害时，依照法律、法规的规定，向主管部门申请处理。《教师法》规定教师对学校或者其他教育机构侵犯其合法权益的，或者对学校或其他教育机构作出的处理不服的，可以向教育行政部门提出申诉，教育行政部门应当在接到申诉的 30 日内，作出处理。如果教师认为当地人民政府有关行政部门侵犯了其法定享有的权利，可以向同级人民政府或者上一级人民政府有关部门提出申诉，同级人民政府或上级人民政府有关部门应当作出处理。

《教师法》规定遇到以下情况，教师可以申诉。第一，教师认为幼儿园侵犯其《教师法》规定的合法权益，包括职责聘任、教学科研、工作任务安排、教师工作条件、民主管理、培训进修、考核奖惩、工资福利、解聘辞退、社保、退休等。第二，教师认为幼儿园作出的决定不合理。第三，教师认为当地人民政府的有关部门侵犯《教师法》规定的合法权益。

教师的申诉不能向个人提出申诉，只能向有关的行政机关提出。教师可以根据受理申诉案件机关的分工向相关部门进行申诉。教育部 1995 年颁布的《关于〈中华人民共和国教师法〉若干问题的实施意见》规定："省、市、县教育行政部门或者主管部门应确定相应的职能机构或者专门人员、依法办理教师申诉案件。"

教师的申诉一般要经过提出申诉、申诉受理、申诉处理三个环节。第一，提出申诉。申诉要以书面形式提出，申诉书应写明申诉人和被申诉人的基本信息、申诉要求、申诉理由。如果有相应的证明，需要附在申诉书后面。第二，申诉受理。受理机构收到申诉书后，应对申诉人的资格、条件进行审查，对不同情况作出处理：符合条件则受理，不符合条件则不受理，并通知申诉人。第三，申诉处理。行政机关对受理事件应当全面地调查核实，根据不同情况作出决定。

3. 人事争议仲裁

人事争议仲裁是指仲裁机构对人事争议进行调解或裁决的行政司法活动。2011 年，中共中央组织部等部门颁布的《人事争议处理规定》第二条规定，事业单位与工作人员之间解除人事关系、履行聘用合同发生的争议，可以申请人事争议仲裁。

4. 教育行政复议

教育行政复议是指教育管理相对人认为教育行政机关作出的具体行政行为侵犯其合法权益，向作出该行为的机关的上一级教育行政机关或该机关所属的本级人民政府提出申请，受理申请的行政机关对发生争议的具体行政行为进行复查并作出决定。教育行政复议是一种依法申请的行政行为。教育行政复议机关作出行政复议行为，必须基于教育管理相对人的申请。没有教育管理相对人的申请，行政复议机关就不能主动实施行政复议行为。复议行为应依照《中华人民共和国行政复议法》实施。

教育行政复议的范围较小，主要包括以下几个方面：第一，教育行政处罚不服的；第二，对教育行政强制措施不服的；第三，对教育行政机关作出的有关许可证、执照、资质证、资格证等证书变更、中止、撤销的决定不服的；第四，对教育行政机关因不作为违法的；第五，行政相对人认为教育行政机关违法集资、征收财物、摊派费用或者违法要求履行其他义务的；第六，认为教育行政机关侵犯合法的经营自主权的；第七，认为教育行政机关的其他具体行政行为侵犯其合法权益的。

在我国教育管理实践中，学校对教师的行政处分决定以及学校对学生的行政处分决定，作为教师或学生有不服的，只能依法通过教育申诉途径来获得救济，而无法通过教育行政复议途径获取救济。

5. 人民信访

人民信访是指公民、法人或者其他组织采用书信、电子邮件、传真、电话、走访等形式，向各级人民政府、县级以上人民政府工作部门反映情况，提出建议、意见或者投诉请求，依法由有关行政机关处理。2005年，我国颁布了修订后的《信访条例》，对信访工作作出了明确的规定。

6. 人民调解

人民调解是指人民调解委员会通过说服、疏导等方法，促使当事人在平等协商的基础上自愿达成调解协议，解决民间纠纷。调解活动分为民间调解、行政调解、仲裁调解和法院调解。2010年颁布的《中华人民共和国调解法》对人民调解活动进行了规范。

（二）诉讼渠道

1. 教育行政诉讼

教育行政诉讼是指教育行政管理相对人认为教育行政机关或教育法律、法规授权的组织的具体行政行为侵犯其合法权益，依法向人民法院起诉，请求给予法律补救；人民法院对教育行政机关或教育法律、法规授权的组织的具体行政行为的合法性进行审查，维护和监督行政职权的依法行使，纠正或撤销违法侵权的具体行政行为，以保护相对人的合法权益。教育行政诉讼应依据《中华人民共和国行政诉讼法》实施。

教育行政诉讼受理范围：第一，对行政处罚不服的；第二，对行政强制措施和行政强制执行不服的；第三，认为符合法定条件申请教育行政机关颁发许可证或执照，而教育行政机关拒绝颁发或不予答复的；申请教育行政机关履行保护人身权、财产权的法定职责，而教育行政机关拒绝履行或者不予答复的；第四，认为教育行政机关违法要求履行义务的；第五，认为教育行政机关侵犯其人身权、财产权的。

2. 教育民事诉讼

教育民事诉讼是指民事争议的当事人向人民法院提出诉讼请求，人民法院在双方当事人和其他诉讼参与人的参加下，依法审理和裁判民事争议。教师进行民事诉讼时应按照《中华人民共和国民事诉讼法》的规定实施。民事诉讼受理的范围主要包括公民之间、法人之间、其他组织之间以及他们相互之间因财产关系和人身关系提起的民事诉讼。

课证融通

1.【2014年真题】某园规定女教师必须在园工作三年后,方可怀孕,否则按事假对待,该规定(   )。

   A. 合法,体现了幼儿园的自主办园权   B. 合法,保障幼儿园正常的教学秩序

   C. 不合法,侵犯教师的身体权   D. 不合法,侵犯教师的人身权

2.【2018年真题】某幼儿园为提升教师专业水平,从所有教师工资中扣除100元用于订阅专业刊物。该园的做法(   )。

   A. 合法,幼儿园有权管理和使用本单位经费

   B. 合法,幼儿园有按照章程自主管理的权利

   C. 不合法,侵犯了教师获取工资报酬的权利

   D. 不合法,侵犯了教师从事科学研究的自由

3.【2022年真题】教师张某对学校给予的处分不服,依据相关法律,他可以采用的法律救济途径是(   )。

   A. 教师申诉   B. 刑事诉讼   C. 申请仲裁   D. 民事诉讼

4. 教师赵某因当地教育行政部门侵犯其合法权益,依法提出了申诉,对于赵某的申诉,有权受理的机关是(   )。

   A. 同级人民政府或上一级人民政府有关部门

   B. 所在地区中级人民法院或省高级人民法院

   C. 所在地区人民检察院或较高人民检察院

   D. 上一级人民政府或中央人民政府有关部门

5.【2021年真题】依据宪法,下列说法不正确的是(   )。

   A. 国家发展学前教育   B. 国家发展义务教育

   C. 国家发展中等教育   D. 国家发展高等教育

6.【2020年真题】宪法规定,中华人民共和国的武装力量属于(   )。

   A. 中国共产党   B. 中央人民政府   C. 人民   D. 社会

7.【2018年真题】下列选项中,不属于宪法规定的公民权利的是(   )。

   A. 人身自由权   B. 信仰自由权   C. 通信自由权   D. 教育自由权

8. 根据宪法的规定，中华人民共和国的国家机关实行（　　）。

A. 民主集中制的原则　　　　　　　　B. 人民民主专政

C. 人民代表大会制度　　　　　　　　D. 社会主义制度

9.【2022年真题】下列选项中，不属于全国人民代表大会常务委员会职权的是（　　）。

A. 解释法律　　　　　　　　　　　　B. 监督宪法的实施

C. 决定战争和和平的问题　　　　　　D. 决定驻外全权代表的任免

12　课证融通
扫一扫，查看参考答案。

课内实训

一、实训任务

1. 实训情境

小莉在这家幼儿园不知不觉就过了一个学期，过完年后，当地政府为了全面促进全市学前教育的发展水平，将她姑妈派到另一家幼儿园担任园长。小莉所在幼儿园园长的空位则由原来的副园长来担任，张助理则升为管教学的主任。

随着时间的推移，小莉也逐渐熟悉了幼儿园各项工作，教学能力也不断提升，并如期转正。这时，小莉父母认为小莉现在的工作稳定下来了，便开始催小莉早点结婚。小莉也觉得与男朋友谈了差不多3年，可以考虑结婚。于是小莉决定在当年五一结婚。

结婚不久，小莉就怀孕了。这时小莉开始筹划产假的事，她想了解自己的假期有多久，休假前是否需要自己去安排人来接班，还想知道待遇是否会受到影响。

当然，小莉更闹心的事是幼儿园发布了一则通知。该通知要求幼儿园每个教师交200元买礼品，去看望一名被家长殴打住院的教师，以表达幼儿园对这位教师的支持。小莉虽然觉得200元不算太多，但还是认为这种强制摊派的做法不合理。既然要体现幼儿园对这位教师的支持，幼儿园就应当以幼儿园或幼儿园工会的名义去看望她，而不是让每个教师交份子钱。小莉尽管心里不舒服，但碍于情面又不得不交。

在幼儿园放假前，幼儿园又发生一件对小莉冲击很大的事——幼儿园要解聘这一学年被家长投诉次数最多的教师。小莉认为这种规定不合理，因为并不是家长的所有投诉都合理。她想去向幼儿园反映，但不知怎样说。

2. 实训任务

请你在公众号上以"一问一答"的形式帮助小莉解决她的疑惑和心结。

二、实训成果

每个小组提供 1 份上述内容的公众号推文，推文至少应包括实训情境的全部问题。

三、资源准备

1. 材料工具准备

连接网络的计算机、公众号编辑软件。

2. 知识准备

与幼儿园教师权利相关的知识：我国《劳动合同法》《妇女权益保障法》《工伤保险条例》中关于幼儿园教师的权利等相关知识。

13　政策法规
　扫一扫，查看《工伤保险条例》全文。

（2）公众号编辑的相关知识

公众号平台是由腾讯公司推出的给个人、企业和组织提供业务服务与用户管理的全新服务平台。它可以通过特定群体的文字、图片、语音、视频进行全方位的沟通、互动。

公众号编辑可以使用网上的公众号编辑器如秀米、135 编辑器等，这些编辑器登录后就可以使用。网上有很多的公众号操作教程，这里不再赘述。

3. 相关能力准备

（1）计算机操作能力及公众号或 H5 的编辑能力；
（2）文档或图片编辑能力。

四、实训评价

请使用实训评价表（见"课外活动"后），进行自我评价或师生共同评价。

> 拓展阅读

一、《中华人民共和国劳动合同法》

14　政策法规
扫一扫，查看《中华人民共和国劳动合同法》全文。

为了完善劳动合同制度，明确劳动合同双方当事人的权利和义务，保护劳动者的合法权益，构建和发展和谐稳定的劳动关系，国家出台了《中华人民共和国劳动合同法》（以下简称《劳动合同法》）。该法共8章98条。

1. 总则

总则主要说明了立法的目的、法律的适用范围、合同订立的原则、用人单位的制度建设、争议的解决、工会的作用。

总则中规定："中华人民共和国境内的企业、个体经济组织、民办非企业单位等组织（以下称用人单位）与劳动者建立劳动关系，订立、履行、变更、解除或者终止劳动合同……国家机关、事业单位、社会团体和与其建立劳动关系的劳动者，订立、履行、变更、解除或者终止劳动合同，依照本法执行。"

总则要求订立劳动合同要遵循合法、公平、平等自愿、协商一致、诚实信用的原则，工会应当帮助、指导劳动者与用人单位依法订立和履行劳动合同，并与用人单位建立集体协商机制，维护劳动者的合法权益。

2. 劳动合同的订立

《劳动合同法》规定，用人单位自用工之日起即与劳动者建立劳动关系。已建立劳动关系，未同时订立书面劳动合同的，应当自用工之日起一个月内订立书面劳动合同。用人单位招用劳动者时，应当如实告知劳动者工作内容、工作条件、工作地点、职业危害、安全生产状况、劳动报酬，以及劳动者要求了解的其他情况；用人单位有权了解劳动者与劳动合同直接相关的基本情况。

招聘时不得扣押劳动者的证件，不得要求劳动者提供担保并收取财物。

劳动合同应包括以下条款："（一）用人单位的名称、住所和法定代表人或者主要负责人；（二）劳动者的姓名、住址和居民身份证或者其他有效身份证件号码；（三）劳动合同期限；（四）工作内容和工作地点；（五）工作时间和休息休假；（六）劳动报酬；（七）社会保险；（八）劳动保护、劳动条件和职业危害防护；（九）法律、法规规定应当纳入劳动合同的其他事项。"

劳动合同分为固定期限劳动合同、无固定期限劳动合同和以完成一定工作任务为期限的劳动合同。

订立无固定期限合同应满足以下三个条件之一：第一，劳动者在该用人单位连续工作满十年的；第二，用人单位初次实行劳动合同制度或者国有企业改制重新订立劳动合同时，劳动者在该用人单位连续工作满十年且距法定退休年龄不足十年的；第三，连续订立二次固定期限劳动合同，且劳动者没有本法第三十九条和第四十条第一项、第二项规定的情形，续订劳动合同的。

订立合同时存在以下情况，所订立的劳动合同无效或部分无效："（一）以欺诈、胁迫的手段或者乘人之危，使对方在违背真实意思的情况下订立或者变更劳动合同的；（二）用人单位免除自己的法定责任、排除劳动者权利的；（三）违反法律、行政法规强制性规定的。"

关于试用期的规定：劳动合同期限三个月以上不满一年的，试用期不得超过一个月；劳动合同期限一年以上不满三年的，试用期不得超过二个月；三年以上固定期限和无固定期限的劳动合同，试用期不得超过六个月。同一用人单位与同一劳动者只能约定一次试用期。以完成一定工作任务为期限的劳动合同或者劳动合同期限不满三个月的，不得约定试用期。

3. 劳动合同的履行和变更

劳动合同签订后，双方各自履行义务，用人单位及时足额支付劳动报酬。如果未履行，劳动者可向法院申请支付令。另外，用人单位要严格执行劳动标准，不强迫或变相强迫加班，加班应支付劳动报酬。如果劳动者拒绝用人单位的违章指挥，不视为违反劳动合同。对危害生命安全和身体健康的劳动条件，有权提出批评、检举和控告。此外，如果用人单位名称改变或合并等不影响合同履行。

如果需要变更劳动合同，应双方协商一致，并用书面形式约定。

4. 劳动合同的解除和终止

用人单位与劳动者协商一致，可以解除劳动合同。

劳动者提前三十日以书面形式通知用人单位，可以解除劳动合同。劳动者在试用期内提前三日通知用人单位，可以解除劳动合同。

存在以下情况，劳动者可以解除劳动合同：未提供劳动保护或者劳动条件的；未及时足额支付劳动报酬的；未依法为劳动者缴纳社会保险费的；单位的规章制度违反法律、法规的规定，损害劳动者权益的；因欺诈、强迫致使劳动合同无效的；法律、行政法规规定的其他情形。

存在下列情形之一的，用人单位可以解除劳动合同：在试用期间被证明不符合录用条件的；严

重违反用人单位的规章制度的；严重失职，营私舞弊，给用人单位造成重大损害的；劳动者同时与其他用人单位建立劳动关系，对完成本单位的工作任务造成严重影响，或者经用人单位提出，拒不改正的；因本法第二十六条第一款第一项规定的情形致使劳动合同无效的；被依法追究刑事责任的。

如果遇到如下情况，可以解除劳动合同：劳动者患病或者非因工负伤，无法劳动，也无法转换岗位；经过培训后不能胜任工作；客观条件变化。在这种情况下，用人单位提前三十日以书面形式通知劳动者本人或者额外支付劳动者一个月工资。

劳动者有下列情形之一，用人单位不得依照本法第四十条、第四十一条的规定解除劳动合同：从事接触职业病危害作业的劳动者未进行离岗前职业健康检查，或者疑似职业病病人在诊断或者医学观察期间的；在本单位患职业病或者因工负伤并被确认丧失或者部分丧失劳动能力的；患病或者非因工负伤，在规定医疗期内的；女职工在孕期、产期和哺乳期的；在本单位连续工作满十五年，且距法定退休年龄不足五年的；法律、行政法规规定的其他情形。

如果有下列情况，劳动合同可以终止：合同期满；劳动者享受基本养老保险待遇；劳动者死亡；用人单位法院宣告破产；用人单位被吊销经营执照、责令关闭或提前解散；法律规定规定的其他情形。

5. **特别规定**

集体合同。企业职工一方与用人单位通过平等协商，可以就劳动报酬、工作时间、休息休假、劳动安全卫生、保险福利等事项订立集体合同。集体合同草案应当提交职工代表大会或者全体职工讨论通过。

劳务派遣。劳务派遣单位应当与被派遣劳动者订立二年以上的固定期限劳动合同，按月支付劳动报酬；被派遣劳动者在无工作期间，劳务派遣单位应当按照所在地人民政府规定的最低工资标准，向其按月支付报酬。

非全日制用工。非全日制用工，是指以小时计酬为主，劳动者在同一用人单位一般平均每日工作时间不超过四小时，每周工作时间累计不超过二十四小时的用工形式。非全日制用工双方当事人可以订立口头协议。从事非全日制用工的劳动者可以与一个或者一个以上用人单位订立劳动合同；但是，后订立的劳动合同不得影响先订立的劳动合同的履行。

6. **监督检查**

县级以上地方人民政府劳动行政部门，依法对实施劳动合同制度的情况进行监督检查。

7. **法律责任**

用人单位的规章制度违反法律、法规规定的，给劳动者造成损害的，应当承担赔偿责任。劳动合同文本未载明本法规定的劳动合同必备条款，给劳动者造成损害的，应当承担赔偿责任。

用人单位自用工之日起超过一个月不满一年未与劳动者订立书面劳动合同的，应当向劳动者每月支付二倍的工资。用人单位违反本法规定不与劳动者订立无固定期限劳动合同的，自应当订立无固定期限劳动合同之日起向劳动者每月支付二倍的工资。用人单位违反本法规定与劳动者约定试用期的，由劳动行政部门责令改正；违法约定的试用期已经履行的，由用人单位以劳动者试用期满月工资为标准，按已经履行的超过法定试用期的期间向劳动者支付赔偿金。

用人单位按应付金额百分之五十以上百分之一百以下的标准向劳动者加付赔偿金的情况如下：未按合同约定或国家规定足额支付劳动报酬的；低于当地最低工资标准支付劳动者工资的；安排加班不支付加班费的；解除或者终止劳动合同，未依照本法规定向劳动者支付经济补偿的。

用人单位违反本法规定解除或者终止劳动合同，应当依照本法第四十七条规定的经济补偿标准的二倍向劳动者支付赔偿金。

二、案例分析

开学初某县公办幼儿园受疫情的影响，幼儿园停课了4天。根据当地保教收费政策，对于少于4天无法上课的学生，不退保教费，幼儿园为了保障家长的权益，在原规定放假的时间上延长了一周放假。后来，一些家长因公司要赶货，经常要加班，白天也没有人照顾幼儿，提议幼儿园不放暑假，并通过家委会询问幼儿园能否暑假将幼儿放在幼儿园。园长向家长说明，如果不放暑假，实施起来较为困难，主要是暑假期间，财政部门只给幼儿园发放工资，不发放幼儿园和班级正常作业费。如果向家长多收保教费，涉嫌假期补课和乱收费。后来园长请示县教育局，县教育局因考虑当地具体情况，同意幼儿园假期开设托管班，并在保教费的基础上多向家长收50%的费用。幼儿园园长将县教育局同意开班的批复告诉家委会。消息公布的这天，想不到全园80%的家长想让幼儿在暑假留园托管。但是，园长在安排暑假托管班的工作时，有大约10多个教师不愿意暑假参与托管班的工作。后来，幼儿园以行政办公室的名义，给全园教师发布通知，不参加托管班的老师，下学期不再聘用。虽然有些老师带着抱怨的情绪留了下来，但还是有3名老师拒绝参加。等到9月再返园时，园长给他们下达了解聘的通知。3名老师表示不服，向教育局申诉。教育局最后以《劳动法》规定的休息权和《教师法》中教师享有寒暑假带薪休假的规定为由，要求县幼儿园撤销解聘的决定。

课外活动

1. 阅读下列案例，判断李老师是否需要支付培训费？

李某是长沙市某幼儿园的教师，她与幼儿园签订书面劳动合同，约定合同期限为2018年9月1日至2021年8月31日。某幼儿园后因工作需要派遣李老师到本市某技能培训机构参加教育技术培训。双方于2021年5月20日书面约定：由幼儿园支付培训费用3000元，李老师完成培训后，须为幼儿园服务再满 1 年，否则全额赔偿培训费，具体服务时间为 2021 年 9 月 1 日至 2022 年 8 月 31 日。在 2021 年 8 月 31 日原劳动合同期满之后，李老师不想再与幼儿园签订劳动合同，幼儿园不同意解除劳动合同，除非其赔偿培训费。李老师不同意赔偿，理由是她并不愿意去参加培训，是幼儿园要求的。李老师的诉求合理吗？

2. 这家机构开除陈老师的行为合理吗？

陈老师在重庆一家教育机构上班，因为怀孕，被这家机构开除。教育机构给出的理由是陈老师前一胎刚生下 4 个月的时间，现在又怀了第二胎，现在马上寒假来临，机构的老师工作量都非常大，很辛苦，教育机构担心这位老师身体吃不消，怕出什么意外，机构无法负责。而陈老师认为这是机构的恶意行为，要上诉到劳动就业管理部门。她把此事发布到网上，希望网友们给评评理。

项目二　任务 3 实训评价表

A 级（优秀）	B 级（良好）	C 级（及格）	D 级（稍弱）	E 级（较差）
1. 问题涵盖全面，解释正确，语言流畅、简洁； 2. 引用法律条款正确，给出的措施符合法律要求，具有可行性； 3. 推文结构完整，排版精美	1. 问题涵盖全面，解释正确，语言通顺； 2. 引用法律条款正确，给出的措施符合法律要求； 3. 推文结构完整，排版美观	1. 问题涵盖全面，解释正确； 2. 引用法律条款有少量错误，给出的措施基本符合法律要求； 3. 推文结构完整，有排版	1. 问题涵盖的内容有缺项，解释基本正确； 2. 引用法律条款的错误较少，给出的措施符合法律要求，操作性不强； 3. 推文结构有残缺，排版情况较少	1. 问题无法涵盖情境，解释不正确； 2. 引用法律条款多处错误，无针对性； 3. 推文结构不合理，内容前后错放
学生自评		（　）级，符合（　）级第（　）条		
小组评价		（　）级，符合（　）级第（　）条 建议：		

任务 4　履行幼儿园教师的义务

教师在享有法律赋予的权利时，也不能忘记自身应承担的义务。法律义务是指法律关系主体依法承担的某种必须履行的责任,是指法律关系的主体依据法律规范必须为一定行为或不为一定行为,以保证权利人的权利得以实现。当负有义务的主体不履行或不适当履行自己的义务时,要受到国家强制力的制裁,承担相应的责任。权利和义务相互依存,义务的存在是权利存在的前提,权利人要享受权利必须履行义务。任何一项权利,都必然伴随着一个或几个保证其实现的义务。

一、幼儿园教师作为公民应履行的义务

(一)幼儿园教师应履行宪法规定的义务

教师作为公民,享有宪法赋予的基本权利,宪法也规定中国公民须履行下列基本义务:

(1)维护国家统一和全国各民族团结;

(2)维护祖国的安全、荣誉和利益,不得有危害祖国的安全、荣誉和利益的行为;

(3)依照法律服兵役和参加民兵组织;

(4)依照法律纳税;

(5)遵守宪法和法律,保守国家秘密,爱护公共财产,遵守劳动纪律,遵守公共秩序,尊重社会公德;

(6)不得损害国家的、社会的、集体的利益和其他公民合法的自由和权利;

(7)父母有抚养教育未成年子女的义务,成年子女有赡养扶助父母的义务;禁止破坏婚姻自由,禁止虐待老人、妇女和儿童;

(8)接受教育的义务和劳动的义务,劳动者都应当以国家主人翁的态度对待自己的劳动,国家提倡公民从事义务劳动。

(二)幼儿园教师履行宪法义务的途径

履行法定义务就是法律要求人们要做的事情,即人们应依照法律的要求去做这些事,不违背法律的要求。幼儿园教师作为公民,可从以下几个方面去履行宪法所规定的义务。

第一,应该学习宪法,做一个合格的公民。具体来说,就是法律鼓励做的,积极去做;法律要求做的,必须做;法律禁止做的,坚决不做。

第二,在日常生活中养成遵守和维护宪法的习惯,自觉履行法定义务,决不做法律所禁止的事。

第三,要以各种形式向群众宣传宪法,维护宪法的权威,同妨害宪法的行为作斗争。

项目二　幼儿园教师的权利与义务

微案例

2021年12月3日，为了弘扬宪法精神，树立宪法权威，营造和谐稳定氛围，增强全体师生的法律意识，湖口市某幼儿园开展了"弘扬宪法精神，建设法治社会"为主题的"宪法宣传周"系列活动。幼儿园在园长黄某的带领下，组织全体教师学习宪法，以提升教师的法律意识；各班结合幼儿的年龄特点，将国旗、国歌、国徽引入课堂，利用图片、视频、法制小故事、儿歌、游戏等多种形式，开展宪法宣传教育主题活动，从身边的事入手进行法律法规的宣传与指导，把通俗易懂的法律常识、自我保护意识教育贯穿于幼儿一日活动之中，切实加强幼儿的法制启蒙宣传教育。通过本次"宪法宣传周"活动，幼儿园不仅营造了浓厚的法律氛围，增强了全园教师的法律意识，而且还帮助教师领会了宪法的精神实质，为养成遵守宪法、维护宪法的良好习惯奠定了坚实的基础。

二　幼儿园教师作为教育者应履行的义务

根据《教师法》的规定，幼儿园教师应该履行以下义务。

（一）遵守宪法、法律和职业道德，为人师表

遵守宪法、法律是幼儿园教师最基本的义务，也是对教师的起码要求。遵守宪法、法律，要求幼儿园教师认真学习宪法、法律，尊重宪法、法律，在保教活动中落实宪法、法律。依照宪法与法律规定行事，决不做宪法与法律禁止的行为。

遵守职业道德，要求有师德，做到依法从教、爱岗敬业、无私奉献、诚实正直、兢兢业业，做到以生为本、学生为重，并且按照《新时代幼儿园教师职业行为十项准则》行事。

为人师表，要求教师要用自己的人格去影响学生的人格，以高尚的灵魂去塑造学生的灵魂，遵守社会公德，做到"五爱"，规范自己的言行举止，严于律己，以身作则。

（二）贯彻国家的教育方针，遵守规章制度，执行学校的教学计划，履行教师聘约，完成教育教学工作任务

贯彻国家的教育方针，要求幼儿园教师在保教活动中时刻牢记"教育必须为社会主义现代化建设服务、为人民服务，必须与生产劳动和社会实践相结合，培养德、智、体、美等方面全面发展的社会主义建设者和接班人"的教育方针，践行立德树人，忠诚于党的教育事业，坚持"三个面向"，对幼儿进行素质教育。

遵守规章制度，要求幼儿园教师不仅要遵守各级政府和教育行政部门制定的法规与条例，也要遵守幼儿园制定的规章和制度。此外，要求幼儿园教师提高遵守规章制度的自觉性，服从幼儿园的合理安排，干好自己分内的工作。

完成教育教学计划，要求幼儿园教师按《幼儿园教育指导纲要（试行）》《3—6岁儿童学习与发展指南》制订学年、学期、月、周的保教工作计划，并保质保量地完成。另外，还要求幼儿园教师在实施中，做到严谨治教、保教合一、勇于开展教育教学探索与改革。

（三）对学生进行宪法所确定的基本原则的教育和爱国主义、民族团结的教育，法制教育以及思想品德、文化、科学技术教育，组织、带领学生开展有益的社会活动

这项义务包括三方面的内容，即对学生进行思想品德教育和科学文化教育，并组织学生开展各类社会活动。

思想品德教育，要求教师不仅教书，还要育人，要求教师重点加强对学生的四项基本原则教育、爱国主义教育、民族团结教育和法制教育。

科学文化教育，要求教师对幼儿开展科学知识教育，用正确的科学知识武装幼儿的思想。在让幼儿继承传统文化的同时，对幼儿进行先进文化的教育。

开展社会活动，要求教师的教育教学不能仅局限于园内和书本上的知识，而要从园内走向园外，从书本走向社会，将园与园内外结合起来，将书本知识与社会生活结合起来。

（四）关心、爱护全体学生，尊重学生人格，促进学生在品德、智力、体质等方面全面发展

之所以要求教师关心爱护全体学生，主要是因为幼儿机体发展尚不成熟，各方面还比较脆弱，需要幼儿园教师更多地关心与爱护。这项义务要求教师在日常关心幼儿的生活和情绪，对于发展较为迟缓的幼儿给予更多的关爱；在教育教学中，根据幼儿年龄特点和个性因材施教；在各类活动中保证幼儿的安全，避免伤害。

尊重学生人格，要求幼儿园教师平等对待幼儿，不歧视、不侮辱幼儿，不体罚或变相体罚幼儿。

全面发展，要求幼儿园教师全面完成五大领域的教育任务，促进幼儿德智体美劳的全面发展，禁止以发展特长为由有所偏废。

项目二 幼儿园教师的权利与义务

微案例

小美在一家幼儿园里当老师，在一次放学时，她发现有一个小女孩的家长迟迟没有出现，本以为只是家长接孩子迟到了，就带着孩子在办公室里等待着孩子父母。过了一个小时，小美感觉到不正常，于是找出小女孩家长的电话拨了过去，没想到却是关机，在家长群里给小女孩的家长发消息也没有回应。眼看天色渐晚，小美只好请示园长，园长表示让小美带小女孩先去吃点东西，如果有家长找来让保安拨打小美的电话。吃完饭之后，小美得知还是没有人来找小女孩，就带着小女孩先回到自己家休息了，其间小美一直注意着手机，就怕错过了家长来找孩子的电话。但是事与愿违，直到第二天小美带着小女孩去幼儿园时，都没有家长来找孩子。第三天还是如此。小美在和园长商量之后，打算找找小女孩的书包里有没有提示家庭住址之类的信息，没想到打开鼓鼓的书包之后，里面居然全是小女孩的衣服，这让小美感到不正常，于是连忙报了警，通过民警的帮忙，找到了小女孩的爷爷奶奶，家长没有来接幼儿是因为父母在闹离婚。从这个案例中可以看出小美老师履行了自己的义务，对女孩关爱有加。

（五）保护幼儿权益，制止有害于学生的行为或者其他侵犯学生合法权益的行为，批评和抵制有害于学生健康成长的现象

保护幼儿权益，要求幼儿园教师切实执行《中华人民共和国未成年人保护法》，保护幼儿的各项权益。

抵制有害于幼儿成长的现象，要求幼儿园教师按照幼儿发展程度确定发展目标，布置与儿童身体发展水平相适应的任务，不提前教小学知识，不增加幼儿课外作业负担。

（六）不断提高思想政治觉悟和教育教学业务水平

该项义务要求幼儿园教师养成终身学习的意识，随着社会的不断发展，丰富自己的知识，完善自己的知识结构和能力结构，培养适应国家发展的接班人和建设者。

2021年，教育部发布《教师法》修订草稿，向社会征求修订意见。其中，对教师的义务也有改动，相对于现行的《教师法》，修订草稿中对教师的义务规定得更详细，主要表现在以下几点。

（1）将遵守社会公德、提高思想政治素质和个人修养、践行社会主义核心价值观作为教师必须履行的义务。

（2）强调贯彻党和国家的教育方针，践行立德树人的根本任务，遵守职业行为准则。

（3）强调继承和弘扬中华优秀传统文化、革命文化和社会主义先进文化，对学生进行爱国主义、中华民族共同体意识和国家安全教育，同时还强调环境保护、卫生健康等方面的教育。

（4）促进了学生美育和劳动的全面发展。

（5）增加了教师依法依规履行公共教育服务职责，公正评价、平等对待、科学管理学生的义务。

（6）要求教师适应时代要求和技术变革，更新教育观念，创新教育教学方法，不断提高教书育人的能力，成为终身学习的倡导者、践行者。

三 幼儿园教师应承担的职责

《幼儿园工作规程》是教育部为加强幼儿园的科学管理，规范办园行为，提高保育和教育质量，促进幼儿身心健康，依据《教育法》等而制定的一部法规。它是我国第一部规范幼儿园内部管理的规章，对幼儿园工作人员职责提出了基本要求。

"幼儿园教职工应当贯彻国家教育方针，具有良好品德，热爱教育事业，尊重和爱护幼儿，具有专业知识和技能以及相应的文化和专业素养，为人师表，忠于职责，身心健康。"此外，还要求教师和保育员履行以下职责。

15　政策法规
扫一扫，查看《幼儿园工作规程》全文。

（一）幼儿园教师的职责

1. 观察了解幼儿，依据国家有关规定，结合本班幼儿的发展水平和兴趣需要，制订和执行教育工作计划，合理安排幼儿一日生活

这项职责要求教师加强观察，通过观察了解儿童的个性特点和发展水平，在此基础上，结合国家对学前教育的要求，制订教育保育计划。

2. 创设良好的教育环境，合理组织教育内容，提供丰富的玩具和游戏材料，开展适宜的教育活动

这项职责要求教师为幼儿创设良好的环境，发挥环境这一"第三位教师"的潜移默化的作用。另外，还要求教师提供丰富和适宜的游戏材料，为开展游戏活动提供条件。

3. 严格执行幼儿园安全、卫生保健制度，指导并配合保育员管理本班幼儿生活，做好卫生保健工作

这项职责要求教师将幼儿的安全工作放在幼儿工作的首位，加强幼儿安全与保育工作；建立健

全门卫、房屋、设备、消防、交通、食品、药物、幼儿接送交接、活动组织和幼儿就寝值守等安全防护和检查制度，建立安全责任制和应急预案；指导、配合保育员做好班级的幼儿卫生工作，保证幼儿在幼儿园平安健康成长。另外，还要做好幼儿心理卫生保健工作，关注幼儿心理健康，注重满足幼儿的发展需要，保持幼儿积极的情绪状态，让幼儿感受到尊重和接纳。

4. 与家长保持联系，了解幼儿家庭的教育环境，商讨符合幼儿特点的教育措施，相互配合共同完成教育任务

这项职责要求教师做好家园合作工作，加强与家长的沟通，采取多种形式，为家长提供科学育儿宣传指导，帮助家长创设良好的家庭教育环境，共同担负教育幼儿的任务。

5. 参加业务学习和保育教育研究活动

这项职责要求教师成为终身学习者，学习先进学前教育理论，了解国内外学前教育改革与发展的经验和做法；优化知识结构，提高文化素养；具有终身学习与持续发展的意识和能力，做终身学习的典范，在持续学习和不断完善自身素质的过程中实现专业发展。

6. 定期总结评估保教工作实效，接受园长的指导和检查

这项职责要求教师在园长的领导和指导下做好总结评估工作，然后通过不断反思改进保教工作。

微案例

云云是一位清秀可爱的孩子，但是习惯相对较差，总是做出一些让人意料不到的事情，例如，随地小便、脱小朋友的裤子、午睡时把自己的裤子脱光，然后引大家笑。一开始，老师以为这是因为云云的家庭氛围不好，家庭教育有所欠缺，于是老师为云云营造温馨氛围，经过一段时间后，效果并不明显。后来，老师进一步与云云沟通，了解云云在原来的幼儿园喜欢受到老师的关注，到了新幼儿园后，老师并没有像他原来的老师一样照顾他，于是他想用这些"出格"的事，引起老师的注意。老师先与云云进行个别交流，后来将情况告诉了家长，在家长的配合和老师耐心的帮助下，云云的"出格"行为慢慢减少了，取得了一定效果。

（二）保育员应承担的职责

保育员，是指在托幼园所、社会福利机构及其他保育机构中，辅助教师负责婴幼儿保健、养育和协助教师对婴幼儿进行教育的人员。幼儿园保育员是幼儿园保教队伍中不可或缺的一个群体，他们负责幼儿园的卫生、消毒工作以及幼儿的饮食起居，在幼儿的成长与发展中扮演着呵护者、照料者、指导者、教育者等多重角色，对幼儿的身心健康、行为习惯以及个性、情感等各方面都产生深

刻的影响。另外，保育员这些看似平常的工作，保证了幼儿园的清洁和整齐，保证了幼儿的健康和发展，让幼儿园的各项工作得以顺利进行。

《幼儿园工作规程》第四十二条非常明确地提出，保育员必须由受过幼儿保育职业培训且学历在初中水平以上的人担任，其主要职责有四个方面：负责全园的卫生工作；管理好幼儿，配合教师组织教育活动；严格执行幼儿园安全和卫生保健制度；妥善保管幼儿的衣物和本班的设备、用具。

1. 负责本班房舍、设备、环境的清洁卫生和消毒工作

这项职责要求保育员严格执行卫生消毒制度，按照消毒程序，做好室内外环境及个人消毒工作和清洁工作。

2. 在教师指导下，科学照料和管理幼儿生活，并配合本班教师组织教育活动

这项职责要求保育员照顾好幼儿的每日生活起居，全面了解幼儿的饮食、睡眠情况，保持幼儿仪表整洁，观察其大小便情况，关注幼儿的健康状况，根据天气变化，及时为幼儿增减衣物。同时，做好幼儿的生活护理工作，如有幼儿尿床，要及时换衣、晾晒被褥。保育员在完成本职工作之外，还应配合本班教师做好保教工作。

3. 在卫生保健人员和本班教师指导下，严格执行幼儿园安全、卫生保健制度

这项职责要求保育员配合幼儿园保健医生和本班教师，每天早晨开窗换气，管好插销，避免幼儿摔伤；做好卫生消毒工作，预防传染病，阻止传染病蔓延；使三餐饭菜和饮用水保持一个适合食用的温度，避免烫伤幼儿；妥善保管好刀、剪、消毒液、热水瓶，以免伤害幼儿；保持地面干燥，防止地滑摔伤幼儿；在午睡时段巡视幼儿，坚守岗位，及时发现异常幼儿。

4. 妥善保管幼儿衣物和本班的设备、用具

这项职责要求保育员做好本班的设备、用具保管工作，对所保管的物品做好清点登记工作。如果要借出，应做好物品进出的记录，并及时盘点，另外对损坏的物品及时报修或更换。此外，还要求保育员管理好本班幼儿的衣服、被褥、床单、枕套、枕巾等物品，做到无误（不丢、不错、无开线、掉扣），保持清洁有序，定期清洗更换等。

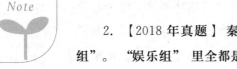

1. 【2018年真题】中班的浩浩组织能力和语言表达能力都很强，王老师每次都让他在表演游戏中扮演主角。王老师的做法违背的教育理念是（　　）。

  A. 促进学生发展   B. 促进全体学生发展

  C. 促进学生主动发展   D. 促进学生个性发展

2. 【2018年真题】秦老师按照行为表现把班里的幼儿分为"精英组""平民组""娱乐组"。"娱乐组"里全都是调皮的孩子。秦老师的做法（　　）。

A. 尊重了幼儿发展的个别差异 　　　　B. 体现了因材施教的教育理念
C. 未能平等公正地对待幼儿 　　　　　D. 未能培养幼儿良好的品行

3. **何老师发现班里的幼儿萌萌感冒了，于是在课间休息期间，喂萌萌服下了儿童感冒药，何老师的做法（　　）。**
A. 合法，教师可以喂食非处方药 　　　B. 合法，有利于防止疾病传播扩散
C. 不合法，幼儿用药应先征得监护人同意 　D. 不合法，幼儿园应在医师的指导下用药

4. **作为教师需要有深厚的学科知识素养和思维能力，这就要求教师学而不厌，接受新的知识，不断地丰富自己的知识储备。这说明教师应尽到（　　）的义务。**
A. 履行教育教学职责 　　　　　　　　B. 爱护、尊重幼儿
C. 提高业务水平 　　　　　　　　　　D. 保护儿童权利

5. **吴老师毕业于一所名牌大学，她常以幼儿园组织的内部培训水平质量不高为由而不愿意参加。吴老师没有履行（　　）的义务。**
A. 为人师表　　　B. 爱护尊重幼儿　　　C. 保护儿童权利　　　D. 提高业务水平

6. **王老师看到一个父亲在幼儿园打哭闹的幼儿，就上前制止，并指责父亲的做法不对。王老师的言行，说明她尽到了（　　）的义务。**
A. 为人师表　　　B. 爱护尊重幼儿　　　C. 保护儿童权利　　　D. 提高业务水平

16　课证融通
扫一扫，查看参考答案。

课内实训

一、实训任务

1. **实训情境**

过完年不久，小莉的幼儿园接收了一批师范学院的实习生，小莉也将在一个月后请生育假了。园长给小莉所带班安排了一名实习生，让小莉先指导她一个月，等小莉休产假时，由这名实习生接替小莉的工作。

小莉对新进入岗位手足无措的感觉深有体会，为了让实习生对工作有清晰的认识，并把工作做到位，小莉尽管现在工作有所不便，但还是尽可能给实习生演示，然后让实习生跟着做。

一天区域活动时，妮妮可能有点感冒，鼻涕从鼻子里流了出来，妮妮找到实习生，让实习生帮她擦。但是，实习生让妮妮自己擦，还说自己的事自己做。妮妮也没有去找纸，而是用自己的袖子擦了。在后来的活动中，妮妮袖子上的鼻涕又黏在了玩具和其他小朋友的身上，小莉看到这种情况后告诉实习生，小班的幼儿有些行为习惯发展较迟缓，需要老师给予协助。实习生点点头，又接着说："给幼儿擦鼻涕不是保育员的事吗？老师也要做这种小事？"小莉听到这句话感到很惊讶，她想，现在学前教育专业不给学生讲教师的职责吗？小莉尽管这样想着，她也没有生气，告诉实习生说，教师不只做这些，就是幼儿不会擦屁股也得帮她，有些幼儿把大便拉到裤子里，教师看到也可能需要帮助处理。

为了让实习生对学前教育有充分的认识，小莉让实习生后两周跟保育员实习，学习做一些消毒清洁、开窗通风、照看幼儿午睡、餐饮等工作。因为小莉老师上下楼不方便，主班老师让实习生协助组织幼儿到户外活动，可是她以自己正忙于清扫厕所为由拒绝了。下班后她又抱怨："让我做保育工作，又让我做副班老师的工作，我做得过来吗？"

下午一位家长来到班上，家长告诉实习生要来接他的孩子仁仁，实习生没有理她，继续帮助幼儿整理物品。好在这时主班老师来了，与家长交流了仁仁的情况，这时家长向主班老师说："你们班一个新来的老师经常批评我家仁仁是饭桶，把其他幼儿吃剩的饭菜给仁仁吃，我家仁仁确实吃得多，也不能骂他，让他吃其他人的剩饭。"

因为是园长让小莉管理实习生，小莉了解这些情况后，认为有必要帮助实习生了解一些教师的义务与职责。

2. 实训任务

请你代小莉完成1份带实习生的工作报告。报告中应该包括实习的情况描述，结合教师的义务进行情况分析，以及实习的改进意见。

二、实训成果

每个小组提交1份工作报告。

三、实训准备

1. 材料工具准备

连接网络的计算机、Word、WPS等文本编辑软件。

2. 知识准备

17　视频资料
扫一扫，观看工作报告写作视频。

（1）我国宪法、《教师法》《幼儿园工作规程》中关于公民的义务、教师的义务与职责等相关知识；

（2）我国《幼儿园工作规程》中与保育员相关的工作；

（3）工作报告的知识，工作报告的主体部分包括：情况报告、原因分析、整改措施等相关内容。

3. 相关能力准备

（1）计算机演示文稿的编辑能力；

（2）工作报告的写作能力。

四、实训评价

请使用实训评价表（见"课外活动"后），进行自我评价或师生共同评价。

拓展阅读

一、《托儿所幼儿园卫生保健管理办法》

为了提高托儿所、幼儿园卫生保健工作水平，预防和减少疾病发生，保障儿童身心健康，教育部与卫生部于2010年共同颁布了《托儿所幼儿园卫生保健管理办法》（以下简称《保健管理办法》）。

本办法共26条，主要内容为：目的，适用范围，方针，卫生行政部门、教育行政部门、妇幼保健机构、疾病预防控制机构及卫生监督执法机构的分工和职责；托幼机构卫生保健状况要求；托幼机构中保健室和卫生室的设置要求；卫生保健人员的要求、配备比例及职责；托幼机构卫生保健工作内容；传染病预防和控制管理工作；相关罚则等。

《保健管理办法》规定，托幼机构卫生保健的方针为保教结合、预防为主。

《保健管理办法》对卫生、教育、妇幼保健、疾病预防等部门职责进行了明确的规定，卫生行政部门应将托幼机构保健管理作为工作重要内容,加强监督与指导;教育部门应协助卫生行政部门检查和指导托幼机构做好卫生保健工作。妇幼机构对托幼机构的卫生保健工作进行业务指导,内容包括:膳食营养、体格锻炼、健康检查、卫生消毒、疾病预防。疾病预防机构负责为托幼机构提供疾病预防控制咨询服务和指导。监督执法机构应当依法对托幼机构的饮用水卫生、传染病预防和控制等工作进行监督检查。食品药品监督管理部门等负责餐饮服务监督管理。

《保健管理办法》规定托幼机构的法定代表人或者负责人是本机构卫生保健工作的第一责任人。托幼机构应当聘用符合国家规定的卫生保健人员。卫生保健人员包括医师、护士和保健员。上述人员应当定期接受当地妇幼保健机构组织的卫生保健专业知识培训。

《保健管理办法》还对托幼机构的卫生保健工作作出明确的规定。

(1) 根据儿童不同年龄特点,建立科学、合理的一日生活制度,培养儿童良好的卫生习惯。

(2) 为儿童提供合理的营养膳食,科学制定食谱,保证膳食平衡。

(3) 制订与儿童生理特点相适应的体格锻炼计划,根据儿童年龄特点开展游戏及体育活动,并保证儿童户外活动时间,增进儿童身心健康。

(4) 建立健康检查制度,开展儿童定期健康检查工作,建立健康档案。坚持晨检及全日健康观察,做好常见病的预防,发现问题及时处理。

(5) 严格执行卫生消毒制度,做好室内外环境及个人卫生。加强饮食卫生管理,保证食品安全。

(6) 协助落实国家免疫规划,在儿童入托时应当查验其预防接种证,未按规定接种的儿童要告知其监护人,督促监护人带儿童到当地规定的接种单位补种。

(7) 加强日常保育护理工作,对体弱儿进行专案管理。配合妇幼保健机构定期开展儿童眼、耳、口腔保健,开展儿童心理卫生保健。

(8) 建立卫生安全管理制度,落实各项卫生安全防护工作,预防伤害事故的发生。

(9) 制订健康教育计划,对儿童及其家长开展多种形式的健康教育活动。

(10) 做好各项卫生保健工作信息的收集、汇总和报告工作。

此外,《保健管理办法》规定,托幼机构如果发现传染病患儿应当及时按照相关规定进行报告,并在疾病预防控制机构的指导下,对环境进行严格消毒处理。在传染病流行期间,托幼机构应当加强预防控制措施。

二、通过幼儿园教师的履职总结,理解教师的职责

某幼儿园教师的履职总结

回顾一个学期的工作,总体来说,本人完成所有的保教工作,现将一个学期的各项工作总结如下。

1. 幼儿保健工作

本学期有一个月兼任了保育员工作。在这期间，本人严格按照保育员一日工作流程里的标准执行，在消毒卫生方面按照严格的消毒配比、滞留时间和消毒方式对各种物品进行消毒。每日做好班内通风、电源管理和卫生工作，指导幼儿进入盥洗室如厕、洗手、刷牙。在幼儿吃饭时，时刻关注幼儿的进餐情况，改善了幼儿用餐坐姿不端正、吃饭过快或过慢、挑食等不良习惯，在幼儿午睡前做好准备工作，幼儿午睡时检查幼儿的安全问题。在户外活动前提醒幼儿穿好衣服。除此以外，还关注幼儿的健康状况。

2. 教育工作

在教学中本人深知要提高教学质量，关键就是要上好课。为了上好课，本人认真填写周、月计划及各种表格，备好每一节课，自己动手制作教学用图和教学用具；在教学中本人能处理好幼儿的主体地位及教师的主导地位，根据制定的活动目标、内容与要求组织好教育教学活动的各环节，以多种形式引导幼儿有兴趣地参与活动，保证好幼儿每天的游戏活动及户外活动时间，提供幼儿活动材料，更好地培养幼儿的全面发展能力。

3. 安全工作

安全工作是最重要的工作之一。保障每个幼儿的人身安全是每一个教师的职责，为了让家长放心，让幼儿能在一个安全的环境中生活、成长，我做到了以下几点：第一，教给幼儿一些安全知识，强化幼儿的安全意识和自护能力，不吞食异物，不玩火、水、电，不从高处往下跳，不乱爬高处，不吃生人的东西，不跟生人走，发生危险时，会大声呼救；第二，严格晨检制度，不让幼儿带不安全物品入园，管理好病儿药品，避免幼儿吃错药；第三，加强一日活动各个环节的管理，加强幼儿日常生活的管理，做到人到心到，谨防意外事故的发生；第四，做好交接班工作，认真填写交班内容。

4. 家长工作

家园合作是做好幼儿教师的重要途径。本人充分利用了晨接和放学的时间跟家长交流，使家长了解自己孩子在园的情况；本人还使用家园联系册、电话等多种形式进行访问；在主题教学活动中和开放日活动中，让家长来园观察孩子，和孩子共同完成一项工作，并与大多数家长共同制定了适宜的教育措施，并记录好家访情况。此外，在与家长的沟通中，向家长宣传幼儿园保教任务和科学育儿知识，提高家长、社会对幼教工作的了解与认识，配合幼儿园做好保教工作。

总之，本学期非常忙也非常累，收获当然也不少。在工作中我享受到收获的喜悦，也在工作中发现一些存在的问题，在今后的工作中我应不断地学习新知识，努力提高思想及业务素质，大胆地创新教学方法，学习老教师的教学经验。对幼儿加强德育教育，加强幼儿常规教育，注重幼儿自身能力的培养。

课外活动

1. 阅读下列案例，案例中老师是否履行了教师职责？从哪些方面可以看出？

一天，一位老师给学生上科学课，主题是"寻找有生命的物体"。老师安排学生去校园里甚至校外大自然里寻找有生命的物体，并要做好记录。走出课堂的孩子们显得很兴奋。不久，一位同学跑过来说："老师，我找到一只蚂蚱。"其他同学都围过来看，突然一位同学说："这是一只公的。"围观的同学哄堂大笑。

老师问道："你怎么知道的？""我观察的，公蚂蚱有劲儿，跳得高。"他自信地说。这是孩子最直接的推理，确实难能可贵啊！老师及时表扬道："你真是一个小生物学家，科学就是提出问题和解决问题，希望你能认真研究一番。"

孩子认真地点点头。就在这时，另一位同学跑来告状："老师，一个同学把蚂蚱踩死了。"老师很快意识到这是一个绝好的教育机会，走过去，看到几个同学正在气呼呼地责备那个同学。这位老师说："蚂蚱也是有生命的物体。我们应该爱护有生命的物体。但我相信，这位同学一定是无意的。这样吧，老师提一个建议，不如挖一个坑，把它安葬了吧！"于是，在学校的草地上，举行了一场特殊的"葬礼"。可以说在这潜移默化中，学生对生命的理解和珍惜，会比许多遍的说教来得更为深刻有效。

2. 研读《中华人民共和国劳动法》，一名劳动者应该履行哪些义务？

18　视频资料
扫一扫，观看法制宣传馆。

19　视频资料
扫一扫，观看教师权利维护实训资源。

项目二　任务4实训评价表

A级（优秀）	B级（良好）	C级（及格）	D级（稍弱）	E级（较差）
1. 工作报告基本情况内容完整，描述准确，分析逻辑性强，建议合理，语言流畅、简洁； 2. 分析部分中引用的法律条款准确，给出的建议符合法律要求，具有可行性； 3. 工作报告结构完整，排版符合公文要求、美观	1. 工作报告基本情况内容完整，描述准确，分析符合逻辑，建议合理，语言流畅； 2. 分析部分中引用的法律条款正确，给出的建议符合法律要求； 3. 工作报告结构完整，排版美观	1. 工作报告基本情况描述准确，分析有一定逻辑，建议合理，语言通顺； 2. 分析部分中引用的法律条款正确，给出的建议符合法律要求； 3. 工作报告结构完整，有排版	1. 工作报告基本情况描述清楚，分析逻辑性较弱，建议合理； 2. 分析部分中引用的法律条款存在错误，给出的建议无法律依据； 3. 工作报告结构完整，无排版	1. 工作报告基本情况描述不清楚，分析无逻辑性，建议不合理； 2. 分析部分中引用的法律条款存在多处错误，给出的建议无可行性； 3. 工作报告结构不完整，无排版
学生自评				（　）级，符合（　）级第（　）条
小组评价				（　）级，符合（　）级第（　）条 建议：

项目三　幼儿园举办与管理

◇ **学习目标**

1. 重点掌握《幼儿园工作规程》《幼儿园管理条例》《幼儿园建设标准》《托儿所、幼儿园建筑设计规范》《幼儿园教育指导纲要（试行）》《3—6岁儿童学习与发展指南》等法律法规的相关内容。

2. 熟悉幼儿园设立的条件与程序，包括审批、备案、规划等方面的要求，了解幼儿园建设与设计标准。

3. 理解幼儿园的法律地位和作用，包括其独立法人地位、教育权利和保障幼儿权益的职责等。

4. 掌握幼儿园保教活动的具体指导要求，包括教育目标、教育内容、教育方法等方面的要求，同时了解幼儿园保教活动的评估和监督机制。

◇ **情境导入**

曾勇是一位从广东某师范学院学前教育专业毕业的教师。他在幼儿园已经工作了七八年了，他现在想借国家大力发展学前教育之际，举办一所幼儿园。曾勇从当地规划处了解到，就在他住的小区附近还有一块用于建设一所幼儿园的教育用地。曾勇去实地察看了一下，该地块面积3600平方米，如果建筑物为三层楼，可以满足12个班，提供360个学位。除此以外，还有2000平方米作为户外活动场地。曾勇已联系了两个投资者，并与他们签订了合作协议，拟创办一所"高端"幼儿园。他们约定幼儿园前期建设与后期管理全部由曾勇负责，两名投资者只负责出资。于是，曾勇先向当地教育局申请筹办一所幼儿园。教育局很快同意让他们筹建，并把这块教育用地无偿划拨给他们，但同时要求他们只能办普惠性幼儿园。曾勇先成立了筹备小组，自己任筹备组组长。他请来具有多年幼儿园设计经验的建筑设计公司，先对幼儿园的规划布局和建筑风格进行了概念设计：确定幼儿园以安静的灰色、自然的木色为主色调，其意图是将彩色的世界留给孩子去表达。其他空间设计以满足儿童的好奇心、支持他们主动探索为出发点。同时，建筑设计利用公共区域，规划了开放式的功能室，拟为今后尝试分时共享学习做准备；连廊与骑行小路形成双环绕，增加儿童奔跑的空间，满足健康运动特色课程的需求；户外场地模拟自然界的森林、湖畔、小溪、沙漠、山丘；将危险的楼梯空隙改造成孩子喜欢的充满挑战的滑滑梯。当确认好幼儿园的效果图之后，设计公司根据建筑物功能需求，完成了建筑单体设计。筹备小组又通过招标确定了一家优质建筑公司来完成幼儿园建设。经过1年施工，幼儿园终于落成。曾勇在完成幼儿园建设后，又招聘了20多名教师和工作人员。当一切工作准备好后，2019年3月，曾勇向教育局申请成立杜鹃幼儿园。15天后，教育局批准了他们的请示。6—7月，杜鹃幼儿园进行了第二次团队招聘及培训工作，之后开始招生、制度创建和幼儿园的装修验收、收尾等工作。8月，杜鹃幼儿园办理了办学许可证、餐饮许可证、卫生保健室许可证、二次装修消防验收合格证、收费备案等各类证件；8月底，全体员工报到，全园卫生清洁消杀工作也完成。9月1日，218名幼儿准时前来报到。

当幼儿进校后，曾勇的角色转变为一个幼儿园管理者，好在他有5年幼儿园管理经验，在面对一所新的幼儿园时，曾勇没有感到紧张与害怕，反而有一种跃跃欲试的感觉。他确立了幼儿园"立足云溪，放眼世界"的办园理念，以"原色为源，缤纷溪园"为办园特色，秉承"还孩子原色童年，享生命成长快乐"的教育理念，以幼儿园周边自然文化和生态资源为载体，构建"原色教育"课程，着力培育爱生活、有情怀、懂礼仪、修自身、求创新的幼儿。为了实现自己的办园理念，他认为教师是关键。为了得到教师的支持，曾勇首先采用人性化管理，关心每个教师，为每个教师解决生活和工作上的困难，同时他把教师办公区打造成"家"，让每个教师有归宿感。同时，在工作上曾勇要求幼儿园教师首先要观察儿童，读懂儿童，在此基础上去支持幼儿、引导幼儿、关爱幼儿。在管理组织形式上，采取一岗多责、合作无界的模式，他与幼儿园教师和各级领导共同制定规章制度，并要求幼儿园的各级领导层树立服务意识，贴心为教师、家长提供优质的服务与方便。经过3年的努力，幼儿园赢得了家长的认可和社会的关注，并多次向各级同行展示办学成果。幼儿园空间设计、管理模式和原色教育课程成为幼儿园一张亮丽的名片，也多次被媒体报道。

思考：这所幼儿园的成立经过了哪些阶段？它在管理上有什么特色？它能在3年之内赢得同行的称赞有哪些原因？在幼儿园管理和教师保教活动方面，你认为可以再进行哪些创新？

任务 1 协助举办幼儿园

一、举办幼儿园的主体资格

（一）举办幼儿园的主体资格

举办幼儿园的主体资格，是指依照相应的法律法规和行业规范，公民或者组织机构举办幼儿园时应当具备的资质。我国法律法规与相关政策，对举办教育机构的主体资格作出了明确的规定。

《中华人民共和国民办教育促进法》第二章第九条规定："举办民办学校的社会组织，应当具有法人资格。举办民办学校的个人应当具有政治权利和完全民事行为能力。民办学校应当具有法人条件。"

《中华人民共和国民办教育促进法实施条例》第二章第四条规定："国家机构以外的组织或者个人可以单独或者联合举办民办学校。"

宪法第十九条规定："国家举办各级各类学校……国家鼓励集体经济组织、国家企业事业组织和其他社会力量依照法律规定举办各种教育事业。"

幼儿园教育是我国基础教育的重要组成部分，举办幼儿园的主体资格也必须遵循以上法律法规的相关规定。《幼儿园管理条例》第一章第五条规定："地方各级人民政府可以依据本条例举办幼儿园，并鼓励和支持企业事业单位、社会团体、居民委员会、村民委员会和公民举办幼儿园或捐资助园。"所以，举办幼儿园的主体为地方各级人民政府、企事业单位、社会团体、居民委员会、村民委员会和公民。

（二）不得举办幼儿园的主体

根据《中华人民共和国民法典》《中华人民共和国民办教育促进法》和《中华人民共和国刑法》等相关条款，下列人员不具备举办幼儿园的资格。

1. 限制民事行为能力或无民事行为能力者

《中华人民共和国民法典》第二章第二十条规定："不满八周岁的未成年人为无民事行为能力人，由其法定代理人代理实施民事法律行为。"第二十一条规定："不能辨认自己行为的成年人为无民事行为能力人，由其法定代理人代理实施民事法律行为。"而第十九条则规定："八周岁以上的未成年人为限制民事行为能力人，实施民事法律行为由其法定代理人代理或者经其法定代理人同意、追认；但是，可以独立实施纯获利益的民事法律行为或者与其年龄、智力相适应的民事法律行为。"举办幼儿园不是纯获利益的民事法律行为，限制民事行为能力、无民事行为能力者和不能辨认自己行为的成年人不能成为举办幼儿园的主体。

2. 不具有法人资格的社会组织

不具有法人资格的社会组织，不能作为举办幼儿园的主体。根据《中华人民共和国民办教育促进法》第二章第九条规定，举办民办学校的社会组织，应当具有法人资格，且民办学校应当具备法人条件。一个组织要成为法人，根据《中华人民共和国民法典》第五十八条规定，法人应当依法成立、有自己的名称、组织机构、住所、财产或者经费，能独立承担民事责任。所以，不具有法人资格的社会组织不能举办幼儿园。

3. 其他不得举办幼儿园的主体

根据《中华人民共和国刑法》规定，被判处有期徒刑以上的服刑者、被剥夺政治权利的人，不能成为举办幼儿园的主体。

微案例

杨镇某"幼儿园"位于该镇枫树路一栋大厦内，开业已有7年之久。现在被要求在12月31日之前关停，500多名学生面临失学，数十位教职工面临失业。

该"幼儿园"并没有得到教育行政部门批准，他们以托管机构的名义向该市工商局申请了营业执照，消防设备、餐饮资质等都齐全，举办人员认为"具备办学资质"，就向附近工业区招收幼儿。后来教育行政部门检查时，发现该园没有得到审批，属于非法办学，下令该园停止办学。教育行政部门在审查中，还发现该机构超出了托管的经营范围，常以幼儿园的名义对外招生。另外，该机构登记的法人还是一名在服刑的人员。后来，在教育局和镇政府的帮助下，该园所有幼儿都得到了较妥善的安排。

二 举办幼儿园的条件与程序

（一）举办幼儿园的条件

《中华人民共和国教育法》第二十七条、《幼儿园管理条例》第二章、《中华人民共和国民办教育促进法》第二章对幼儿园的设立提出四个实体要件。

1. 健全的组织机构和章程

幼儿园应该具有健全的组织机构，一般包括园长室、保教室、办公室、财务室、教职工代表大会和工会、妇女工作委员会、党支部（或党小组）等党群组织。《幼儿园工作规程》特别规定幼儿园应当成立园务委员会，负责幼儿园日常运行中涉及全园工作的重要问题审议和决策工作。

章程是一个教育组织的"根本大法"，它规定教育组织的办学宗旨、内部管理制度、财务制度和决策组织方式等。幼儿园章程一般包括幼儿园办学宗旨、基本任务、保育教育体系、管理方式、内设机构、岗位设置、人员聘用及管理、规章制度、法定权利及义务，以及组织纪律、经费筹集渠道、成立及终止程序等。

1　政策法规
扫一扫，查看《幼儿园管理条例》全文。

2. 合格的教师、保育员、医护人员和其他工作人员

《幼儿园管理条例》规定，设立幼儿园应具有合格的教师，园长和教师要有幼儿师范或职业教育幼教专业毕业文化程度，拥有幼儿园教师资格证。保育员具有初中毕业水平，并接受过幼儿保育培训。医护人员应是医学院校毕业，并取得相应的资格证书。

3. 有标准的场所和设施、设备

《幼儿园管理条例》规定"举办幼儿园必须具有与保育、教育的要求相适应的园舍和设施"，并规定幼儿园的园舍和设施"必须符合国家卫生标准和安全规定"。

幼儿园设施和设备目前尚没有国家统一的标准，多由各省自行制定。比如，广东省制定了《广东省幼儿园（班）设备设施配备标准（试行）》。

4. 稳定的办学资金和经费来源

《幼儿园管理条例》规定："举办幼儿园的单位或个人必须具有进行保育、教育以及维修或扩建、改建幼儿园的园舍与设施的经费来源。"《幼儿园工作规程》规定："幼儿园的经费由举办者依法筹措，保障有必备的办园资金和稳定的经济来源。"幼儿园目前办学资金一般来源于三个方面：举办者资金投入、家长交纳保教费用和社会捐助。

（二）举办幼儿园的程序

根据《中华人民共和国教育法》规定，我国教育机构实施审批和注册制度。《幼儿园管理条例》规定："国家实行幼儿园登记注册制度，未经登记注册，任何单位和个人不得举办幼儿园。"

1. 登记注册制度

登记注册制度是指主管部门对申请者提交的申请设立教育机构的报告进行审核，只要申请者拟办的教育机构符合设置标准，都予以登记注册，并取得合法地位，对于不符合设置标准的，予以拒绝，并以书面形式通知申请者。实施注册制度的目的是确立幼儿园的法律地位。

2. 登记注册程序

依据《民办教育促进法》，民办幼儿园的登记注册程序如下。

（1）举办者向教育行政机关提交申请报告、幼儿园名称地址等筹设材料，并提供资金来源、资金数额及有效证明等相关文件。

（2）审批机构在三十日内以书面形式作出是否同意筹设的答复。

（3）经筹备，达到申请成立条件后，申请正式成立。

（4）审批机关在三个月内给予答复，如果同意，则颁发办学许可证。

对于公办幼儿园登记注册程序，国家没有统一的办理程序，但各地方政府根据本地情况，出台用于本地的幼儿园登记注册管理办法。比如，四川省、云南省等都出台了《幼儿园登记注册管理办法》，其规定的登记注册程序基本上与民办幼儿园登记注册程序一致。

3. 登记注册机构

《幼儿园管理条例》规定城市幼儿园的举办、停办由所在区、不设区的市的人民政府教育行政部门登记注册。农村幼儿园的举办、停办由所在乡、镇人民政府登记注册，并报县人民政府教育行政部门备案。

微案例

奇某集团公司于1996年成立，是一家以生产玩具为主的企业，目前这家企业的商标在我国享有很高的知名度。重庆市奇某佳华幼儿园则是一家2013年注册的民办幼儿园，与奇某集团公司没有任何关系。后来奇某集团公司将奇某佳华幼儿园告上了法庭。法院认为，奇某集团公司一直使用"奇某"作为其企业字号，奇某集团公司的游乐设备多次获得"知名商品"的称号，"奇某"可以被认定为是具有一定影响力的企业名称。其次，奇某佳华幼儿园的业务范围虽为幼儿教育，与奇某集团公司的经营范围及涉案商标核定使用的商品并不相同。但幼儿园通常采购儿童游乐设备、教具等产品，而前述产品均系奇某集团公司的主营产品，据此可以认定奇某集团公司所经营行业与奇某佳华幼儿园所处行业具有一定的关联性。法院最后判定，奇某佳华幼儿园选取"奇某"为字号时主观上具有"搭便车"以及攀附奇某集团公司企业字号所形成商誉的故意性，要求奇某佳华幼儿园停止使用含有"奇某"字样的企业名称并赔偿相应经济损失。

三 《幼儿园建设标准》

2 政策法规
扫一扫，查看《幼儿园建设标准》全文。

2016年，住房和城乡建设部、发展与规划委员会联合批准了由教育部主编的《幼儿园建设标准》。

《幼儿园建设标准》（以下简称《建设标准》）共分为5章：总则、建设规模与项目构成、选址与规划布局、面积指标、建筑与建筑设备和主要技术经济指标。

《建设标准》对幼儿园的建设规模和项目构成、选址与规划布局、面积、建筑和建筑设备提出了最低标准和最高要求。

1. 幼儿园建设原则

《建设标准》规定了幼儿园建设的原则"以幼儿为本"，即幼儿园建设要符合幼儿生理和心理成长规律。另外，幼儿园建设应当功能完善、配置合理、绿色环保、经济美观，能抵御自然灾害和保障幼儿安全。

2. 幼儿园建设规模与项目构成

《建设标准》将幼儿园的建设规模分为4类，分别为3个班、6个班、9个班和12个班，学生规模分别为90人、180人、270人和360人。办园班级规模一般根据服务人口数来确定，一般每班服务人口规模为1000人。同时，《建设标准》规定幼儿园办园规模不宜超过12个班，城市幼儿园办园规模不宜少于6个班，农村幼儿园则不宜少于3个班。

幼儿园项目构成由场地、房屋建筑和建筑设备构成。场地分为游戏场地和集中绿地；房屋建筑主要包括活动用房、服务用房和附属用房。建筑设备包括建筑给排水系统、建筑电气系统、采暖通风系统、电梯及弱电系统等。

3. 幼儿园选址与规划布局

（1）选址与布局

《建设标准》规定城镇幼儿园布局应考虑人口密度、城市规划、交通、环境等综合因素，幼儿园服务半径宜为300~500米。《建设标准》对于幼儿园选址提出六个方面的要求：第一，要求选择地质、环境、空气、日照、交通、地势、排水、基础设施、绿化和卫生等条件较好的宜建带；第二，避免地震、其他地质灾害、洪水、输油气管道和高压供电走廊等不安全地带；第三，与铁路、高速公路、机场和飞机航线保持一定距离，避开主要交通干道和建筑阴影区；第四，不与集贸市场、娱乐场所等喧闹场所，垃圾中转站、污水处理站等脏乱场所，生产有毒有害、易燃易爆物品的危险场所，医院传染病房、殡仪馆，以及通信发射塔等辐射较强的场所为邻；第五，幼儿园不设在高楼里，多层可以在1～3层，有独立院落和出入口，屋外有游戏场地防护；第六，农村幼儿园宜设在集镇，毗邻中小学，避开养殖场、屠宰场、垃圾填埋场和水域等不安全环境。

（2）幼儿园平面规范

《建设标准》规定幼儿园的容积率宜为0.55～0.65。园区总平面规划应因地制宜，适合幼儿的特点。幼儿活动用房应有良好的朝向，底层在冬天应该有3小时能晒到太阳，这有利于提供足够的自然采光和温暖的气氛，促进幼儿的生长和发展。园区内道路应便捷通畅、人车分流。室外游戏活动场地人均面积不少于4平方米；共用游戏场地人均面积不低于2平方米；分班游戏场地人均面积不低于2平方米。室外游戏场地为软质地坪。幼儿园建设应紧凑、集中。园区的绿地率不宜低于30%；集中绿地面积人均不少于2平方米。

4. 幼儿园面积指标

全日制幼儿园各类用房人均使用面积在6.19～8.88平方米之间，寄宿制幼儿园则在6.48～9.15平方米之间。

班级活动室如果与寝室合并，人均使用面积为4.4平方米，如果活动室与寝室分开，人均使用面积为5.3平方米。

5. 幼儿园建筑与建筑设备

房屋建设应符合国家现行幼儿园建筑设计规定，应遵循安全、适用、绿色、节能、环保、经济、美观的原则。

幼儿活动用房设在三楼及以下楼层，严禁设在地下室或半地下室。这有利于为幼儿提供更安全和健康的活动环境。主建筑班级活动室净高不低于3米，综合活动室不低于3.9米。

《建设标准》对走廊、楼梯、台阶、护栏、墙壁、门窗、厨房、卫生间、园地附属设施都有详细的规定。

微案例

桂林某县一家幼儿园开始在该县一个小区租房子办园，由于所租的房子过于陈旧，于2021年5月搬到新地址办学，与此同时，他们向教育行政机构申请办园地址的变更，但由于新办园地址附近有装载液化气的火车经过，导致该园新地址没有取得消防情况证明。教育行政机构以此为由，没有同意幼儿园的地址变更申请。另外，该园新地址还与邻居苏女士存在土地纠纷，该女士举报幼儿园存在违建行为。该县自然资源局发出《限期拆除违法建筑告知书》，责令幼儿园的举办者黄某限期自行拆除上述违法建筑。幼

> 园也将苏女士等人起诉到县法院，要求苏女士等人停止侵权并赔偿损失1万元。法院最后判决，该幼儿园围墙属于违法建筑，不受法律保护，苏女士的举报行为不构成侵权，驳回了幼儿园的诉讼请求。6月2日至3日，该县教育局下达了《非法办学限期停办通知书》和《规范民办学校办学行为整改通知书》，责令该园停止招生办学，将幼儿妥善安排回原址开展教育教学。

四　幼儿园的人员配置

3　政策法规
扫一扫，查看《幼儿园教职工配备标准（暂行）》全文。

为促进幼儿园教师队伍建设，确保幼儿能够接受基本的、有质量的学前教育，2013年1月下旬，教育部印发《幼儿园教职工配备标准（暂行）》（以下简称《教工配备标准》）。依据《教工配备标准》，幼儿园教职工包括专任教师、保育员、卫生保健人员、行政人员、教辅人员、工勤人员。

（一）保教人员

幼儿园保教人员包括专任教师、保育员和医务人员。《教工配备标准》规定幼儿园应根据服务类型、幼儿年龄和班级规模，配备数量适宜的专任教师和保育员，使每位幼儿在一日生活、游戏和学习中，都能得到成人适当的照顾、帮助和指导。

1. 专任教师

《教工配备标准》要求全日制幼儿园每班配备2至3名专任教师；半日制幼儿园每班配备2名专任教师；寄宿制幼儿园，至少应在全日制幼儿园的基础上每班增配1名专任教师；单班学前教育机构，如农村学前教育教学点、幼儿班等，一般应配备2名专任教师。招收特殊需要儿童的幼儿园，应根据特殊儿童的数量、类型及残疾程度，配备相应的特殊教育教师。专任教师的数量应相对稳定。

2. 保育员

《教工配备标准》要求全日制幼儿园每班应配备1名保育员；半日制幼儿园有条件的可配备1

名保育员；寄宿制幼儿园至少应在全日制幼儿园的基础上每班增配1名保育员。保育人员的数量应相对稳定。

此外，幼儿园应根据自身的发展，确保在教师进修、支教、病产假等情况下有可供临时顶岗的保教人员。

3. 卫生保健人员

托幼机构聘用卫生保健人员，应当按照收托150名幼儿至少设1名专职卫生保健人员的比例配备卫生保健人员。收托少于150名幼儿的托幼机构，应当视情况配备专职或者兼职卫生保健人员。

（二）办公人员

1. 幼儿园园长

《教工配备标准》提出：6个班以下的幼儿园配备1名园长，6～9个班级的幼儿园不超过2名园长，10个班级及以上的幼儿园可配备3名园长，其中园长1名，副园长2名。

2. 财务人员

小型幼儿园可配备1名会计和1名兼职出纳，大型幼儿园可配备1名会计和1名出纳。

（三）其他配备人员

1. 炊事人员

每日三餐一点的幼儿园，每40～45名幼儿配备1名炊事人员；少于三餐一点的幼儿园酌减炊事人员数量；在园幼儿人数少于40名的幼儿园，应配备1名专职炊事员。

2. 保洁人员

幼儿园的保洁人员需根据幼儿园实际需求配备。

3. 安保人员

小型幼儿园至少每园配备1名专职安保人员，大型幼儿园至少配备2名安保人员。

五　幼儿园的法律地位

法律地位是指法律主体在法律关系中所处的位置，即法律主体享受权利与承担义务的资格。它常用来描述法律主体在法律关系中所处的地位，也是法律人格的一种表现形式，体现为法律主体享有的权利、承担的义务和行动能力。

1. 幼儿园的法律地位

幼儿园的法律地位是指幼儿园作为实施保育教育活动的法律主体，在各种法律关系中所处的位置，体现为幼儿园在法律上享有的权利、义务和行动的能力。幼儿园的法律地位的实质是其法律人格，是幼儿园办学自主权的抽象化、形象化的法律特征。幼儿园法律地位具有公共性、公益性和多重性。幼儿园法律地位的公共性，源于教育权力归属于国家；幼儿园法律地位的公益性，源于幼儿园属于公益性机构，以育人为宗旨；幼儿园法律地位的多重性，源于幼儿园活动时具有的多重主体资格，比如，它既是教育行政法律关系的主体，也是民事法律关系的主体。

2. 幼儿园的权利

幼儿园的权利是指幼儿园在教育活动中依法享有的权利，是指幼儿园在教育活动中能够做出或不做出一定行为的许可和保障，为教育法所确认和保护的权利。按照《中华人民共和国教育法》的规定所设立的幼儿园享有以下权利：

(1) 按照幼儿园章程自主管理的权利；

(2) 组织实施保育教育活动的权利；

(3) 招收新生的权利；

(4) 对幼儿进行学籍管理的权利；

(5) 聘任和管理教职工的权利；

(6) 设施和经费的使用与管理权利；

(7) 拒绝非法干涉实施保教活动的权利；

(8) 法律、法规规定的其他权利。

3. 幼儿园的义务

幼儿园的义务是指幼儿园在保教活动中所必须履行的法定义务，是对幼儿园在保教活动中必须做出一定行为或不得做出一定行为的约束。根据《中华人民共和国教育法》的规定，幼儿园应履行以下基本义务：

(1) 遵守法律、法规；

(2) 贯彻国家的教育方针、执行国家保育教育标准，保证保育教育质量；

(3) 维护幼儿、教师和其他职工的合法权利；

(4) 以适当的方式为幼儿监护人了解幼儿的发展状况提供便利；

(5) 按照国家规定收费并公开收费项目；

(6) 依法接受监督。

微案例

某市华盛居民小区由某房地产开发有限公司开发建设，小区内有2000多名居民，根据规划，小区内同时建有一栋"幼儿园综合楼"。其中，"幼儿园房"的建筑面积为1606平方米。在3月，该栋"幼儿园房"被开发商标价出售。随后，在该市经营一家民营幼儿园的虞小姐闻讯而至，与开发商签订"商品房买卖合同"，开发商以2170元/平方米的价格,将小区的"幼儿园房"出售给虞小姐。合同显示,该栋"幼儿园房"的总价为348.502万元。根据约定,虞小姐在签订合同时支付了50万元首期购房款。签订合同时,开发商还口头承诺:剩余购房款,买受人可以向银行申请按揭贷款。据此,虞小姐向一家银行提出了贷款申请,不料被拒绝。"银行指出,根据国家规定,幼儿园、学校等公共设施不能办理银行按揭手续。"后虞小姐多次申请,但得到的答复都一样:根据我国《物权法》,幼儿园不得抵押。

课证融通

1. 【2017年真题】 王某是某集团公司的老总,举办了一家民办幼儿园。下列关于王某举办幼儿园的行为的说法不正确的是( )。

   A. 幼儿园应依法接受监督　　　　B. 幼儿园可以以营利为目的
   C. 幼儿园应该维护幼儿的合法权益　D. 幼儿园可以自行决定收费标准

2. 【2017年真题】 关于幼儿园教育的性质和地位,下列说法正确的是( )。

   A. 幼儿园教育是基础教育的预备阶段
   B. 幼儿园教育是义务教育的组成部分
   C. 幼儿园教育是学校教育制度的基础阶段
   D. 幼儿园教育不属于学校教育制度的范畴

3. 【2018年真题】 为解决新建小区幼儿入园难的问题,某房产开发公司在所建小区引入了一家由某教育发展集团独资举办的幼儿园。根据《中华人民共和国教育法》的规定,有权确立该幼儿园管理体制的是( )。

   A. 当地人民政府　　　　　　　　B. 当地教育行政部门
   C. 该教育集团　　　　　　　　　D. 该房产开发公司

4. 下列( )不属于幼儿园享有的权利。

   A. 组织实施保育教育活动的权利　B. 对幼儿进行学籍管理的权利
   C. 聘任和管理教职工的权利　　　D. 自行确定收费标准的权利

5. 设立幼儿园的条件不正确的是（　　）。

A. 具有高学历的园长

B. 健全的组织机构和章程

C. 有合格的教师、保育员、医护人员和其他工作人员

D. 有标准的场所和设施、设备

4　课证融通
扫一扫，查看参考答案。

课内实训

一、实训任务

1. 实训情境

2018年国家颁布的《关于学前教育深化改革规范发展的若干意见》提出拓展途径、扩大资源供给，鼓励支持街道、村集体、有实力的国有企事业单位，特别是普通高等学校举办公办园，为本单位职工子女入园提供便利的同时，也为社会提供普惠性服务。随着高校人事制度改革，高校教师采用聘用管理制度，不再设有编制。如何吸引人才、稳住人才是当前许多高校人力资源部门重点关注的问题。某大学负责招聘的工作人员也发现，前来应聘的年轻教师除了关心薪资、住房和科研支持等条件以外，还关心子女的入园、入学问题。另外，该校一些教师代表，也在教职工代表大会上提出举办一所附属幼儿园的议案，以方便教师子女入园，从而增加年轻教师对学校的归属感。该校领导经过研究，计划办一所附属幼儿园，具体由学校工会和学前教育专业的教师组成筹备小组。

根据幼儿园设立的现有政策，我国幼儿园采取国务院领导、省市统筹、以县为主的学前教育管理体制，××大学所在城市，幼儿园的举办是由大学所在区审批。为了顺利推进举办幼儿园的工作，幼儿园筹备组领导让学前教育专业的李老师来协助梳理当前幼儿园设立的法律政策文件。

2. 实训任务

请你为李老师准备与幼儿园设立相关的法律，对所列法律进行简要的介绍。同时，准备一份幼儿园设立的条件和程序，并用图示的方式表达出来。

二、实训成果

每个小组提供1份文稿，格式为PDF文档或演示文稿。

三、资源准备

1. 材料工具准备

连接网络的计算机、Office 或 WPS 等软件。

2. 知识准备

（1）《中华人民共和国教育法》《幼儿园工作规程》《幼儿园管理条例》《幼儿园建设标准》《托儿所、幼儿园建筑设计规范》中关于幼儿园法律主体的相关知识；

（2）幼儿园建筑设计的相关要求；

（3）掌握将 Word 或 WPS 文档转换为 PDF 文档的技能。

5　政策法规
扫一扫，查看《托儿所、幼儿园建筑设计规范》全文。

3. 相关能力准备

（1）计算机操作及网络搜索能力；

（2）Office 或 WPS 软件操作能力；

（3）材料整理与归纳能力。

四、实训评价

请使用实训评价表（见"课外活动"后），进行自我评价或师生共同评价。

拓展阅读

一、《幼儿园收费管理暂行办法》

6　政策法规
扫一扫，查看《幼儿园收费管理暂行办法》全文。

为了促进学前教育事业科学发展，规范幼儿园的收费行为，保障受教育者和幼儿园的合法权益，国家发展改革委、教育部、财政部于 2011 年出台《幼儿园收费管理暂行办法》（以下简称《收费办法》）。《收费办法》共 24 条，前 2 条主要阐述了目的、依据和适用范围，最后 3 条为实施《收费办法》的要求、解释权和时间，主体部分为第 3~21 条，对幼儿园收费管理进行规定，它主要包括以下内容。

1. 幼儿园收费名目及管理科目

《收费办法》规定幼儿园可向入园幼儿收取保育教育费，对住宿的幼儿可以收取住宿费。对于收取的费用，公办园将其纳入行政事业性收费管理，民办园将其纳入经营服务性收费管理。

2. 制定和调整收费标准

公办园保教收费标准由省级教育行政部门提出，经省级价格主管部门、财政部门审核后，三部门共同报省级人民政府审定。公办园住宿费标准由当地教育行政部门提出意见，报当地价格主管部门会同财政部门审批。制定和调整收费标准需要提供以下材料：收费的项目、拟收费的标准或调整的幅度、制定与调整的理由、标准对幼儿园家长的影响、价格与财政部门要求的其他材料。

民办园收费需要备案，备案时应提交以下材料：幼儿园的基本情况、收费标准的具体成本列支项目、幼儿园教职工和在园幼儿人数、生均保育教育成本、固定资产的购建情况及价格、教育和财政部门要求提供的其他材料。

3. 收费原则

公办园不能以营利为目的，民办园依成本合理确定，享有政府财政补贴的幼儿园不能超过政府规定的最高收费标准。

4. 代收费

幼儿园代收费应遵循"家长自愿、据实收取、及时结算、定期公布"的原则；代收费项目由省级教育行政部门根据当地实际情况提出意见，经省级价格主管部门、财政部门审核，三部门共同报省级人民政府批准后执行。幼儿园不得收取书本费，也不得收取除服务费、代收费外的其他费用。

5. 费用的收取、退费、减免和公示

幼儿园应按月或按学期收取费用，不得跨学期预收。

幼儿因故退（转）园的，幼儿园应当根据已发生的实际保教成本情况退还预收费用。

对家庭经济困难的幼儿、孤儿和残疾幼儿，应酌情减免收取保教费。

幼儿园应通过设立公示栏、公示牌、公示墙等形式，向社会公示收费项目、收费标准等相关内容。收费标准应在招生简章中写明。

6. 收费的许可与年审

公办幼儿园收取保教费、住宿费，应到价格主管部门办理收费许可证，按规定进行收费许可证年审，并使用财政部或省级财政部门印（监）制的财政票据。民办幼儿园收取保教费、住宿费，要按规定使用税务机关统一印制的税务发票。

幼儿园接受教育、财政部门的收费监督检查时，要如实提供监督检查所必需的账簿、财务报告、会计核算等资料。

7. 责任

幼儿园收取的费用主要用于保教活动和改革办园条件，不得截留、平调。社会其他机构不得向幼儿园收取费用。对于违反本办法收取费用的，依据《中华人民共和国价格法》《价格违法行为行政处罚规定》等法律法规以及行政事业性收费管理制度的相关规定严肃查处。

二、《中华人民共和国民办教育促进法》

为实施科教兴国战略，促进民办教育事业的健康发展，同时维护民办学校和受教育者的合法权益，我国于2002年发布了《中华人民共和国民办教育促进法》，其主要内容如下。

1. 民办教育的性质

民办教育是民办教育事业，属于公益性事业，是社会主义教育事业的组成部分。国家对民办教育实行积极鼓励、大力支持、正确引导、依法管理的方针。民办学校应当遵守法律、法规，贯彻国家的教育方针，保证教育质量，致力于培养社会主义建设事业的各类人才。民办学校应当贯彻教育与宗教相分离的制度。民办学校与公办学校具有同等的法律地位，国家保障民办学校的办学自主权。县级以上地方各级人民政府教育行政部门主管本行政区域内的民办教育工作。

2. 民办教育机构的设立

举办民办学校的社会组织，应当具有法人资格。如果是个人举办，则应当具有政治权利和完全民事行为能力。

民办学校的设置标准参照同级同类公办学校的设置标准执行。

举办学前教育由县级以上人民政府教育行政部门按照国家规定的权限审批。

成立民办教育机构先要申请筹设。申请筹设应提交的材料包括申请报告、举办者的基本情况、资金情况、捐赠情况。如果审批机构同意筹设，举办人可正式申请设立，提交的材料主要有：筹设批准书，筹设情况报告，章程及机构人员，资产证明，校长、教师、财务人员资格证书。

民办学校的举办者可以自主选择设立非营利性或营利性民办学校。但是，不得设立实施义务教育的营利性民办学校。

3. 学校的组织与活动

民办学校应当设立学校理事会、董事会和监督机制。学校理事会或董事会由举办者或其代表、校长、教职工代表等人员组成，五人以上。其中，三分之一以上应当具有五年以上教育教学经验。

学校理事会或董事会的职权：聘任或解聘校长、制定和修订章程、筹集经费审核预算和决算等重大事项。

民办学校可以根据国家有关规定颁发学历证书、结业证书或者培训合格证书。民办学校应依法保障教职工参与民主管理和监督。

4. 教师与学生

民办学校的教师、受教育者与公办学校的教师、受教育者具有同等的法律地位，民办学校的教师应具有教师资格证，民办学校应依法保障教师和受教育者的权益。

民办学校教职工依法享有与公办学校教职工同等的权利。

5. 资产与财务

民办学校应当依法建立财务、会计制度和资产管理制度，并按照国家有关规定设置会计簿。民办学校享有财产权。

民办学校收取费用的项目和标准根据办学成本、市场需求等因素确定，向社会公示，并接受有关主管部门的账簿。民办学校收取的费用应当主要用于教育教学活动、改善办学条件和保障教职工待遇。

6. 管理与监督

教育行政部门及有关部门依法对民办学校进行指导、实行督导，民办学校的招生简章和广告，应当报审批机关备案。

7. 变更与终止

民办学校的分立、合并，在进行财务清算后，由学校理事会或者董事会报审批机关批准。民办学校终止时，应当妥善安置在校学生。

8. 法律责任

民办学校擅自分立、合并民办学校的；擅自改变民办学校名称、层次、类别和举办者的；发布虚假招生简章或者广告，骗取钱财的；非法颁发或者伪造学历证书、结业证书、培训证书、职业资格证书的；管理混乱，严重影响教育教学，产生恶劣社会影响的；提交虚假证明文件或者采取其他欺诈手段隐瞒重要事实骗取办学许可证的；伪造、变造、买卖、出租、出借办学许可证的；恶意终止办学、抽逃资金或者挪用办学经费的，应限期改正，并予以警告；有违法所得的，退还所收费用后没收违法所得；情节严重的，责令停止招生、吊销办学许可证；构成犯罪的，依法追究刑事责任。

三、案例

2018年9月29日，某市人民检察院与市场监督管理局联合开展"幼儿园食品安全"检查的行动中发现，该辖区内某幼儿园在未经教育行政部门审批的情况下擅自办学开班，并且办学环境和教学设施不达标，食品卫生设备设施简陋，园内安保措施不健全，幼儿人身安全和食品安全存在较大隐患等问题。

2018年10月16日，检察院依法启动监督程序，考虑到强制取缔可能激化社会矛盾，并无法根本解决幼儿园所在社区的幼儿就近入园的问题，检察院向该区教育局发出检察建议，同时与区教育局沟通协调，由区教育局向区发改委申请新建幼儿园项目立项，纳入公办幼儿园管理，并在新建的幼儿园竣工前继续加强日常监管。2020年12月底，新建幼儿园主体大楼完工并投入使用。

> **课外活动**

1. 阅读下列案例，幼儿园是否可以随意停办幼儿园？

霞天小区幼儿园是霞天小区配套幼儿园，该小区开发商将该幼儿园交由青桔幼儿教育集团管理。青桔幼儿教育集团接手后，通过银行贷款将霞天小区幼儿建成了高端幼儿园，并于当年成立，在秋季顺利开学。但是，由于小区入住率低，周边也没有其他小区，加上交通不便，幼儿园一直处于亏损状况，支撑了三年后，已经资不抵债。青桔幼儿教育集团将幼儿园交回霞天小区的开发商，于是在6月放假前通知家长幼儿园下学期停办，需要再上幼儿园的幼儿另选幼儿园。由于离小区最近的幼儿园也有10多公里，对于很多家庭来说，十分不方便，于是他们开始不断到开发商公司和幼儿园闹事。

2. 青藤幼儿园需要找哪些法律条文？请你为幼儿园提供相关法律条文。

青藤幼儿园位于某市中心，园内绿意浓郁，景色宜人，旁边是一个高档小区，该小区的开发商看上这块地，想通过置换的方式获得幼儿园这个地块。由于家长反对，这所历史悠久的幼儿园得以保留。但是，开发商心有不甘，在靠近幼儿园一侧建了3个垃圾处理中转站。由于垃圾处理中转站太靠近幼儿园，搞得幼儿园整天臭气熏天。幼儿园多次投诉也没用，准备走法律途径解决此问题。

项目三　任务 1 实训评价表

A 级（优秀）	B 级（良好）	C 级（及格）	D 级（稍弱）	E 级（较差）
1. 列举的法律全面，法律简介全面、重点突出，内容简要； 2. 成立幼儿园的流程正确、清晰； 3. 流程中每个工作节点介绍详细； 4. 文件排版美观	1. 列举的法律全面，法律简介全面； 2. 成立幼儿园的流程正确、清楚； 3. 流程中每个工作节点介绍清楚； 4. 文件排版整齐	1. 列举了基本的法律条文，法律简介具体； 2. 成立幼儿园的流程正确； 3. 能对流程中每个工作节点作适当的介绍； 4. 文件有排版	1. 列举了法律条文，有法律简介； 2. 成立幼儿园的流程有缺项； 3. 把流程中每个工作节点介绍得较明白； 4. 文件有排版	1. 列举了法律条文，无法律简介； 2. 成立幼儿园的流程错误； 3. 没有介绍流程中每个工作节点； 4. 文件没有排版
学生自评		（　）级，符合（　）级第（　）条		
小组评价		（　）级，符合（　）级第（　）条 建议：		

任务 2　依法参与幼儿园管理

一　幼儿园依法治教

依法治教是依法治国基本方略的具体体现，对促进教育改革与发展具有重要的意义。党和国家十分重视教育法治建设，2019 年发布《中国教育现代化 2035》将依法治教作为中国教育现代化的基本原则，也是今后十五年需要完成的十大战略任务之一。

依法治教就是依据法律来管理教育，规范教育行为，即全部的教育活动都应当符合国家宪法、法律法规。依法治教的目的是通过法律规范教育管理活动，协调教育关系，指导教育活动，解决教育矛盾，保护学校和师生的合法权益，促进教育事业的健康快速发展，建立依法治教、依法办学、依法治校，建立多元参与的协同治理新机制，让教育工作逐步走上法制化、制度化、规范化轨道。具体而言，就是形成系统完备、层次合理、科学规范、运行有效的教育法律制度体系，形成政府依法行政、学校依法办学、教师依法执教、社会依法评价、支持和监督教育发展的教育法治实施机制和监督体系，完备健全的青少年学生法治教育体系，教育部门领导干部、校长、教师法律素质与依法办事能力显著提升。

依法治教的实质是把法治思维与法治方式贯穿于教育管理始终，推动教育改革与发展健康有序进行，实现教育行政机构的行政管理职能向依法监管、提供服务职能转变，从而实现教育的法治化。所以，依法治教不仅是社会主义民主政治建设在教育领域的具体体现，同时也是在社会主义市场经济条件下，教育改革与发展的必然趋势，而且更是促进教育公平、构建和谐社会的重要途径。对于幼儿园来说，依法治教是保障幼儿权利、实施科学保育教育活动的重要手段。

依法治教的内容是加强教育法律法规体系建设，完善行政执法体制机制，大力推行依法行政、依法办学、依法执教，为实现教育现代化提供法治保障。对于幼儿园来说，就是健全幼儿园依法办园的制度体系，健全科学决策、民主管理的治理结构，落实师生主体地位、形成自由平等公正法治的良好环境，健全幼儿园权利救济和纠纷解决机制，深入开展幼儿园法治教育，形成全园深厚的法治文化氛围。对于幼儿园教师来说，就是要依法执教、依法开展活动、依法管理班级、依法开展家园合作。

微案例

湖南某教育幼儿园为加强队伍建设，提升依法治园水平，他们邀请事务所律师，为教师举办"加强依法治园，打造和谐幼儿园"为主题的培训，从法律法规对幼儿园义务与责任的规定、幼儿园对学生的保护责任与义务、如何更好地依法办园等方面，结合社会上发生的幼儿园相关侵权案例，对《中华人民共和国民法典》《中华人民共和国教育法》《学生伤害事故处理办法》等法律法规，深入浅出地说法释法。

江苏某幼儿园通过健全组织机构构建法治体系，推进依法治教工作，这所园首先成立了由园长任组长，分管副园长担任副组长，中层主任、年级组长为成员的"依法治园工作领导小组"，制定了《幼儿园依法治园实施方案》，做到了任务到岗，责任到人。依法落实园长全面负责、党组织保障监督和教代会民主管理的幼儿园管理机制。

二、制定幼儿园规章制度

（一）幼儿园规章制度

1. 幼儿园规章制度

规章制度是国家机关、社会团体、企事业单位等各种组织机构为了维护正常的工作、劳动、学习、生活的秩序，保证国家各项政策的顺利执行和各项工作的正常开展，依照法律、法令、政策而制定的具有法规性或指导性与约束力的各种行政法规、章程、制度、公约的总称。

幼儿园规章制度是为了实现幼儿园的目标，对园内各项工作和对各类人员的要求加以条理化、系统化，制定的必须遵守的行为准则和工作规程。具体来说，就是幼儿园根据党和国家的有关方针、政策、法规等，按照教育和保育的工作规律和幼儿园的实际情况，采用条文的形式，对全园教职工的工作、学习和生活等行为活动提出具有约束力和一定强制性的准则和规范。

幼儿园制定规章制度，是实行科学管理的手段，对强化管理、提高工作效能和形成良好园风方面都具有重要意义。制定规章制度，能起到保证正常的保教工作秩序、规范人们的行为、协调相互关系、提高管理效率、增强教师的责任感，以及建设良好的幼儿园风气等作用。

2. 幼儿园规章制度的作用

幼儿园规章制度对幼儿园具有保障、制约、导向和调控作用。

（1）保障作用

幼儿园工作的复杂性和系统性，要求幼儿园制定体现组织意志的行动规范，用以协调各方面工作和各类人员的行为，建立起正常的教学秩序和工作秩序，做到时时、事事有规可循，人人职责明确，从而提高幼儿园的管理成效。

（2）制约作用

幼儿园教职工的家庭出身、教育背景、知识结构和世界观不同，每个人的想法也不尽相同。教师中有时还会出现集体利益与个人利益抉择冲突的情况，这就需要通过规章制度来加强人们的纪律性，使每一个教职工自觉地约束与集体目标不一致的、有损集体形象和集体利益的言行。规章制度的制约作用还体现在个人生活的约束上，它能让大家心往一处想，劲往一处使，形成集体合力，保证幼儿园教育目标的实现。

（3）导向作用

规章制度以条文的形式规定哪些事可以做，哪些事不可以做，引导教职工的言行，它能让教职工更多地从幼儿园的集体利益出发，将幼儿园的长远发展作为自己的奋斗目标，为幼儿园发展贡献自己的力量。

（4）调节作用

科学的规章制度是根据客观规律，针对可能出现的不良行为建立的，具有较强的针对性。它对人们的意识和行为起到调节、控制作用，保证人们在工作中按章办事，避免违规办事的情况。

3. 幼儿园制定规章制度应遵循的原则

幼儿园制定规章制度应遵循以下原则。

（1）遵循国家法律政策的原则

幼儿园规章制度必须符合党的教育方针政策，遵循国家法律法规，坚持社会主义办学方向，保障人民享有满意的教育。贯彻这个原则，要求幼儿园制定规章制度时，应以宪法、教育法律法规作为依据，围绕我国教育方针，全面落实立德树人的根本任务，坚持以树人为核心、以立德为根本，将育人和育才相统一，坚持幼儿园的公益性和公共性，不以营利为目的举办教育机构。

（2）符合幼儿园办学规律的原则

幼儿园规章制度的建立，必须符合幼儿园的办学宗旨和教育目标，符合幼儿园的发展规律，体现幼儿教育工作的特点，符合幼儿身心发展规律，符合教育和管理规律。贯彻这个原则，要求幼儿园研究幼儿和幼儿教育特点，在此基础上，把握幼儿园办学规律，同时，针对教师在幼儿园的保教言行、其他人员的服务功能等制定符合幼儿园办学规律的规章制度。

（3）易于执行的原则

各幼儿园之间具有很大的差异性，同样的制度不一定适合所有的幼儿园。所以，在制定规章制度时，幼儿园不能照搬其他园的管理制度，而是要立足本园的实际情况，考虑本园教职工规章的可接受性，进而制定出适合本园的规章制度。贯彻这一原则时，要求幼儿园制定规章制度的目的明确，内容精练扼要、言简意赅、内涵准确，以便于教职员工能很好地理解并执行，管理者能做好督促与检查。克服闭门造车、草率从事的态度，要通过多次试行和反复调整，增加制度的可行性。

（4）相对稳定性原则

制定规章制度最忌朝令夕改，否则，就会使规章制度失去严肃性和约束力。规章制度只有持之以恒贯彻，才能引导教职工自觉遵守，养成习惯。我们强调制定规章制度的稳定性，不是说规章制度自建立后就一成不变，而是要随着幼儿园情况的变化发展，定期对规章制度进行修改完善。贯彻这一原则，要求幼儿园在制定规章制度时，要反复斟酌，多次论证，使之成熟完善，而且具有可行性。另外，规章制度的废止与变更需要履行一定的程序，通过科学论证，不能随意废止或变更。

（5）民主参与的原则

幼儿园规章制度建立的过程，是全体教职工实现参与幼儿园民主管理的一个体现。让全员参与规章制度的建设，也是一个普法学法的过程。幼儿园制定规章制度只有让全园教职工参与，让大家充分讨论，发表各自的意见，才能最终形成集体认同的规章制度，从而激发全员的积极性，增强主人翁责任感，提高执行的自觉性。贯彻这一原则时，要求幼儿园不能搞"一言堂"式的家长制管理模式，而是集思广益，将广大教职工的意见吸纳进来。

（二）幼儿园规章制度的主要内容

不同类型、不同性质的幼儿园，其规章制度也不尽相同。一般说来，幼儿园规章制度可以分为全园性规章制度和部门规章制度。

全园性规章制度主要有：园长负责制下的园务委员会制度，幼儿园教职工代表大会制度，幼儿园与家长联系制度，家长委员会制度，幼儿园党组织建设制度，幼儿园工会、妇女等群众性组织制度，幼儿园经费管理制度，幼儿园日常管理制度，幼儿园安全管理制度，人事管理制度、奖惩制度等。

部门规章制度主要有：行政会议制度，年级组长会议制度，教研会议制度，科研管理制度，班级管理制度，一日生活管理制度，保教活动制度，消毒卫生制度，幼儿评价制度等。

微案例

蓉园幼儿园现在形成了一园两部的格局，全园拥有26个班级，幼儿园环境整洁优美，园舍宽敞明亮，是一所省级幼儿园。随着蓉园幼儿园规模的不断扩大，人员的急剧增加，幼儿园发生了巨大的变化。为了将幼儿园继续打造成全市"模范园"，他们坚持通过制度建设来保证幼儿园建设水平。在制度建设过程中，幼儿园坚持依法办学，民主管理，对现有幼儿园制度进行了梳理、调整、重建和创新，形成园本管理的良性运作机制和民主治校制度，确保办学理念一以贯之并得以实现。比如，今年他们出台了年级组长竞聘方案、后备干部推荐、区级骨干教师推荐、小高职称评定、评先评优等制度，这些制度的建设，保证了幼儿园各项工作走向合法化、规范化和有序化。

三、幼儿园管理与监督

1. 园长负责制

根据《幼儿园工作规程》的规定，幼儿园实行园长负责制。园长负责制就是在上级指导下，园长全面主持幼儿园工作，负责幼儿园的一切事务，对幼儿园发生的事情负总责。

园长负责制是一个三位一体的领导体制，即园长对幼儿园工作全面负责，党组织起保证、监督作用，教职工民主参与管理。实行园长负责制的目的是增强幼儿园的办园自主权，使幼儿园成为独立的办园实体。

园长负责制关键在于园长。园长作为一园之长，是该幼儿园的法定代表人，对外代表幼儿园，对内统一指挥和领导全园工作，对上级承担起幼儿园管理的全部责任。

7 政策法规
扫一扫，查看《幼儿园园长专业标准》全文。

《幼儿园园长专业标准》提出园长是履行幼儿园领导与管理工作职责的专业人员，要求树立以德为先、幼儿为本、引领发展、能力为重、终身学习的办学理念；还要求具备规划幼儿园发展、营造育人文化、领导保育教育、引领教师成长、优化内部管理、调适外部环境等方面的专业知识与能力。

《幼儿园工作规程》对园长的职责作出较为明确的规定，幼儿园园长负责幼儿园的全面工作，主要职责如下：

（1）贯彻执行国家的有关法律、法规、方针、政策和地方的相关规定，负责建立并组织执行幼儿园的各项规章制度；

（2）负责保育教育、卫生保健、安全保卫工作；

（3）负责按照有关规定聘任、调配教职工，指导、检查和评估教师以及其他工作人员的工作，并给予奖惩；

（4）负责教职工的思想工作，组织业务学习，并为他们的学习、进修、教育研究创造必要的条件；

（5）关心教职工的身心健康，维护他们的合法权益，改善他们的工作条件；

（6）组织管理园舍、设备和经费；

（7）组织和指导家长工作；

（8）负责与社区的联系和合作。

在《幼儿园工作规程》中还对园长作出了以下规定：园长除了满足一般教师要求外，还需要"具有《教师资格条例》规定的教师资格、具备大专以上学历、有三年以上幼儿园工作经历和一定的组织管理能力，并取得幼儿园园长岗位培训合格证书"等条件。

《全国幼儿园园长任职资格、职责和岗位要求（试行）》对园长的任职资格、职责和岗位要求也作出较为详细的规定，具体内容参见"拓展阅读"。

2. 园务委员会

《幼儿园工作规程》要求"幼儿园应当建立园务委员会"，园务委员会是一个审议机构，主要审议幼儿园"规章制度的建立、修改、废除，全园工作计划，工作总结，人员奖惩，财务预算和决算方案，以及其他涉及全园工作的重要问题"。从中可以看出，园务委员会对于发扬园内民主，建立和健全幼儿园内部管理机制，提高幼儿园的现代化管理水平都有积极意义。

园务委员会会议一般定期召开，如果遇到重大问题可以临时召开。

园务委员会由园长、副园长、党组织负责人和保教、卫生保健、财会等方面工作人员的代表以及幼儿家长代表组成。园长任园务委员会主任。

3. 教职工代表大会

《幼儿园工作规程》第五十八条规定："幼儿园应当建立教职工大会制度或者教职工代表大会制度，依法加强民主管理和监督。"教职工大会就是以教师为主体的代表大会，它是教师依法参与幼儿园民主管理与监督、保护自身权益的基本形式，也是完善现代学校制度，促进学校依法治校的重要途径。

2011年颁布的《学校教职工代表大会规定》对教职工大会的职责作了较为明确的规定，它包括以下几个方面的内容：

（1）听取学校章程草案的制定和修订情况报告，提出修改意见和建议；

（2）听取学校发展规划、教职工队伍建设、教育教学改革、校园建设以及其他重大改革和重大问题解决方案的报告，提出意见和建议；

（3）听取学校年度工作、财务工作、工会工作报告以及其他专项工作报告，提出意见和建议；

（4）讨论通过学校提出的与教职工利益直接相关的福利、校内分配实施方案以及相应的教职工聘任、考核、奖惩办法；

（5）审议学校上一届（次）教职工代表大会提案的办理情况报告；

（6）按照有关工作规定和安排评议学校领导干部；

（7）通过多种方式对学校工作提出意见和建议，监督学校章程、规章制度和决策的落实，提出整改意见和建议；

（8）讨论法律法规规章规定的以及学校与学校工会商定的其他事项。

根据《学校教职工代表大会规定》，教职工代表大会，要求以教师为主体，教师代表不得低于代表总数的60%，并根据学校实际，保证一定比例的青年教师和女教师代表，民族地区的学校和民族学校，少数民族代表应当占有一定比例。

教职工大会每学年至少召开一次，不设常设机构。

微案例

为进一步落实教职工参与幼儿园民主管理和民主监督的权利，切实加强幼儿园教职工大会制度化、规范化。2021年4月28日上午，某幼儿园隆重召开以"凝心聚力促发展，优化质量提内涵"为主题的七届二次教职工大会。会前，幼儿园领导班子深入各处广泛听取老师们的意见和建议，征集大会提案，为本次教职工大会的召开做好充分的准备工作。

大会在庄严的国歌声中开始。党支部书记、园长李某首先作园务工作报告。幼儿园工会主席周某作了题为"凝聚力量，发挥工会职能"的工会工作报告。工会委员张某分别作财务工作报告及提案征集立案情况汇报。接下来，李园长代表幼儿园领导班子对提案的征集、立案、落实情况进行说明，并参与大会分组审议讨论。讨论中老师们为幼儿园的发展积极建言献策、畅所欲言，并一致通过了大会的三个报告以及各项管理制度讨论稿。

四 《幼儿园工作规程》

8　政策法规
扫一扫，查看《幼儿园工作规程》全文。

《幼儿园工作规程》（以下简称《规程》）是我国第一部比较完整的有关幼儿园管理的行政规章制度。《规程》于 1989 年发布了试行版，1996 年正式发布，2015 年教育部再次修订发布，于 2016 年 3 月正式实施。最新版《规程》相比以往版本，更强调幼儿园的公益性和教育性，突出幼儿安全保护，提高了教师的入职门槛。

《规程》共分为 11 章，其主要内涵如下。

1. 幼儿园的地位、任务、目标与学制

《规定》强调幼儿园教育是基础教育的重要组成部分，是学校教育制度的基础阶段。其任务为贯彻国家的教育方针，按照保育与教育相结合的原则，遵循幼儿身心发展特点和规律，实施德、智、体、美等方面全面发展的教育，促进幼儿身心和谐发展。

《规程》对幼儿园的保育与教育活动提出了以下目标：①促进幼儿的健康发展，养成良好的生活习惯和卫生习惯，培养参加体育活动的兴趣；②发展学生的智力，包括运用感官和语言交往的基本能力、对环境的认识、有益的兴趣和求知欲望、动手探究能力；③培养幼儿高尚的情感、良好的品德和活泼开朗的性格；④初步感知美和表现美的情感和能力。

幼儿园适龄幼儿一般为 3 至 6 岁，学制为 3 年制。

2. 入园

幼儿园每年秋季招生，幼儿入园前需要进行健康检查，合格才可以入园。禁止任何形式的入园考试与测查。

幼儿园编班，可采用同龄编班，也可混龄编班。每班幼儿人数一般为：小班（3 周岁至 4 周岁）25 人，中班（4 周岁至 5 周岁）30 人，大班（5 周岁至 6 周岁）35 人，混合班 30 人。寄宿制幼儿园每班幼儿人数酌减。

《规程》还要求幼儿园按照国家和地方的有关规定照顾烈士子女、家中无人照顾的残疾人子女、孤儿、家庭经济困难幼儿、具有接受普通教育能力的残疾儿童等入园。同时，还要求企事业单位和机构、团体、部队举办的幼儿园创造条件招收附近居民入园。

3. 幼儿园的安全

幼儿园的安全工作是幼儿园最重要的工作之一，幼儿园应做好各方面的安全防范工作，避免、减少安全事故的发生。

《规程》中要求幼儿园的安全工作做好以下几点：①幼儿园建筑、设备、设施、活动场所符合国家相关规定和幼儿特点；②建立安全防护、检查制度，建立安全责任制和应急预案；③开展安全教育，提高教职工的安全意识和幼儿的自我保护意识。

4. 幼儿园的卫生保健与教育

将在幼儿园保教活动相关章节中作详细介绍。

5. 幼儿园的园舍、设施

《规程》要求幼儿园的园舍按国家的标准建设。园舍应该设有活动室、寝室、卫生间、保健室、综合活动室、厨房和办公用房，以及户外活动场地，配备必要的游戏和体育活动设施。

幼儿园设备要符合幼儿的特点，做到安全、卫生。

6. 幼儿园的教职工

幼儿园按照国家相关规定设园长、副园长、教师、保育员、卫生保健人员、炊事员和其他工作人员等岗位，配足配齐教职工。

对教职工的具体要求可以参考前面章节中的相关内容。

7. 幼儿园的经费

《规程》要求幼儿园举办者依法筹措，保障有必备的办园资金和稳定的经费来源。幼儿园收费应按国家相关规定收取，幼儿园实行收费公示制度，收费项目和标准向家长公示，接受社会监督，不得以任何名义收取与新生入园挂钩的赞助费。接收财政经费的幼儿园应当接受财务和审计部门的监督与检查。

幼儿膳食费应当实行民主管理制度，保证全部用于幼儿膳食，每月向家长公布账目。

8. 幼儿园与家庭、社区

幼儿园应当主动与幼儿家庭沟通合作，建立幼儿园与家长联系的制度和家长开放日制度。幼儿园应当成立家长委员会。

此外，幼儿园应当加强与社区的联系与合作。

9. 幼儿园的管理

《规程》规定幼儿园实施园长负责制，设立园务委员会，此外还要加强党组织建设，为工会、共青团等其他组织开展工作创造有利条件。

幼儿园还应当建立教职工大会制度或者教职工代表大会制度、教研制度、信息管理制度，业务档案、财务管理、园务会议、人员奖惩、安全管理，以及与家庭、小学联系等制度。

课证融通

1. 【2019 年真题】社会人员孙某闯入幼儿园寻衅滋事，扰乱幼儿园教育教学秩序。对孙某的处理说法正确的是（　　）。

   A. 应由公安机关给予治安管理处罚　　B. 应由教育行政部门给予行政处罚

   C. 应由人民法院给予司法拘留　　D. 应由人民检察院给予刑事处罚

2. 【2017 年真题】某幼儿园聘用了曾经有过犯罪记录的宋某作为工作人员，依据《幼儿园工作规程》的规定，该幼儿园的做法（　　）。

   A. 合法，要给予宋某改过自新的机会

   B. 合法，幼儿园有权自主聘用工作人员

   C. 不合法，应征得上级主管部门同意方可聘用

   D. 不合法，幼儿园不得聘用宋某担任工作人员

3. 【2018 年真题】某幼儿园要求幼儿必须到医院接受体检，合格才能入园。该幼儿园的做法（　　）。

   A. 有利于全面了解幼儿状况　　B. 有利于选拔优秀幼儿入园

   C. 侵犯了幼儿的受教育权　　D. 侵犯了幼儿的个人隐私

4. 【2018 年真题】某幼儿园在上学期为大班开设了小学一年级语文、数学课程。该幼儿园的做法（　　）。

   A. 正确，幼儿园有权安排教学活动　　B. 不正确，这些内容应设在大班下学期

   C. 正确，有利于实现幼小衔接　　D. 不正确，不有利于幼儿的身心发展

5. 【2017 年真题】关于幼儿园教育的性质和地位，下列说法正确的是（　　）。

   A. 幼儿园教育是基础教育的预备阶段　　B. 幼儿园教育是义务教育的组成部分

   C. 幼儿园教育是学校教育制度的基础阶段　　D. 幼儿园教育不属于学校教育制度的范畴

6. 某幼儿园修建新大楼，要求每名新生家长缴纳 3000 元集资款，并承诺在幼儿毕业时如数返还。该幼儿园的做法（　　）。

   A. 正确，学校承诺返还集资款　　B. 正确，家长应支援学校建设

   C. 不正确，学校不能非法集资　　D. 不正确，学校应当返本付息

7. 教职工大会或教职工代表大会是教师履行民主参与幼儿园管理的重要方式，根据《学校教职工代表大会规定》的要求，教职工代表大会应（ ）举行一次，不设常设机构。

A. 每学年　　　　B. 每学期　　　　C. 每半年　　　　D. 每五年

9　课证融通

扫一扫，查看参考答案。

课内实训

一、实训任务

1. 实训情境

××大学的附属幼儿园虽然成立了，但在幼儿园运行过程中，还存在许多问题：比如，幼儿受到伤害，保教活动小学化，教师保教言行不符合国家要求，教师招聘流程不严谨，经费使用不规范等。出现这些情况的原因主要是幼儿园运行过程中制度不完善、执行制度不严，幼儿园依法治园的总体水平较低。后来××大学经过研究决定，不再由校领导兼任幼儿园园长，而是招聘一名专任的有经验的园长来管理附属幼儿园，并要求落实园长负责制和教职工代表大会制，同时要求学前教育专业派出教师完成协助园长完成幼儿园的制度建设工作。

2. 实训任务

请拟一份幼儿园常见规章制度建设清单，并写出该制度的内容概述和法律依据。

二、实训成果

Word 文档或 PDF 文档。

三、资源准备

1. 材料工具准备

连接网络的计算机、Office 或 WPS 等软件。

2. 知识准备

（1）《幼儿园工作规程》《幼儿园管理条例》等相关知识；

（2）幼儿园管理方面的相关知识。

3. 相关能力准备

（1）计算机操作及网络搜索能力；

（2）Office 或 WPS 软件操作能力；

（3）应用文写作能力。

四、实训评价

请使用实训评价表（见"课外活动"后），进行自我评价或师生共同评价。

拓展阅读

一、《学校教职工代表大会规定》

10　政策法规
扫一扫，查看《学校教职工代表大会规定》全文。

为了依法保障教职工参与学校民主管理和监督，完善现代学校制度，促进学校依法治校，教育部于 2011 年颁布了《学校教职工代表大会规定》（以下简称《教代会规定》）。主要内容为如下。

1. 教职工代表大会的性质、宗旨

《教代会规定》指出教代会是教职工依法参与学校民主管理和监督的基本形式，应当高举中国特色社会主义伟大旗帜，全面贯彻执行党的基本路线和教育方针，遵守国家法律法规，遵守学校规章制度，正确处理国家、学校、集体和教职工的利益关系。教职工代表大会在中国共产党学校基层组织的领导下开展工作。教职工代表大会的组织原则是民主集中制。

2. 职权

如前所述，《教代会规定》规定教代会有 8 个方面的职权，这里不再赘述。

3. 代表

只要是与学校签订聘任聘用合同、具有聘任聘用关系的教职工，均可当选为教职工代表大会代表。代表以学院、系（所、年级）、室（组）等为单位，由教职工直接选举产生。代表占全体教职

工的比例由地方省级教育部门确定,没有规定的由学校确定,但教职工代表大会代表以教师为主体,教师代表不得低于代表总数的60%,并保证有一定比例的青年教师代表和妇女教师代表。代表任期为3至5年,可以连选连任。

教职工代表的权利:选举权、被选举权、表决权、大会上充分发表意见和建议权,提出提案并对提案办理情况进行询问和监督的权利,向学校反映教职工的意见和要求的权利,因履职受到压制、阻挠或者打击报复时,提出申诉和控告的权利。

教职工代表的义务:①努力学习并认真执行党的路线方针政策、国家的法律法规;②积极参加教职工代表大会的活动;③密切联系教职工群众,如实反映群众的意见和要求;④向本部门教职工通报参加教职工代表大会活动和履行职责的情况,接受评议监督;⑤自觉遵守学校的规章制度和职业道德。

4. 组织规则

学校根据人数和实际情况成立教职工代表大会或教工大会。80人以上成立教职工代表大会,80人以下全体教职工参加教职工大会。教工代表大会应定期召开,每学年至少举行一次。如果遇到重大事项,经学校、学校工会或1/3教职工代表提议,可以临时召开教职工代表大会。

教职工代表大会每3~5年为一届,届满进行换届选举。教职工代表大会需要有2/3代表参加。教职工代表大会的选举和表决,须经教职工代表大会代表总数半数以上通过方为有效。教职工代表大会,根据实际情况和需要,成立若干工作小组,也可以产生执行委员会。

5. 工作机构

学校工会是教职工代表大会的工作机构。

二、《全国幼儿园园长任职资格、职责和岗位要求(试行)》

11 政策法规

扫一扫,查看《全国幼儿园园长任职资格、职责和岗位要求(试行)》全文。

教育部于1996年根据我国幼儿教育对幼儿园园长素质提出的要求,颁布了《全国幼儿园园长任职资格、职责和岗位要求(试行)》(以下简称《园长职责和要求》)。

1. **任职资格**

《园长职责和要求》中规定幼儿园园长的任职资格以下几个方面。

（1）拥护中国共产党的领导，热爱社会主义祖国，认真贯彻国家的教育方针。热爱幼儿教育事业。

（2）示范性幼儿园和乡镇中心幼儿园园长应具备幼儿师范学校（含职业学校幼教专业）毕业及其以上学历，有五年以上幼儿教育工作经历，并具有小学、幼儿园高级教师职务。

其他幼儿园园长应具备幼儿师范学校（含职业学校幼教专业）毕业及以上学历或高中毕业并获得幼儿园教师专业考试合格证书，有一定的幼儿教育工作经历，并具有小学、幼儿园一级教师职务。

（3）获得幼儿园园长岗位培训合格证书。

（4）身体健康，能胜任工作。

与《幼儿园工作规程》中"任职资格"相比，《园长职责和要求》中的任职资格不再分是中心幼儿园还是其他幼儿园，在学历方面，也比《幼儿园工作规程》的要求低，工作经验不如《幼儿园工作规程》清晰。

2. **幼儿园园长职责**

幼儿园园长职责主要有：①贯彻执行党和国家有关幼儿教育的方针、政策以及教育法规、规章，坚持正确的办园方向；②负责做好教职工的思想政治工作和职业道德教育，维护职工利益、关心职工生活、发挥教职工代表大会参与幼儿园民主管理的作用，调动和发挥教职工的主动性、积极性和创造性；③主持幼儿园的保教工作，领导和组织安全保卫、卫生保健工作；④领导和组织行政工作；⑤密切与家长和社区联系。

3. **幼儿园园长岗位要求**

园长岗位要求包括思想品德要求、岗位专业要求和岗位能力要求。

（1）思想品德要求：坚持党的基本路线；热爱幼儿教育事业，热爱幼儿，尊重、依靠、团结教职工；实事求是，公正廉洁，严于律己，以身作则，作风民主；敬业守职，努力学习，积极进取，勇于改革创新。

（2）岗位专业要求：正确领会和掌握国家的教育方针、政策和法规；有一定的幼儿卫生、心理和教育的基本理论；有幼儿园科学管理的基本知识。

（3）岗位能力要求：能结合本园实际，制定本园发展规划和工作计划并组织实施；有管理和指导保教工作的能力；有一定的组织协调能力；有一定的撰写文稿和口语表达能力。

课外活动

1. 阅读下列案例，幼儿园是否可以拒绝让王老师上班？

王老师是北京某区的幼儿园老师，后因出现精神疾病，经过一段时间的治疗后，病情有所稳定。王老师向幼儿园申请复工，但幼儿园拒绝让其上班，让她延期再治疗一段时间，王老师认为这是幼儿园想辞退她而找的一个借口。在学期结束时，医院给王老师出具了"焦虑状态""反应性焦虑激惹"的医疗证明。幼儿园直接解除了与王老师的劳动关系。

2. 请收集一份幼儿园安全规章制度，并加以分析。

项目三　任务 2 实训评价表

A级（优秀）	B级（良好）	C级（及格）	D级（稍弱）	E级（较差）
1. 能列出10个以上幼儿园管理制度，对制度的介绍能抓住制定的核心内容，表达准确、简要； 2. 制定依据的法律名称正确，条款具体，能简要写出条款的主要内容； 3. 文字流畅，文件排版美观	1. 能列出8到10个幼儿园管理制度，对制度的介绍能抓住制定的核心内容，表达准确、简要； 2. 制定依据的法律名称正确，条款具体； 3. 文字流畅，文件排版较好	1. 能列出5到7个幼儿园管理制度，能介绍制度的主要内容； 2. 制定依据的法律名称正确，未指明具体条款； 3. 文件排版较好	1. 能列出3到4个幼儿园管理制度，能介绍制度的主要内容； 2. 制定依据的法律名称有错误，未指明具体条款； 3. 文件排版一般	1. 只列出3个以下幼儿园管理制度，介绍制度的主要内容较少，或没有抓住制度核心内容； 2. 制定依据的法律名称有错误，无具体条款； 3. 文件无排版
学生自评		（　）级，符合（　）级第（　）条		
小组评价		（　）级，符合（　）级第（　）条 建议：		

任务 3 依法开展幼儿园保教工作

一、幼儿园保育与教育工作

《中华人民共和国未成年人保护法》要求幼儿园应当"做好保育、教育工作，促进幼儿在体质、智力和品德等方面和谐发展"。《幼儿园管理条例》也规定"幼儿园应当保障幼儿的身体健康，培养幼儿的良好生活、卫生习惯；促进幼儿的智力发展；培养幼儿热爱祖国的情感以及良好的品德行为"。同时，《幼儿园管理条例》还要求幼儿园应当"贯彻保育与教育相结合的原则"，促进幼儿在身体、智力、品德等方面和谐发展。

幼儿园之所以要重视幼儿的保育、教育工作，并贯彻保教结合原则，主要是因为：①幼儿园教育对象为3~6岁儿童，他们的生理和心理发展未成熟，对环境的适应能力较弱，同时缺乏独立生活的能力，需要成年人照料和保护；②幼儿由于年龄小、经验不足，自我控制能力差，在心理发展上表现出对成年人的强烈依赖性，他们需要成年人给予关爱、照顾和保护；③幼儿的社会性发展需要在与别人交往中建立起关系，需要成年人带他们进入社会，获得经验。

（一）幼儿园保育工作

幼儿园保育工作，指成人为3~6岁幼儿的生存与发展提供必需的、良好的环境和条件，给予幼儿精心的照顾和养育，逐渐提高其独立生活的能力，以保护和促进幼儿正常发育和良好发展的工作。《幼儿园工作规程》确定幼儿园的保育工作主要是"做好幼儿生理和心理卫生保健工作"，并将"促进幼儿身体正常发育和机能的协调发展，增强体质，促进心理健康，培养良好的生活习惯、卫生习惯和参加体育活动的兴趣"置于幼儿保育工作的首位。

依据《幼儿园工作规程》第四章"幼儿园的卫生保健"的要求，幼儿园保健应做好以下工作。

1. 依据国家有关卫生保健的法规、规章和制度，制定本园的幼儿保健制度

制度的内容包括：一日生活作息制度、健康检查制度、消毒、晨检、午检制度、病儿隔离制度、传染病预防和管理制度、患病幼儿用药的委托交接制度。

2. 合理安排幼儿一日生活作息

《幼儿园工作规程》要求正餐间隔时间为3.5~4小时，在正常情况下，幼儿户外活动的时间每天不得少于2小时，寄宿制幼儿园不得少于3小时。

3. 做好健康检查与疾病防疫工作

《幼儿园工作规程》要求幼儿健康检查合格才能入园，还要求"每年体检一次，每半年测身高、

视力一次,每季度量体重一次"。此外,定期对健康发展状况进行分析、评价,及时向家长反馈结果。在疾病防治上,要注意幼儿口腔卫生,保护幼儿视力,配合卫生部门做好计划免疫工作,制定突发传染病应急预案,认真做好疾病防控工作。幼儿园内禁止吸烟、饮酒。

4. 提供安全和合理的饮食

《幼儿园工作规程》规定幼儿园应向"幼儿提供安全卫生的食品"和"安全卫生的饮用水",编制营养平衡的幼儿食谱,定期计算和分析幼儿的进食量和营养素摄取量,保证幼儿合理膳食,每周向家长公示幼儿食谱,并按规定进行食品留样。

5. 养成良好的生活习惯,开展各种体育运动

《幼儿园工作规程》要求"幼儿园应当培养幼儿良好的大小便习惯",不得限制幼儿便溺的次数和时间。积极开展适合幼儿的体育活动,正常情况下,每日户外体育活动不得少于1小时。此外,幼儿园还要做好夏季防暑降温、冬季防寒保暖的工作,防止幼儿中暑和冻伤。

6. 关注幼儿心理健康

《幼儿园工作规程》第十九条规定:"幼儿园要注重满足幼儿的发展需要,保持幼儿积极的情绪状态,让幼儿感受到尊重和接纳。"

7. 做好安全防护、检查工作,提高幼儿的自我保护意识

具体要求见前述相关内容。

> **微案例**
>
> 2018年,河南南阳市某幼儿园因误开幼儿园紫外线消毒灯导致幼儿眼睛受伤。经查,该园因供电线路故障,造成该园一楼全部停电,紧急抢修导致一楼3个教室的日用灯和紫外线灯同时打开。值班园长发现后及时关闭紫外线灯,仍导致19名幼儿出现不同程度的病症。事件发生后,幼儿园对部分幼儿进行了走访慰问,并明确表示将积极配合后续治疗,承担医疗检查费用,给予幼儿一定的经济补偿。但是,家长对幼儿园没有及时告知实际情况表示不满。后教育局介入调查,并根据相关规定对该分园通报批评,对其2021年度年检实行一票否决,直接确定为不合格等次。

(二)幼儿园的教育工作

幼儿园的教育工作是幼儿园工作的重要组成部分,也是为幼儿一生发展奠定良好基础的一项工作。为了规范幼儿园的教育工作,教育行政部门出台了《幼儿园工作规程》《幼儿园教育指导纲要(试行)》和《3—6岁儿童学习与发展指南》等文件。本节主要学习《幼儿工作规程》对幼儿园教育工作提出的要求,并将在下一节中详细介绍《幼儿园教育指导纲要(试行)》和《3—6岁儿童学习

与发展指南》的内容。

《幼儿园工作规程》第五章对幼儿园的教育原则与要求、教育内容、教育组织原则、教育过程、教育环境创设等作了概要性的说明。

1. 幼儿园教育活动的原则

《幼儿园工作规程》对幼儿园教育活动提出了以下原则：①德、智、体、美等方面的教育互相渗透原则；②遵循幼儿身心健康发展规律、注意个性差异和因人施教的原则；③正面教育原则；④教育内容融入一日生活的原则；⑤以游戏为基本活动的原则；⑥创造与教育相适应的环境。

2. 幼儿园教育工作内容

《幼儿园工作规程》规定了幼儿园教育工作内容：培养幼儿的良好习惯和初步的生活自理能力；发展幼儿智力；培养幼儿审美的情趣和能力以及幼儿的品德。

3. 幼儿园的教育工作要求

《幼儿园工作规程》要求幼儿园的教育工作要做到以下几点。

（1）一日生活的组织要"动静交替，注重幼儿的直接感知、实际操作和亲身体验，保证幼儿愉快的、有益的自由活动"；

（2）教育内容要从实际出发，根据教育目标、幼儿的实际水平和兴趣确定教育内容，并以循序渐进为原则，有计划地选择和组织教育内容；

（3）教育活动的组织应当灵活地运用集体、小组和个别活动等形式，为每个幼儿提供充分参与的机会，满足幼儿多方面发展的需要；

（4）教育活动的过程应支持幼儿的主动探索、操作实践、合作交流和表达的表现，不应片面追求活动结果；

（5）因地制宜创设游戏条件，提供丰富、适宜的游戏材料，保证充足的游戏时间，依据幼儿的年龄特点指导游戏，鼓励和支持幼儿自主选择游戏内容、游戏材料和伙伴；

（6）幼儿园应当将环境作为重要的教育资源，合理利用室内外环境，营造尊重、接纳和关爱的氛围，建立良好的同伴和师生关系，充分利用家庭和社区的有利条件；

（7）尊重幼儿的个体差异，根据幼儿不同的心理发展水平，研究有效的活动形式和方法；

（8）幼儿品德教育"应当以情感教育和培养良好行为习惯为主，注重潜移默化的影响，并贯穿于幼儿生活以及各项活动之中"。

此外，幼儿园的教育工作要做好幼小衔接，但禁止"提前教授小学教育内容"。

微案例

田老师担任某幼儿园大班的老师，为了培养幼儿的想象力以及幼儿对诗歌的热爱之情，他为幼儿上了题为"如果我能飞"的语言活动课，开课之前，田老师通过谈话的方式询问幼儿生活中发现什么会飞,然后提出:"如果你有一对翅膀,你最想做什么?"接下来田老师让幼儿闭上眼睛,想象自己会飞的状况。之后,田老师与幼儿共同学习"如果我能飞"的诗歌。学这首诗时,田老师先让幼儿听老师读诗,然后看图欣赏诗,跟着老师读诗,接着田老师让幼儿以"如果飞过森林、飞过北京、飞过大海"等展开想象,学习仿编诗歌,最后交流想象的感受。

二 《幼儿园教育指导纲要(试行)》

(一)《幼儿园教育指导纲要(试行)》概述

12　政策法规
扫一扫,查看《幼儿园教育指导纲要(试行)》全文。

为了将《幼儿园工作规程》的教育思想与观念,转化为教师的教育行为,让幼儿园教育工作走向规范化和科学化。教育部于2001年7月正式颁布了《幼儿园教育指导纲要(试行)》(以下简称《指导纲要》)。该文件立足于我国学前教育的实际,吸引了国内外学前教育研究成果,对我国幼儿园教育的性质、地位、指导思想及其组织、实施和评价等方面提出基本的要求和原则性规定。其根本目的在于贯彻党的教育方针,将幼儿园教育工作转到实施幼儿素质教育上来。

《指导纲要》的主框架由总则、教育内容与要求、组织与实施、教育评价等4个部分组成。

1. 总则

主要说明了制定《指导纲要》的依据、原因和目的,幼儿园教育的性质与任务,幼儿园教育的外部资源,幼儿园教育的自身特点和幼儿园教育过程中应遵循的原则。

2. 教育内容与要求

《指导纲要》将幼儿园教育分为健康、语言、社会、科学和艺术五个领域,从目标、内容和要求、指导要点等三个方面对每个领域的发展要求作出说明。

3. 组织与实施

《指导纲要》阐述了在幼儿教育活动的实施过程中应尊重幼儿权利、尊重幼儿差异性、尊重幼儿身心发展规律和教育教学客观规律等理念与观点，并遵循教育性、主动性、开放性、针对性和灵活性的原则。

4. 教育评价

《指导纲要》认为评价是为了幼儿的发展、教师的成长和教育质量的提高。评价过程坚持遵循发展性、合作性、标准的多元性等原则，《指导纲要》要求从教育计划与教育目标，教育内容、方式、策略和环境创设，教育过程、教育效果和教育指导等多角度评价，综合采用观察、谈话、作品分析等多种方法来评价。评价以教师自评为主，园长以及有关管理人员、其他教师和家长等参与评价。《指导纲要》还对幼儿发展的评价提出具体要求。

（二）五大领域的内容与要求

1. 健康领域的内容与要求

幼儿园健康教育的根本目标就是促进幼儿的身心健康发展。具体来说，它包括以下内容：身体健康、情绪安定愉快；具有良好的生活卫生习惯，有基本的生活自理能力；掌握必要的安全知识和自我保护能力；喜欢参加体育活动，动作协调灵活。

幼儿园健康教育的内容与要求：①建立良好的师生、同伴关系，让幼儿感到温暖、心情愉快，形成安全感和信赖感；②与家长配合，培养幼儿良好的饮食、睡眠、盥洗、排泄等生活习惯和生活自理能力；③教育幼儿爱清洁、讲卫生，注意保持个人和生活场所的整洁和卫生；④对幼儿进行安全、营养和保健教育，提高幼儿的自我保护意识和能力；⑤开展丰富多彩的户外游戏和体育活动，培养幼儿参加体育活动的兴趣和习惯，增强其体质和对环境的适应能力，发展幼儿的基本动作，提高动作的协调性和灵活性；⑥体育活动中，培养幼儿坚强、勇敢、不怕困难的意志品质和主动、乐观、合作的态度。

《指导纲要》还对幼儿园健康教育的指导提出如下建议：①把保护幼儿的生命和促进幼儿的健康放在工作的首位；②高度重视和满足幼儿受保护、受照顾的需要，尊重和满足他们不断增长的独立要求，避免过度保护和包办代替；③尊重幼儿生长发育的规律，严禁有损幼儿健康的比赛、表演或训练等；④要根据幼儿的特点组织生动有趣、形式多样的体育活动，吸引幼儿主动参与。

2. 语言领域的内容与要求

语言是人类的交际工具，掌握语言是幼儿社会化的重要组成部分。《指导纲要》从说、听、读和态度等方面，规定了幼儿园语言教育的目标。"说"的发展目标为幼儿乐意与人交谈，能清楚说出自己想说的事，会说普通话；"听"的发展目标为能倾听对方讲话，能理解日常用语，能听懂普通话；"读"的发展目标为幼儿喜欢听故事、看图书；语言态度的发展目标为讲话有礼貌。

幼儿园语言教育的内容与要求：①创造一个自由、宽松的语言交往环境，支持、鼓励、吸引幼儿与教师、同伴或其他人交谈，让幼儿体验语言交流的乐趣，学习使用适当的、礼貌的语言交往；②养成幼儿良好的倾听习惯，培养幼儿的语言理解力；③鼓励幼儿大胆、清楚地表达自己的想法和感受，尝试说明、描述简单的事物或过程，发展语言表达能力和思维能力；④引导幼儿阅读儿童文学作品，通过多种活动帮助幼儿理解作品；⑤培养幼儿对生活中常见的简单标记和文字符号的兴趣；⑥利用多种方式，引发幼儿对书籍、阅读和书写的兴趣，培养前阅读和前书写技能；⑦提供普通话的语言环境，帮助少数民族地区幼儿学习本族语言。

《指导纲要》对幼儿园语言教育的指导提出如下建议：①创设一个能使他们想说、敢说、喜欢说、有机会说并能得到积极应答的环境；②将语言发展渗透到各个领域，通过丰富多彩的活动扩展幼儿的经验，并提供促进语言发展的条件；③重视幼儿与教师的个别交流和幼儿之间的自由交流；④对有语言障碍的儿童要给予特别关注。

3. 社会领域的内容与要求

《指导纲要》从社会关系和人际交往两个维度规定了幼儿园社会教育的发展目标。在社会关系发展上，其目标为幼儿能够理解并遵守日常生活中基本的社会行为规则，能努力做好力所能及的事，不怕困难，有初步的责任感，爱父母长辈、老师和同伴，爱集体、爱家乡、爱祖国。在人际交往发展上，其目标为能主动地参与各项活动，有自信心，乐意与人交往，学习互助、合作和分享，有同情心。

幼儿园社会教育的内容与要求：①引导幼儿参加各种集体活动，体验共同生活的乐趣，正确认识自己和他人，养成对他人和社会亲近、合作的态度，学习初步的人际交往技能；②给幼儿提供展示长处和获利成功的机会，增强他们的自尊心和自信心；③提供自由活动的机会，鼓励他们努力克服困难；④引导幼儿认识、体验并理解基本的社会行为规则，学习自律和尊重他人；⑤教育幼儿爱护玩具和其他物品，爱护公物和公共环境；⑥引导幼儿了解自己的亲人以及与自己生活有关的人们的劳动，培养幼儿热爱劳动、尊重劳动成果的态度；⑦引导幼儿感受祖国文化的丰富与优秀，感受家乡的变化和发展，激发幼儿爱家乡、爱祖国的情感；⑧适当向幼儿介绍我国各民族和世界其他国家、民族的文化，培养对世界文化的理解、尊重和平等的态度。

《指导纲要》对幼儿社会教育的指导提出如下建议：①幼儿社会态度和社会情感的培养渗透在多种活动和一日生活中，创设一个接纳、关爱和支持的良好环境，避免单一说教。②为幼儿提供人际间相互交往和共同活动的机会和条件，并加以指导；③幼儿园与家庭、社会密切合作，共同促进幼儿良好社会性品质的形成。

4. 科学领域的内容与要求

幼儿园科学教育不仅可以满足幼儿身心发展的需要，而且也有助于幼儿智力的发展。《指导纲要》从培养幼儿好奇心与探究意识、数学兴趣、环保意识等方面对幼儿科学领域的发展目标作出明确规定。

幼儿科学教育的内容与要求：①引导幼儿对周边事物产生兴趣并激发幼儿探索欲望，同时引导幼儿感知科学在生活中的影响，培养幼儿对科学的兴趣和对科学家的崇敬；②为幼儿的探索活动创造宽松的环境，引导幼儿积极参与小组讨论、探索，培养幼儿合作学习的意识和能力，以及学会展示探索的过程和结果；③为幼儿探索提供丰富的材料和条件；④引导幼儿对周围环境中的数、量、形、时间和空间等现象产生兴趣，建构初步的数概念，并使用数学解决生活中的问题；⑤了解自然、环境与人类生活的关系，培养初步的环保意识和行为。

《指导纲要》对幼儿的科学教育的指导提出以下建议：①幼儿的科学教育是科学启蒙教育，重在激发幼儿的认识兴趣和探究欲望；②要尽量创造条件让幼儿实际参加探究活动，使他们感受科学探究的过程和方法，体验发现的乐趣。③科学教育应密切联系幼儿的实际生活进行，利用身边的事物与现象作为科学探索的对象。

5. 艺术领域的内容与要求

《指导纲要》要求幼儿园艺术教育的发展目标应围绕以下几个方面进行：①感受并喜爱环境、生活和艺术中的美；②喜欢参加艺术活动，并能大胆地表现自己的情感和体验；③能用自己喜欢的方式进行艺术表现活动。

幼儿园艺术教育的内容与要求：①引导幼儿接触周围环境和生活中美好的人、事、物，丰富幼儿的感性经验和审美情趣，激发幼儿表现美、创造美的情趣；②艺术活动面向全体幼儿，对有艺术天赋的幼儿要注意发展他们的艺术潜能；③提供自由表现的机会，鼓励幼儿用不同艺术形式大胆地表达自己的情感、理解和想象，尊重每个幼儿的想法和创造，肯定和接纳他们独特的审美感受和表现方式，分享他们创造的快乐，帮助幼儿提高表现的能力；④指导幼儿利用身边的物品美化自己的生活或开展其他活动；⑤为幼儿创设展示自己作品的条件，引导他们交流、欣赏。

《指导纲要》对幼儿园艺术教育的指导提出如下建议：①发挥艺术的情感教育功能，促进幼儿健全人格的形成，避免仅仅重视表现技能或艺术活动的结果；②支持幼儿富有个性和创造性的表达，克服过分强调技能技巧和标准化要求的偏向；③教师指导应重在激发幼儿感受美、表现美的情趣，丰富幼儿的审美经验，使之体验自由表达和创造的快乐；④依据幼儿的发展特点与需要，适时、适当地指导幼儿掌握艺术的表现方式和技能技巧。

（三）《指导纲要》对教师实施幼儿园教育的要求

《指导纲要》在第三部分"组织与实施"中，认为教师应该成为"幼儿学习活动的支持者、合作者、引导者"，并对教师实施幼儿园教育提出如下要求。

第一，幼儿园教育应面向全体幼儿，包括特殊儿童。

第二，教师要采用多种形式有目的、有计划地引导幼儿生动、活泼、主动地活动。教师要从当地的条件出发，结合本班幼儿的实际情况，制订切实可行的工作计划并灵活地执行。

第三，幼儿园教育过程既要符合幼儿现有水平，又要有一定的挑战性；既要符合幼儿实际，又要利于长远发展；既要贴近幼儿生活，又要拓展幼儿的经验和视野。合理安排和运用教育组织形式。

第四，各个领域的内容相互渗透，寓教育于生活、游戏之中。

第五，教师应充分利用和创设环境，促进幼儿的发展。

第六，科学、合理地安排和组织一日生活，做好与早教和小学的衔接。

微案例

中班主题网络图如图 3-1 所示。

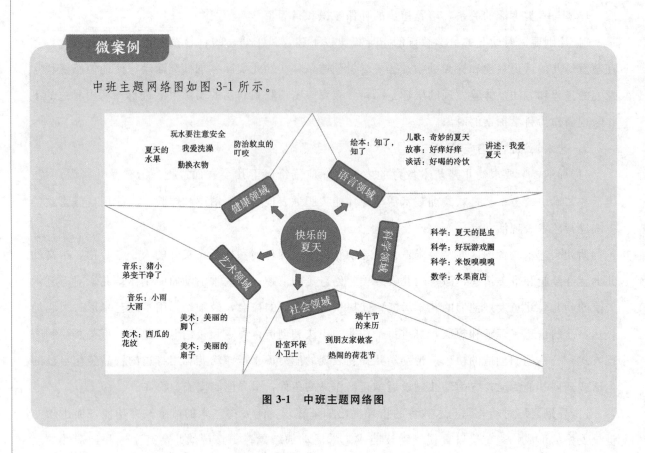

图 3-1 中班主题网络图

三 《3—6 岁儿童学习与发展指南》

1. 《3—6 岁儿童学习与发展指南》制定的背景与目的

13　政策法规
扫一扫，查看《3—6 岁儿童发展与学习指南》全文。

为了贯彻《国家中长期教育改革和发展规划纲要（2010—2020 年）》和《国务院关于当前发展学前教育的若干意见》的精神，同时也为了指导幼儿园和家庭实施科学的保育和教育工作，促进幼儿身心全面和谐发展，制定了《3—6 岁儿童学习与发展指南》（以下简称《指南》）。

《指南》制定的目的为：以为幼儿后继学习和终身发展奠定良好素质基础为目标，以促进幼儿在体、智、德、美各方面的全面协调发展为核心，旨在引导幼儿园教师和家长树立正确的教育观念，了解3~6岁幼儿学习与发展的基本规律和特点，建立对幼儿发展的合理期望。

2. 实施《指南》应把握的要点

在《指南》的"说明"部分指出，应从以下几个方面去把握：①遵循幼儿的发展规律和学习特点；②关注幼儿身心全面和谐发展；③尊重幼儿发展的个体差异；④重视幼儿的学习品质。

3.《指南》的内容框架

《指南》正文部分从健康、语言、社会、科学和艺术五个领域，介绍了幼儿学习与发展的子领域、子领域目标、典型表现和教育建议。它的内容框架如图3-2所示。

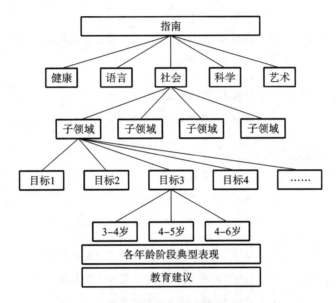

图3-2 《3—6岁儿童学习与发展指南》结构框架

各领域的目标如表3-1所示。

表3-1 五大领域的子领域与目标

领域	子领域	子领域目标
健康	身心状况	目标1：具有健康的体态； 目标2：情绪安定愉快； 目标3：具有一定的适应能力
	动作发展	目标1：具有一定的平衡能力，动作协调、灵敏； 目标2：具有一定的力量和耐力； 目标3：手的动作灵活协调
	生活习惯与生活能力	目标1：具有良好的生活与卫生习惯； 目标2：具有基本的生活自理能力； 目标3：具备基本的安全知识和自我保护能力

续表

领域	子领域	子领域目标
语言	倾听与表达	目标1：认真听并能听懂常用语言； 目标2：愿意讲话并能清楚地表达； 目标3：具有文明的语言习惯
	阅读与书写准备	目标1：喜欢听故事，看图书； 目标2：具有初步的阅读理解能力； 目标3：具有书面表达的愿望和初步技能
社会	人际交往	目标1：愿意与人交往； 目标2：能与同伴友好相处； 目标3：具有自尊、自信、自主的表现； 目标4：关心尊重他人
	社会适应	目标1：喜欢并适应群体生活； 目标2：遵守基本的行为规范； 目标3：具有初步的归属感
科学	科学探究	目标1：亲近自然，喜欢探究； 目标2：具有初步的探究能力； 目标3：在探究中认识周围事物和现象
	数学认知	目标1：初步感知生活中数学的有用和有趣； 目标2：感知和理解数、量及数量关系； 目标3：感知形状与空间关系
艺术	感受与欣赏	目标1：喜欢自然界与生活中美的事物； 目标2：喜欢欣赏多种多样的艺术形式和作品
	表现与创造	目标1：喜欢进行艺术活动并大胆表现； 目标2：有初步的艺术表现与创造能力

在每个目标下，《指南》按3～4岁、4～5岁、5～6岁3个年龄段末期，列出了幼儿发展的典型表现。注意这些典型表现，并不是幼儿学习与发展目标的分解，而是对幼儿学习与发展的具体期望，其目的是帮助教师和家长了解幼儿学习与发展的参照物。另外，教师不能以典型表现作为评价幼儿优劣的唯一标准，幼儿可以高于或低于这些表现。

《指南》共向幼儿园教师和家长提出了89条教育建议。使用这些教育建议时，应细心领会教育理念和教育原则。幼儿园教师和家长采用"教育建议"列举的方法时，应考虑它涉及的领域、发展的目标和幼儿的实际情况，幼儿的个体差异和实际情况，不可教条性地使用。

微案例

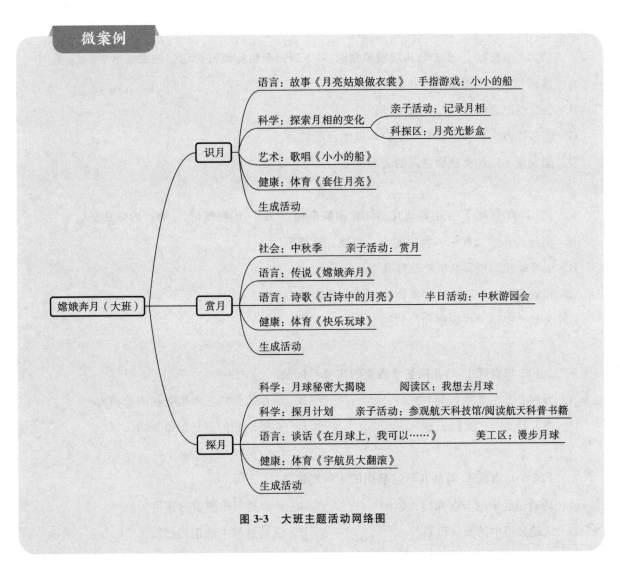

图 3-3 大班主题活动网络图

课证融通

1.【2016 年真题】活动结束了，晨晨的"游乐园"还没搭完，他跑到老师面前说"老师，我还差一点就完成了，再给我 5 分钟，行吗？"老师说："行，我等你。"老师一边说一边指导其他幼儿收拾、整理玩具……该教师的做法体现了幼儿园一日生活安排应该（　　）。

A. 与幼儿积极互动　　　　　　　　B. 根据幼儿活动的需求灵活调整
C. 按作息时间表按部就班地进行　　D. 随时关注幼儿的活动

2.【2018 年真题】幼儿园教师应该是（　　）。

A. 幼儿学习的引导者、决策者和管理者　　B. 幼儿学习的支持者、合作者和引导者
C. 幼儿学习的引导者、传授者和控制者　　D. 幼儿学习的管理者、决策者和传授者

3. 【2018年真题】小班幼儿观察植物时，下列哪个目标最符合他们的发展水平(　　)。

A. 能感知到周围植物的多种多样

B. 会观察记录植物生长变化的过程

C. 能察觉到植物外形特征与生存环境的反应关系

D. 能发现不同种类植物之间的差异

4. 【2018年真题】在引导幼儿感知和理解事物"量"的特征时，恰当的做法是(　　)。

A. 引导幼儿感知常见事物的大小、高矮、粗细等

B. 引导幼儿识别常见事物的形状

C. 和幼儿一起手口一致点数物体，说出总数

D. 为幼儿提供"按数取物"的机会

5. 【2018年真题】幼儿园艺术教育的主要目标是(　　)。

A. 发展幼儿的艺术技能　　　　　　B. 培养幼儿的艺术感受和表达能力

C. 丰富幼儿的艺术知识　　　　　　D. 拓展幼儿的逻辑思维能力

6. 【2017年真题】对幼儿学习品质的正确理解是(　　)。

A. 活动过程中的态度和行为倾向　　B. 活动过程中的学习速度

C. 活动过程中的知识积累　　　　　D. 活动过程中的道德品质

14　课证融通

扫一扫，查看参考答案。

课内实训

一、实训任务

1. 实训情境

户外活动时，附属幼儿园保教主任袁老师巡视完小班后，又来到中班的活动区域，因为中班朋友都是从各园转过来的，袁老师巡视时多停留了一会儿，观察也更仔细。通过观察，她发现中

（二）班的幼儿不喜欢体育活动，有一部分幼儿在户外活动时坐在地上玩沙子。就算那些在跑的幼儿，也常常不会躲开别的幼儿，单手抛沙包只有 2 米多一点，那些玩球的幼儿也还不会自抛自接。户外活动结束时，小（一）班还有部分幼儿不会扣扣子。袁老师认为该班幼儿健康领域发展较为迟缓，她查看了该班教学计划后，发现目前的计划不符合幼儿现有的发展水平，于是她向该班带班的程老师建议，重新拟一份健康教育的方案。

2. 实训任务

请你根据幼儿现有的发展水平，拟一份中（二）班幼儿健康教育的培养方案。

二、实训成果

每个小组提供 1 份中（二）班幼儿健康教育方案，内容包括健康教育目标与活动安排。

三、资源准备

1. 材料工具准备

连接网络的计算机、Office 或 WPS 等软件。

2. 知识准备

（1）我国《幼儿园教育纲要（试行）》《3—6 岁儿童学习与发展指南》等相关知识；

（2）幼儿园保教工作的知识；

（3）教育方案的写作知识。

3. 相关能力准备

（1）计算机操作及网络搜索能力，Office 或 WPS 软件操作能力；

（2）教学活动案例分析能力；

（3）应用文写作能力。

四、实训评价

请使用实训评价表（见"课外活动"后），进行自我评价或师生共同评价。

拓展阅读

一、《综合防控儿童青少年近视实施方案》

手机、电脑等带电子屏幕产品（以下简称电子产品）的普及，用眼过度、用眼不卫生、缺乏体育锻炼和户外活动等情况，导致我国儿童青少年近视率居高不下、不断攀升，近视低龄化、重度化日益严重，已成为一个关系国家和民族未来的大问题。为综合防控儿童青少年近视，教育部等八部门于2018年印发了《综合防控儿童青少年近视实施方案》（以下简称《近视防控方案》），该方案从实施目标、实施行动、考核等三方面对儿童青少年近视防控作了全面规划。

（一）目标

到2023年，力争实现全国儿童青少年总体近视率在2018年的基础上每年降低0.5个百分点以上，近视高发省份每年降低1个百分点以上。

到2030年，实现全国儿童青少年新发近视率明显下降，儿童青少年视力健康整体水平显著提升，6岁儿童近视率控制在3%左右，小学生近视率下降到38%以下，初中生近视率下降到60%以下，高中阶段学生近视率下降到70%以下，国家学生体质健康标准达标优秀率达25%以上。

（二）各方面的行动

《近视防控方案》要求政府、学校、医疗卫生机构、家庭、学生和全社会行动起来，共同呵护好孩子的眼睛。其中对家庭、学校、医疗卫生机构、学生、教育部和卫生健康委等有关部门的行动提出了具体要求，这里重点介绍家庭、学校、学生的行动要求。

1. 家庭

家长应当了解科学用眼护眼知识，以身作则，带动和帮助孩子养成良好的用眼习惯，尽可能提供良好的居家视觉环境。0~6岁是孩子视觉发育的关键期，家长应当尤其重视孩子早期的视力保护与健康，及时预防和控制近视的发生与发展。

家长要让孩子增加户外活动和锻炼，让孩子到户外阳光下度过更多时间，营造良好的家庭体育运动氛围，积极引导孩子进行户外活动或体育锻炼，使其在家时每天接触户外自然光的时间达60分钟以上。对于已患近视的孩子，应进一步增加户外活动时间，引导孩子养成终身锻炼习惯。

家长在陪伴孩子时，应尽量减少使用电子产品。有意识地控制孩子特别是学龄前儿童使用电子产品，非学习目的的电子产品使用单次不宜超过15分钟，每天累计不宜超过1小时，使用电子产品学习30~40分钟后，应休息远眺放松10分钟，年龄越小，连续使用电子产品的时间应越短。

家长要配合学校切实减轻孩子的负担，不要盲目参加课外培训，避免家庭增负。

家长要引导孩子不在走路时、吃饭时、卧床时、晃动的车厢内、光线暗弱或阳光直射等情况下看书或使用电子产品。监督并随时纠正孩子不良读写姿势，应保持"一尺、一拳、一寸"读写距离，连续用眼时间不宜超过 40 分钟。

家长要保障孩子的睡眠时间，确保小学生每天睡眠 10 小时、初中生 9 小时、高中阶段学生 8 小时。让孩子多吃鱼类、水果、绿色蔬菜等有益于视力健康的营养膳食。

此外，做到早发现早干预，改变"重治轻防"观念。

2. 学校

学校要减轻学生的学业负担，严格依据国家课程方案和课程标准组织安排教学活动，严格按照"零起点"正常教学。

学校要加强考试管理，全面推进义务教育学校免试就近入学全覆盖。严禁以各类竞赛获奖证书、学科竞赛成绩或考级证明等作为招生入学依据；严禁以各种名义组织考试选拔学生。

学校要改善视觉环境，改善教学设施和条件，鼓励采购符合标准的可调节课桌椅和坐姿矫正器，为学生提供符合用眼卫生要求的学习环境。

学校坚持让学生做眼保健操等护眼措施，强化户外体育锻炼，确保中小学生在校时每天有 1 小时以上的体育活动时间，并加强学校卫生与健康教育。

学校要指导学生科学规范地使用电子产品，养成信息化环境下良好的学习和用眼卫生习惯，定期开展视力监测。此外，要建立视力健康管理队伍。

幼儿园严格落实《3—6 岁儿童学习与发展指南》，重视生活和游戏对 3~6 岁儿童成长的价值，严禁"小学化"教学，要保证儿童每天 2 小时以上的户外活动，寄宿制幼儿园不得少于 3 小时，其中体育活动时间不少于 1 小时，结合地区、季节、学龄阶段特点合理调整。为儿童提供营养均衡、有益于视力健康的膳食，促进视力保护。幼儿园教师开展保教工作时要主动控制使用电视、投影等设备的时间。

3. 学生

每个学生都要强化"每个人是自身健康的第一责任人"的意识，主动学习掌握科学用眼护眼等健康知识，并向家长宣传；积极关注自身视力状况，自我感觉视力发生明显变化时，及时告知家长和教师，尽早到眼科医疗机构检查和治疗。

学生应遵守近视防控的各项要求，认真规范地做眼保健操，保持正确读写姿势，积极参加体育锻炼和户外活动，每周参加中等强度体育活动 3 次以上，养成良好的生活方式，不熬夜、少吃糖、不挑食，自觉减少电子产品的使用。

（三）考核

《近视防控方案》要求各省（区、市）人民政府负责本地区儿童青少年近视防控措施的落实，主要负责的同志要切实抓，国务院授权教育部、国家卫生健康委与各省级人民政府签订《全面加强儿童青少年近视防控工作责任书》，地方各级人民政府逐级签订责任书。

二、幼儿园保教活动管理案例

某幼儿园园长正在巡园时，一位小（二）班幼儿的家长向她投诉小（二）班的教师体罚她的孩子。园长一听到"体罚幼儿"一词，觉得事情严重，就让家长跟随到办公室。家长一进园长室，还没有坐下来，就开始抱怨："园长，李老师凭什么不让我儿子与其他小朋友一起玩，我儿子没伴一起玩，只能站在那里发呆，这么小的孩子不玩，那还能干啥？我送我儿子到你们园，也是看你们是市示范园，看来你们园也只徒有虚名。"园长一听，愣了，她这几天都没有听说有这些事，心想其中是不是有误会。园长见家长正在气头上，递给她一杯水，请她坐下，让她先消消气。等了一会儿，园长看到家长心情较为平静后，询问事情的原委。家长说："昨天，我接孩子回家时，孩子说老师不让他和红红玩，后来让他在角落里读书。园长，你说我小孩才3岁多一点，怎么会认字，这不是变相惩罚孩子吗？园长你得管管这件事。"园长说："瑞瑞妈妈，你放心，我先了解了解情况，一定给您一个满意的答复。"

中午吃饭时，园长找到了小（二）班李老师询问此事。李老师解释："园长，事情是这样的，昨天在区域活动时这个家长的小孩很淘气，经常跑到其他区域打扰其他幼儿活动，有时拉幼儿的头发，有时抢别人的玩具，惹得其他幼儿很生气。"于是，我就对他说："瑞瑞，你不能这么淘气，你看你刚才打扰的小朋友，他们很生气，也不愿意跟你玩。你现在到阅读区看绘本吧，看完这三本书才可以去你喜欢的建构区。"其实，李老师只是让瑞瑞去阅读区安静一会儿，并没有罚站，也没有不让他与其他幼儿玩，只是当时阅读区没有幼儿在活动。保育员也向园长表示情况属实。园长全明白了，小班孩子不能正确理解老师的话，表达出来时就引起了家长对老师的误会。园长将事情的真相告诉了家长，并且向家长道歉，家长反而不好意思了。

课外活动

1. 阅读下列案例，从幼儿园保教管理的角度，谈谈如何避免这种情况发生。

某幼儿园中班小朋友吃完午餐后，带班老师组织幼儿散步，散步时有几个幼儿边走边玩闹，其中一个个子高的幼儿将另一个幼儿推倒摔在地上。老师立即检查，发现其没有外伤，也问了幼儿头是否头晕，然后检查发现幼儿的两只胳膊也能动。散完步，教师就组织幼儿睡觉。等到下午睡醒穿衣服时，中午被推倒的幼儿说头有点痛，教师摸摸幼儿的额头，并没有感到幼儿有发烧的情况，后来，老师带他去医务室，并向保健医生说明他中午被其他幼儿推倒的情况。保健医生检查后，认为可能有轻微的脑震荡，于是建议马上到附近医院做进一步的检查，到医院检查后，幼儿的头部确实是有摔伤。检查之后，老师通知其父母，让父母将幼儿领回去。但是，第二天幼儿父母向幼儿园提出要到大医院去做进一步的检查，要求幼儿园派老师陪同。

2. 为什么不能把《3—6岁儿童学习与发展指南》作为一把"尺子"来衡量所有的幼儿？请说明理由。

15　视频资料
扫一扫，查看学前教育法规汇编实训资源。

项目三　任务3实训评价表

A级（优秀）	B级（良好）	C级（及格）	D级（稍弱）	E级（较差）
1. 健康方案内容正确，能正确引用法律条文设计内容、过程和方法，有较好的执行性； 2. 内容符合主题和纲要的要求，体现幼儿的年龄特征，能关注到保教活动中的细节； 3. 方案结构完整，语言流畅、表达准确，条理清楚； 4. 文件排版美观	1. 健康方案内容正确、能引用法律条文设计内容、过程和方法，有较好的执行性； 2. 内容符合主题和纲要的要求，体现幼儿的年龄特征，能关注到保教活动中的关键部分； 3. 方案结构完整，语言流畅、表达准确，条理清楚； 4. 文件排版美观	1. 健康方案内容正确、能引用法律条文设计内容、过程和方法，可执行； 2. 内容符合纲要要求，体现幼儿年龄特征； 3. 方案结构完整，语言通顺、条理清楚； 4. 文件有排版	1. 健康方案有基本内容、能引用法律条文设计内容、过程和方法； 2. 内容与纲要的要求有差距，未体现幼儿的年龄特征； 3. 方案结构完整，语言通顺； 4. 文件有排版	1. 健康方案基本内容缺失、不能引用法律条文设计内容、过程和方法； 2. 内容不符合纲要的要求，未体现幼儿的年龄特征； 3. 方案结构残缺； 4. 文件无排版
学生自评		（　　）级，符合（　　）级第（　　）条		
小组评价		（　　）级，符合（　　）级第（　　）条 建议：		

项目四　学前教育政策

◇ **学习目标**

1. 掌握《中国教育现代化2035》《关于学前教育深化改革规范发展的若干意见》《幼儿园保育教育质量评估指南》《关于大力推进幼儿园与小学科学衔接的意见》等政策文件的内容以及教育部"学前教育三年行动计划"有关的内容。

2. 熟悉上述政策出台的背景和主要内容。

3. 理解学前教育宏观政策和微观政策，思考幼儿园落实国家学前教育政策的途径与方法。

4. 树立"办好人民满意的教育"的信心和承担"办好新时代学前教育"的责任。

◇ **情境导入**

雪莲幼儿园是雪莲小区的配套幼儿园，现在由个人承包，注册为民办幼儿园。根据《关于学前教育深化改革规范发展的若干意见》中"推进学前教育普及普惠安全优质发展，满足人民群众对幼有所育的美好期盼"的要求，当地政府决定将这所幼儿园的办学权收回政府。幼儿园的属性变为公办性质。为了保持幼儿园办学的稳定性和连续性，教育行政部门决定聘用原有的教职工，但同时要求幼儿园尽快更新办学理念，完善幼儿园管理制度，提升教师综合素质，特别要求幼儿园纠正办学"小学化"的倾向。改制前，雪莲幼儿园的举办者以追求经济效益为最高宗旨，这导致他对园长与教职工的考核也是看幼儿园盈利多少，为了完成经济指标，幼儿园办学在办学方向和制度建设上，多是迎合家长的要求，比如，幼儿园教育以教幼儿认字、算数为主，并且还经常组织幼儿参加各种表演与比赛，借此来扩大招生数量；又如教师在日常工作中不是将主要精力放在促进幼儿全面的发展上，而是放在揣摩家长需求，甚至讨好家长上，目的是稳住生源。尽管目前幼儿园已经变更为公办幼儿园，以公益性和普惠性作为幼儿园的办学追求，但是幼儿园的管理体制还是带有明显的"经营色彩"和"人治色彩"，幼儿园管理制度依然靠"罚"为主，缺少基本的人文关怀。为了尽早改变这种状况，园长带头学习国家的政策与法规，决定通过一年的努力解决上述问题，真正实现幼儿园"身份"和"实质"的全面转换。

思考：幼儿园办学的小学化有何危害，为什么幼儿园需要追求公益性和普惠性？目前国家对幼儿园办学有哪些政策引导？

任务1　把握我国学前教育事业发展政策

一　学前教育政策概述

（一）教育政策

教育政策是一个政党或国家为实现一定历史时期的教育发展目标和任务，依据党和国家在一定历史时期内的基本任务、基本方针而制定的关于教育的行为准则。

根据制定者的不同，教育政策可以分为某个政党的教育政策、国家政府的教育政策、地方政府的教育政策。从政策涉及范围的不同，教育政策可分为基本教育政策和具体的教育政策。

教育政策的表现多样，我国的教育政策包括以下几个类型：

(1) 党的有关教育的政策文件；

(2) 全国人民代表大会制定和批准的有关教育的政策文件；

(3) 党的领导机关和国家机关联合发布的有关教育的各种决议、文件、通知等；

(4) 国家行政机关制定、发布的有关教育的政策文件；

(5) 党和国家领导人在某个场合所作的有关教育的报告、讲话等。

（二）学前教育政策

学前教育政策是指党和政府为完成一定历史时期的学前教育任务，实现学前教育培养目标而作出的兼具战略性、现实性、针对性和可操作性的规定，是党和政府为实施和发展学前教育事业而制定的行为准则。它包括国家所制定和颁布的关于学前教育的方针、法律、纲要、决定、通知、规划、规定、意见、办法、条例、规程、细则、纪要等。

学前教育政策充分体现了国家发展学前教育的意志，其内容涵盖了学前教育发展的目标、手段等。相对于其他教育政策，我国学前教育政策具有以下特点。

（1）学前教育政策的目的明确，即促进学前教育事业发展。

（2）学前教育政策具有独立的系统性，学前教育政策包含了多方面的内容，它们之间相互配合，组成了结构严谨的政策体系。

（3）学前教育政策具有相对的灵活性。学前教育政策会随着社会生活条件的变化及时作出相应的调整。另外，学前教育政策往往是原则性与灵活性相结合，各地各单位可以依据学前教育政策灵活处理或提出实施意见。

（三）学前教育法规与学前教育政策的关系

学前教育法规与学前教育政策既有联系又有区别。

学前教育法规与学前教育政策的联系体现在：第一，两者在本质上一致，都是党和国家意志的体现，是党和国家管理学前教育的重要手段；第二，两者相互促进，学前教育政策指导法规的制定和实施，学前教育法规则使学前教育政策得到定型与规范。

学前教育法规与学前教育政策的区别体现在以下几个方面。

（1）制定主体不同。学前教育政策是由执政党和政府制定的，而学前教育法规则是由有权力的国家机关，按照一定的法定程序制定的。

（2）约束力不同。学前教育政策具有普遍的指导意义，但不具有国家意志和普遍的约束力。学前教育法规在其对应的某些方面具有普遍的约束力。

（3）文件的表现形式不同。学前教育政策多以决议、决定、通知、意见、规划等公文的形式出现，而学前教育法规则是以法、条例、规定、规范、办法等形式出现。

（4）执行方式不同。学前教育政策主要靠组织和宣传或其他更为具体的制度和措施来实施；学前教育法规则以国家强制力为后盾，要求社会成员必须遵照执行。

二 《中国教育现代化2035》概述

1　政策法规

扫一扫，查看《中国教育现代化2035》全文。

《中国教育现代化2035》(以下简称《教育2035》)是中共中央、国务院于2019年印发的文件。该文件是指导我国教育事业未来发展的纲领性文件，也是加快教育现代化发展的动员令。《教育2035》全文共分为五个部分：战略背景、总体思路、战略任务、实施路径和保障措施。本书选取其中主要内容进行解读。

(一) 编制背景

第一，党的十八大以来，以习近平同志为核心的党中央，坚定不移地实施科教兴国战略和人才强国战略，坚持优先发展教育，教育现代化加速推进，教育取得了全方位、开创性的历史性成就。党的十九大明确提出，建设教育强国是中华民族伟大复兴的基础工程，必须把教育事业放在优先位置，深化教育改革，加快教育现代化，办好人民满意的教育。

第二，中国特色社会主义进入新时代，建设创新型国家、现代化经济体系，实现中华民族伟大复兴，满足人民对美好生活的期盼，必须加快教育现代化。

第三，从全球来看，当前新一轮科技革命如互联网、人工智能等新技术正在不断重塑教育形态、知识获取方式和传授方式，教和学关的系正在发生深刻变革。

第四，人民群众对教育需求的多样性和对更高质量、更加公平、更具个性的教育需求的迫切性，要求我们必须抓住机遇，超前布局，以更高远的历史站位、更宽广的国际视野、更深邃的战略眼光来加快推进教育现代化的进程。

(二) 指导思想、基本理念与基本原则

1. 指导思想

《教育2035》提出，推进教育现代化的指导思想是：以习近平新时代中国特色社会主义思想为指导，全面贯彻党的十九大和十九届二中全会和三中全会精神，坚定实施科教兴国战略、人才强国战略；在党的坚强领导下，全面贯彻党的教育方针，坚持马克思主义的指导地位，坚持中国特色社会主义教育发展道路，坚持社会主义办学方向，立足基本国情，遵循教育规律，以凝聚人心、完善人格、开发人力、培育人才、造福人民为工作目标，培养德智体美劳全面发展的社会主义建设者和接班人，加快推进教育现代化、建设教育强国、办好人民满意的教育。

将服务中华民族伟大复兴作为教育的重要使命，坚持教育为人民服务，为中国共产党治国理政服务，为巩固和发展中国特色社会主义制度服务，为改革开放和社会主义现代化建设服务。

2. 基本理念

《教育2035》确定中国教育现代化基本理念为：更加注重以德为先，更加注重全面发展，更加注重终身学习，更加注重因材施教，更加注重知行合一，更加注重融合发展，更加注重共建共享。

3. 基本原则

中国教育现代化基本原则为：坚持党的领导，坚持中国特色，坚持优先发展，坚持服务人民，

坚持改革创新，坚持依法治教，坚持统筹推进。

（三）中国教育现代化的目标

总体目标：到2020年，全面实现"十三五"发展目标，教育总体实力和国际影响力显著增强；到2035年，总体实现教育现代化，迈入教育强国行列，推动我国成为学习大国、人力资源强国和人才强国。

主要发展目标：①建成服务全民终身学习的现代教育体系；②普及有质量的学前教育；③实现优质均衡的义务教育；④全面普及高中阶段教育，职业教育服务能力显著提升；⑤高等教育竞争力明显提升；⑥残疾儿童少年享有适合的教育；⑦形成全社会共同参与的教育治理新格局。

（四）中国教育现代化的十大战略任务

(1) 学习习近平新时代中国特色社会主义思想，这是推进教育现代化的根本遵循。

(2) 发展中国特色世界先进水平的优质教育，这是教育现代化的核心要求。

(3) 推动各级教育高水平高质量普及，这是实现教育现代化的重要基础。

(4) 实现基本公共教育服务均等化，这是教育现代化的基本要求。

(5) 构建服务全民的终身学习体系，这是服务终身学习、建设学习大国的迫切需要。

(6) 提升一流人才培养与创新能力，这是衡量教育现代化水平的重要标准。

(7) 建设高素质专业化创新型教师队伍，这是加快教育现代化的关键。

(8) 加快信息化时代教育变革，这是教育现代化的重要内容和推进教育现代化的关键途径。

(9) 开创教育对外开放新格局，这是推进教育现代化的重要举措。

(10) 推进教育治理体系和治理能力现代化，这是教育现代化的重要保障。

（五）中国教育现代化的途径与保障

《教育2035》对未来中国教育现代化提出以下四条实施路径：①总体规划，分区推进；②细化目标，分步推进；③精准施策，统筹推进；④改革先行，系统推进。

同时，《教育2035》还就中国教育现代化提出三条保障措施：①加强党对教育工作的全面领导；②完善教育现代化投入支撑体制；③完善落实机制。

（六）《教育2035》关于学前教育的论述

《教育2035》将未来15年学前教育发展的目标确定为："普及有质量的学前教育。全面普及学前三年教育，建成覆盖城乡、布局合理的学前教育体系和科学保教体系，使适龄幼儿通过有质量的学前教育，养成良好行为习惯，促进健康快乐成长。"另外，还期望学前教育毛入园率达到95%以上。

《教育2035》在战略任务上对学前教育明确提出以下要求。

第一，全面落实立德树人根本任务，完善学前教育保教质量标准，进一步明确健康、语言、社会、科学、艺术等方面的儿童发展要求和幼儿园实施要求。

第二，以农村为重点提升学前教育普及水平，建立更为完善的学前教育管理机制、办园体制和投入机制，大力发展公办园，加快发展普惠性民办幼儿园，努力让所有儿童接受学前教育。

第三，加强县级政府对学前教育发展的统筹管理。严格幼儿园准入制度，健全并落实幼儿园办园行为基本规范，健全保教质量评估指导体系和教研指导网络，开展幼儿园办园行为督导评估，坚持以游戏为基本活动，全面提高幼儿园办园质量。

第四，严格执行教师持证上岗制度，逐步提高幼儿园和中小学教师入职标准，并加大对师范院校的支持力度，健全以师范院校为主体、高水平非师范院校参与、优质中小学（幼儿园）为实践基地的开放、协同、联动的中国特色教师教育体系。

第五，统筹推动教育资源重点向学前教育、普通高中、职业教育等薄弱环节投入。发挥中央财政性资金导向作用，国家财政性教育经费支出，向农村义务教育、学前教育、职业教育、特殊教育倾斜，向困难群体倾斜，促进各级各类教育和区域教育协调发展。

（七）《教育2035》的特点

《教育2035》与以往的教育规划相比，有五个方面的特点。

1. 服务国家和人民

《教育2035》坚持以人民为中心的发展思想，旗帜鲜明地提出加强党对教育工作的全面领导，突出了培养德智体美劳全面发展的社会主义建设者和接班人这一主线。围绕"五位一体"总体布局和"四个全面"战略布局，提出构建开放融合的现代教育体系。

2. 体现前瞻引领

《教育2035》吸收国内外先进经验和前瞻性研究成果，深入分析中国特色社会主义进入新时代的大背景，对接国家重大战略，提出了我国教育现代化的基本理念，明确了推进教育现代化的思路和方向。

3. 立足国情世情

《教育2035》坚持扎根中国大地办教育，聚焦教育发展突出问题，从社会主义初级阶段的国情出发，科学设定教育现代化目标任务。同时，《教育2035》依据新时代中国特色社会主义建设战略安排，参照《联合国2030年可持续发展议程》，在国家现代化和建设人类命运共同体的全局中考虑我国教育的定位。

4. 突出改革创新

《教育2035》坚持以改革促发展，系统谋划教育现代化的制度框架，将体制机制创新作为教育现代化的根本动力，充分运用新机制、新模式、新技术激发教育发展活力，确保教育现代化目标的实现。

5. 注重规划实施

《教育2035》坚持宏观引导与具体行动相结合，提出了一系列可操作、可落实的战略任务，明确了实施路径和保障措施，这对各地的推进和实施具有更强的指导性。

"十三五"期间，我国学前教育取得跨越式发展。2020年，全国幼儿园总数达到29.17万所，在园幼儿总数达到4818.26万，与2015年相比，幼儿园数量增加了30%，在园幼儿规模增长了13%。全国学前三年毛入园率达到85.2%，增加10.2个百分点，普惠性幼儿园覆盖率达到84.74%，比2016年增加17.5个百分点，超额完成党中央国务院确定的普及普惠目标任务。"十三五"期间，"入园难""入园远""入园贵"问题得到有效缓解，越来越多的家庭从中受益。

三 中共中央、国务院《关于学前教育深化改革规范发展的若干意见》

2 政策法规
扫一扫，查看《关于学前教育深化改革规范发展的若干意见》全文。

加强学前教育，实现幼有所育，是党的十九大作出的重大决策部署，也是党和国家为老百姓办实事的重大民生工程。为了进一步明确学前教育改革发展的前进方向和重大举措，2018年11月，中共中央和国务院专门印发了《关于学前教育深化改革规范发展的若干意见》（以下简称《发展意见》）。全文分为九个部分：总体要求、优化布局与办园结构、拓宽途径扩大资源供给、健全经费投入长效机制、大力加强幼儿园教师队伍建设、完善监管体系、规范发展民办园、提高幼儿园保教质量、加强组织领导。

（一）《发展意见》的出台背景

党的十八大以来，各地通过连续实施学前教育行动计划，扎实推进学前教育改革发展，取得了显著的成绩。学前教育的资源迅速扩大，普及水平大幅提升，"入园难"的问题得到了有效的缓解。但是，总体上看，学前教育仍然是我们整个教育体系的短板，还存在发展不平衡不充分、普惠性资源不足、政策保障体系不完善、教师队伍建设滞后、监管体系机制不健全、保教质量有待提高、部分民办园过度逐利等突出问题，"入园难""入园贵"仍然是困扰老百姓的烦心事之一。学前教育迫切需要深化改革、规范发展。

党的十九大报告中强调要"办好学前教育"，并把实现"幼有所育"作为"七有"重大民生问题之首，中央对此作出了重要批示，要求加强学前教育的系统谋划。教育部会同中央编办等9个部门在全国开展实地调研和全面摸底，并委托驻外教育处、有关研究机构和有关专家对国外学前教育进行了专题研究。在全面系统分析调研、广泛听取各方面意见的基础上，针对当前学前教育面临的一些突出问题，提出了新时代学前教育深化改革、规范发展的若干意见。

（二）《发展意见》的主要内容

1. 总体要求

这部分阐述了学前教育工作的指导思想、基本原则和主要目标。

学前教育工作要求以习近平新时代中国特色社会主义思想为指导，全面贯彻党的十九大精神和党的教育方针，落实立德树人的根本任务，遵循学前教育规律，把握学前教育的正确发展方向，推进学前教育普及普惠安全优质发展，满足人民群众对幼有所育的期盼，为培养社会主义建设者和接班人奠定坚实基础。

学前教育工作应遵循坚持党的领导、坚持政府为主导、坚持改革开放和坚持规范管理的原则。

《发展意见》的主要目标如下。到2020年，全国学前三年毛入园率达到85%，普惠性幼儿园覆盖率（公办园和普惠性民办园在园幼儿占比）达到80%。学前教育公共服务体系、管理体制、办园体制和政策保障体系基本建成和完善。到2020年，基本形成以本专科为主体的幼儿园教师培养体系，本专科学前教育专业毕业生规模达到20万人以上；建立幼儿园教师专业成长机制。到2035年，全面普及学前三年教育，为幼儿提供更加充裕、更加普惠、更加优质的学前教育。

2. 优化布局与办园结构

这部分强调学前教育要大力发展公办园，逐步提高公办在园幼儿占比，到2020年在全国达到50%以上，同时，规范营利性民办园，扶持民办园提供普惠性服务。

3. 拓展途径扩大资源供给

《发展意见》提出，要从以下四个方面来扩大学前教育资源供给：①实施学前教育专项，逐年建设一批普惠性幼儿园，重点扩大农村、脱贫攻坚和新增人口集中地区的资源；②积极挖潜扩大增量，充分利用空置厂房、乡村公共服务设施和农村中小学闲置校舍举办幼儿园。鼓励街道、企事业单位和高校举办幼儿园；③规范小区配套幼儿园的建设使用；④鼓励社会力量办园。

4. 健全经费投入长效机制

国家将通过优化经费投入结构，进一步加大学前教育投入的力度，逐步提高学前教育财政投放和支持水平,并要求健全学前教育成本分担机制和完善学前教育资助制度,来保证学前教育的经费投入。

5. 大力加强幼儿园教师队伍建设

《发展意见》要求各地公办园严格按照标准配备教职工,严禁"有编不补",并且要认真落实公办园教师工资待遇政策,确保教师工资及时足额发放、同工同酬。民办园应依据标准配齐教职工,要参照当地公办园教师的工资收入水平,合理确定相应教师的工资收入。各地还应完善幼儿园教师职称评聘标准。此外,还要完善教师培养体系、健全教师培训制度,认真落实教师资格准入和定期注册制度,严格教师队伍管理。

6. 完善监管体系

《发展意见》从五个方面来完成监管体系,即落实监管责任、加强源头监管、完善过程监管、强化安全监管和严格依法监管。

7. 规范发展民办园

针对民办园存在的各种问题,提出了三个解决措施:稳妥实施分类管理、遏制过度逐利行为和分类治理无证办园。

8. 提高幼儿园保教质量

为了提高幼儿园保教质量,《发展意见》要求全面改善办园条件,园舍条件、玩教具和图书配备应达到规定要求;在保教活动中,要遵循幼儿身心发展规律,树立科学保教理念,注重保教结合。此外,还要求健全学前教育教研体系和质量评估监测条件。

9. 加强组织领导

《发展意见》强调全面加强党对学前教育事业的领导,健全管理体制、督导问责制,完善各部门的协调机制,同时还要求全社会营造良好的氛围,研究学前教育立法。

微案例

2022年,在党和国务院的坚强领导下,我国学前教育各项事业得到新的进步,普惠资源进一步增加。全国共有幼儿园28.92万所。其中,普惠性幼儿园24.57万所,普惠性幼儿园占全国幼儿园的比例为84.96%。全国共有学前教育在园幼儿4627.55万人。其中,普惠性幼儿园在园幼儿4144.05万人,占全国在园幼儿的比例为89.55%,比上年增长1.77个百分点。我国学前教育毛入园率89.7%,比上年提高1.6个百分点。全国共有学前教育专任教师324.42万人,比上年增长1.67%;专任教师学历合格率99.39%;专任教师中专科及以上学历比例为90.30%。

四 学前教育三年行动计划

（一）第一期学前教育三年行动计划（2011年—2013年）

3　政策法规
扫一扫，查看《国务院关于当前发展学前教育的若干意见》全文。

我国学前教育从改革开放以后，取得巨大的成就，但是学前教育仍是各级各类教育中的薄弱环节，主要表现为教育资源短缺、投入不足，师资队伍不健全，体制机制不完善，城乡区域发展不平衡，一些地方"入园难"的问题突出。为了积极发展学前教育，解决当时存在的问题，满足适龄儿童入园需求，国务院于2010年印发了《国务院关于当前发展学前教育的若干意见》。其中，第十条要求以县为单位统筹规划，实施学前教育三年行动计划。教育部成立了领导小组，各省市按时报送当地的学前行动计划方案。通过三年（2011年—2013年）行动计划，全国学前教育普惠性资源快速增长，学前教育投入大幅提高，教师队伍持续扩大，幼儿园的办学水平和质量得到较快的提高。

（二）第二期学前教育三年行动计划（2014年—2016年）

为认真贯彻党的十八大"办好学前教育"和十八届三中全会"推进学前教育改革发展"的要求，进一步落实《国务院关于当前发展学前教育的若干意见》，促进学前教育持续健康发展，经国务院同意，教育部、国家发展改革委、财政部共同颁布了《关于实施第二期学前教育三年行动计划的意见》，决定2014年—2016年实施第二期学前教育三年行动计划。

实施第二期学前教育三年行动计划，其目的是巩固第一期学前教育三年行动计划的成果，加快学前教育发展，进一步解决"入园难"的问题，继续深化改革，破解体制机制障碍，促进学前教育可持续发展，办好人民满意的教育，推进教育公平发展。

第二期学前教育三年行动计划的主要任务有：扩大总量、调整结构、健全机制、提升质量。完成上述任务的措施有：加快发展公办幼儿园，积极扶持普惠性民办幼儿园，进一步加大学前教育投入，加强幼儿园教师队伍建设，健全幼儿园监管体系，加强幼儿园保育教育指导。

第二期学前教育三年行动计划实施后，学前教育毛入园率达到75%，在园儿童4413.86万人，比上年增加149.03万。学前教育的公益普惠政策导向逐步明确，普惠性幼儿园和公办园的比例有所提高，达到67.3%。幼儿园园长数量和教师数量也大幅度增加，至2016年幼儿园园长和教师共计249.88万人，相较于2012年，增长幅度达49%。在经费投入方面，学前教育经费投入明显增长，2016年，增加至2803.53亿元，学前教育生均教育经费支出，增加至8629.68元，但学前教育还存在"区域发展差距大，学前教育师资需求大而质量有待提高、入园难"等问题。

（三）第三期学前教育行动计划（2017年—2020年）

为了进一步推进学前教育改革发展，经国家教育体制改革领导小组会议通过，决定2017年—2020年实施第三期学前教育行动计划（以下简称三期行动计划）。为了保证三期行动计划顺利进行，教育部、国家发展改革委、财政部、人力资源和社会保障部联合印发了《关于实施第三期学前教育行动计划的意见》（以下简称《三期行动计划意见》）。

1. 三期行动计划的目标

《三期行动计划意见》中明确了三期行动计划的目标是：到2020年，全国学前三年毛入园率达到85%、普惠性幼儿园覆盖率达到80%左右。

2. 三期行动计划的工作重点

三期行动计划的工作重点确定为：①增加普惠性资源供给；②深化体制机制改革；③提升保育教育质量。

3. 三期行动计划的政策措施

为了完成上述任务，《三期行动计划意见》提出了五项政策措施。

（1）大力发展普惠性幼儿园，着力解决脱贫攻坚地区、两孩政策新增人口集中地区和城乡接合部幼儿园建设问题。

（2）优先资助建档立卡的家庭经济困难幼儿，确保家庭经济困难儿童、孤儿和残疾儿童平等接受学前教育。

（3）加强制度创新，切实解决公办园非在编教师、农村集体办幼儿园教师待遇偏低的问题，并依法将幼儿园教职工全员纳入社保体系。

（4）充分利用学前教育信息管理平台，推进幼儿学籍管理、幼儿园动态监管和学前教育项目管理的信息化。

（5）扩大普惠性资源，着力破解公办园少、民办园贵的问题。完善体制机制，解决发展普惠性学前教育的条件保障问题，提升保育教育质量，解决学前教育内涵发展的问题。

4. 三期行动计划的成效

三期行动计划实施后，取得较好的效果：2020年，全国共有幼儿园29.17万所，入园儿童1791.40万人，在园幼儿4818.26万人。其中，普惠性幼儿园在园幼儿4082.83万人，普惠性幼儿园覆盖率达到84.74%，有效缓解了长期以来存在的"入园难""入园贵"问题。幼儿园共有专任教师291.34万人。学前教育毛入学率达85.2%。三期行动计划的"双普"目标已超额完成。

（四）第四期学前教育行动计划（2021年—2025年）

4 政策法规
扫一扫，查看《"十四五"学前教育发展提升行动计划》全文。

为了落实党的十九届五中全会"完善普惠性学前教育保障机制"和国家十四五规划"到2025年全国学前三年毛入园率达到90%"的要求，教育部、国家发展改革委、财政部等九部门印发了《"十四五"学前教育发展提升行动计划》，该文件确定"十四五学前教育发展提升行动计划"（以下简称"十四五"提升行动计划）的实施时间为2021年至2025年。

1．"十四五"提升行动计划目标

"十四五"提升行动计划的目标如下。

（1）进一步提高学前教育普及普惠水平，到2025年，全国学前三年毛入园率达到90%以上，普惠性幼儿园覆盖率达到85%以上，公办园在园幼儿占比达到50%以上。

（2）覆盖城乡、布局合理、公益普惠的学前教育公共服务体系进一步健全，普惠性学前教育保障机制进一步完善，幼儿园保教质量全面提高，幼儿园与小学科学衔接机制基本形成。

2．"十四五"提升行动计划的重点任务

"十四五"提升行动计划的重点任务分别是：①补齐普惠资源短板；②完善普惠保障机制；③全面提升保教质量。

3．"十四五"提升行动计划的政策措施

"十四五"提升行动计划将采取优化普惠性资源布局、推动普惠性资源扩容增效、开展城镇小区配套园治理"回头看"等措施，补齐普惠性幼儿园供给短板；以完善普惠性学前教育保障机制为着力点，逐步提高学前教育财政投入水平、进一步完善资助制度，加大资助力度，切实保障家庭经济困难儿童接受普惠性学前教育。另外，通过财政支持和合理收费，解决好普惠性幼儿园"保安全""保工资""保运转"和"保发展"问题。

"十四五"提升行动计划针对农村地区师资薄弱问题，采取了一系列措施：①鼓励各地结合实际加大农村和欠发达地区幼儿园教师培养力度，为这些地区的幼儿园补充稳定而有质量的师资；②要求深化高等师范院校学前教育专业课程改革，完善培养方案，强化学前儿童发展、教育专业基础以及教育实践能力培养，提高师范生培养质量和水平；③加强各地制定幼儿园教师和教研员培训规划，实施全员培训，突出实践导向，提高培训实效。

"十四五"提升行动计划对提高幼儿园保教质量提出以下措施：①深化幼儿园教育改革，以先进实践经验为引领，提升幼儿园教师保教能力；②深入落实《教育部关于大力推进幼儿园与小学科学衔接的指导意见》，推进建立幼小科学衔接机制；③出台《幼儿园保教质量评估指南》，引导幼儿园树立科学评估导向，全面提高保教质量；④推动学前教育教研改革。

微案例

北京市从2018年1月开始实施第三期学前教育行动计划，3年来，在市委市政府的有力领导下，在市人大的监督指导下，在市相关委办局的共同努力下，在各区委区政府的全力推动下，完成了学前教育三年行动计划的任务。到2020年，该市基本建成广覆盖、保基本、有质量的学前教育公共服务体系；全市适龄儿童入园率达到85%以上，普惠性幼儿园覆盖率（公办幼儿园和普惠性民办幼儿园在园幼儿数占在园幼儿总数的比例）达到80%以上；无证办园现象基本消除，学前教育管理科学规范。实施《学前教育行动计划》期间，全市共增加学位179550个。其中，连续3年通过实施北京市重要民生实事项目，新建、改建、扩建403所幼儿园，新增学位93140个；各区通过挖潜、鼓励社会力量多种形式办园等方式增加学位35349个；各区通过引导无证园改造提升备案为社区办园点增加学位51061个。3年来，北京市持续加大学前教育经费投入，市对区学前教育专项转移支付资金共安排了110亿元，比2015年—2017年转移支付学前专项投入增长51.27亿元，增幅为87.3%。截至2020年10月，全市普惠性幼儿园（点）共计1989所，在园幼儿505163人，全市学前教育普惠率达到87%。在学前教育三年行动计划的实施过程中，全面加强党对学前教育工作的领导，不断完善体制机制，规范管理，提升质量。

课证融通

1. 《中国教育现代化2035》提出全面普及学前三年教育，建成覆盖（　　）布局合理的学前教育体系和科学保教体系，使适龄幼儿享有有质量的学前教育。
   A. 边远山区　　　B. 城乡　　　C. 农村　　　D. 城市

2. 《中国教育现代化2035》提出到2035年，学前教育毛入园率将大于（　　）。
   A. 90%　　　B. 80%　　　C. 95%　　　D. 85%

3. 在《中国教育现代化2035》战略任务"推动各级教育高水平高质量普及"中，提出以（　　）为重点提升学前教育普及水平。
   A. 农村　　　B. 城市　　　C. 中心城市　　　D. 乡村

4. 不属于"学前教育提升行动计划（2021年—2025年）"重点任务的是（　　）。

A. 补齐普惠资源短板　　　　　　　B. 完善普惠保障机制

C. 全面提升保教质量　　　　　　　D. 提高幼儿教师的待遇

5　课证融通
扫一扫，查看参考答案。

课内实训

一、实训任务

1. 实训情境

为了让全体教职工深入理解国家法规和政策，雪莲幼儿园决定将9月作为幼儿园第一个"学前教育法规与政策"学习与宣传月。他们决定在本学期重点学习《教育法》《教师法》等法律和《中国教育现代化2035》《关于学前教育深化改革规范发展的若干意见》等政策文件的内容。园长考虑到《中华人民共和国教育法》《中华人民共和国教师法》有较多的辅导资料，要求教师进行自学，只就国家学前教育政策的学习作专题辅导。

2. 实训任务

请你围绕《中国教育现代化2035》《关于学前教育深化改革规范发展的若干意见》及"学前教育三年行动计划"等政策文件，为园长等整理一份演讲文稿。

二、实训成果

每个小组在归纳出《中国教育现代化2035》《关于学前教育深化改革规范发展的若干意见》及"学前教育三年行动计划"的主要内容后，制作成1份演示文稿，尽量使用"图说"的方式展示政策内容，并做到条理清晰，简洁大方。

三、实训准备

1. 材料工具准备

连接网络的计算机、Office或WPS等软件。

2. 知识准备

（1）《中国教育现代化2035》《关于学前教育深化改革规范发展的若干意见》"学前教育三年行动计划"中关于学前教育办学，改革和发展等相关知识；

（2）幼儿园发展方面的相关要求；

（3）掌握将 Word 或 WPS 文档转换为 PDF 文档的技能。

3. 相关能力准备

（1）计算机操作及网络搜索能力；

（2）Office 或 WPS 软件操作能力；

（3）材料整理与归纳能力。

四、实训评价

请使用实训评价表（见"课外活动"后），进行自我评价或师生共同评价。

拓展阅读

一、党的十八大以来学前教育改革发展成就

2022年4月，教育部在召开的"教育这十年""1+1"系列发布会上，对我国学前教育取得的巨大成就作出如下总结。

党的十八大以来，在以习近平同志为核心的党中央坚强领导下，学前教育认真践行为党育人、为国育才的崇高使命，以构建广覆盖、保基本、有质量的学前教育公共服务体系，不断满足人民群众幼有所育美好期盼为重大任务，砥砺奋进，开拓创新，取得跨越式发展和历史性成就。

1. 重视程度前所未有

党中央、国务院高度重视学前教育事业，习近平总书记就学前教育改革发展多次作出重要批示指示。党的十八大提出"办好学前教育"，党的十九大要求"在幼有所育上取得新进展"；中共中央、国务院2018年印发《关于学前教育深化改革规范发展的若干意见》，这是中华人民共和国成立以来，第一个以党中央、国务院名义专门印发的学前教育文件，具有里程碑意义。这充分彰显了党中央对亿万学前儿童的亲切关怀和办好学前教育的坚强决心，也进一步明确了学前教育公益普惠的基本方向，提出了推进学前教育普及普惠安全优质发展的重大政策举措。国家连续十年实施行动计划，中央财政设立支持学前教育发展专项资金，实施了一系列学前教育重大项目。

2. 普及水平大幅提高

十年来，学前教育资源总量迅速增加，2021年全国幼儿园数达到29.5万所，比2011年增加

12.8万所,增长了76.8%,有力保障了不断增加的适龄幼儿入园需求。毛入园率持续快速提高,2021年全国幼儿园在园幼儿数达到4805.2万人,比2011年增加1380.8万人,全国学前三年毛入园率由2011年的62.3%提高到2021年的88.1%,增长了25.8个百分点,学前教育实现了基本普及。中西部和农村发展最快,全国新增的幼儿园80%左右集中在中西部,60%左右分布在农村。学前教育区域差距、城乡差距明显缩小。

3. 普惠资源广泛覆盖

围绕破解"入园贵"问题,着力构建以普惠性资源为主体的办园体系,实现"上得起"。2021年,全国普惠性幼儿园(包括公办园和普惠性民办园)达到24.5万所,占幼儿园总量的83%,其中公办园12.8万所,比2011年增长了149.7%,普惠水平大幅提升。学前教育公共服务网络逐步完善,2021年农村普惠性幼儿园覆盖率达到90.6%,每个乡镇基本办有一所公办中心园,大村独立办园、小村联合办园;城乡学前教育公共服务体系基本建成,基本满足了老百姓在家门口的入园愿望。

4. 保教质量明显提升

围绕破解"小学化"问题,坚持学前教育内涵建设与事业发展同步推进,力保"上好园"。自十八大以来,科学保教理念深入人心,以"游戏点亮快乐童年""幼小协同、科学衔接"等为主题,每年开展"全国学前教育宣传月"活动,面向全社会持续传播科学保教理念和方法,促进科学育儿知识走进千家万户。专业指导持续加强,教育部先后印发一系列文件,建立了比较完善的指导体系,为科学保教提供强有力的专业引领。

5. 教师队伍不断加强

自十八大以来,教师培养规模不断扩大,2021年,全国开设学前教育专业的本专科高校有1095所,毕业生达到26.5万人,分别比2011年增长了1.2倍、6.7倍。教师配备基本达标,2021年,全国幼儿园园长和专任教师总数超过350万人,比2011年增长了1.3倍,生师比从2011年的26:1下降到2021年的15:1,基本达到了"两教一保"的配备标准,师资短缺问题得到有效解决。教师素质明显提高,学历结构进一步优化,2021年专科以上学历的园长及专任教师占比达到87.8%,比2011年提高了24个百分点。连续实施幼儿园教师"国培计划",2012年—2020年累计投入43亿元,培训幼儿园教师超过243万人次,教师专业水平明显提升。

6. 经费投入快速增长

学前教育经费投入机制不断完善。2020年全国财政性学前教育经费为2532亿元,2011年为416亿元,财政性教育经费占比从2011年的2.2%提高到2020年的5.9%,为学前教育发展提供了有力保障。成本分担机制基本建立,各省份均出台了公办园生均公用经费标准或生均财政拨款标准、普惠性民办园补助标准。资助制度不断完善，2012年—2021年各级财政累计投入752亿元，共资助家庭经济困难幼儿6232万人次，有效保障了家庭经济困难儿童、孤儿和残疾儿童公平享有学前教育的权利。

7. 制度体系基本完善

自十八大以来，学前教育科学化、专业化、规范化水平不断提高。十年来，管理制度基本健全，先后修订出台《幼儿园工作规程》《幼儿园建设标准》《幼儿园收费管理暂行办法》《幼儿园园长专业标准》《幼儿园教师专业标准（试行）》《幼儿园办园行为督导评估办法》《县域学前教育普及普惠督导评估办法》等规范性文件，提高了幼儿园的办园水平，建立了督导问责机制，有效促进了学前教育事业发展。学前教育立法稳步推进，在全面总结十年来学前教育改革发展情况的基础上，起草了学前教育法草案，推动学前教育走上法治化轨道。

在总结这10年来的成就的同时，也认识到要办好学前教育：必须坚持党的全面领导，确保学前教育始终沿着正确方向前进；必须坚持站稳人民立场，把发展公益普惠的学前教育作为政府的重要责任；必须坚持深化改革创新，不断破解制约学前教育改革发展的体制机制性障碍；必须坚持科学保育教育，切实遵循学前教育规律和幼儿身心发展规律。①

二、案例

在2022年4月26日教育部举办的"我们这十年""1+1"系列发布会上，来自成都市第十六幼儿园的园长余琳，作为幼儿一线工作者，介绍了幼儿园保育教育的工作进展和成效。

余琳园长自己深度参与了学前教育的历次改革，经历了从"公益普惠"到"优质普惠"再到"幼有善育"的发展历程。成都市第十六幼儿园乘势而上，坚持"品德启迪童心，游戏点亮童年"的办园思想，让幼儿及家庭在学前教育上的幸福感和获得感不断提升。在办园过程中，他们一是坚持"及时性"原则，即把社会上发生的"新鲜事"及时引入幼儿世界，于无声处播撒爱家乡、爱祖国的种子，培养幼儿爱国的童心与品性。比如，冬奥会期间，他们统计五星红旗升起的次数、寻找心目中的冬奥英雄、制作并开展冰墩墩展览，在感受北京冬奥会"了不起"的过程中，萌发幼儿作为中国人的自豪感；二是坚持"随时性"原则，即坚持让孩子们参与力所能及的劳动，如轮流当值日生擦桌子、摆餐具、整理物品等，养成"自己的事情自己做"的好习惯；三是充分认识游戏对幼儿成长的巨大价值，认真落实"以游戏为基本活动"的要求，不断走向高质量保育教育。

成都市第十六幼儿园紧紧把握学前教育跨越式发展的新机遇，责无旁贷地担当起领办新园和帮扶边远民族地区的责任。10年间，成都市第十六幼儿园从一所园发展为2个集团11个园区，学位从原有的330个增加到3540个。与此同时，他们还承担了民族地区幼儿园的帮扶工作，除了每年4

---

① 教育部基础教育司. 砥砺十年路　奋进新征程——党的十八大以来学前教育改革发展成就［N/OL］.（2022-04-26）［2023-05-05］. http://www.moe.gov.cn/fbh/live/2022/54405/sfcl/202204/t20220426_621796.html.

次的现场指导,他们还利用新技术,跨越时空开展教研,输送课程资源,10年来共计开展远程教研48次,上传课程资源562项,点击量达3万多次,全面提升了边远民族地区幼儿园的管理水平和保教质量。①

课外活动

1. 阅读下列案例,回答材料后面的问题。

大地幼儿园原来是一所民办幼儿园。根据当地政策,该所幼儿园将在9月份转为普惠性幼儿园。该园有30多名教师,有些教师对此持乐观态度,认为幼儿园转为普惠性幼儿园后,自己由合同工转为有编制的教师;也有些教师很担心幼儿园转为普惠性幼儿园后,收费降低了,自己的收入将会随之减少;但更多的教师由于不明白我国当前学前教育发展的政策,对未来感到困惑。

请你结合我国学前教育发展政策,给教师讲清民办幼儿园、普惠性幼儿园和公办幼儿园的区别,并就教师面对幼儿园性质变化的困惑提出建议。

2. 请收集当地实施学前教育行动计划的材料,列出实施的措施和取得的成果。

项目四 任务1实训评价表

A级(优秀)	B级(良好)	C级(及格)	D级(稍弱)	E级(较差)
1. 演示文稿内容正确、完整、准确表达文件精神; 2. 结构合理、层次清楚,文字简洁、流畅; 3. 文稿使用的图片合理,与文字内容吻合; 4. 演示文稿配色、字体格式美观	1. 演示文稿内容正确、完整表达了文件精神; 2. 结构合理、层次清楚,文字简洁; 3. 文稿使用的图片合理,与文字内容相符; 4. 演示文稿配色、字体格式美观	1. 演示文稿内容正确、表达了文件的主要精神; 2. 结构合理、有层次感,文字通顺; 3. 文稿使用的图片合理,与文字内容相关; 4. 演示文稿配色、字体格式合理	1. 演示文稿内容正确、表达了文件的部分精神; 2. 结构合理、文字通顺; 3. 文稿使用的图片合理,与文字内容相关; 4. 演示文稿注意了配色、字体格式	1. 演示文稿没有抓住文件的精神; 2. 结构不合理,文字不通顺; 3. 文稿使用的图片与文字内容无关; 4. 演示文稿没有美化排版
学生自评	( )级,符合( )级第( )条			
小组评价	( )级,符合( )级第( )条 建议:			

---

① 成都市第十六幼儿园. 品德启迪童心 游戏点亮童年[N/OL]. (2022-04-26)[2023-05-05]. http://www.moe.gov.cn/fbh/live/2022/54405/sfcl/202204/t20220426_621791.html.

任务2 把握我国学前教育保教改革政策

一、《幼儿园保育教育质量评估指南》解读

(一)《幼儿园保育教育质量评估指南》出台的背景与意义

1.《幼儿园保育教育质量评估指南》出台的背景

6 政策法规
扫一扫,查看《幼儿园保育教育质量评估指南》全文。

国家出台《幼儿园保育教育质量评估指南》(以下简称《质量评估指南》)的背景主要如下。

(1)贯彻落实党中央决策部署的重要举措

党的十九届五中全会提出建设高质量教育体系,为了实现这个目标,中共中央、国务院于2018年颁布了《关于学前教育深化改革规范发展的若干意见》,2020年又颁布了《深化新时代教育评价改革总体方案》,根据方案要求,由国家制定幼儿园保教质量评估指南,各省、区、市完善幼儿园质量评估标准。

(2)提高学前教育质量的迫切需要

学前教育通过连续实施三期行动计划,实现了基本普及目标,迈入全面普及和高质量发展的新阶段,迫切需要加强幼儿园保教质量评估,发挥好质量评估的引领、诊断、改进和激励作用,引导各类幼儿园树立正确的质量观,科学实施保育教育。但是,长期以来学前教育保教质量评估普遍存在"重结果轻过程、重硬件轻内涵、重他评轻自评"等倾向,难以适应学前教育高质量发展的新要求,亟待从国家层面出台指南,强化科学导向,加强规范引导,推动各地健全科学的幼儿园保教质量评估体系。

2.《质量评估指南》出台的意义

(1)《质量评估指南》指明了幼儿园评估方向,将引领我国学前教育质量快速提升

《质量评估指南》针对当前幼儿园保教评估存在的问题,将"教育过程"作为评估的重要方面,

设置的评估要点占到三分之一的比例,凸显了保教工作的专业性特点,同时也指出了幼儿园保教发展与改进的方向。

(2)《质量评估指南》的出台将促进幼儿园教师提高保教专业化水平

《质量评估指南》要求各地完善评估标准、研制自评手册,建立"相对稳定的专业化评估队伍"和提升"评估人员专业能力"。评估队伍专业化将避免幼儿园"随意"而评或错评的情况,同时也可以改变以往只重他评而轻自评的现状。

(3)《质量评估指南》的出台将促进幼儿园教师重视保教活动中师生之间的互动

《质量评估指南》将师幼互动视为教育过程的核心,非常重视"关系"的意义。在"师幼互动"部分有7条内容用于阐述师幼互动的相关问题。可见,师幼互动质量对幼儿园整体保教质量的影响很大。

(二)《质量评估指南》颁布的目的

《质量评估指南》的颁布旨在要求幼儿园全面贯彻党的教育方针,落实立德树人根本任务,遵循幼儿发展规律和教育规律,完善以促进幼儿身心健康发展为导向的学前教育质量评估体系,切实扭转不科学的评估导向,强化评估结果运用,推动树立科学保育教育理念,全面提高幼儿园保育教育水平,为培养德智体美劳全面发展的社会主义建设者和接班人,奠定坚实基础。

(三)《质量评估指南》的主要内容

《质量评估指南》以促进幼儿身心健康发展为导向,聚焦幼儿园保教过程及影响保教质量的关键要素,围绕办园方向、保育与安全、教育过程、环境创设、教师队伍5个方面提出了15项关键指标和48个考察要点。

1. 办园方向

办园方向方面包括"党建工作、品德启蒙、科学理念"3项关键指标,共分为健全党组织、落实党组织工作、坚持社会主义方向、贯彻党的教育方针、幼儿品德养成、遵循幼儿身心发展规律和保护幼儿好奇心等7个考察要点;旨在加强党对学前教育的全面领导,促进幼儿园全面贯彻党的教育方针,确保社会主义办园方向。

2. 保育与安全

保育与安全方面包括"卫生保健、生活照料、安全防护"3项关键指标,共分为健全卫生保健制度、幼儿营养平衡、幼儿园传染病管理、保健人员配置、幼儿生活常规建立、幼儿自我服务、体格锻炼、特殊儿童照料、安全管理制度、保教人员安全意识和安全教育等11个考察要点,旨在促进幼儿园加强卫生保健与安全防护工作,确保幼儿生命安全和身心健康。

3. 教育过程

教育过程方面包括"活动组织、师幼互动、家园共育"3项关键指标,共分为制订保教计划、一日生活安排、游戏活动、支持幼儿有意义学习、关注幼儿发展的整体性、幼小衔接、平等师生关系、自主游戏、幼儿观察、幼儿表现表征、教育契机、教师回应、幼儿个性差异、家园关系、家长参与管理、家庭教育指导、协同育人机制等 17 个考察要点，旨在落实以游戏为基本活动要求，促进师幼有效互动，构建家园共育机制，促进幼儿身心全面发展。

4. 环境创设

环境创设方面包括"空间设施、玩具材料"2 项关键指标，共分为幼儿园规模与布局、幼儿园设备、玩具材料、幼儿园图书等 4 个考察要点，旨在促进幼儿园创设丰富适宜、富有童趣、有利于支持幼儿学习探索的教育环境。

5. 教师队伍

教师队伍方面包括"师德师风、人员配备、专业发展和激励机制"4 项关键指标，共分为教师政治信仰和师德、教职工思想状况、持证上岗、人员资历、教师发展规划、教研制度、园长下基层、教职工激励、倾听与理解教职工等 9 个考察要点，旨在加强教师队伍建设，采取有效措施激励教师爱岗敬业、潜心育人。

（四）幼儿园评估原则与方式

1. 幼儿园评估原则

《质量评估指南》对幼儿园保教质量评估，提出了四个原则。

（1）坚持正确方向原则。坚持社会主义办园方向，践行为党育人、为国育才使命，树立科学评价导向，推动构建科学保育教育体系，整体提升幼儿园办园水平和保育教育质量。

（2）坚持儿童为本原则。尊重幼儿年龄特点和成长规律，注重幼儿发展的整体性和连续性，坚持保教结合，以游戏为基本活动，有效促进幼儿身心健康发展。

（3）坚持科学评估原则。完善评估内容，突出评估重点，改进评估方式，切实扭转"重结果轻过程、重硬件轻内涵、重他评轻自评"等倾向。

（4）坚持以评促建原则。充分发挥评估的引导、诊断、改进和激励功能，注重过程性、发展性评估，引导办好每一所幼儿园，促进幼儿园安全优质发展。

2. 评估方式

《质量评估指南》针对以往质量评估重终结性结果评估、幼儿园被动接受评估和专注材料评估的问题，提出了要求突出过程性评估、强化自我评估和聚焦班级观察的评估方式。

（1）突出过程性评估

《质量评估指南》要求评估的重点关注保育教育过程质量，关注幼儿园提升保教水平的努力程度和改进过程，严禁用直接测查幼儿能力和发展水平的方式，评估幼儿园保育教育质量。在实践中更多的是考察幼儿园对《3—6 岁儿童学习与发展指南》《幼儿园教育指导纲要（试行）》的具体落实情况。

(2) 强化自我评估

《质量评估指南》要求幼儿园建立常态化的自我评估机制，促进教职工主动参与，通过集体诊断，反思自身教育行为，提出改进措施。同时，有效发挥外部评估的导向、激励作用，有针对性地引导幼儿园不断完善自我评估，改进保育教育工作。在实践中，幼儿园要加强自我评价的能力，通过自我评价的诊断反思和外部评价的激励引导，形成良性发展机制。

(3) 聚焦班级观察

《质量评估指南》要求通过不少于半日持续的自然观察，了解教师与幼儿的互动情况，准确判断教师对促进幼儿学习与发展所做的努力与支持，全面、客观、真实地了解幼儿园保育教育过程和质量。在权威部门的解读中，要求班级观察采取随机抽取的方式，覆盖面不少于各年龄班级总数的三分之一。

（五）评估的组织实施

《质量评估指南》对幼儿园保教质量评估的实施提出了明确的要求。

1. 加强组织领导

《质量评估指南》要求各地建立党委领导、政府教育督导部门牵头、部门协同、多方参与的组织实施机制，完善评估标准，编制幼儿园保教质量自评指导手册，确保评估工作有效实施，同时也提出避免重复评估。

2. 明确评估周期

《质量评估指南》要求幼儿园每学期开展一次自我评估，教育部门要加强对幼儿园保教工作和自评的指导。县级督导组织的外部评估，依据所辖园区和工作需要，原则上每3~5年为一个周期，并确保周期内覆盖所有幼儿园。省、市结合实际适当开展抽查。

3. 强化评估保障

《质量评估指南》要求各地提供必要的经费，建立专业的评估队伍，确保评估工作顺利实施。

4. 加强激励引导

《质量评估指南》强调将幼儿园保教质量评估结果作为对幼儿园表彰奖励、普惠性民办园认定扶持等方面工作的重要依据。

5. 营造良好氛围

《质量评估指南》要求各地广泛宣传国家关于学前教育改革发展的政策措施，深入解读幼儿园保育教育质量评估的重要意义、内容要求和指标体系，认真总结推广质量评估工作先进典型经验，有效发挥示范引领作用，积极开展国际交流与合作，营造有利于促进学前教育高质量发展的良好氛围。

（六）实施《质量评估指南》的注意事项

其一，认识到幼儿园保育教育与义务教育、高中教育有本质上的不同，实施幼儿园保教质量评估应尊重学前教育规律和特殊性，严禁用直接测查幼儿能力和发展水平的方式，评估幼儿园保教质量，以免引发强化训练的非科学做法。

其二，将办园督导评估与保教质量评估做好区分定位，不能将幼儿园办园行为督导评估作为单纯的外部评估。幼儿园保教质量评估要强化自我评估，聚焦保育教育过程及影响质量的关键要素，主要解决质量提升问题。

微案例

《质量评估指南》要求幼儿园建立常态化的自我评估机制，促进教职工主动参与，通过集体诊断，反思自身教育行为，提出改进措施。宜兴市某幼儿园今年改革了评价方法，进一步强化了教师参与和幼儿园自我评价。在一次区域活动中，邓老师在配合主班老师组织游戏活动时，认真观察了嘉祺小朋友，他是一个调皮的孩子，但在教学活动时非常认真，对于老师提出的问题，他都能积极回答并且口若悬河、滔滔不绝，可惜他的注意力集中时间不长，不一会儿就会开始和旁边的小朋友聊天。这时，主班老师在活动中用高低起伏的语调和借助游戏道具，让他沉浸在活动中，并且充分给予他说的机会，并且还告诉他，说的时候不能啰唆，想好了再说。经过主班老师的引导，嘉祺小朋友在集体活动时，注意力更集中了。这说明主班老师的方法是有效的。

二 关于纠正幼儿园"小学化"的政策

（一）幼儿园"小学化"的内涵

幼儿园"小学化"是指幼儿教育的管理、教学模式及内容偏重于小学阶段，即幼儿园只注重知识的传授而没有关注幼儿的生理及心理发展，直接向幼儿传授小学阶段才应该接受的教科书知识。在学习方式上，强调向幼儿"灌输"知识，忽视幼儿在游戏中的主动性和探索性学习，忽视了语言能力、数理逻辑能力、初步的音乐欣赏能力、身体各部分的运动能力、人际交往能力、自我评价能力、空间想象能力、自然观察能力等多智能的全面开发。

（二）幼儿园"小学化"的危害

幼儿园"小学化"给幼儿带来的严重危害如下。

1. 不利于幼儿的身体发育

学前期幼儿正处于生长发育阶段，全身的肌肉发育还不完善，骨骼还比较稚嫩，过早地"小学化"，容易给身体造成不良影响。比如，让幼儿过早过多地书写，容易导致幼儿近视、颈椎变形、消瘦等现象，给幼儿的身体健康带来严重危害。

2. 不利于幼儿健全人格的形成

学前期，幼儿的神经系统发育还不够完善，大脑皮层兴奋与抑制协调能力还很弱，专注力、记忆力、思维能力还没有达到理解小学内容的程度。如果要求幼儿按小学生的标准学习，将会给幼儿带来沉重的课业负担，让幼儿活泼好动的个性受到压抑，让幼儿的童年失去快乐，难以形成开朗、积极、自强、自信、自尊等健全的人格。

3. 不利于幼儿智力的发展

幼儿是通过游戏与操作来学习的。单调地让孩子写字、算数等小学化的学习方式，会剥夺幼儿游戏和动手操作的机会，阻碍神经元和突触的生长形成，进而阻碍幼儿大脑发育。

4. 不利于幼儿全面的发展

幼儿教育的"小学化"，只强调向幼儿灌输知识，轻视幼儿语言能力、数理逻辑能力、初步的音乐欣赏能力、身体各部位的运动能力、人际交往能力、自我评价能力、空间想象能力、自然观察能力、意志力、创造力等能力的培养，这必然不利于幼儿的全面发展。

5. 不利于幼儿的持续发展

幼儿教育"小学化"，一方面容易让幼儿感到疲劳，让幼儿产生厌学的情绪；另一方面，由于幼儿过早学习小学内容，在刚入小学时会出现"冒尖"现象，这容易让幼儿"吃老本"，形成不良的学习习惯，导致后劲不足。

（三）幼儿园"小学化"治理

7 政策法规
扫一扫，查看《教育部办公厅关于开展幼儿园"小学化"专项治理工作的通知》全文。

针对幼儿园"小学化"倾向给幼儿健康、学习带来的影响，教育部于2018年发布《教育部办公厅关于开展幼儿园"小学化"专项治理工作的通知》（以下简称《小学化专项治理通知》）。《小学化专项治理通知》要求各地通过自查摸排、全面整改和专项督查，促进幼儿园树立科学保教观念，落实以游戏为基本活动，坚决纠正"小学化"倾向，切实提高幼儿园科学保教水平，促进幼儿身心健康发展。

《小学化专项治理通知》对当前幼儿园"小学化"倾向提出了五个方面的治理任务。

1. 严禁教授小学课程内容

《小学化专项治理通知》要求幼儿园坚决禁止提前教授汉语拼音、识字、计算、英语等小学课程的内容，不得布置幼儿完成小学内容的家庭作业，不得组织与小学内容有关的考试测验。社会培训机构也不得以学前班、幼小衔接等名义提前教授小学内容。

2. 纠正"小学化"教育方式

《小学化专项治理通知》要求幼儿园不能以课堂集中授课为主要方式，组织安排一日活动，不得以机械背诵、记忆、抄写、计算等方式，进行知识技能性强化训练。强调以幼儿为本，尊重幼儿的学习兴趣和需求，以游戏为基本活动，灵活运用集体、小组和个别活动等多种形式，合理安排和组织幼儿一日生活，同时让幼儿在活动中通过亲身体验、直接感知、实践操作，进行自主游戏和学习探究。

3. 整治"小学化"教育环境

《小学化专项治理通知》要求幼儿园调整未按规定创设多种活动区域（区角），未提供充足的玩教具、游戏材料和图书，缺乏激发幼儿探究兴趣、强健体魄、自主游戏的教育环境；同时要求幼儿园合理利用室内外环境，创设开放的、多样的区域活动空间，配备必要的符合幼儿年龄特点的玩教具、游戏材料、图画书；充分利用本地生活和自然资源，遴选、开发、设计一批适宜幼儿的游戏活动，丰富游戏资源，满足幼儿开展游戏活动的基本需要。

4. 解决教师资质能力不合格问题

《小学化专项治理通知》要求幼儿园督促不具备幼儿园教师资格的教师，参加专业技能补偿培训，并通过考试取得幼儿园教师资格证。对于不适应科学保教需要，习惯于"小学化"教学的幼儿园教师，要通过开展岗位适应性规范培训，提高他们的科学保教能力。

5. 小学坚持零起点教学

《小学化专项治理通知》要求纠正小学起始年级未按国家课标规定实施零起点教学，压缩课时、超前超标教学，在招生入学中面向幼儿组织小学内容的知识能力测试，以幼儿参加有关竞赛成绩及证书作为招生依据等做法。

此外，《小学化专项治理通知》对治理"小学化"倾向的步骤和实施方式进行了明确的规定。

微案例

贵州某县为了治理本县幼儿园的"小学化"倾向，出台了治理方案。在方案中明确了治理的内容：①幼儿游戏活动条件情况；②幼儿一日活动安排情况；③保教队伍资质能力情况；④向家长宣传科学育儿理念情况；⑤建立自查自纠考核机制情况。为了落实这项工作，该县成立了专项治理小组，然后根据幼儿园"小学化"自查、摸排和治理情况，以及教师培训需求，本着"缺什么，补什么"的原则，开展新教师入职培训和民办幼儿园园长专项培训、转岗教师岗位培训、师德师风和安全知识培训，同时该园通过以集团化办园为依托，落实科学保教要求，来杜绝幼儿园"小学化"行为的发生。此外，该县还落实乡镇督学责任，把纠正"小学化"问题作为督导的重要内容，建立定期督导与报告制度；要求对办园行为不规范、存在"小学化"倾向的幼儿园责令限期整改。通过治理行动，该县幼儿园的"小学化"倾向得到了治理。

三 推进幼小衔接的政策

8 政策法规
扫一扫，查看《关于大力推进幼儿园与小学科学衔接的指导意见》全文。

为了全面贯彻党的教育方针，落实立德树人根本任务，深化基础教育课程改革，建立幼儿园与小学科学衔接的长效机制，全面提高教育质量。教育部于 2021 年 3 月颁布了《关于大力推进幼儿园与小学科学衔接的指导意见》（以下简称《幼小衔接指导意见》），与此同时，还颁布了《幼儿园入学准备指导要点》和《小学入学适应教育指导要点》两个指导性文件。

（一）《幼小衔接指导意见》的主要内容

1. 指导思想与原则

《幼小衔接指导意见》要求在推进"幼小衔接"工作时，应以习近平新时代中国特色社会主义思想为指导，全面贯彻党的教育方针，落实立德树人根本任务，遵循儿童身心发展规律和教育规律，深化基础教育课程改革，建立幼儿园与小学科学衔接的长效机制，全面提高教育质量，促进儿童德智体美劳全面发展和身心健康成长。

为此，应坚持以下四个原则。

（1）以儿童为本原则，即在做好"幼小衔接"时，应关注儿童发展的连续性和整体性，尊重儿童的原有经验和发展差异，帮助儿童做好身心全面准备和适应。另外，还应关注儿童发展的可持续性，培养有益于儿童终身发展的习惯与能力。

（2）双向衔接原则，即幼儿园和小学要强化衔接意识，协同合作、科学地做好入学准备和入学适应，促进儿童顺利过渡。

（3）系统推进原则，即"幼小衔接"要整合多方教育资源。行政机构、教科研机构、小学和幼儿园统筹联动，家园校共育，形成合力。

（4）规范管理原则，即要建立动态监管机制，加大治理力度，纠正和扭转校外培训机构、幼儿园和小学违背儿童身心发展规律的做法和行为。

2. 工作目标与任务

《幼小衔接指导意见》确定"幼小衔接"的目标为：全面推进幼儿园和小学实施入学准备和入学适应教育，减缓衔接坡度，帮助儿童顺利实现从幼儿园到小学的过渡；幼儿园和小学教师及家长的教育观念与教育行为明显转变，幼小协同的有效机制基本建立，科学衔接的教育生态基本形成。

为了实现上述目标，确定了三个重点任务：改变衔接意识薄弱、改变过度重视知识准备和改变衔接机制不健全的状况。

3. 主要举措

为了科学做好"幼小衔接"，《幼小衔接指导意见》列出五方面的举措。

（1）幼儿园做好入学准备教育

《幼小衔接指导意见》要求幼儿园贯彻落实《3—6岁儿童学习与发展指南》和《幼儿园教育指导纲要（试行）》，促进幼儿身心全面和谐发展，为入学做好基本素质准备，为终身发展奠定良好基础；要求教师在大班下学期有针对性地帮助幼儿做好生活、社会和学习等多方面的准备，让幼儿对小学生活产生积极期待和向往，同时禁止将小学内容搬到幼儿园。

（2）小学实施入学适应教育

《幼小衔接指导意见》要求小学将入学适应教育作为深化义务教育课程教学改革的重要任务，纳入一年级教育教学计划，教育教学方式与幼儿园教育相衔接，国家课程主要采取游戏化、生活化、综合化等方式实施，强化儿童的探究性、体验式学习。

（3）建立联合教研制度

《幼小衔接指导意见》要求各级教研部门把幼小衔接作为教研工作的重要内容，纳入年度教研计划，推动建立幼小学段互通、内容融合的联合教研制度。

（4）完善家园校共育机制

《幼小衔接指导意见》要求幼儿园、小学与家长建立有效的家园校协同沟通机制，引导家长与幼儿园和小学积极配合，共同做好衔接工作；教师要及时了解家长在入学准备和入学适应方面的困惑问题及意见建议，帮助家长认识过度强化知识准备、提前学习小学课程内容的危害，缓解家长的压力和焦虑。

（5）加大综合治理力度

《幼小衔接指导意见》要求各级教育部门会同有关部门持续加大对校外培训机构、小学、幼儿园违反教育规律的行为的治理力度，开展专项治理。同时，要求落实国家有关规定，校外培训机构不得对学前儿童违规进行培训。

为了使幼小衔接工作有序进行，《幼小衔接指导意见》对"幼小衔接"工作进度和组织实施也作出了明确的规定。

微案例

> 子墨是小学一年级的小朋友，个子不高，长得很结实，白净的脸上架着一副黑框远视镜，看上去文质彬彬。今天是小学开学的第一天，他很快熟悉了小学，并在教师指导下，完成第一天各个学科的学习，第一周过后，他适应了小学生活和学习要求。而这时很多小朋友课堂上听讲不专注，随意进出教室，和同桌讲话，做小动作，有的连准时到校都无法做到。后来其他家长来向子墨的家长请教经验。子墨家长说："我没有特别地引导，全是子墨上幼儿园时老师重视与小学衔接。"子墨原来上的幼儿园是一所示范园，该园一直把幼小衔接工作融入三年幼儿生活和教育活动，特别是对于大班小朋友，更是作为重要工作来抓。子墨上大班时，张老师为了落实幼小衔接工作，开展了幼小衔接主题活动，比如，张老师组织小朋友到小学参观，体验一天小学生活，召开家长会，让家长理解幼小衔接的重要性，如何让幼儿过渡适应小学生活等活动。

（二）《幼儿园入学准备教育指导要点》的主要内容

9　政策法规
扫一扫，查看《幼儿园入学准备教育指导要点》全文。

《幼儿园入学准备教育指导要点》（以下简称《入学准备指导要点》）要求幼儿园深入贯彻落实《3—6岁儿童学习与发展指南》和《幼儿园教育指导纲要（试行）》，充分尊重幼儿身心发展规律和特点，实施科学的保育教育，同时将入学准备教育有机渗透于幼儿园三年保育教育工作的全过程，帮助幼儿做好身心各方面的准备，实现从幼儿园到小学的顺利过渡。

1. 指导原则

《入学准备指导要点》提出了幼儿园入学准备工作原则：全面准备、把握重点和尊重规律。

(1) 全面准备

全面准备原则就是幼儿入学准备教育，要以促进幼儿身心全面和谐发展为目标，注重身心准备、生活准备、社会准备和学习准备几方面的有机融合和渗透。

(2) 把握重点

把握重点原则就是幼儿园应从小班开始，逐步培养幼儿健康的体魄、积极的态度和良好的习惯等身心基本素质。同时，应根据大班幼儿即将进入小学的特殊需要，培养幼儿社会交往、自我调控、规则意识、专注坚持等进入小学所需的关键素质。

(3) 尊重规律

尊重规律原则就是幼儿园应充分理解和尊重幼儿学习方式和特点，把入学准备教育目标和内容要求，融入幼儿园游戏活动和一日生活，支持幼儿通过直接感知、实际操作和亲身体验等方式积累经验，逐步做好身心各方面的准备。

2. 指导要点

《入学准备指导要点》从身心准备、生活准备、社会准备和学习准备提出了指导要点。

(1) 身心准备

身心准备的指导，包括"向往上学""情绪良好""喜欢运动"和"动作协调"等四个方面。具体而言，包括幼儿应初步了解小学，对小学生活充满期待，愿意为入学做准备；能经常保持积极、稳定的情绪，不乱发脾气；能积极参加多种形式的户外活动；手部动作协调，能使用简单的工具和材料。

(2) 生活准备

生活准备的指导，包括"生活习惯""生活自理""安全防护""参与劳动"四个方面。具体而言，包括幼儿要保持规律作息，保持良好的个人卫生；能按需喝水、如厕、增减衣服，坚持自己的事情自己做，能管好自己的物品，有初步的时间观念，做事不拖沓；能自觉遵守基本的安全规则和交通规则，有自我保护的意识，知道基本的安全知识；能主动承担并完成班级劳动，以及能做一些力所能及的家务劳动。

(3) 社会准备

社会准备的指导，包括"交往合作""诚实守规""任务意识""热爱集体"四个方面。具体而言，包括幼儿应能和同伴友好相处，乐于结交新朋友，能与同伴分工合作，共同完成任务；遇到困难互帮互助，发生冲突时尝试协商解决；能主动向老师表达自己的想法和需求；能遵守游戏和日常生活中的规则，知道要做诚实的人；理解老师的任务要求，能自觉、独立完成老师安排的任务；喜爱自己的班级和幼儿园；愿意为集体做出贡献，初步形成爱家乡、爱祖国的情感。

(4) 学习准备

学习准备的指导，包括"好奇好问""学习习惯""学习兴趣""学习能力"四个方面。具体而言，包括幼儿对大自然和身边的新事物感兴趣，有好奇心和探究欲，乐于动手动脑；能专注地做事，在提醒下能集中注意力；能坚持做完一件事，遇到困难不放弃，乐于独立思考并敢于表达；做事有一定的计划性；喜欢阅读，乐于和他人一起看书讲故事；对生活情境中的文字符号感兴趣，愿意用图画、符号等方式记录自己的想法和发现；愿意用数学的方法尝试解决生活和游戏中的问题；在集体情境中能认真听并能听懂他人说话，有疑问时能主动提问；能较清楚地讲述一件事情，能说出图画书的主要情节，并有自己的理解和想法；在绘画、拼图等活动中，能识别上下、左右等方位；能认识并书写自己的名字；能在教师指导下，尝试运用数数、排序、简单的统计和测量等数学方法解决日常生活中的问题。

（三）《小学入学适应教育指导要点》的主要内容

10　政策法规
扫一扫，查看《小学入学适应教育指导要点》全文。

《小学入学适应教育指导要点》以促进儿童身心全面适应为目标，围绕儿童进入小学所需的关键素质，提出身心适应、生活适应、社会适应和学习适应四个方面的内容。

1. 入学适应的内容

（1）身心适应

它包括"喜欢上学""快乐向上""积极锻炼""积极向上"四个方面的内容。具体来说，包括儿童进入小学一年级后，要能记住校名和班级，知道自己是一名小学生，愿意了解校园环境，积极参加活动；能保持积极快乐的情绪，愿意尝试自己解决学习和生活上的问题；喜欢参与体育活动，养成坚持参加体育锻炼的习惯；能熟练使用常用工具。

（2）生活适应

它包括"生活习惯""自理能力""安全自护""热爱劳动"四个方面。具体来说，包括儿童进入小学一年级后，要养成早睡早起的好习惯，能逐步适应小学的作息时间；能做基本的自我服务，照料好自己，学会及时收纳、分类管理好自己的物品，做好课前准备；认识安全标识，学会简单的自救和求救的方法，能安排好课间活动，不做危险游戏；积极主动参加劳动，能分担家务劳动，做事认真负责，有始有终。

（3）社会适应

它包括"融入集体""人际交往""遵规守纪""品德养成"四个方面的内容。具体来说，包括儿童进入小学一年级后，应能逐步融入班集体，积极参加集体活动，能感受集体生活的快乐；愿意主动接近老师，有问题能找老师寻求帮助，能与同伴友好相处，能与同学分工合作完成任务，发生冲突时会协商解决；了解并遵守《小学生日常行为规范》和校规的基本要求，能积极参与班级及各类活动规则的制定；能初步分辨是非，做了错事能承认和改正，喜欢集体生活，爱护班级荣誉，具有爱家乡、爱祖国的情感。

（4）学习适应

它包括"乐学好问""学习习惯""学习兴趣""学习能力"等四个方面。具体而言，包括儿童进入小学一年级后，要能在观察、阅读、互动讨论等情境中，发现问题、提出问题；能够对不懂的现象进行追问和探究；能专注做事，有意识地调整注意力；做事有计划性，逐步学会合理安排生活和学习；遇到困难，经常积极寻找解决办法；对新知识、新环境感兴趣，积极参加各类活动；喜欢看书，积极参加与阅读有关的活动；愿意用数学的方法，解决生活中的简单问题；能领会同学和老师说话的主要内容，并能积极做出回应；喜欢阅读，对感兴趣的人物和事件有自己的理解和想法，能随着作品的展开，产生相应的情感体验；能较完整地讲述小故事，能简要讲述自己感兴趣的见闻；乐于在阅读的语境中识字，认识汉字的笔画和间架结构，初步掌握写字的基本笔画、笔顺；能在日常生活中发现并提出简单的数学问题，尝试用不同的方法解决。

2. 小学适应教育的指导要点

为了做好"幼小衔接"工作，《小学入学适应教育指导要点》要求做好以下几方面的工作。

（1）学校要为儿童适应做好准备

小学应树立衔接意识，主动了解幼儿园教育特点，调整一年级的课程教学及管理方式，创设包容和支持性的学校环境，最大程度消除儿童的陌生体验和不适，促进儿童以积极愉快的情绪投入小学生活。

（2）关注学生个体差异

要充分理解和尊重新生在原有经验、发展速度和发展水平上的差异，有针对性地为每个儿童提供个别化的指导和帮助，通过正面的肯定和鼓励，支持儿童不断获得积极的入学体验。

（3）设置入学适应期

小学一年级上学期，作为幼小衔接适应期，要关注新生的生理和心理需要，创设与幼儿园相衔接的班级环境，适度调整作息安排。

（4）坚持深入改革

小学应积极参与幼儿园的入学准备活动，实施与幼儿园相衔接的入学适应教育，合理安排一年级课程内容，改革教育教学方式，强化以儿童为主体的探究性、体验式学习，为每个儿童搭建成长适应的阶梯。同时，改革一年级的教学评价方式。

课证融通

1. 【2021年真题】为了更好地满足家长们提供的幼小衔接要求，幼儿园大班教师张某在最后一个学期，以拼音、20以内数的加减法等作为主要教学内容，张某的做法（ ）。

A. 正确，张老师有决定教学内容的权利　　B. 正确，张老师有效回应了家长的要求

C. 不正确，幼儿园不得教授小学的内容　　D. 不正确，幼小衔接应在入园时开始

2.【2021年真题】某公立幼儿园为增加收入，与某培训机构围绕幼小衔接联合举办了一系列线上线下相结合的辅导活动，解决了经费难题。幼儿园的做法（　　）。

　　A. 落实了幼小衔接的政策要求

　　B. 探索出了开放办园的新路径

　　C. 违反了《幼儿园工作规程》的相关规定

　　D. 违反了《中华人民共和国未成年人保护法》的规定

3.【2018年真题】某幼儿园在上学期为大班开设了小学一年级语文、数学课程。该幼儿园的做法（　　）。

　　A. 正确，幼儿园有权安排教学活动　　B. 不正确，这些内容应设在大班下学期

　　C. 正确，有利于实现幼小衔接　　D. 不正确，不利于幼儿的身心发展

4.【2017年真题】手工制作后，孩子们都开心地把作品拿在手里。小明兴高采烈地奔向老师，举起手里的作品向老师炫耀，可是老师瞟了一眼说："看你做的是什么呀，难看死了。"老师的做法（　　）。

　　A. 正确，从小培养幼儿的认真态度　　B. 正确，从小对幼儿进行挫折教育

　　C. 不正确，挫伤幼儿的创造热情　　D. 不正确，扼杀幼儿的竞争欲望

5.【2017年真题】某幼儿园一直注重教育质量，选择《唐诗三百首》对幼儿进行详细讲解、认读、听写，部分家长对此很满意。该幼儿园的做法（　　）。

　　A. 不正确，忽视幼儿教育生活化　　B. 不正确，忽视幼儿教育均衡化

　　C. 正确，提升幼儿语言能力　　D. 正确，打牢幼儿知识基础

6.【2015年真题】在幼儿园阶段，不适合幼儿学习的内容是（　　）。

　　A. 听故事　　B. 洗手如厕

　　C. 和同伴一起游戏　　D. 学习10以上的加减法

7.【2015年真题】某幼儿园将识字作为本园基本活动，这种做法（　　）。

　　A. 正确，有利于帮助幼儿获得知识

　　B. 正确，有利于提高教育水平

　　C. 不正确，幼儿园不能进行教学活动

　　D. 不正确，幼儿园应当以游戏为基本活动

11　课证融通
扫一扫，查看参考答案。

课内实训

一、项目任务

1. 实训情境

雪莲幼儿园经过一个学期的学前教育政策法规的学习，领导层转变了办学思想，老师们对学前教育的法规和政策的认知，有了明显的提高。但是，如何提高幼儿园保教质量，克服幼儿园保教的"小学化"，以及如何做好幼小衔接工作，老师们还是把握不准，甚至还有点担心。很多家长还是希望幼儿在园学会算数、认字和写字，并以此来判断教师的优劣。另外，幼儿园现有的评价标准尚没有更新，老师们担心学期结束时，幼儿园还是以原来的标准来考核他们。老师们多年养成的"小学化"教学习惯，导致他们对提高保教质量，开展幼儿园保教改革动力不足。如何"破茧而出"，找出一条改进幼儿园保教质量之路，幼儿园领导层想到的还是先学习，希望通过学习，促进幼儿园各项工作的转变，提高教师开展保教改革的自觉性和主动性。当领导层统一意见后，园长找来了国家有关提升保教质量的政策性文件，如《幼儿园保育教育质量评估指南》《教育部办公厅关于开展幼儿园"小学化"专项治理工作的通知》《关于大力推进幼儿园与小学科学衔接的意见》等，然后再让一位美术功能较好的副园长，将这些文件图示化，让老师学习起来更加直观、有趣和方便。

2. 实训任务

请每个小组阅读上述文件，然后归纳出关键的内容，最后用"图说"的形式将文件的主要内容展示出来，最后汇编成册。

二、实训成果

"图说我国学前教育保教改革政策"小图册一份。

三、资源准备

1. 材料工具准备

（1）通过网络搜索上述文件；

（2）连接网络的计算机、办公软件或图书排版软件。

2. 知识准备

（1）《教育部办公厅关于开展幼儿园"小学化"专项治理工作的通知》《幼儿园保育教育质量评估指南》《关于大力推进幼儿园与小学科学衔接的意见》中关于学前教育提升幼儿园保教质量等相关知识；

（2）回顾《幼儿园教育指导纲要（试行）》相关教育指导的知识与要求，同时学习《3—6岁儿童学习与发展指南》的相关内容；

（3）掌握"图说……"文体的写作，并学会图文混排的各种版式。

3. 相关能力准备

（1）计算机操作及网络搜索能力；

（2）对文件的归纳能力；

（3）绘图和排版能力。

四、实训评价

请使用实训评价表（见"课外活动"后），进行自我评价或师生共同评价。

拓展阅读

一、《幼儿园办园行为督导评估办法》

为了建立和完善幼儿园督导评估制度，贯彻落实《幼儿园工作规程》，指导各地加强对幼儿园的科学管理，提高依法治教水平，促进幼儿园规范办园行为，维护幼儿合法权益，保障幼儿身心健康成长，国务院教育督导委员会办公室依据《教育督导条例》，于2017年4月发布了《幼儿园办园行为督导评估办法》（以下简称《评估办法》）及《幼儿园办园行为督导评估指标与要点》（以下简称《评估指标》）。

（一）《评估办法》制定的背景

12　政策法规
扫一扫，查看《幼儿园办园行为督导评估办法》全文。

《国家中长期教育改革和发展规划纲要（2010—2020年）》颁布实施以后，我国学前教育取得了跨越式发展，但在学前教育规模快速扩张的同时，办园条件差，教师队伍不稳定，办园行为不规范等问题依然存在，涉及幼儿的一些恶性事件时有发生，造成了恶劣的社会影响。因此，制定科学的督导评估标准和办法，全面开展幼儿园督导评估，督促和引导幼儿园规范办园，提高保育和教育质量显得十分必要和紧迫。

（二）《评估办法》的主要内容

《评估办法》共5章17条，对幼儿园办园行为督导评估的目的、原则、范围、周期、内容、组织实施和结果运用等作了具体规定。第一章主要对督导评估的目的、原则、范围和周期进行了规定，第二章明确了督导评估的内容，第三章明确了各级教育督导部门在幼儿园办园行为督导评估工作中的职责和督导评估工作程序，第四章强调了督导评估结果的运用，第五章为附则。这里重点介绍督导评估的内容。

《评估办法》规定对幼儿园办园行为督导评估的内容主要包括办园条件、安全卫生、保育教育、教职工队伍、内部管理五个方面。

（1）办园条件。主要考察幼儿园办园资质、办园经费、规模与班额、园舍与场地、设备设施、玩教具材料和图书等情况。

（2）安全卫生。主要考察幼儿园安全和卫生制度、膳食营养、卫生消毒、健康检查、疾病防控、安全教育、安全风险管控、校车及其使用等情况。

（3）保育教育。主要考察幼儿园教育理念与目标、教育内容与形式、教育计划与方案、活动组织实施、师幼关系等情况。

（4）教职工队伍。主要考察幼儿园园长、教师、保育员、卫生保健人员、炊事员和其他工作人员的数量及资格资质，教职工专业成长，师德师风建设和权益保障等情况。

（5）内部管理。主要考察幼儿园组织机构、管理机制、经费管理与使用、招生、家长参与幼儿园管理等情况。

（三）督导评估的原则

《评估办法》对幼儿园的督导评估要求坚持三个基本原则。

（1）以评促建原则，即要求加强对薄弱幼儿园的指导和监督管理，引导幼儿园遵循幼儿身心发展特点和规律，加强自身建设，提高保育与教育质量。

（2）客观公正原则，即要求以幼儿园实际情况为依据，督导评估程序透明，结果公开，接受社会监督。

（3）注重实效原则，即要求强化督导评估结果运用，为幼儿园提供指导和帮助，为决策提供依据和建议。

(四)《评估指标》的主要内容

《评估指标》根据《评估办法》规定的内容,确定了幼儿园行为督导评估的评估指标和评估要点。

1. 办园条件

评估要点:取得办园许可,证照齐全;幼儿园设置在安全区域,无危房,周边没有安全隐患;幼儿园规模、班额符合相关规定;园舍、户外场地等符合相关规定,区角设置合理;教学、生活、安全、卫生等设备设施齐全;玩教具、游戏材料和幼儿图画书数量充足,种类丰富,并符合国家相关安全质量标准和环保要求;有必要的办园资金和稳定的经费来源。

2. 安全卫生

评估要点:建立安全防护、检查和卫生保健制度,并落实到岗到人;提供安全卫生的饮用水,确保幼儿按需饮用温开水;膳食安全卫生,营养均衡;严格执行食品留样制度,儿童伙食与成人伙食分开;建立卫生消毒制度,按规定进行消毒;按要求对教职工进行健康检查,并取得健康证明;按规定开展幼儿健康检查,建立幼儿健康档案;有传染病防控制度和应对措施,发病率低;定期开展安全教育,对突发事故有预案和防控措施;校车及使用符合相关规定要求。

3. 保育教育

评估要点:遵循幼儿身心发展特点和规律,注重幼儿良好品质和习惯的养成,促进幼儿全面发展,因人施教;教师和保育员对幼儿态度亲切、温和,师生关系和谐,教职工无虐待、歧视、体罚和变相体罚、侮辱幼儿人格的行为,幼儿情绪积极稳定,快乐活泼;幼儿一日生活安排合理,活动形式多样,动静交替,室内室外活动兼顾;坚持以游戏为基本活动,充分保证幼儿游戏活动时间;注重引导幼儿直接感知、动手操作和亲身体验;内容适宜,不提前教授小学教育内容;计划明确,活动方案可操作,活动组织形式灵活恰当。

4. 教职工队伍

评估要点:教职工数量符合相关标准,资质符合相关要求;注重师德师风建设,遵守教师职业道德规范;教师教研和教职工培训内容适宜、形式多样,培训学时符合相关规定;按规定与教职工签订聘用或劳动合同,教师工资按时足额发放,并按规定缴纳相关社会保险,教师队伍稳定。

5. 内部管理

评估要点:实行园长负责制,组织机构和管理机制健全;实行收费公示制度,没有乱收费现象;执行财务制度,有独立账目、账目清楚;儿童伙食费专款专用,无克扣现象;规范招生,无入园考试或测试;家长参与幼儿园膳食、安全、保育教育等方面的管理。

二、"幼小衔接"主题活动案例

乐平市幼儿园"幼小衔接"主题活动

乐平市幼儿园借助2022年全国学前教育宣传月的机会,深入学习理解《关于大力推进幼儿园与小学科学衔接的指导意见》等相关政策后，科学合理制定了幼小衔接方案，积极与小学、家庭展开对话，统一合力方向，三方联动做好"幼小衔接"工作。具体来说，他们做了这些事。

1. 优化衔接，绵延"缓坡"

乐平市幼儿园在坚持儿童为本、双向衔接、系统推进原则的基础上，组织教师就"如何科学有效地做好幼小衔接"展开专题教研活动。围绕幼儿入学准备关键素质，开展了幼儿身心、生活、社会和学习四个方面的准备活动，探索出了一条属于自己的幼小衔接特色之路，将幼儿入小学的"陡坡"降为适宜的"缓坡"，完成生理心理的入学适应。它的具体做法如下。

（1）强体魄。让幼儿坚持每天户外活动两小时，强健幼儿体魄，磨炼他们的毅力。

（2）养习惯。精心安排幼儿一日生活，把入学准备贯穿于幼儿园三年保育教育的全过程，从幼儿入园开始，不断提升幼儿自我服务的能力。

（3）奠基础。教师在幼儿生活和活动中仔细观察，聆听孩子的声音，保护孩子的想法，及时抓住教育契机，开展生成性学习活动，引导幼儿梳理经验、学习调节矛盾、想办法解决问题。

2. 家庭互助，搭好"阶梯"

活动前期幼儿园向家长发放调查问卷，了解家长的困惑及建议，利用家长会、家园联系栏、公众号等多种形式普及幼小衔接相关知识。同时鼓励家长积极思考，助推孩子做好幼小衔接准备。

3. 小学接力，做好"续速"

乐平市幼儿园围绕孩子的生活习惯、劳动技能、学习习惯、注意力养成、"双减"下的幼儿园与小学教学模式等维度与小学展开交流，同时高质量开展一系列有效衔接的活动，如带领孩子们踏上了小学的探秘之旅，举办"我心中的小学"自主活动，开展"走进小学"参观活动、"走进课堂"体验活动、家长育儿知识培训等丰富多彩的幼小衔接零距离主题系列活动。通过这些问题，切切实实把衔接的"陡坡"变成"缓坡"，"高速"变成"续速"。

课外活动

1. 阅读下列案例，请根据《评估指南》为尚桥城幼儿园提供一套评估方案。

尚桥城幼儿园是一所民办幼儿园，为了巩固生源，他们每个学期都让家长来评价每个老师，只要是评价低的老师就扣除质量保证金，甚至解除劳动合同。老师对此颇有微词，但为了保留职位，也没有人反对。由于幼儿园评价以家长为主，导致老师们把主要精力用于维系家长关系。幼儿园也常常以家长的评价作为幼儿园办学的成果，向社会宣传。但是，随着国家《评估指南》的发布，教育行政部门要求幼儿园对原来的评价方案进行整改。

项目四 学前教育政策

2. 幼儿园的衔接工作除了幼儿园与小学的衔接外，还包括幼儿教育与0~3岁早期教育的衔接，请查阅相关资源，谈谈幼儿园教师如何做好与0~3岁早期教育的衔接。

13 视频资料

扫一扫，查看家园合作实训资源。

项目四 任务2实训评价表

A级（优秀）	B级（良好）	C级（及格）	D级（稍弱）	E级（较差）
1. 图册内容正确、完整，准确表达文件精神； 2. 结构合理、层次清楚，文字简洁、流畅； 3. 图册使用的图片合理，与文字内容吻合； 4. 图册的配色、字体格式美观	1. 图册内容正确、完整，表达了文件精神； 2. 结构合理、层次清楚，文字简洁； 3. 图册使用的图片合理，与文字内容相符； 4. 图册的配色、字体格式美观	1. 图册内容正确，表达了文件的主要精神； 2. 结构合理、有层次感，文字通顺； 3. 图册使用的图片合理，与文字内容相关； 4. 图册的配色、字体格式合理	1. 图册内容正确，表达了文件的部分精神； 2. 结构合理、文字通顺； 3. 图册使用的图片合理，与文字内容相关； 4. 画册注意了配色、字体格式	1. 图册没有抓住文件的精神； 2. 结构不合理、文字不通顺； 3. 图册使用的图片合理，与文字内容无关； 4. 图册没有美化排版
学生自评	（　）级，符合（　）级第（　）条			
小组评价	（　）级，符合（　）级第（　）条 建议：			

第二篇 幼儿园教师职业道德篇

- 项目五　幼儿园教师职业道德与伦理
- 项目六　幼儿园教师职业道德实践

项目五　幼儿园教师职业道德与伦理

◇ **学习目标**

1. 掌握《幼儿园教师违反职业道德行为处理办法》和《新时代幼儿园教师职业行为十项准则》等相关职业道德的法规条文内容。

2. 理解职业道德的基本概念与特征，掌握职业道德规范的内容和原则，并且能够运用这些知识分析幼儿园教师职业道德的案例。

3. 掌握伦理的基本概念、特征，伦理与道德的区别，理解教师伦理的关系以及保教伦理、家园合作伦理和科研伦理的内容。能够运用伦理知识分析当前教师的伦理困惑。

4. 借助道德与伦理知识的学习与运用，树立正确的职业道德观和教师专业伦理观。

◇ **情境导入**

2021年教育部公开曝光8起违反"教师职业行为十项准则"的典型案例，其中有一个案例与幼儿园教师有关。2021年4月，彭某某在课上将幼儿石某某掉落的鞋子踢还给本人，击中嘴巴导致该幼儿乳牙受伤掉落。彭某某的行为违反了《新时代幼儿园教师职业行为十项准则》第六项规定。根据《幼儿园教师违反职业道德行为处理办法》等相关规定，给予彭某某辞退处理，扣发当月工资，向幼儿及其家属道歉，在幼儿园教职工会上作出检讨。对幼儿园负责人进行约谈，对园区年度评估作降级处理，并在教育系统内进行通报批评。

另外一个案例虽然不涉及幼儿园教师，但是稍不注意，幼儿园教师也容易犯此类错误。该案例反映陕西省宝鸡市扶风县第三小学教师赵某某体罚学生的问题。2021年3月5日，因某学生作业中一道数学题未带计量单位，赵某某欲用卷成筒状的书本打手训诫，在该生闪躲后，赵某某将书从讲台扔向该生，导致该生右侧面部软组织挫伤，右眼及面颊部挫伤。其行为违反了《新时代中小学教师职业行为十项准则》第五项规定。根据

《中国共产党纪律处分条例》《事业单位工作人员处分暂行规定》《中小学教师违反职业道德行为处理办法（2018年修订）》等相关文件，给予赵某某党内严重警告、降低专业技术职务等级的处分，并调离教师岗位。对学校校长给予全县通报批评，责令其向县教体局作出书面检查。

此外，2020年教育部还曝光宁夏回族自治区永宁中学教师吴某案例，也足以引起我们的注意。2020年4月16日，吴某在上网课点名时，要求学生实名登录，一学生以"肖战糊了"的网名登录后，吴某在对其进行批评教育时方式不当，言语有失教师职业身份，造成不良影响。吴某的行为违反了《新时代中小学教师职业行为十项准则》第四项规定。根据《中小学教师违反职业道德行为处理办法（2018年修订）》等相关规定，给予吴某责令检查、全县教体系统通报批评、取消两年内评奖评优资格的处理。对学校校长在全县教体系统进行通报批评。

思考：阅读上述三个教育部曝光的教师违反"教师职业行为十项准则"的案例，你认为教师应该遵循什么样的职业道德？在工作中我们如何对待幼儿，如何对待违反纪律的幼儿？

任务1　认识幼儿园教师职业道德

一　幼儿园教师职业道德概述

（一）道德与职业道德

1. 道德

在我国古代，长期以来"道"与"德"是分开来使用的。"道"本义是指道路。许慎在《说文解字》中认为"道，所行道也"①。古人强调走路要"顺道而行"。后来，"道"指万事万物运行的规律，大自然的次序关系，进而又引申为做人的规矩、规范和原则等。"德"通"得"②。许慎解释

---

① 许慎. 说文解字 [M]. 北京：中华书局，2013.
② 许慎. 说文解字 [M]. 北京：中华书局，2013.

"得"为"行有所得也"①。其意是指道德的行为,一定是有益于他人,使他人有所"得"的行为。朱熹在《论语集注》将"德"解释为"德者得也,得其道于心,而不失之谓也"②。这里的"德"是指"得道",即明白宇宙万物的运行规律,然后按照自然规律去做人做事。第一次将"道德"一起使用的是荀子,他在《劝学》篇中提出:"故学至乎礼而止也,夫是之谓道德之极。"③ 这句话是说人们如果通过学习,然后知道按礼的规定去做,就算是达到了道德的最高境界了。从此以后,道德被赋予独立的内涵并被使用。

宋代思想家朱熹认为"道者,人之所共由,德者,己之所独得也"④。他从两个维度来定义"道德"。"道",是指人们应该遵循的规范或规则;"德",是指个体应该具有的内在品质。

道德,英文写作"Morality",它来源于拉丁语"Mores",意为风俗、习惯,也有规范、规则、行为品质和善恶评价之意。

《辞海》中将"道德"解释为"以善恶评价的方式调节人际关系的行动规范和人类自我完善的一种社会价值形态。社会意识诸形式之一"⑤。

对于这一概念我们可以从以下几个方面来理解。

(1)道德属于上层建筑范畴。它是在一定社会经济基础上产生的一种社会意识形态,是人类社会所特有的,由社会经济关系所决定,是社会经济关系的反映,并为社会经济基础服务。所以,正确地理解道德的本质,应该把握社会经济基础对道德的决定作用,以及道德作为一种特殊的社会意识形态对社会经济基础的能动作用。

(2)道德的调节手段是社会舆论、社会习惯和内心信念。道德是社会矛盾的调节器,人在社会生活中通过社会舆论、风俗习惯、内心信念等方面的善恶标准来调节、指导和纠正人与人之间的利益与行为,促进社会和谐。与法律相比,道德作为一种弹性手段,带有不确定性和灵活性。道德与法律在调节社会关系时相辅相成、相互促进、相互推动。

(3)道德的评价标准是善恶。"善"与"恶"是评价人的道德行为或事件的最一般的范畴。所谓善,是指某一行为或事件,符合一定社会或阶级的道德原则和规范所表达的要求;所谓恶,则是指某一行为或事件违背一定社会或阶级的道德原则和规范所表达的要求。善恶标准具有阶级性、时代性、民族性和相对性。从来就没有,也不可能有永恒不变的、普遍通用的绝对的善恶标准。在马克思主义看来,只有符合社会发展规律和最广大人民群众利益的道德原则和规范,才是判断行为善恶的客观的、科学的标准。

(4)道德既是一种社会规范,也是个人自我修养、个人品质与修养的反应。道德广泛存在于社会、职业、家庭和个人行为中,无论哪个社会阶段、社会行为和社会个体,都会打上道德的痕迹,

---

① 许慎.说文解字[M].北京:中华书局,2013.
② 朱熹.论语集注[M].北京:中国社会出版社,2013.
③ 王先谦.荀子集解[M].北京:中华书局,2012.
④ 黎靖德.朱子语类[M].北京:中华书局,2020.
⑤ 陈至立.《辞海》(缩印本)[Z].7版.上海:上海辞书出版社,2022.

比如教师要为人师表、商人要童叟无欺、家人要相亲相爱等。这些德行凝结在个人身上就形成了良好的个人品德。

2. 职业道德

职业道德是从业人员通过特定的职业活动所凝结的具有自身职业特点、比较稳定的，并影响和指导自身职业实践的价值观念、道德准则和行为规范的总和。它属于社会道德的一部分，是社会道德在职业活动和职业关系中的特殊表现形式。

职业道德具有以下特征。

（1）调节对象与范围的行业性和特定性

职业道德与人们的职业生活息息相关，表现出行业特性。职业道德的要求和准则，只在特定的职业范围内起作用，只能对从事或正在执行该行业该岗位职责的人，具有指导和规范作用，表现出特定性。

（2）道德内容的相对稳定性与连续性

职业道德的内容往往表现为某一职业所特有的道德传统和道德准则。一般来说，职业道德所反映的是本职业的特殊利益和要求，而这些利益与要求是人们在长期的、反复的特定职业社会实践中形成的。不同职业、不同利益和要求，通过长期积累，逐渐形成相对稳定的道德传统、道德观念以及道德规范、道德品质，进而形成职业道德相对的连续性和稳定性。像医生的宗旨是救死扶伤，军人是服从命令，商人则要诚信无欺，教师要为人师表，领导应以身作则等。

（3）道德调节的强制性

职业道德以职业责任和职业纪律等形式来约束职业活动中不道德的行为，批判和惩罚违背职业道德的人，从而使行业或职业活动符合社会的要求与规范。

（4）道德行为的实践性

职业道德是一种实践化的道德，职业道德与职业内容密不可分。职业行为过程也是职业实践过程；职业道德在调整职业关系、规范从业人员职业活动的具体行为、解决职业生活中的道德冲突等方面发挥重要作用，所以职业道德具有很强的实践性。

（二）教师职业道德的内涵与特征

1. 教师职业道德的内涵

教师职业道德是教师和一切教育工作者在从事教育活动中，必须遵守道德规范和行为规范的总和，是调节教师与他人、社会等关系时，所必须遵守的基本道德规范和行为准则，以及在此基础上所表现出来的道德观念、道德情操和道德品质。它是社会职业道德的有机组成部分，是一般社会道德在教师职业中的特殊体现。

2. 教师职业道德的特征

（1）全局性与全面性

从中央到地方政府各级领导部门十分重视教育事业。全党、全社会对教师素质和师德要求，远远地超出了社会其他行业，因而具有全局性。从教师职业道德的内容来看，教师职业道德包括职业理想、职业态度、职业责任、职业规范、职业良心、职业作风、职业情操等，具有全面性。

（2）示范性与教书育人统一性

教师的劳动对象是具有可塑性和模仿性强的儿童，他们会不自觉效仿教师的言行、为人处世的态度乃至教师的气质、习惯等。所以，教师职业道德具有示范性。另外，教师在职业活动中，不仅要教授学科知识，还要做学生的心理建设者、思想教育者、生活导师和道德引路人，因而体现出教书与育人的统一性。

（3）超前性与促进性

教育者必先受教育，要别人做到自己先做到。教师的培养对象是未来社会的建设者，要传授给学生先进的科学文化，教师必须先行提高自己的水平。同时，教师的品德、立场、观点影响着人才培养质量，教师必须先树牢"四个意识"，坚定"四个自信"和做到"两个维护"。所以，教师职业道德具有超前性。另外，教师职业道德并不是消极被动的，广大教师的道德面貌会影响到整个社会的精神面貌，从而对社会生活产生重要的促进作用：一方面幼儿带着在学校形成的道德面貌、理想境界、思想作风、业务水平走向社会的各行各业，学生的精神境界、道德水平如何，势必对社会产生重大影响；另一方面教师是社会的一员，生活在群体之中，他们以自己固有的思想品德待人处事，从而影响社会。

3. 教师职业道德范畴

教师职业道德范畴是教师职业道德体系中的重要组成部分。教师职业道德范畴是指那些概括和反映教师职业道德的主要特征，体现社会对教师职业道德的根本要求，并成为教师的普遍内心信念，对教师的行为产生影响的基本道德概念。其主要包括：教师良心、教师义务、教师公正、教师幸福和教师荣誉。

（1）教师良心

教师良心是指教师在对学生、家长、同事以及社会、学校履行职业义务的过程中，所形成的特殊的道德责任感和道德自我评价能力。良心是一种道德心理现象，其实质是个人对社会和他人的义务关系在人们意识中的自觉反应。孟子将恻隐、羞恶、恭敬、是非之心称为良心，他认为"恻隐之心，仁也；羞恶之心，义也；恭敬之心，礼也；是非之心，智也。仁义礼智，非由外铄我也，我固有之也，弗思耳矣。"[1] 后来孟子又提出："仁，人心也；义，人路也。舍其路而弗由，放其心而不知求，哀哉！人有鸡犬放，则知求之，有放心而不知求。学问之道无他，求其放心而已矣。"[2] 其意

---

[1] 钱逊. 孟子 [M]. 北京：中华书局，2018.
[2] 钱逊. 孟子 [M]. 北京：中华书局，2018.

思是主张人应当注意找回失去的良心。教师良心对教师道德行为具有导向作用，能增强教师对教育事业的使命感，促进教师生命价值的自我实现。

（2）教师义务

教师义务是指教师对学生、对社会等所承担的使命和应尽的责任。教师义务作为一个道德范畴，等同于教师使命、教师职责。它同法律范畴中的义务概念不同。法律范畴中的义务具有有偿性的特点，与权利相联系。教师在道德上的义务是无偿的。教师义务可以减少教育活动中的冲突，有利于教学任务的完成，对培养学生的义务意识和塑造教师高尚的"师格"具有积极作用。

（3）教师公正

教师公正是指教师在自己的教育活动中，对待不同利益关系所表现出来的公平和正义。教师公正有利于教师在学生中树立威信，培养学生优秀的道德品质与健康心理，促进良好校风和社会风气的形成。教师公正与教师良心和教师义务有着密切的联系。教师只有为人正直、处事公道、克服偏私，才能正确履行教师职业道德义务，培养正确的良心，保证教师行为的规范性。教师公正要求教师在教育活动中平等待人、坚持正义、坚持真理、坚持公正。

（4）教师幸福

教师幸福也称教育幸福，是指教师在自己的教育工作中自由实现自己的职业理想的一种教育主体生存状态，是教师在教育场景中一种高级的、愉悦的情感体验。教师幸福是教师通过对学生的价值引导以及学生的价值，自我构建而获得的幸福。它是一种特殊的反身性实践活动和特殊的价值诉求形式。所以，教师幸福不只是享受，也包含着创造；教师幸福不只是个人目标实现，也包含社会目标的实现；教师幸福不只是单一方面的满足，也包括多方面追索的实现。教师幸福的基本取向包括物质取向、精神取向和事业取向。

（5）教师荣誉

荣誉一般指由于成就和地位而得到广为流传的名誉和尊荣。它是社会组织给予的一种评价。教师荣誉是指社会对教师的道德行为的价值所作出的公认的客观评价和教师对自己行为价值的自我意识。它包括光荣的角色称号、无私的职业特点和高尚的人格形象。教师荣誉是教师道德行为的调节器，对教师道德行为具有导向和制约作用，它能更好地推动教师积极履行自己的义务，也可以促进教师自我道德的发展与完善。

微案例

小杰是幼儿园一个特殊的孩子，个头很小，说话不清，走路不稳，吃饭、大小便不能自理。由于爸爸在一次车祸中变成植物人，妈妈又要拼命地赚钱，没时间照料孩子，将孩子交给了残疾的奶奶，因而忽视了孩子的早期训练。刚来幼儿园时，小杰什么都不懂，什么都不会，成天只是傻笑，带班的缪老师没有嫌弃，用爱包容了孩子，把更多的爱给了他。手把手地教他吃饭、大小便；耐心地教他穿衣裤，鼓励他认读儿歌。当他有一点点进步，缪老师比谁都兴奋；当他有了一些良好的表现，她会在他的面前竖起大拇指。孩子的进步让她真正地体会到了一个幼儿教师所有的幸福和快乐。

二 幼儿园教师职业道德

（一）幼儿园教师职业道德的内涵与特征

1. 幼儿园教师职业道德的内涵

幼儿园教师职业道德是指幼儿园教师在教育过程中形成的，用以调节幼儿园教师与他人、社会、集体等相互关系时所必须遵循的基本道德规范和行为准则。幼儿园教师职业道德具有与其他职业道德相一致的方面，但也有不同于其他行业道德的特殊性。

2. 幼儿园教师职业道德的特征

（1）要求的高层次性

幼儿园教师的工作对象是3~6岁的幼儿，他们身心发展未成熟，各方面都处在快速成长阶段。这种教育对象的发展性，要求幼儿园教师不仅要关注幼儿身体的发展，同时还要关注幼儿心理、能力和素养的发展。因此，幼儿园教师需要更高的道德水平与更高的道德标准。

（2）工作的自觉性

幼儿园教师的劳动方式，常常是在无人监督的情况下进行的，具有很大的独立性和灵活性。另外，对于教师工作的质量考评，很难用统一的"量"的标准去衡量，更多地需要依靠幼儿园教师本人的自觉。幼儿园教师的这种劳动特点，要求幼儿园教师有高度的责任感和自觉性。

（3）行为的示范性

学龄前幼儿的可塑性和模仿能力强，加上幼儿在幼儿园与教师相处的时间相对较长，幼儿园教师的一言一行、一举一动，都对他们起着示范作用。幼儿园教师职业道德的示范性，要求幼儿园教师以身作则，为人师表，以正面积极的言行，成为学生的道德楷模。

（4）影响的深远性

学前儿童正处于道德品质形成的初期，幼儿园教师职业道德对他们的影响是深刻而持续不断的。幼儿园教师职业道德，不仅影响幼儿在幼儿园期间的成长，甚至还会影响他们的一生，影响他们的心灵、品德和个性。

（二）幼儿园教师职业道德原则

1. 幼儿园教师职业道德原则的概念

幼儿园教师职业道德原则是指幼儿园教师在教育职业活动中，正确处理各种矛盾、调整各种利益关系时应遵循的行为准则。幼儿园教师在教育职业活动中，除了要遵循一般教师所应遵循的忠诚于人民教育事业、以生为本、立德树人、为人师表、依法执教等原则以外，在教育职业活动中还应遵循一些特殊原则。

2. 幼儿园教师职业道德的特殊原则

（1）保教并重原则

幼儿园教师工作不仅包含教育工作，还包含保育工作。两者在幼儿园教师工作中有着同等重要的地位。贯彻保教并重原则，首先要求幼儿园教师同时做好教育工作和保育工作，并做到保教结合，实现"保中有教、教中有保"；其次要求幼儿园教师重视幼儿的一日生活活动指导、强化教学活动和游戏活动的开展。

（2）关爱幼儿原则

关爱幼儿是教育幼儿的前提，是幼儿园教师必备的情感品质，也是幼儿园教师必须遵循的职业道德原则。关爱幼儿要求幼儿园教师热爱幼儿，尊重幼儿，公平对待每一个幼儿，关心爱护全体幼儿。贯彻关爱幼儿原则，首先要求幼儿园教师为幼儿的学习和生活创造和谐、温馨、健康的环境，使幼儿在幼儿园中感到愉快、安全和自由；其次要求幼儿园教师呵护幼儿生命安全、身心健康发展；再者要求幼儿园教师在教育活动中，尊重幼儿个体差异，尊重幼儿人格和各项权利。

（3）尊重家长原则

家园合作是新时期深化幼教改革的必然趋势，也是贯彻落实《幼儿园教育指导纲要（试行）》的要求所在。搞好家园合作，幼儿园教师应充分尊重家长，热情为家长服务，使学校教育和家庭教育形成合力，共同促进幼儿的健康成长。贯彻尊重家长原则，要求幼儿园教师不歧视家长，对所有家长一视同仁，不训斥、指责家长，主动与家长联系沟通，取得家长的支持与配合，认真听取家长意见和建议。

（4）终身学习原则

终身学习是幼儿园教师的基本理念，也是幼儿园教师必须遵循的原则。终身学习原则是指教师坚持终身的自我学习，持续学习先进学前教育理论，了解国内外学前教育改革与发展的经验和做法，优化知识结构，提高文化素养，使自己成为业务精湛、幼儿喜爱的高素质教师。贯彻终身学习原则，要求幼儿园教师不断拓宽视野，不断更新知识、不断更新学习方式，在研究中学习、在实践中学习、在生活中学习，善于向不同对象学习。

> **微案例**
>
> 洪老师先后被评为镇上的优秀老师、德育先进个人和教研科研先进个人。他之所以能取得这么多荣誉，与他树立终身学习的理念有关，洪老师坚持阅读教育类专著如《学前教育学》《学前心理学》提升自己的理论修养，撰写读书笔记，经常浏览图书室的各类书籍和《学前教育》《幼教博览》《早期教育》等杂志来充实自己。同时他积极参加省、市级各项学习和培训，不断提高自身的业务素质。在省、市合作农村幼儿园骨干教师培训中所撰写的大班科学活动《小小大力士》评析在培训简报中刊登，得到全体学员的好评。

（三）幼儿园教师职业道德规范

幼儿园教师职业道德规范是指幼儿园教师从事职业活动时，依据教师职业道德基本原则，在调整教育过程中各种利益关系时所应遵循的共同行为准则。它是评价教师行为是非善恶的具体标准，是构成教师职业道德体系的基本要素。在幼儿园教师道德建设中，职业道德规范发挥着至关重要的作用。我国目前只制定了高校教师职业道德规范和中小学教师职业道德规范，而没有制定幼儿园教师职业道德规范。教育部2018年颁布的《幼儿园教师违反职业道德行为处理办法》也只列举应当处理的教师违反职业道德的行为。大多数幼儿园多以《幼儿园教师专业标准（试行）》中"专业理念与师德"的相关内容来规范幼儿园教师。它包括4个领域20个基本要求，其中涉及"师德"的内容如下。

1. 爱国守法

爱国守法是幼儿园教师从事教育活动的先决条件。爱国就是要热爱祖国，热爱人民，拥护中国共产党的领导，拥护社会主义，全面贯彻国家教育方针，为党育人，为国育才，树立办人民满意的教育的理念。守法是指幼儿园教师要认真学习宪法和法律，严格依照宪法和法律规范自己的言行，忠于人民的教育事业，依法履行教师职责、不得有违背党和国家方针政策的言行。

2. 爱岗敬业

爱岗敬业是幼儿园教师职业道德的出发点，也是幼儿园教师对待本职工作的基本品质。爱岗就是热爱自己的工作岗位，热爱本职工作；敬业就是要用一种恭敬严肃的态度对待自己的工作。对幼儿园教师来说，爱岗敬业，首先要求幼儿园教师能从思想上认识到自己职业的神圣使命，理解幼儿保教工作的意义，热爱学前教育事业，具有职业理想和敬业精神，并愿意为学前教育事业勤勤恳恳、任劳任怨，做出贡献；其次要求幼儿园教师忠于职守，自动自发地担当起幼儿园教师岗位职能设定的工作责任，优质高效地履行好各项义务，忠诚地遵守幼儿园教师职业的社会法则和道德规范，展示出高度的职业认同感；最后要求幼儿园教师具有团队合作精神，积极开展协作与交流。

项目五 幼儿园教师职业道德与伦理

3. 立德树人

立德树人是幼儿园教育的根本任务，也是幼儿园教育的核心。立德，就是坚持德育为先，通过正面教育来引导人、感化人、激励人。树人，就是坚持以人为本，通过合适的教育来塑造人、改变人、发展人。立德树人首先要求幼儿园教师善于抓住学生的心理特征，对学生的个性品质加以正确引导，其次要求幼儿园教师必须坚持德育为先，促进学生全面发展，把德育渗透于教育教学的各个环节，贯穿于学校教育、家庭教育和社会教育的各个方面，最后教师必须坚持培育学生健全的人格，关注学生的内心世界，塑造学生纯真完美的心灵。

4. 为人师表

为人师表是教师职业道德区别于其他职业道德的显著标志。为人师表是指教师在各方面都应该成为学生和社会上人们效法的表率、榜样和楷模。为人师表要求幼儿园教师在教育职业活动中遵守劳动纪律，尊重社会公德，举止文明礼貌，语言健康规范，衣着整洁得体，教态端庄大方，生活检点，作风正派，以身作则，注重身教。

5. 关爱幼儿

关爱幼儿是幼儿园教师职业道德的灵魂，是幼儿园教师的天职，也是教育学生的前提。关爱幼儿是指幼儿园教师应关心爱护幼儿。它要求幼儿园教师重视幼儿身心健康，将保护幼儿生命安全放在首位；尊重幼儿人格，维护幼儿合法权益，平等对待每一个幼儿。不讽刺、挖苦、歧视幼儿，不体罚或变相体罚幼儿；信任幼儿，尊重个体差异，主动了解和满足有益于幼儿身心发展的不同需求；重视生活对幼儿健康成长的重要价值，积极创造条件，让幼儿拥有快乐的幼儿园生活。

微案例

赵老师是幼儿园大（三）班的老师，新学期她的班上来了一名6岁的孩子，但是他患有癫痫病，智力发育不好，会说的话不多，从没有上过幼儿园，日常生活规则基本不会。班里的两位配班老师觉得他是一种负担。但是赵老师对她们说："每个孩子都有受教育的权利，放在我们班，是幼儿园相信我们一定能够带好他，给他更多的关爱。"然后她与两位配班老师达成共识，要给予孩子更多的关心与耐心，让他也能够像所有的孩子一样享受童年的快乐生活。经过她们的努力，孩子渐渐从排斥幼儿园到喜欢上幼儿园，喜欢班里的每位老师；从不吃幼儿园的饭到开始尝试自己动手吃，从坐不住到能和所有孩子一样安静坐着倾听，从不会自己如厕脱裤子到能自己提起裤子，幼儿的进步让她很感动和欣慰。感动与欣慰的不是她们的努力见到了成效，而是孩子自身有了很大的进步。孩子每天到幼儿园会跑到赵老师跟前说："老师早上好，我想你了。"一天，孩子的妈妈给她发了一条很长的信息："感谢幼儿园能给孩子一个入园的机会，感谢你们对孩子的关心和照顾，让孩子有了很大的进步，有了更多的快乐！"

6. 保教并重

1 视频资料
扫一扫，观看幼儿园一日生活。

保教并重是幼儿园教育的基本原则，也是幼儿园教师职业道德的实践形态。保教并重是指幼儿园教师要把促进幼儿的身体健康、养成幼儿的生活卫生习惯、培养幼儿的自理能力放在与幼儿的知识技能学习和智力发展同等重要的位置。保教并重要求幼儿园教师首先保护幼儿安全，安排好幼儿一日生活，科学照料幼儿的日常生活，做好幼儿的疾病预防和膳食营养工作，培养幼儿良好的生活卫生习惯和优秀的道德品质，帮助幼儿积累各方面的经验，发展幼儿各方面的能力；其次，要精心设计幼儿在园一日生活的各个环节，将教育灵活地渗透到一日生活中，能充分利用一日生活中的各种教育契机，对幼儿进行随机教育，真正做到教中有保，保中有教，相互渗透，有机结合；最后，要注意和保育员以及幼儿家长相互协调与配合，将保教并重原则贯穿于幼儿园教育的全部工作中。

7. 重视游戏

2 视频资料
扫一扫，观看幼儿园游戏。

游戏是幼儿的生活方式，也是幼儿园教育的主要活动形式。重视游戏是指幼儿园教师要认识到游戏对幼儿发展的独特价值，把学习活动与游戏结合起来，依据幼儿发展规律设计游戏，并将游戏作为幼儿的主要活动形式。重视游戏，首先要求幼儿园教师充分认识到游戏对幼儿发展的作用，将游戏作为幼儿的主要活动，并通过游戏促进幼儿自由自在地发展；其次要求幼儿园教师正确对待自己在幼儿游戏中的位置，教师是幼儿游戏活动的观察者、支持者、参与者，而不是游戏主导者和干预者；最后，它要求幼儿园教师提高自己支持、指导幼儿游戏的能力，努力提升自己的游戏精神。

8. 尊重家长

学前教育是家庭与幼儿园共同的事业，它需要家庭与幼儿园通力合作。尊重家长是指幼儿教师要尊重幼儿家长，热情为家长服务，使学校教育和家庭教育形成合力，共同促进幼儿的健康成长。尊重家长，要求幼儿园教师对所有家长一视同仁，不训斥、指责家长，主动与家长联系沟通，取得家长的支持与配合，认真听取家长的意见和建议，积极向家长宣传科学的教育思想和教育方法，帮助家长树立正确的教育观，强化服务意识，时时处处设身处地为家长着想，为家长解除后顾之忧。

9. 良好的个性修养

良好的个性修养是幼儿园教师顺利开展保教活动的必要条件，而且也会对幼儿的性格特征产生潜移默化的影响。良好的个性修养是指幼儿园教师必须具备的良好性格特征，富有爱心、责任心、耐心和细心，同时衣着整洁得体，语言规范健康，举止文明礼貌。良好的个性修养要求幼儿园教师做到乐观向上、热情开朗，有亲和力，善于自我调节情绪，保持平和心态，勤于学习，不断进取，衣着端庄、整洁、大方又不失活泼可爱，言行举止切忌语言粗俗、行为不检。

10. 终身学习

终身学习是幼儿园教师职业的现实要求，也是幼儿园教师成长与发展的必由之路。终身学习是指幼儿园教师要崇尚科学精神，树立终身学习理念，拓宽知识视野，更新知识结构，潜心钻研业务，通过探索创新，不断提高专业素养和教育教学水平。终身学习要求幼儿园教师热爱学习、对学习有积极态度；同时还要求幼儿园教师要从以教授知识为主，转变为以引导幼儿的学习为主，成为幼儿学习的帮助者、引导者。

三、幼儿园教师职业道德认知与情感

（一）幼儿园教师职业道德认知

1. 幼儿园教师职业道德认知概述

科尔伯格认为，道德教育绝不是背记道德条例或强迫守纪律，而是促进道德认知水平的发展，即一切德育的中心就是坚持发展道德认知力，并强调德育发展与认知发展有密切关系，认知发展是德育发展的基础。

幼儿园教师职业道德认知就是指幼儿园教师，在原来的职业道德知识的基础上，对个人与他人、社会的关系，以及调节这些关系的职业道德原则和规则的深刻理解与认识。

职业道德认知是一个从感性阶段到理性阶段的过程，同时也是道德概念掌握、道德评价发展和道德信念形成的过程。它以正确反映利益的道德范例为对象，以从认知对象中获得价值取向为目的。

2. 幼儿园教师职业道德认知培养途径

幼儿园教师职业道德认知发展受多种因素的影响，幼儿园教师可以通过以下途径来培养自己的道德认知。

（1）加强理论学习、增强自律意识

幼儿园教师应该通过理论学习，树立正确的世界观、人生观和价值观。坚定不移地热爱社会主义祖国、热爱人民教育事业，矢志教育，为人民教育事业而努力奋斗。同时还需要学习和掌握职业道德规范的真正内涵，养成终身学习的意识。

（2）在实践中深化职业道德认知

教育实践是幼儿园教师职业道德观念的来源。幼儿园教师只有通过躬身实践，才能把从实践中获得的道德认知，用以指导自己的实践活动，从而获得独特的道德内心体验，加深对职业道德认识的理解。

（3）优化幼儿园教师的思想观念认知结构

幼儿园教师应要切实摈弃自身观念认知结构中存在的认知水平落后、功利化、自卑、自傲和虚荣心理等不良组成部分，处理好专与博、雅与俗、苦与乐、美与丑、爱与恨、顺与逆，以及传统与现代等基本关系，继而逐步实现自身师德观念认知水平的发展与提升。

（4）增强幼儿园教师的责任感、专业知识与能力

通过让幼儿园教师阅读多样化的案例，引导和促进幼儿园教师认识和理解自身的社会责任感与荣誉感，积极主动地学习掌握学前教育的基本理论知识和基本应用技能，在持续改善优化自身专业工作能力条件下，实现自身师德认知水平的持续改善提升。

（5）引入社会主义核心价值观督导学生建构正确的三观

幼儿园教师应以习近平新时代中国特色社会主义思想为指导，加强中国历史知识教育、马克思主义理论体系知识教育，以及社会主义核心价值观教育，督导幼儿园教师建构形成正向科学合理的世界观、人生观和价值观，实现自身最优化的学习成长发展。

（二）幼儿园教师职业道德情感

1. 幼儿园教师职业道德情感概述

教师职业道德情感是伴随着教师的职业活动而产生的，是以职业道德认识为基础的。幼儿园教师职业道德情感是指幼儿园教师在教育活动中，对于他人和自己的行为举止，是否符合教师职业道德要求所产生的内心体验。幼儿园教师职业道德情感是一种高级的社会性情感，主要包括职业正义感、职业责任感、职业义务感、职业良心感、职业荣誉感和职业幸福感。

幼儿园教师职业道德情感具有丰富性、特殊性和时代性等特征。

幼儿园教师职业道德情感在职业道德要求内化的过程中起着评价作用、调节作用和信号作用。

2. 幼儿园教师职业道德情感培养途径

（1）情感互动，激发教师情感

在幼儿园教师职业道德教育过程中，不仅要对他们晓之以理，还要动之以情，即教育者以快乐、饱满、健康的情绪状态感染教育对象，以一颗爱心滋养、包容教育对象，以人格魅力吸引教育对象，激起教育对象的情感体验，培养教育对象的健康情感。

（2）以美育情，丰富教师情感

美育通过鲜明、生动的形象给人以美的享受的同时，还能起到净化心灵、陶冶情操的作用。幼

儿园教师职业道德教育，要善于以美育情，丰富教师的情感内容，陶冶其健康的情感。

（3）以理育情，深化教师情感

培养幼儿园教师职业道德情感，可以引导幼儿园教师深刻理解道德规范，掌握道德概念，在此基础上，通过加强对自身职业重要性和专业性的认识，来强化幼儿园教师的职业意识，深化他们的职业道德情感。

（4）以行育情，提升教师情感

道德行为和行为效果对道德情感具有检验和调节的作用。培养幼儿园教师职业道德情感，要鼓励幼儿园教师身体力行，将职业道德情感落实到具体行为中。

（5）以境育情，体悟教师情感

道德情感是在一定道德情境中产生的。要培养幼儿园教师职业道德情感，需要引导幼儿园教师全身心投入教育保育过程中，在与幼儿、家长交往的过程中逐渐培养起来，并借助体验、反思和创新，升华职业道德感。

四 幼儿园教师职业道德意志与行为

（一）幼儿园教师职业道德意志

1. 幼儿园教师职业道德意志概述

意志，在心理学上被定义为人自觉地确定目的并支配行动去克服困难以实现预定的目的的心理过程。在哲学上，意志是指人根据自己的意愿进行自我选择或自我决定的能力。

道德意志是指主体在道德活动中，为履行一定的道德义务和责任，根据某种道德原则来支配、调节、控制自己的道德观念和道德行为，克服困难、消除障碍，从而实现预定目标的精神力量和心理过程。

幼儿园教师职业道德意志是指幼儿园教师按照幼儿园教师职业道德的原则和要求，进行道德抉择和进行道德抉择时调节行为、克服困难的能力，以及在履行职业道德义务过程中，所表现出来的决心和毅力。幼儿园教师职业道德具有自觉性、果断性、自制性、坚韧性和能动性等特征。

幼儿园教师职业道德意志的形成，源于现实的道德实践，同时还依赖一定的心理机制，是人的自然形成、社会形成、心理形成综合而成的产物。它以一定的道德认知为前提，为一定的道德情感所驱动，并以一定的道德行为的实现为依归，它的形成过程一般经历产生道德动机、确立行动目标、选择道德行为方式和执行道德决定四个阶段。

2. 幼儿园教师职业道德意志培养途径

（1）提高道德认识与发展道德情感相结合，自觉而不盲动，促使职业道德意志自觉性发展。

(2) 实践训练与严格要求相结合，顽强而不顽固，促使道德意志坚持性发展。

(3) 明辨是非与客观评价相结合，果断而不独断，促使道德意志果断性发展。

(4) 树立榜样与舆论宣传相结合，自制而不呆板，促使道德意志自制性发展。

（二）幼儿园教师职业道德行为

1. 幼儿园教师职业道德行为概述

道德行为是指人们在一定道德意识的支配下，表现为有利或有害于社会和他人的行为。幼儿园教师职业道德行为可简称为幼儿园教师师德行为，它是指幼儿园教师在职业道德认知、情感、信念的支配下，在幼儿园教育活动中，表现出有利于或有害于幼儿个体、家庭、幼儿园教师集体、幼儿教育事业和社会的行为。师德行为可以分为良好的师德行为和不良的师德行为。

幼儿园教师职业道德行为表现出主体性和约限性、内隐性和外显性、选择性和责任性、监控性和操作性、示范性与教育性、传承性和可塑性等方面的统一。

幼儿园教师职业道德行为在道德认知的基础上产生，受教师职业道德情感和意志的支配和调节，信念是道德认知转化为道德行为习惯的关键。它是教师个体职业道德心理功能转化为社会效果、实现社会意义的唯一客观标志。

幼儿园教师职业道德行为包括教师职业道德语言、教师职业道德意志行动和教师职业道德习惯。

2. 幼儿园教师职业道德行为培养途径

(1) 树立高尚的职业道德和职业修养，严于律己、作风正派。

(2) 衣着打扮符合幼儿园教师的职业特点；语言规范、健康、做事文明礼貌；言谈举止大方得体，为人师表。

(3) 从小事做起，从自我做起，养成守纪守法的行为规范和行为习惯。

(4) 加强专业知识和专业技能的学习。幼儿园教师的专业知识与技能，是形成职业信念和职业道德行为的前提和基础，幼儿园教师职业道德行为的养成离不开知识的学习和技能的提高。

(5) 加强社会实践。职业道德行为的养成，离不开社会实践。丰富的社会实践是指导人们发展、成才的基础，是实现知行统一的主要场所，也是职业道德行为养成的根本路径。

(6) 完善职业道德考核机制，做到奖惩并重。

五 《新时代幼儿园教师职业行为十项准则》和《幼儿园教师违反职业道德行为处理办法》概要

（一）《新时代幼儿园教师职业行为十项准则》

《新时代幼儿园教师职业行为十项准则》（以下简称《行为准则》）是规范幼儿园教师职业行为

和提升幼儿园教师师德的重要文件。它不仅是新时代建设高素质、善保教的幼儿园教师队伍的重要举措，也为教师严格自我约束、规范职业行为、加强自身修养提供了基本遵循。

1. 《行为准则》发布的背景

为深入贯彻习近平新时代中国特色社会主义思想和党的十九大精神，深入贯彻落实全国教育大会精神，扎实推进《中共中央、国务院关于全面深化新时代教师队伍建设改革的意见》的实施，进一步加强师德师风建设，教育部2018年制定并发布了高校、中小学和幼儿园教师职业行为准则，《新时代幼儿园教师职业行为十项准则》是其中一部。

2. 《行为准则》的内容

（1）坚定政治方向。坚持以习近平新时代中国特色社会主义思想为指导，拥护中国共产党的领导，贯彻党的教育方针；不得在保教活动中及其他场合有损害党中央权威和违背党的路线方针政策的言行。

（2）自觉爱国守法。忠于祖国，忠于人民，恪守宪法原则，遵守法律法规，依法履行教师职责；不得损害国家利益、社会公共利益，或违背社会公序良俗。

（3）传播优秀文化。带头践行社会主义核心价值观，弘扬真善美，传递正能量；不得通过保教活动、论坛、讲座、信息网络及其他渠道发表、转发错误观点，或编造散布虚假信息、不良信息。

（4）潜心培幼育人。落实立德树人根本任务，爱岗敬业，细致耐心；不得在工作期间玩忽职守、消极怠工，或空岗、未经批准找人替班，不得利用职务之便兼职兼薪。

（5）加强安全防范。增强安全意识，加强安全教育，保护幼儿安全，防范事故风险；不得在保教活动中遇突发事件、面临危险时，不顾幼儿安危，擅离职守，自行逃离。

（6）关心爱护幼儿。呵护幼儿健康，保障快乐成长；不得体罚和变相体罚幼儿，不得歧视、侮辱幼儿，严禁猥亵、虐待、伤害幼儿。

（7）遵循幼教规律。循序渐进，寓教于乐；不得采用学校教育方式提前教授小学内容，不得组织有碍幼儿身心健康的活动。

（8）秉持公平诚信。坚持原则，处事公道，光明磊落，为人正直；不得在入园招生、绩效考核、岗位聘用、职称评聘、评优评奖等工作中徇私舞弊、弄虚作假。

（9）坚守廉洁自律。严于律己，清廉从教；不得索要、收受幼儿家长财物或参加由家长付费的宴请、旅游、娱乐休闲等活动，不得推销幼儿读物、社会保险或利用家长资源谋取私利。

（10）规范保教行为。尊重幼儿权益，抵制不良风气；不得组织幼儿参加以营利为目的的表演、竞赛等活动，或泄露幼儿与家长的信息。

3. 学习《行为准则》的基本要求

教育部在发布《行为准则》时，同时对学习《行为准则》提出的四点基本要求。

（1）准则是教师职业行为的基本规范

师德师风是评价教师队伍素质的第一标准。长期以来，广大教师能按《行为准则》要求规范职业行为，但也存在个别教师违反师德的行为。学习《行为准则》可以让教师明确新时代教师职业规范，为教师的职业行为划定基本底线，是培养高素质教师队伍的关键之举。

（2）立即部署，扎实开展《行为准则》的学习

教育部在发布《行为准则》的通知中，要求各地各校要立即行动，结合落实师德师风建设长效机制，要结合本地区、本学校实际进行细化，制定具体化的教师职业行为负面清单及失范行为处理办法，提高针对性、操作性；要求教师全面理解和准确把握，真正把教书育人和自我修养结合起来，时刻自重、自省、自警、自励，自觉，做以德立身、以德立学、以德施教、以德育德的楷模，维护教师职业形象，提振师道尊严。

（3）把准则要求落实到教师管理的具体工作中

教育部要求把好教师入口关，在教师招聘、引进时组织开展准则的宣讲，确保每位新入职教师知准则、守底线。要强化考核，在教师年度考核、职称评聘、推优评先、表彰奖励等工作中必须进行师德考核，实行师德失范"一票否决"制。

（4）以有力措施坚决查处师德违规行为

教育部要求各地各校按照准则及相应的处理指导意见、处理办法要求，严格举报受理和违规查处。对于发生准则中禁止行为的，要态度坚决，一查到底，依法依规严肃惩处，绝不姑息。

（二）《幼儿园教师违反职业道德行为处理办法》

3　政策法规
扫一扫，查看《幼儿园教师违反职业道德行为处理办法》全文。

良好的职业修养是教师职业道德最基本的要求。教师师德素养的高低直接关系到学生能否健康成长。但是，依然有个别教师在工作中玩忽职守、侵害幼儿的权利、索要家长财物，严重影响了广大教师的形象，败坏了教育风气。为此，出台《幼儿园教师违反职业道德行为处理办法》（以下简称《处理办法》）对于规范幼儿园教师职业行为具有重要的意义。

1.《处理办法》发布目的

为深入贯彻习近平新时代中国特色社会主义思想和党的十九大精神，深入贯彻落实全国教育大会精神，扎实推进《中共中央、国务院关于全面深化新时代教师队伍建设改革的意见》的实施，进一步加强师德师风建设，教育部于2018年11月颁布了《幼儿园教师违反职业道德行为处理办法》（以下简称《处理办法》）。

2.《处理办法》规定违反职业道德的行为

《处理办法》中规定以下教师违反职业道德行为将进行处理。

（1）在保教活动中及其他场合有损害党中央权威和违背党的路线方针政策的言行。

（2）损害国家利益、社会公共利益，或违背社会公序良俗。

（3）通过保教活动、论坛、讲座、信息网络及其他渠道发表、转发错误观点，或编造散布虚假信息、不良信息。

（4）在工作期间玩忽职守、消极怠工，或空岗、未经批准找人替班，利用职务之便兼职兼薪。

（5）在保教活动中遇突发事件、面临危险时，不顾幼儿安危，擅离职守，自行逃离。

（6）体罚和变相体罚幼儿，歧视、侮辱幼儿，猥亵、虐待、伤害幼儿。

（7）采用学校教育方式提前教授小学内容，组织有碍幼儿身心健康的活动。

（8）在入园招生、绩效考核、岗位聘用、职称评聘、评优评奖等工作中徇私舞弊、弄虚作假。

（9）索要、收受幼儿家长财物或参加由家长付费的宴请、旅游、娱乐休闲等活动，推销幼儿读物、社会保险或利用家长资源谋取私利。

（10）组织幼儿参加以营利为目的的表演、竞赛活动，或泄露幼儿与家长的信息。

（11）其他违反职业道德的行为。

3.《处理办法》处理方式

处理方式包括处分和其他处理。

处分包括警告、记过、降低岗位等级或撤职、开除。警告期限为 6 个月，记过期限为 12 个月，降低岗位等级或撤职期限为 24 个月，如果是中共党员的，同时给予党纪处分。

其他处理包括给予批评教育、诫勉谈话、责令检查、通报批评，以及取消在评奖评优、职务晋升、职称评定、岗位聘用、工资晋级、申报人才计划等方面的资格。取消相关资格的处理执行期限不得少于 24 个月。

课证融通

1.【2014 年真题】下图中，对于幼儿所送的礼物，教师应该（　　）。

A. 全部接受，在教师节时可以接受幼儿的所有礼物

B. 区别对待，对幼儿自制的小礼物可以适当地接受

C. 婉言谢绝，任何时候都不能接受幼儿的任何礼物

D. 婉言谢绝，尽量避免在公开场合接受幼儿的礼物

2.【2015年真题】汪老师平时对幼儿的大声喧哗、随地乱扔果皮的行为熟视无睹、不予理睬，有人参观或检查时才提出要求，该教师的做法(　　)。

A. 体现了宽容待生的教育要求　　　　B. 体现了严慈相济的教育原则

C. 忽视了幼儿良好习惯的养成　　　　D. 影响了幼儿学习成绩的提高

3.【2015年真题】宋老师发现很多幼儿的生活习惯不好，就创编了一些关于习惯培养的儿歌，这些儿歌很受幼儿欢迎，对他们的习惯养成产生了积极作用。宋老师的做法体现的师德规范是(　　)。

A. 廉洁从教　　　B. 公正待生　　　C. 举止文明　　　D. 探索创新

4.【2022年真题】小班的保育员徐老师正在照顾两个不肯吃饭的孩子，这时京京端着空碗还想吃饭，徐老师转头对正在使用电脑的陈老师说："帮京京盛一点饭。"陈老师回应："这是你的工作，我有我的事情要做。"陈老师的做法违背了教师职业道德要求的(　　)。

A. 关系性　　　B. 长期性　　　C. 协作性　　　D. 制度性

5.【202年真题】李老师组织绘画活动前，首先思考这次动对幼儿的意义，根据本班幼儿的年龄特点、接受能力判断本次活动的目标是否合适，活动过程能否引起幼儿的兴趣，活动后还进行了反思。李老师的行为体现的教师职业道德的(　　)。

A. 评价作用　　　B. 引导作用　　　C. 动力作用　　　D. 示范作用

6.【2021年真题】小豆五岁了，说话发音还是不太清楚。陈老师平时除了鼓励之外，还专门找了很多相关资料并制定了矫正方案。通过老师在日常生活中的教导，以及儿歌、绕口令的练习。小豆有了较大的进步，下列选项与该案例教师职业道德要求相符合的是(　　)

A."学而不思则罔，思而不学则殆。"

B."道而弗牵，强而弗抑，开而弗达。"

C."其身正，不令而行；身不正，虽令不从。"

D."圣贤施教，各因其材，小以小成，大以大成。"

7. **材料分析：** 小（二）班有个叫涛涛的孩子，因为有全家人的宠爱，自己的东西从来不让别人碰，还很任性。一天，幼儿园开展区域游戏活动，涛涛想去搭积木，可是建构区里已经挤了很多孩子，涛涛不管那么多，拼命往里挤，边挤边推正在堆积木的幼儿，嘴里还嚷嚷："你们让开，我先玩。"看见没有人让自己，他一屁股坐在地上大哭起来。这个过程被李老师看在眼里，李老师走过去将涛涛扶起来说："涛涛，你继续哭的话，那么多好玩的玩具你都玩不到的，不如我们先到别的地方玩，等一会儿再回来搭积木。"涛涛止住了哭声，点了点头，跟李老师走到另一个活动区玩起了拼图，一会儿就搭起小花来，涛涛开心地笑了。李老师趁机说："我们能不能邀请其他小朋友一起来拼出更有趣的图案呢？"涛涛点点头，高兴地跑去找小朋友了。之后，李老师有意引导涛涛和其他小朋友玩游戏，慢慢地，涛涛不再只顾自己的感受，也能与同伴分享玩具。

问题：结合材料，从教师职业道德的角度，评析李老师的教育行为。

4　课证融通
扫一扫，查看参考答案。

课内实训

一、实训任务

1. 实训情境

为了更好地开展师德警示教育，教育部公布了5个违反"幼儿园教师职业行为十项准则"的典型案例。

案例1：2019年11月，陈某某在幼儿园午休期间责令4名嬉戏打闹、影响他人休息的幼儿自己打自己嘴巴。

案例2：2019年12月，许某某、潘某某在保教过程中，拉扯幼儿、让幼儿自己打自己嘴巴。

案例3：2020年9月，苏某某在协助班主任组织幼儿活动的过程中，将1名幼儿带至教室外掌掴。

案例4：2019年1月25日，外籍教师在学生午休期间，趁机对1名女童进行猥亵，检察院依法对其批准逮捕，法院以猥亵儿童罪判处其有期徒刑5年，待其刑满后将被驱逐出境。当地教育部门约谈相关负责人，责令整改，要求该幼儿园规范办园行为，强化师德师风建设，严把教师尤其是外籍教师聘用程序。

案例5：2020年11月，潘某某在制止幼儿追逐的过程中将幼儿拎起落地，致其左手大拇指受伤，后受伤幼儿的家长对潘某某实施了殴打。

2. 实训任务

请你从教师职业道德角度，依据《幼儿园教师违反职业道德行为处理办法》和《新时代幼儿园教师职业行为十项准则》相关内容，制作师德警示宣传画。

二、实训成果

每个小组提供1份宣传策划文档和原创作品，要求内容准确、分析到位。

三、实训准备

1. 材料工具准备

连接网络的计算机、Office 或 WPS 等软件。

2. 知识准备

（1）幼儿权利保护的相关知识

明确幼儿保护的概念：保护儿童免受歧视，免受身体及经济剥削和虐待，免受战乱、遗弃和照顾疏忽；当儿童有需要时，随时提供适当的照顾及康复服务，其他可参见之前相关章节。

（2）职业道德的相关知识

《处理方法》和《行为准则》中与案例相关的内容。

（3）宣传画的相关知识

宣传画又叫作招贴画，主要用来宣传鼓舞和烘托气氛。宣传画要求主题突出、风格明确、形象鲜明，并且色彩鲜艳。宣传画一般带有醒目的、号召性的、激情的文字标题，故要使用图文结合的方式进行构图。

3. 相关能力准备

（1）网络搜索能力；

（2）计算机操作能力；

（3）Office 或 WPS 软件操作能力。

四、实训评价

请使用实训评价表（见"课外活动"后），进行自我评价或师生共同评价。

> **拓展阅读**
>
> 一、《广东省中小学幼儿园教师违反职业道德行为处理工作指引》
>
> 为进一步规范广东省中小学幼儿园教师的职业道德行为，保障教师和学生的合法权益，广东省

根据《中华人民共和国教育法》《新时代幼儿园教师职业行为十项准则》《教育部关于中小学教师违反职业道德行为处理办法（2018 年修订）》制订了《广东省中小学幼儿园教师违反职业道德行为处理工作指引》（以下简称《工作指引》），用于作为处理中小学幼儿园教师违反职业道德行为的实施细则。

1. 基本原则

《工作指引》对于幼儿园教师违反职业道德行为的处理，提出两条原则：一是"零容忍"原则；二是公平公正、教育与惩处相结合的原则。

2. 处理的行为类型

处理行为类型，为教育部颁布的《幼儿园教师违反职业道德行为处理办法》所规定的 11 类违反职业道德行为。

3. 处理适应

《工作指导》对于教师违反职业道德行为视不同情况，采取不同的处理方法。对于违反教师职业道德行为情节轻微的，给予批评教育、诫勉谈话、责令检查、通报批评等处理；情节较轻的，给予警告或记过处分；情节较重的，给予降低岗位等级或者撤职处分；情节严重的，给予开除处分。需要解除聘用合同或劳动合同的，按照有关规定执行。如果是中共党员的，按照有关规定还应给予党纪处分；是民主党派成员或无党派人士的，函告本级党委统战部以及相应的民主党派机关或者相关单位。如果涉嫌违法犯罪的，及时移送有关国家机关依法处理。

4. 处理程序

《工作指引》对教师违反职业道德行为处理程序规定如下。

（1）学校或教育主管部门应按照管理权限，对决定受理的违反职业道德行为（事项）及时开展调查核实取证。决定进入正式调查的，应当通知被调查教师。

（2）学校或教育主管部门收集、查证有关证据材料，形成书面调查报告。在调查过程中，应当听取教师本人的陈述和申辩，对有关事实、理由和证据进行核实，并告知教师有要求举行听证的权利。

（3）学校或教育主管部门根据调查认定的事实，按照处理决定权限，作出处理决定，并明确告知当事人救济途径。教师对处理决定不服的，按照有关规定提出复核、申诉。

5. 处理结果解除

《工作指引》对教师违反职业道德行为处理结果的"解除"也作了规定：对中小学教师的处理，按照处理决定权限，在期满后根据悔改表现予以解除；学校应将处理决定和处理解除决定存入教师个人人事档案并录入全国教师管理信息系统。

此外,《工作指引》还对教育行政机构处理教师违反职业道德行为提出了监督要求和追责的情形。

二、案例

李小兰车轮前救下 4 岁男孩,被誉为"橙乡最美老师"

没有爱,教育也就无从谈起。关爱学生是教师职业道德的灵魂。江西信丰县新田镇苗苗幼儿园园长李小兰,为了抢救 4 岁幼儿,自己被汽车撞飞数米。她的救人行为体现了高尚的职业道德,被誉为"橙乡最美老师"。

11月22日下午4时10分,信丰县新田镇苗苗幼儿园园长李小兰和往常一样,手持绳子,牵着从幼儿园放学的小朋友们走在回家的路上。当经过圩镇新金大道时,4岁男孩文文(化名),看到公路对面的外婆向他挥了挥手,于是马上放开绳子冲了过去,而这时,一辆轿车疾驰而来。就在轿车即将要撞上文文的瞬间,李小兰飞身冲了上去,伸出双手将文文揽在身前,轿车刹车不及,将李小兰撞飞数米远。

事发后,李小兰躺在公路上动弹不得,随即被送往信丰县人民医院治疗。12月8日下午,信丰县和新田镇的几位领导还有多名自发而来的当地群众,前来看望、慰问李小兰。他们纷纷竖起大拇指,称赞李小兰用爱铸就师魂,网友纷纷夸赞李小兰为"橙乡最美老师",并表示要向李小兰学习,为社会传递正能量。

课外活动

1. 阅读材料,从教师职业道德的角度,评析钟老师的教育行为。

星星幼儿园本学期开设了托班。这个班的孩子年龄偏小,平均年龄不满两岁。钟老师主动承担了这个托班的保教工作。入园时,托班孩子都会哭闹不止。"我要妈妈!""回家!""不上幼儿园!"……钟老师一会儿抱着这个,一会儿哄着那个,一天下来,累得几乎直不起腰。但是,不管钟老师用什么方法,总有几个孩子会一直哭个不停。有时钟老师也会心情烦躁,甚至还跟个别孩子发脾气,但是她发现发脾气非但解决不了问题,反而会使孩子哭闹得更凶。经过一段时间的摸索,她发现,只有自己心平气和才能安抚孩子烦躁的情绪。渐渐地,孩子们的哭闹变少了,欢笑多了。钟老师怕孩子碰伤和摔伤,在教育活动中时刻注意他们的安全,家长们非常感谢钟老师,教师节家长送了购物卡和礼品卡给钟老师,钟老师都拒收了。

2. 讨论:请调查你所接触到的教师对教师幸福的看法。

项目五　任务1实训评价表

A级（优秀）	B级（良好）	C级（及格）	D级（稍弱）	E级（较差）
1. 宣传画策划文档对案例有较清楚的分析，分析能围绕主题要求进行，论据符合《处理办法》《行为准则》，观点正确； 2. 宣传画文案层次清楚，构思具有独创性； 3. 宣传画能起到警示作用，主题明确，价值观正确； 4. 宣传画形象鲜明突出，配色合理，大方美观	1. 宣传画策划文档能针对案例围绕主题要求进行，论据符合《处理办法》《行为准则》，观点正确； 2. 宣传画文案层次清楚； 3. 宣传画能起到警示作用，主题明确，价值观正确； 4. 宣传画形象合理配色合理，大方美观	1. 宣传画策划文档能针对案例围绕主题要求进行，观点正确； 2. 宣传画文案层次清楚； 3. 宣传画主题明确，价值观正确； 4. 宣传画配色合理，大方美观	1. 宣传画策划文档对案例能围绕主题要求进行，观点正确； 2. 宣传画文案层次不清； 3. 宣传画主题明确，价值观正确； 4. 宣传画配色合理	1. 宣传画策划文档观点错误； 2. 宣传画策划文档没有抓住要点，脱离主题； 3. 宣传画主题不突出，出现认知偏差； 4. 宣传画无配色，形象不合理
学生自评		（　）级，符合（　）级第（　）条		
小组评价		（　）级，符合（　）级第（　）条 建议：		

任务2　走出幼儿园教师专业伦理困境

一　幼儿园教师专业伦理

（一）伦理与教师专业伦理

1. 伦理是什么

伦理是阐明人与人之间的关系并确立人与人之间的行为标准，以追求善良及明智的行为规范。

"伦理"一词最早见于《礼记·乐记》："凡乐者，生于人心者也，乐者，通伦理者也。"① "伦"最初指人与人之间的辈分关系。东汉许慎在《说文解字》中解释"伦"："辈也，从人仑声，一曰道也。"② "伦"有等次、顺序之义，当用来指人与人的关系时，是指人与人之间的秩序等级。孟子提出了父子、君臣、夫妇、长幼、朋友等五种人与人之间的关系，也称"五伦"。"理，治玉也"③，"理"是治理、分条理的意思。所以，从词源来看，"伦理"就是指人与人之间的一种关系以及对这种关系的治理，引申为人与人之间关系的道德之理。

在西方文化中，"伦理"一词英文为"Ethics"，拉丁文为"Ethica"，其本义是"本质""人格"。据考证，早在古希腊名著《荷马史诗》第一部《伊利亚特》中就已经出现了"伦理"这个词，本意是指一群人共居的地方，后来引申为共居的人们所形成的性格、气质以及风俗习惯。

从以上可以看出，我国古代伦理与西方的伦理在意义上有区别。但是，随着西方"伦理"概念的引入，古代中国"伦理"概念的含义也发生了很大的变化，现在使用的"伦理"概念，基本上接近于西方"伦理"的意涵，即人们必须遵循的规则与习惯。

由于"道德"与行为准则有关，所以在很多著作或学者论述中，"伦理"与"道德"常被用作同义词。比如《现代汉语词典》将"伦理"定义为"人与人相处的各种道德准则"④。其实，"伦理"与"道德"尽管有共通之处，但两者还是有些差别。德国著名古典哲学家黑格尔第一个明确地区分了伦理与道德的不同，他指出伦理是指社会的道德，道德是指个人的道德。在伦理学中，伦理是一级概念，道德是伦理学下的二级概念，它们各自有属于自己的概念范畴和使用区域，伦理是对道德现象的哲学思考。从他们的指向来看，道德指向的个体含有个人的意味，侧重于个人道德判断、道德选择方面，以及个人的道德品行问题。在实践中，它更多地依靠人的内心信念、传统习惯和社会舆论来维系。伦理指向的整体，含有社会和团体的意味，侧重于客观的社会道德法则，是关于道德的理论，对个人道德实践起指导作用，是道德理论与道德实践的结合。从追求价值来看，伦理所追求的是人类社会中人伦关系及其秩序的和谐，而道德追求是人与人、人与社会、人与自然关系的和谐。从这点来看，伦理所强调的和谐是客观的事实要求，道德强调的和谐则是主观的价值追求。

因此，我们将伦理定义为：人类社会中人与人之间，人与社会、国家的关系和影响全社会的团体行为或专业行为的秩序规范。

2. 教师专业伦理

教师专业伦理，有时简称为教师伦理，是指教师在从事教育活动中，全体教师在教育活动中人与人，人与社会、国家的关系及其在教育活动中应该遵循的道德规范和准则的总称。它通过设定一定的善恶标准，规定教师在教育活动中，应该做什么和不应该做什么，规定教师在教育活动中，应该怎样处理教师与其他人群之间的关系。它也是教师营造良好的人际关系、完善自身人格与实现人

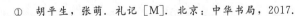

① 胡平生，张萌. 礼记[M]. 北京：中华书局，2017.
② 许慎. 说文解字[M]. 北京：中华书局，2013.
③ 许慎. 说文解字[M]. 北京：中华书局，2013.
④ 中国社会科学院语言研究所词典编辑室. 现代汉语词典[Z]. 6版. 北京：商务印书馆，2012.

生价值所应遵循的规律和规范。

伦理是以善恶为尺度引导和约束人们的行为，教育的本质又是引导人不断向善，正所谓"教者，上所施，下所效"[1]，"育者，教子使作善也"[2]。所以，教师专业伦理的本质就是向善，一方面，通过社会舆论、教育引导、自省和自悟等方式来唤起教师内在的道德良知，提高自身的道德认识、培养高尚的道德情感和确立正确的道德信念，最终形成自觉遵守道德规范的行为习惯，使个体的道德人格趋于完善；另一方面，要求教师秉持良心和公正，心怀仁慈和宽恕，抱定尊重和理解，引导学生懂得做人的道德，努力做善人。

当代教师专业伦理的原则主要包括：教书育人、乐教敬业、为人师表、热爱学生、高尚情操和锐意进取。

教师专业伦理包括教师的基本道德、教师的专业观念、教师的教育关系、教师的教学伦理、教师的辅导伦理、教师的校园伦理等五个方面的内容。

对于幼儿园教师来说，其工作对象的复杂性和稚嫩性，决定了幼儿教育内涵的丰富性、形式的多样性和价值的独特性，还决定了幼儿园教师专业伦理的价值取向、人际关系和行为规范的特殊性。相比其他类型的教师，幼儿园教师专业伦理在价值取向上更加关注幼儿的生命成长，强调生命成长的独特价值；在人际关系上更重视教师与幼儿，教师与幼儿家庭、社区的关系；在教育行为上重视幼儿园环境创设，重视通过生活和游戏促进幼儿成长，关爱尊重幼儿，对家长一视同仁，多与家长沟通等。

（二）教师专业伦理的发展历程

教师专业伦理产生于人类伦理的实践活动中，是随着教师职业的出现而形成并随之逐渐发展的。在人类社会的早期，教育工作是由有经验的氏族或部落长者来担任的；教育对象是部落内部的儿童，教育内容是传授一些生存必备的本领；教学方式是口耳相传、言传身教；教育过程常与生产和生活过程同步进行。这种早期教育活动，产生了最初的教师职业和朦胧的教师伦理意识。

我国教师专业伦理形成于春秋战国时期。当时，社会动荡，生产关系急剧变化，各种政治和学术观点纷呈，形成了"百家争鸣"的局面。在教育上出现了一大批教育家，主要代表有孔子、墨子、孟子和荀子等。

孔子是中国第一个提出教师要做到身教重于言教、以身作则的人。他强调教师要用自己的人格和身教去影响学生。教师要博学多识、学而不厌；要关心学生，热爱学生，要循循善诱、诲人不倦；对待自己的错误要知错能改。墨子认为教师的最高品德就是"兼相爱，交相利"[3]，即相亲相爱、互惠互利。他认为教师不应该"隐匿良道"，而应该"劝以教人"。教师对学生的说教不要急

---

[1] 许慎. 说文解字［M］. 北京：中华书局，2013.
[2] 许慎. 说文解字［M］. 北京：中华书局，2013.
[3] 中华文化讲堂. 墨子［M］. 北京：团结出版社，2017.

倦，要做到言行一致。孟子强调教师必须做到以身作则，要"知耻"。他还把"知耻"作为教师修养的先决条件，他强调教师要对学生进行道德理论的教育和道德意志的锻炼，主张节制私欲、反求诸己、改过迁善，并认为教师是"得天下英才而教育之"[1]的崇高职业。荀子很重视道德教育，强调教师参验反省、择善从之、积善成德的道德修养内涵。他还肯定了教师的作用，不仅要求学生必须依靠教师、尊重教师，还把尊重教师作为衡量国家兴衰的标志。

秦王兼并六国之后，建立了第一个中央集权的封建王朝。为了巩固封建专制制度，秦朝统一了文字，颁布了"禁私学"令，采取"统制思想"和"以吏为师"的政策，大力推行封建礼教，把教育作为统治人民不可缺少的工具，对兼任教师的官吏进行严格控制，强调教师要"以法为教"。

从汉代到清代，封建官学和私学独自构成系统，各级学校和书院的教师都由有丰富学识的人承担。西汉时期，董仲舒将"三纲五常"作为教师专业伦理的核心要求，并强调教师的责任在于"化民成性"，教师应树立良好风气，防止奸邪。他还要求教师要"明义利"，不以私利为教育目的，忠心耿耿地从事教育事业。此外，他还对教师提出了"守礼"规范，教师不说空话，一言一行犹应善处，不能掉以轻心。

唐朝是我国封建文化教育的鼎盛时期，社会尊师重道，教师伦理得到了非常大的发展。唐玄宗时期，为了推崇儒学以示尊师重教，特令追谥孔子为"文宣王"，各学校设孔子牌位。从此尊师重教的风气日浓。文学家教育家韩愈提出教师要有"沉浸浓郁，含英咀华"的治学态度，要有"焚膏油以继晷，恒兀兀以穷年"的勤奋精神。在教学方法上，重视因材施教。

宋元明清时期我国封建社会逐渐由鼎盛走向衰落，官学大体上沿袭旧制，少有更改。宋明理学家们从主客观唯心主义出发，建立了教师伦理思想。朱熹以"格物""致知""诚意""正心""修身""齐家""治国""平天下"[2]等儒家经典为基础的教育思想，强调师生的道德品质修养，主张"立志""主敬""存养""省察""力行"的道德修养过程。教师要以"博学之，审问之，慎思之，明辨之，笃行之"[3]作为师生共勉的道德规范，还要求师生做到"言忠信，行笃敬，惩忿窒欲，迁善改过"[4]。明代大学者、教育家王阳明则强调教师要具有高尚的职业道德，要庄严自持、内外若一，要求教师要热爱学生，要根据学生的年龄特点、个性特征来启发他们的学习兴趣；反对无节制地灌输知识。

鸦片战争以后，中国逐渐沦为半殖民地半封建社会，西方的新式学堂传入中国，各级学校的教师队伍也渐渐形成，出现了如张之洞、康有为、梁启超、杨昌济等一大批优秀的教育家。

张之洞要求教师恪守"中学"立场，告诫教师要做到"无论何种学堂，均以忠孝为本，以中国

---

[1] 杨伯峻. 孟子译注[M]. 北京：中华书局，2019.
[2] 王文锦. 大学中庸译注[M]. 北京：中华书局，2019.
[3] 陈荣捷. 朱子新探[M]. 重庆：重庆出版社，2021.
[4] 陈荣捷. 朱子新探[M]. 重庆：重庆出版社，2021.

经史之学为基","祖宗之法不可变"①,其本质是维护摇摇欲坠的封建政权。康有为从改良现实社会、实现人类"大同"出发,阐述他理想化的教师伦理内容。在"己部去家界为天民"章节中,对育婴院的看护"女保"要求做到"德性慈祥","有恒性而无倦心"②。梁启超则从"教育救国论"的观点出发,提出教育的目的,在于培养"新民"。为此,他要求教师自觉认识肩负的职责,教师要把教师职业与整个民族和国家的命运联系在一起,要热爱本职工作,从辛苦的工作中领略个中趣味。蔡元培倡导公民道德教育,他要求教师无不良嗜好,还要求教师知识渊博、成为人的模范。

中华人民共和国成立以后,教师的地位得到提高。广大教师在党的领导下,热情地学习马克思主义理论和中国革命的理论,借鉴苏联的经验,改造旧式教育。此时在全国形成了"革命的、健康的朝气蓬勃"的教师职业伦理风尚。1963年,教育部颁布了《全日制小学暂行工作条例(草案)》。该条例指出教师要热爱教育事业,努力完成教育任务;要热爱学生,对学生热情关怀、耐心教育、严格要求,指导和帮助他们提高思想觉悟,发展智力和增强体质;还要求教师以身作则,在思想、行为方面,力求成为学生的表率;努力学习马克思列宁主义、毛泽东思想,刻苦钻研业务,力求精通所任课程的专业知识,不断提高政治、文化、业务水平;教师之间要互相尊重、互相帮助、取长补短、共同提高。

5 政策法规
扫一扫,查看《关于进一步加强和改进师德建设的意见》全文。

党的十一届三中全会以后,教师的物质生活待遇和社会政治地位得到进一步提高。1984年教育部和全国教育总工会联合颁布了《中小学教师职业道德要求(试行)》,对教师提出了六个方面的职业道德规范要求;1991年又颁布了重新修订的《中小学教师职业道德规范》。1997年教育部再次修订并颁布了《中小学教师职业道德规范》,使教师专业伦理得到了进一步的完善和发展。2005年1月教育部又发布《关于进一步加强和改进师德建设的意见》指导全国教师师德建设。2008年9月教育部颁布了新的《中小学教师职业道德规范》。

党的十八大以后,中国特色社会主义进入新时代,为了加强师德师风建设,2018年教育部颁布了《新时代幼儿园教师职业行为十项准则》,进一步推进教师专业伦理的发展。

---

① 张百熙,荣庆,张之洞. 奏订学堂章程析. //舒新城. 中国近代教育史资料上册[M]. 北京:人民教育出版社,1981.
② 康有为. 大同书[M/OL]. (2015-12-06)[2023-5-13]. https://book.qq.com/book-read/795102/33.

二 幼儿园教师专业伦理内涵与内容

（一）幼儿园教师专业伦理的内涵

幼儿园教师专业伦理是指幼儿园教师在幼儿园教育活动中人与人，人与社会、国家的关系以及教育行为的秩序规范。它是幼儿园教师更好地履行保教职责、维护专业声誉而必须遵守的行为规范，也是支持、指导幼儿园教师在保教活动中采取最有利于幼儿发展的行为准则。

（二）幼儿园教师专业伦理的内容

幼儿园教师工作繁杂，涉及方方面面，但主要集中在幼儿保育教育、家园共育和自身专业发展上。这里重点围绕这三方面介绍幼儿园教师的专业伦理内容。

1. 保教伦理

保教伦理是幼儿园教师在与幼儿相互作用、相互影响的过程中所应遵守的行为规范准则，以及表现出的观念意识和行为品质。保教伦理的主要内容包括以下几个方面。

（1）对保教工作的认同与理解

保教伦理要求教师认识到保教工作不只是教师养家糊口的谋生手段，而是要从保教工作的专业性和崇高性上，认识到保教工作关系到党和国家教育方针政策在幼儿园的贯彻，关系到幼儿园学前教育目标的实现，关系到幼儿的健康成长和全面发展。在实践中，教师应该以《幼儿园教师专业标准（试行）》为依据，把该标准中的"职业理解与认识"相关内容作为保教工作的规范与要求。

（2）正确处理保教工作中的师幼伦理关系和师师伦理关系

师幼伦理关系是指教师与幼儿在教育教学活动中，构成一个有伦理责任和伦理义务的相对稳定的社会关系。由于幼儿的幼稚性和不成熟性，师幼伦理关系更多是指教师对待幼儿的伦理。师幼伦理关系具有原则性、广博性、职业性以及服务性四个特点。原则性是指教师要符合国家规定的教育方针，要按照国家规定的培养目标进行教育活动并实施教育过程，进而完成国家和幼儿园所制定的教育教学任务和目标。广博性是指教师对幼儿要一视同仁，要持公正的态度，无论是积极上进的幼儿，还是调皮捣蛋的幼儿，教师都要倾注关爱。职业性是指教师要热爱教育，热爱教师这份职业，以为党育人、为国育才作为维持个人生活来源、实现个人价值和贡献社会的舞台。服务性是指教师要为幼儿健康成长和发展提供良好的平台。师幼伦理关系的内容主要包括教师对幼儿的关爱、理解、鼓励、公正、宽容、耐心、亲密、严格、尊重、真诚等规定性。

幼儿园师师关系主要是指主班教师与配班教师、主班教师与保育员，本班教师与其他班教师、教师与幼儿园领导等关系。在这些关系中，主班教师是保教活动的灵魂人物，配班教师是主班教师的辅助人员，起辅助作用。保育员负责幼儿生活，与主配班教师协同完成保教工作。幼儿园领导是保教活动的规划者、管理者和监督者。师师伦理关系是教师与同事之间在职业活动中构成的相对稳定、贯穿应然价值规范的社会关系。师师伦理关系具有信任性、责任性和配合性等特点。信任性是指教师在保教活动中彼此信任，相互成就。责任性是指教师在开展保教过程中要有责任感，要在困难与问题面前，勇于面对问题，勇于承担责任，而不应该推脱责任。配合性是指教师在保教工作和其他工作中应当相互配合、同心协力、团结合作，而不应该为了个人利益损害幼儿、同事和幼儿园的利益。幼儿园教师在处理与主班教师的关系时应该摒弃成见、加强交流、取长补短、团结协作；在处理与配班教师的关系时，应明确任务，加强指导，相互尊重，相互配合，携手共进；在处理与保育员关系时，应相互尊重、协同合作、相互体谅；在处理与幼儿园领导的关系时，遇到困难与问题应及时汇报，学会换位思考，保护自身权利，在人格上做到不卑不亢；在处理与其他班教师关系时，应相互帮助、相互交流，互通有无。

(3) 保教活动中个人修养与行为

《幼儿园教师专业标准（试行）》对教师的个人修养和行为作了清晰的表述。主要包含以下几方面的内容：第一，教师要做到"四心"（爱心、责任心、耐心和细心）；第二，要有"乐观向上、热情开朗、有亲和力"的性格与平和心态；第三，要勤于学习，做到眼勤、耳勤、脑勤、手勤、嘴勤和腿勤；第四，要有良好的职业形象，衣着整洁，语言规范健康，举止文明礼貌。

幼儿园教师保教伦理完善途径：①提高教师的保教专业知识与能力；②提升教师的职业道德认知和道德信念；③提升教师的职业幸福感。

2. 家园合作伦理

家园合作是指幼儿园和家庭双方积极主动地相互了解、支持、配合，共同促进学前儿童的身心和谐发展的活动。家园合作可以帮助家长树立正确的家庭教育观，可以为幼儿的发展创造良好的环境，还可以让家长参与幼儿园的工作中，提高幼儿园教育质量。幼儿园教师与家长的关系也是一种伦理关系。在双方合作中，双方都要遵循一定的规范与准则，我们把这些规范与准则称为家园合作伦理。家园合作伦理主要内容如下。

(1) 双方认识到家园合作的重要性

当前有一些家长还没有认识到家园合作的重要性，认为教育幼儿是幼儿园的事。而一些幼儿园教师也认为搞家园合作是多此一举，是"额外"的工作，常认为没有家长参与，也能完成幼儿的保教工作。家长与教师之所以会存在这种看法，多数情况是没有认识到家园合作的重要性，没有看到家园合作给幼儿全面和谐发展带来的积极作用。家园合作不仅可以发挥各自优势，弥补各自在幼儿教育上的短板，而且还有利于家园协调一致，共同为幼儿发展创造良好的环境，最终实现幼儿的全面发展。

(2) 处理好家园伦理关系

家园伦理关系是指教师在家园互动过程中，与幼儿的家长构成的相对稳定、具有客观性的社会关系。它的内容包括共同承担责任，保持和谐关系，因需指导，相互尊重，相互理解，配合沟通等规定性。处理家园伦理关系要坚持一致性、协调性、平等性和互补性等原则。一致性原则是指教师与家长应该围绕促进幼儿健康成长与发展这一目标进行合作。协调性原则是指教师与家长应该在实施同一目标下多沟通、多协调，保证家园互动高效、持久。平等性原则是指教师与家长之间在人格方面处于平等地位。互补性原则是指教师与家长应发挥各自优势，取长补短，共同促进幼儿的成长与发展。

在家园合作关系时，幼儿园教师不能因为家长的孩子是自己的教育对象，就认为自己地位比家长高，家长只能听从教师的指令。家长也不能因为自己交了保教费，就认为自己是"顾主"，教师必须听从或满足幼儿和家长的需求。

(3) 家园合作既要长期规划，又要充满个性

教师应该明白家园合作最终的目标是促进幼儿的发展，而幼儿的发展是持续性的过程，这要求教师对家园合作工作要有长期性打算，每年要提前做好规划，制定方案，每个学期应定期开展家园共育活动。幼儿园教师不能抱有用则取，不用则弃的心态开展家园合作。另外，家园合作也要讲究个性化，幼儿园教师要根据家庭和家长的差异有针对性地进行交流。

(4) 幼儿园教师在家园合作中保持自身廉洁

廉洁从教是教师在家园合作中的底线。教师在家园合作中不应接受家长任何礼品，不能向家长推荐任何商品，也不能采用暗示手法，让幼儿参加兴趣班和各类收费活动。

家园合作伦理完善途径：①提高家长与幼儿园教师双方对家园合作重要性的认识；②形成家园合作机制，建设家园合作的制度；③加强政策法规学习，杜绝摊派、收取礼品、索要红包等违规行为。

微案例

教师节临近，黄冈市小博士幼儿园在门口发布了一张公告："……感恩最好的礼物，不是美丽的鲜花，也不是精美的礼物，而是孩子一声甜甜的问候，家长一句感谢的话语……我们小博士幼儿园全体教师发出倡议：教师节期间我们谢绝学生家长的礼物！我们也真诚地希望家长配合，共同为孩子营造一方洁净的天空！"告示上还有每一位教师的签名。一位小博士幼儿园的学生家长张女士看到此公告后，深有感触地说："我们家庭条件本来就一般，教师节也不会送卡、送钱，只是想让女儿送一朵花谢谢老师。今天看了告示，这件心事总算可以放下了。"

3. 教育科研伦理

科研伦理是指研究者在科学研究过程中，必须遵守相应的社会道德与准则。教育科研伦理是指教师在研究教育困难、难题，探求教育规律，进行教育实验的过程中应遵守的道德与准则。2016年教育部颁布了《高等学校预防与处理学术不端行为办法》，对高校教师违背教育科研伦理作出规定。教育部虽然没有发布面向幼儿园教师的教育科研伦理专门文件，但一些地方教育行政部门将教育科

研伦理纳入教师职业道德之中。

6　政策法规

扫一扫，查看《高等学校预防与处理学术不端行为办法》全文。

教育科研伦理的内容如下。

（1）关注选题的价值与切入点

教育科研选题既要着眼于整个教育事业的发展，也要立足于解决教育实践中的问题，即选题时既要有"大"的视野，又要从"小"处切入。

（2）关注研究方法的适宜性，保护研究对象隐私

教育研究方法是以教育问题为对象，以科学方法为手段，遵循一定的研究程序，以解决研究问题并获得教育科学规律性认识为目的的一系列策略与方法。主要包括理论研究方法、实验研究方法、实证研究方法和历史研究方法等四类基本方法。幼儿园教师从事教育科研时，应根据研究对象的意愿和保护研究对象的权利与隐私来选择方法。在研究中不得将研究对象的信息泄露给他人，或用于除研究以外的场景。

（3）注意数据的有效性和真实性

幼儿园教师在收集教育科研数据时，应遵循全面性、客观性和准确性，以确保教育数据的有效性。同时，还要坚持实事求是的态度处理数据，保证数据的真实性，反对捏造数据、篡改数据等有违教育科研伦理的行为。

（4）研究成果发表坚持实事求是原则，杜绝抄袭，避免一稿多投

幼儿园教师在教育研究成果发表署名时要坚持实事求是原则，正确的做法是根据在科研工作中贡献的大小排名，没有贡献者不得加入，反对"搭便车"或索要署名的行为。同时撰写教育科研成果报告或论文时，不能侵害他人著作权。成果外送发表时，要避免一稿多投。

幼儿园教师完善科研伦理途径：第一，要提高科研素养；第二，遵照科研工作规范，接受相关组织监督；第三，加强自我评价。

三　幼儿园教师伦理困境与改善路径

（一）幼儿园教师伦理困境

1. 幼儿园教师伦理困境的概念与表现

幼儿园教师伦理困境是指幼儿园教师在教育实践活动中，在处理与自己或与幼儿、同事、家

长、领导之间的关系时,面临几种不同的且相互矛盾的伦理价值时,处于难于抉择的境地。它表现为两个方面:一是选择的困境,即幼儿园教师处理自己与自己、自己与他人、他物的关系时,凭现有的伦理规则,都会陷入不道德的境地;二是言行不一致,即教师在教育实践中,出于选择困难导致伦理观念与实际行为的不一致。

2. 幼儿园教师伦理困境类型

幼儿园教师在保教活动、家园合作和同事互助等实践中都存在着伦理困境。比如,以下这些困境都经常在幼儿园中出现:①安全与发展的选择冲突,即到底是小心翼翼地保护幼儿安全,还是大胆放手促进幼儿发展;②技能技巧的传授与鼓励自由表达和创造的选择冲突,如在艺术活动中,是发展幼儿的技能技巧,还是让幼儿自由表达;③家长参与幼儿园教育工作与教师的教育自主权困境;④廉洁从教与人情交往的困境,如对于幼儿家长送的节日小礼品是收还是不收;⑤幼儿健康成长与尊重幼儿权利的困境,如幼儿吃饭,是不想吃就不吃,还是要求均衡营养不让挑食;⑥自由发展与遵从规制的困境,即让幼儿自由自在活动与要求幼儿遵守一日常规的困境;⑦对幼儿是赏识的爱还是采取理性批判的爱的困境;⑧同事的不道德行为伤害幼儿时,是忠诚于同事,还是维护幼儿权利的困境;⑨同事孩子在本班时,是偏爱同事孩子,还是对所有孩子一视同仁的困境;⑩在家长面前是包庇同事失误、隐瞒实情,还是保证家长知情权的困境。由于幼儿教育的复杂性,幼儿教师伦理困境不止以上这些。

3. 幼儿园教师产生伦理困境的原因

幼儿园教师之所以存在伦理困境,主要有以下原因:①多元价值的矛盾与冲突,引发教师教育活动的伦理困境;②服务对象的多重性,牵涉的利益主体较多,导致教师难以兼顾各方面利益;③现行的道德伦理规范,未能给教师提供有效指导;④幼儿园教师认知水平不高,导致对伦理内涵的认知模糊,例如,有幼儿园教师把技能水平和教学科研能力作为幼儿园教师伦理的核心;⑤幼儿园教师"经济人"角色与职业的"公益人"角色冲突,增加了幼儿教师陷入伦理困境的可能性。

微案例

> 河南济源市民谢女士向当地媒体记者反映,她两岁零八个月的孙女,在当地一家民办幼儿园遭老师针扎虐待。而当事老师则称"摸着良心说,没有扎过学生"。后来几个家长对该班的班主任拳打脚踢,保安去劝阻也被打了,在真相还没弄清的情况下,就把老师打住院了。当地警方介入调查。

(二)幼儿园教师走出伦理困境的路径

1. 制定具有可操作性的伦理规范

要提升幼儿园教师摆脱伦理困境的能力,不仅需要幼儿园教师加强自身的伦理素养,还需要制定具有可操作性的伦理规范。这可以帮助教师厘清自己和幼儿的关系，避免违反道德和法律要求。另外，从幼儿园来说，应制定具有可操作性的伦理规范，为幼儿园教师的伦理实践提供行为指南，避免幼儿园伦理规范超乎现实情况或者操作性不强。

2. 为幼儿园教师提供专业支持和建议

当遇到伦理困境时，幼儿园教师常常显得手足无措。这时，如果能给幼儿园教师提供专业支持和建议，会让他们更容易走出伦理困境。比如，在幼儿园教师遇到多个伦理困境时，可以告诉他先将伦理困境进行分类，确定问题的优先级，考虑哪些问题最紧急、最重要。遇到解决伦理困境的策略缺少时，可以向同事、幼儿园领导或主管机构寻求帮助，此外，多组织幼儿园教师可开展伦理困境专题活动，让他们多与其他教育从业者进行交流，以获得更多的经验与策略。

3. 培养幼儿园教师的沟通技巧与能力

在处理伦理困境时，幼儿园教师往往要与家长、同事等人进行积极的沟通。因此，提高幼儿园教师的沟通能力与技巧，可以帮助幼儿园教师更好地解决问题并减少矛盾。例如，当家长有任何不满或投诉时，幼儿园教师应该耐心听取并认真对待，同时以积极的态度与家长沟通交流，尽力协调和解决问题。

4. 为伦理困境中的幼儿园教师提供伦理关怀

被关怀是人的基本需要，一个人缺乏关怀常会感到悲伤和孤独。研究表明幼儿园教师在为幼儿付出关怀和爱的同时，也渴望得到别人的关怀和爱。当幼儿园教师在伦理实践过程中收获关怀和爱时，他们能够形成更好的道德心理，提升自己的伦理水平，促进专业的健康发展，形成良好的集体归属感。所以，为了让幼儿园教师更好地走出伦理困境，幼儿园应该建立以人为本的园所文化，让幼儿园教师在园有家的感觉，能得到领导和同事的关怀与帮助。

课证融通

1. 【2022年真题】小鱼的奶奶去幼儿园给小鱼送被子，恰巧老师带着孩子们去用外边做操。到了幼儿园寝室发现小鱼的床位置很靠边，她就把小鱼的床放到了中间，作为老师，老师应该（　　）。

  A. 赞同小鱼奶奶的做法   B. 让小鱼转告奶奶不应该这么做

  C. 立即将小鱼的床位，调整回原位置   D. 打电话给小鱼的奶奶说不应该这么做

2. 【2022年真题】徐老师在组织分班活动过程中，一起身不小心将衣服上的新胸针刮到了晶晶的头发。晶晶吓哭了，徐老师小心地将晶晶的头发整理分开后，接下来徐老师应该（　　）。

  A. 格外小心，尽量避免胸针伤害到幼儿

  B. 注意防范，不佩戴胸针以免伤害到幼儿

  C. 注意安全，尽量佩戴不会伤害到幼儿的胸针

D. 安抚幼儿，处理好后调整胸针的位置

3.【2021年真题】一次活动后，夏老师看到一个孩子钻到了桌子底下，趴在地上。于是夏老师将他叫起，问他地上这么脏，为什么趴在地上。他听后委屈地掉下了眼泪，小声说："老师，地上有纸屑，我想把它扫干净。"夏老师点了点头。该案例表明师幼关系具有（　　）。

A. 选择性　　　　B. 教育性　　　　C. 互动性　　　　D. 自觉性

4.【2021年真题】甜甜拿着一辆玩具汽车，丁丁也想玩，可是甜甜不给，丁丁就去抢，两人推打起来。邓老师看见后，就走过去一把夺过玩具说："居然还打起来了！谁都不准玩了！"邓老师的做法（　　）。

A. 正确，有利于保护幼儿人身安全　　　　B. 恰当，有利于教育丁丁尊重他人
C. 不恰当，不利于培养幼儿良好的品行　　D. 不恰当，不利于保护丁丁的求知欲

5.【2022年真题】区角活动中，军军故意损坏玩具，黄老师批评他，他还做鬼脸并顶撞黄老师，黄老师怎么做都无济于事，只好把他带出教室交给园长处理，黄老师的做法（　　）。

A. 不正确，推卸了教师的责任

B. 正确，教师有公平评价幼儿的义务

C. 不正确，侵犯了幼儿的受教育权

D. 正确，教师有批评教育幼儿的权利

6.【2020年真题】每次教学活动前，伍老师都会组织小朋友们做"请你跟我这样做"的游戏，每次动作都一样，小朋友们感觉有些乏味。这天伍老师又做这个游戏，她热情地说："请你跟我这样做。"小英突然冒出一声："不想跟你这样做。"全班孩子哄堂大笑。对此，伍老师恰当的做法是（　　）。

A. 停止游戏，直接进入教学活动环节

B. 停止游戏，批评该小朋友扰乱秩序

C. 继续游戏，对小朋友的捣乱声音不予理睬

D. 继续游戏，根据小朋友兴趣调整游戏动作

7　课证融通
扫一扫，查看参考答案。

项目五　幼儿园教师职业道德与伦理

课内实训

一、实训任务

1. 实训情境

临海小天使幼儿园实习生李老师正在上公开课——语言集体活动课《我的情绪小怪物》，正在教师讲得投入的时候，一个小朋友举起了手，提出要喝水和上厕所。教师同意了他的请求。可是接下来又有五六个小朋友说也要喝水和上厕所。老师知道这五个小朋友中，有两个并不是真的要喝水和上厕所，因为就在集体活动开始前，他们就已经喝过水和上过厕所，到现在也才10分钟。他们提出要去，只是觉得好玩。这时老师很犯难：如果不让幼儿去喝水和上厕所，好像不符合《幼儿园工作规程》的要求，如果让他们去，现在又是公开课，小朋友走来走去，不仅会影响其他小朋友进入故事情境，而且还会打断正常的教学秩序，严重影响集体活动效果。

今天轮到李老师值班陪幼儿午睡。李老师发现槿槿小朋友手在被子里发出动静，李老师掀开被子一看，槿槿小朋友在摸下身，李老师制止一下，他立马停下了，但是只要老师一走开，他又继续，后来李老师抓住他的手，他才会老老实实地睡觉。李老师不知道该如何开口跟家长说出孩子的实际情况。

2. 实训任务

请你从伦理角度，为李老师提供处理这两难困境的策略。

二、实训成果

每个小组提供1份解决策略的文档，要求内容丰富，排版简洁、美观。

三、实训准备

1. 材料工具准备

连接网络的计算机、Office 或 WPS 等软件。

2. 知识准备

（1）掌握伦理两难困境的概念

伦理两难困境是幼儿园教师在教育活动伦理困境的一种特殊情况。两难困境是让教师觉得在两个选择当中感到为难的这样一种情境。这种情境，教师面临的是两种善之间的排序和选择的问题。如果不存在善与恶的选择，这不叫伦理困境。

（2）具备幼儿保教方面和家园沟通方面的知识

掌握幼儿园教师与幼儿的伦理关系，明确保教伦理的要求。明确教师与家长的伦理关系，掌握

257

家园共育伦理的要求。

3. 相关能力准备

（1）案例分析能力；

（2）文字组织能力。

四、实训评价

请使用实训评价表（见"课外活动"后），进行自我评价或师生共同评价。

拓展阅读

一、幼儿园教师保教伦理困境与原因分析

1. 幼儿园教师保教伦理困境

幼儿园教师在保教活动中，经常遇到的伦理困境主要有以下几个方面。

（1）幼儿生理需求与心理需要的矛盾

这种矛盾多发生在幼儿一日生活中，比如从幼儿的生理来说需要吃饭、睡觉、喝水，但是在某些情境下，幼儿不愿吃饭，不愿睡觉，不愿喝水。幼儿园教师面对这种情况时常常会存在选择困境：从幼儿生理发展来说，幼儿应该吃饭、睡觉、喝水，这样才能保证幼儿健康成长，但从尊重儿童来说，幼儿园教师又不能强迫幼儿吃饭、睡觉、喝水。

（2）个体差异与整体要求的困境

这种困境的实质是教师的主体价值，是关注教育公平，还是关注个别幼儿个性发展的矛盾。在保教活动中，无论从教育发展目标，还是和谐社会的建设来说，都要求教师在教育过程中注意教育公平。教育公平是社会公平的起点和关键环节，也是世界教育发展的趋势。但是，幼儿的个性千差万别，它要求教师在教育活动中关注幼儿个性的发展。这两者之间存在矛盾，会让教师难以抉择。比如，在社会发展领域，从发展角度来看，需要组织集体活动，增加幼儿交往机会，但有的幼儿又不喜欢参加集体活动。这时有些新教师不知道如何处理。

（3）幼儿自主发展与爱护弱小之间的矛盾

幼儿发展的规律要求教师在保教活动中鼓励幼儿自主学习、亲自动手，以提升各方面的能力与素养。但是幼儿弱小，机体和能力都还在发展中，在自主活动中，很容易受到伤害。鼓励幼儿自主发展与保护幼儿安全也成为教师伦理困境。

（4）幼儿自由发展与教育规训之间的矛盾

幼儿自由发展是幼儿个性发展的需要，也是培养幼儿创新能力的需要。我国教育家陶行知也曾提出"六解放"，其目的是培养幼儿的创新能力。但是，教育在某种程度上来说，是一种规训。没

有教育规训，幼儿就无法完成社会化，也无法获得稳定、系统的发展。正所谓"无规矩不成方圆"。幼儿园教师在保教活动中，常常会面临让幼儿自由发展与遵守"规则"的矛盾。比如，集体教学活动中，幼儿喜欢表现自己，喜欢插嘴，从自由发展来说，似乎应该尊重幼儿，让幼儿展示自己；但从教育规训的角度来看，幼儿的这种行为又似乎要禁止。所以，幼儿自由发展与教育规训之间的抉择也常成为幼儿的伦理困境。

2. 造成幼儿园教师保教伦理困境的原因分析

造成幼儿园教师保教伦理困境的原因主要有以下几个方面。

（1）教师本身的原因

造成幼儿园保教伦理困境的原因首先来自教师自身。幼儿园教师缺乏伦理知识和缺少个人伦理实践，导致他们经常面临保教伦理困境。比如，幼儿园教师面对幼儿生理上需要睡觉而在心理上又不愿睡觉的困境时，有伦理实践经验的教师一般会根据幼儿的具体情况作出安排，针对精力旺盛、没有午睡习惯的幼儿，会安排其他活动。而对于偶尔不想睡的幼儿，也可采取相应的方法帮助幼儿入睡。

（2）家长的原因

在家园共育机制上，家长既是教师的合作者和支持者，又是教师教育活动的督导者。教师在行使权利时，家长往往会监督教师的行为，以免自己孩子的权利被剥夺。家长的督导常常让教师面临"听家长的"还是"听园长的"这一困扰。这种情况在新入职的教师身上表现明显。

（3）来自社会的原因

社会关注和要求也会让幼儿园教师在保教活动中处于伦理困境中，比如，社会关注教育公平，它要求幼儿园应保证每一个幼儿获得平等、均衡的发展机会，但是学前教育规律又要求教师应充分发展幼儿的个性。这就造成了教师的抉择困境。

（4）文化传统的原因

我国传统文化强调集体主义，追求社会和谐，重视全局和整体的利益。这种传统文化要求教师在保教活动中重视整体教育和规训。而幼儿的发展又要求教育关注个体的自由发展。这种文化传统与现实要求的矛盾，也会造成教师的伦理困境。

二、案例

彩虹幼儿园是某市一家新建的幼儿园，明天将迎来由市教育局组织的评估专家，开展为期2天的幼儿园检查工作。幼儿园为了做好迎检工作，做了大量的前期准备工作。教师们也为了第二天专家的入园检查开始忙碌。中（二）班的李老师也在班上给小朋友分配任务："月月，你去娃娃家！""宏宏，你去小医院！""娟娟，你去美发店！"……但是有几个幼儿纷纷跟老师唱起了反调，"老师，我想去超市。""老师，我想去水果店。""老师，我想当消防队员"。李老师不顾幼儿反对，大声地说:"今天不行,我早就根据你们的情况安排了,你们不能换地方。"第二天一早,李老师就在班上等幼儿,并给幼儿发放位置牌。晨谈结束后,幼儿们按拿到位置牌到相应的区域,开始像模像样地活动。前来检查的一位专家问其中一个幼儿好不好玩,幼儿回答:"不好玩!我想当消防员。""那你为什么不去当消防员?"幼儿摇摇头说:"每次有客人来,都安排我去买水果,老师说了,不能离开这里。"

点评:案例中李老师只是考虑自己的工作方便和专家检查时幼儿表现得"安稳",用硬性的规则来限制幼儿的选择,使得幼儿的区域活动变成了一场"秀",导致区域活动价值变了"味"。从幼儿的回答中,可以看出幼儿在活动中并不快乐,也没有获得进一步的发展机会和成功的体验,说明这次李老师强制安排的区域活动丧失了它的教育价值,属于一次无效的活动。

课外活动

1. 阅读材料,甘老师的做法对吗?如果你是甘老师,如何与家长沟通?

甘老师的班上有一位幼儿,出生后几天就被亲生父母抛弃。虽然没有人告诉他小时候被抛弃,但他还是表现出极度缺乏安全感。这名幼儿为了获得关注,经常撒谎、打人、破坏物品。因此,甘老师平时给予了他更多的关注与帮助,经常与他交流,了解他的心理,对于他的行为给予更多理解。甘老师这种言行被其他幼儿的家长认为是"偏爱"过度,对其他幼儿不公平。甘老师不知如何与家长沟通。

2. 讨论:随着人工智能技术的发展,有些幼儿园老师使用人工智能来完成教案,对于这种行为,你是如何看的?

8 视频资料
扫一扫,体验教师楷模馆。

9 视频资料
扫一扫,查看教师职业道德实训资源。

项目五　任务2实训评价表

A级（优秀）	B级（良好）	C级（及格）	D级（稍弱）	E级（较差）
1. 分析时能正确运用伦理知识，观点正确，分析深入； 2. 能结合材料进行分析，有充分论据，论证方法正确； 3. 语言通顺，表达准确，语言简洁； 4. 文档排版美观	1. 分析时能正确运用伦理知识，观点正确； 2. 能结合材料进行分析，论据充分； 3. 语言通顺，表达准确； 4. 文档排版美观	1. 分析时能从伦理角度分析； 2. 能结合材料进行分析； 3. 分析层次清楚，语言通顺； 4. 文档注意了排版	1. 分析时能从伦理角度分析； 2. 未能结合材料进行分析； 3. 分析层次清楚； 4. 文档注意了排版	1. 分析观点错误，没有从伦理角度分析； 2. 分析未结合材料； 3. 分析层次不清； 4. 文档没有排版
学生自评		（　）级，符合（　）级第（　）条		
小组评价		（　）级，符合（　）级第（　）条 建议：		

项目六　幼儿园教师职业道德实践

◇ **学习目标**

1. 掌握幼儿园教师职业道德修养的基本概念和修养的基本过程。
2. 掌握新时代"四有"好老师、"四个引路人"和"四个相统一"的内涵。
3. 理解"四有"好老师、"四个引路人"和"四个相统一"的相互关系。
4. 掌握幼儿园教师成为"四有"好老师的路径。

◇ **情境导入**

　　谢文琴，衙前农村小学一位极普通的农村老师，从教18年，一直坚守岗位，她用生命铸就教师之魂。2003年，谢文琴被确诊得了脑肿瘤，一个3厘米左右的肿瘤长在她的脑子里。当听到这个消息时，她整个人都蒙了⋯⋯好不容易平静下来，她首先想到的还是她的学生：这才刚开学呀，班集体还没稳定，学生的学习习惯还没养成，怎么着也得撑到期中啊！于是，她谁也没告诉，照常上班，悄悄地部署着一切：她要在一个月内稳定班集体，组建一支良好的小干部队伍，制定一套适合学生的班级制度；11月，还有一个艺术周⋯⋯只可惜她没能坚持到艺术周，就住进了医院，接受第一次手术。但在出院两周后，她不顾家人劝阻，坚决回到课堂。

　　2007年12月，不幸再一次降临，她的视力明显减退，经常头晕，磁共振显示肿瘤开始压迫视神经，医生建议马上手术。可是，即将进入期末复习阶段，此时离开，孩子们怎么办？思量再三，她又一次隐瞒了病情，给了孩子们一个完整的2007年。2008年新春，在监护室，谢文琴昏迷了一天一夜。朦胧中，她听到了一声声清脆的呼唤，那是她的学生在呼唤她。她紧紧地抓住了一只手，睁开眼。父亲握着她的手说："孩子，你终于醒了⋯⋯"。"爸，我还可以教书吗？"谢文琴声音很微弱。回到学校后，谢文琴依然是忙忙碌碌，勤勤恳恳，所带班级班风正、学风好，所任学科成绩突出。同事们都说她"傻"，"要工作不要命"，但她觉得"值"。

项目六 幼儿园教师职业道德实践

2013年，谢文琴终于取得心理健康本科学历，欣喜之余，她组织教研组，办起了阳光心理辅导站。"心语"信箱是最受学生欢迎的，一个学期就收到学生来信200多封。不管工作有多忙，谢文琴都会利用晚上的休息时间把回信赶出来。现在，谢文琴很享受和学生在一起的每一个日子，很珍惜，也很庆幸。她始终在教师这一平凡而又伟大的岗位上工作和奉献着。

在十多年的教书生涯中，她心系学生，爱生如子，细心地呵护每个学生健康成长，用热血灌注教师之魂。

思考：谢文琴的事迹中有哪些让你感动的？要做一名合格的教师，你认为要做哪些准备？

任务1　践行幼儿园教师职业道德

一、幼儿园教师职业道德修养的含义、特征与意义

幼儿园教师职业道德修养是职业道德活动的一种形式，是职业道德自我教育的过程。

（一）幼儿园教师职业道德修养的含义

"修养"有时称为"自我修养"，其含义广泛。"修"是整治、提高，求其精美的意思；"养"是培育、长养，求其充分发展。《现代汉语词典》将"修养"解释为："①指理论、知识、艺术、思想等方面的一定水平；②指养成的正确的待人处事的态度。"① 我们这里将"修养"定义为人们在政治、道德、学术、技艺等方面所进行的勤奋学习和涵育锻炼的功夫，以及经过长期努力所达到的一种能力和思想品质。职业道德修养，是指从事各种职业活动的人员，按照职业道德基本原则和规范，在职业活动中所进行的自我教育、自我改造、自我完善，使自己形成良好的职业道德品质和达到一定的职业道德境界。

幼儿园教师职业道德修养，是指幼儿园教师为培养良好的职业道德品质，按照教师职业道德的原则与要求，所进行的自我锻炼、自我陶冶、自我教育、自我改造的过程和涵育的功夫。

---

① 中国社会科学院语言研究所词典编辑室. 现代汉语词典 [Z]. 6版. 北京：商务印书馆，2012.

（二）幼儿园教师职业道德修养的特征

幼儿园教师职业道德修养具有以下几个基本特征。

（1）幼儿园教师职业道德修养实质上就是善和恶、正和邪、是和非之间等对立的道德意识之间的斗争。对于幼儿园教师来说，要取得职业道德水平与品质上的进步，就必须自觉地进行两种道德观的斗争。

（2）幼儿园教师职业道德修养是一个自我锻炼、自我陶冶、自我教育、自我改造的过程。教师通过对自己内心世界及其行为的解剖、反省、检查，培养自己的道德情感和道德信念。

（3）幼儿园教师职业道德修养这一概念中教师既是教育的主体，又是教育的客体。教师在进行道德修养时，不断地把自己作为教育的对象，通过各种方式进行自我评价、自我批评、自我教育、自我监督，不断向自己提出更高的道德修养要求。

（4）幼儿园教师职业道德修养的内驱力来源于个体内在的道德需要。道德修养主体所展开的自我批判与自我斗争，来自自己内在的道德需要，通过自主、自为、自觉、自愿的行为实现教师职业道德修养水平与品质的提升。

（三）幼儿园教师职业道德修养的意义

1. 有利于幼儿园教师不断完善

1　延伸阅读
扫一扫，查看幼儿园教师师德格言。

幼儿园教师职业道德修养的实质就是一种人性向善的自我规范和自我改造。教师进行职业道德修养，能够让教师自己不断完善，使他人得到幸福，给学生与社会起着良好的示范作用。

2. 有利于发挥幼儿园教师职业道德的社会作用

教师进行职业道德修养，可以将教师职业道德准则转化为教师个体职业道德品质，从而使教师职业道德体系人格化，使社会职业道德风尚得到改观。另外，幼儿园教师职业道德修养，是幼儿园教师个人作为社会主体参与社会道德建设的重要形式。教师职业道德修养还可以使社会职业道德体系在教师个人身上得到落实。

3. 有利于幼儿园教师职业道德教育发挥出更好的效果与作用

教师职业道德教育，是指根据教师工作的特点有目的、有组织、有计划地对教师施加系统的教师职业道德影响，促使教师形成教师职业道德品质，履行教师职业道德义务的活动。教师职业道德

项目六 幼儿园教师职业道德实践

的形成，离不开教师职业道德教育，但教师职业道德教育是社会性活动，是来自外部的活动，而教师职业道德教育只有通过教师职业道德修养这个"内因"，才能达到教育的目的。

4. 有利于教师提升人格修养和完成教育工作

幼儿园教师开展职业道德修养能使自身按照社会主义教师道德的要求，通过积极的自身教育，不断提高自身的道德认识和选择能力，不断克服一切非社会主义道德意识的影响，从而形成适应我国教育发展的道德品质，并不断提高自己的精神境界。另外，从教师的标准来说，一名合格的幼儿园教师应有较高的职业道德修养。一名教师职业道德修养的不断提高，可以提高对教师道德的认识，规范自身的教师道德行为，提升自身的思想情操和道德品质；同时，还能充分调动和发挥教师自身的积极性和创造性，在社会主义建设中，有所作为，有所前进，完成时代赋予教师的使命。

> **微案例**
>
> 宋老师是唐村幼儿园的一名幼儿教师，她在这里工作已有十多个春秋。十多年来，她把责任记在心里，默默奉献，辛勤耕耘。她的付出，得到了幼儿家长和幼儿的认可。家长把她当作亲人，幼儿称她为"妈妈"。
>
> 这些年来，她始终保持一颗热爱幼教事业的诚心，爱岗乐业，踏踏实实地做好本职工作。她能很好地安排幼儿的一日生活，关注孩子的就餐习惯和饮食情况，陪伴孩子们在幼儿园快乐过好每一天。在教育活动中，她是孩子们的好玩伴，和孩子们一起快乐游戏，一起探索奥秘。她把孩子们当作朋友，她会经常听取孩子的意见，孩子们喜欢和她说悄悄话，喜欢和她分享自己的小秘密。她用爱与智慧陪伴孩子们健康成长，成为孩子们喜欢的大朋友。
>
> 宋老师用爱的目光捕捉孩子身上的闪光点，用心记录孩子们的故事，并及时分享给家长朋友，让他们了解孩子在园的活动情况，分享孩子们的成长和喜悦。

二 幼儿园教师职业道德修养的方法与途径

我国古代伦理学家，在道德修养方面提出了许多具有积极意义的方法，如躬行践履、习成而性成等方法，至今仍然具有借鉴意义。

在社会主义条件下，幼儿园教师进行职业道德修养可以采取以下方法与途径。

1. 加强教师职业道德学习

苏格拉底在《美诺篇》中提出，美德出于有知，知识是一切德行之母。孔子认为："有德者必有言。"[1] 它是说有道德的人一定能说出有道理的话。而要能说出有道理的话，必须学习各种道德知识和做人的道理。在学习过程中，教师要对所学的各种职业道德知识和人生哲理予以思考、反省，力求真正弄清职业道德的本质，理解职业道德准则和规范的合理性，培养起趋善避恶的道德意识和情感。

2. 加强道德实践，不断磨炼意志

马克思主义伦理学认为，理论与实践相结合是最根本的道德修养方法。自己的哪些行为是道德的，哪些行为是不道德的，只有在社会实践中才能有准确的认识。人们的道德或不道德的行为，也只有在现实的人际关系中才能表现出来。脱离人际关系和社会实践活动，人们无法判明道德行为的善与恶、正与邪、是与非、荣与辱，也无法进行职业道德修养。同样，教师职业道德修养水平与品质的提高，只有在职业道德实践中和现实人际关系中才能实现。教师的职业道德实践为教师职业道德水平的不断提高，提供巨大的动力。

教师道德人格的塑造，在本质上就是一个不断磨炼的过程。高尚的道德形象，只有在磨炼中才能形成。

3. 自我解剖、自我反省

孟子说："万物皆备于我矣。反身而诚，乐莫大焉。强恕而行，求仁莫近焉。"[2] 它的意思是：万事我都具备了，反躬自问而觉得诚实无欺，就有莫大的快慰，如果能按推己及人的恕道去做，达到仁德之路，没有比这更接近的方法了。刘少奇认为："一个人要求得进步，就必须下苦功夫，郑重其事地去进行自我修养。"[3] 开展自我解剖、自我反省等"内省"活动，是人们由他律的道德向自律的道德转化的标志，它表明个体道德心理的发展进入了自觉阶段。教师在教育活动中不断进行自我解剖、自我反省，可以让教师对职业道德规范有较全面的认识，使职业道德情感趋于生动深刻，使职业道德意志作用显著增强。教师要经常反躬内求，运用反思、省察、克治等方法解剖自己，进行自我评价、自我肯定、自我否定。

4. 树立自信，提高协调能力

幼儿园教师在职业道德修养过程中应充分树立自信心，做到敢于表现自己的才能和取得成绩。教师的自信心，来自教师深刻认识到自己的责任与使命，深刻洞悉教育规律；来自教师对教育事业有一往无前、迎难而上的勇气，有深入调查、细致分析的态度，有毫不懈怠、毫不满足现状的斗志。这样教师才能处于主动地位，树立起自信、有才、有绩的道德形象。

另外，教师要完善自己的道德修养，必须具有较强的协调能力和素质。对内，教师能协调自己的物质欲望与精神需求、功利追求与人文追求、个人利益与他人利益的矛盾；对外，教师能协调各种人际关系，建立起平等友爱、互帮互助、共同前进的人际关系。

[1] 孔子. 论语. 长沙：岳麓书社，2018.
[2] 钱逊. 孟子［M］. 北京：中华书局，2018.
[3] 杨静云.《论共产党员的修养》导读［M］. 北京：中国工商联合出版社，1999.

微案例

张老师是中班的老师。幼儿刚入园时，总会出现哭闹的现象，甚至害怕到园。张老师每天在幼儿清晨来园时，给孩子一个亲切的拥抱，让孩子感受到她的爱；当孩子因想妈妈不愿午睡时，张老师会走到孩子的床前摸摸他的小脸，然后轻轻告诉他："老师最喜欢你了！"让每一个孩子都能感受到关怀与被爱。可是班上有一名叫强强的小男孩，他平常不大说话，也不希望别人搭理他，如果哪个无意碰到他，他会用拳头回击，搞得全班幼儿更不愿意跟他玩了。强强从来不讲规矩，不是乱用别人的杯子和毛巾，就是抢别人的玩具。张老师试了很多办法，没有效果，张老师甚至准备放弃他了，让他"自生自灭"。可是有一天，她走进活动室，看到强强竟然在整理乱放的椅子，这让她非常惊讶，当场就表扬了强强。强强亲社会的行为让张老师开始反省、剖析原来的做法，为原来"放弃"的念头感到羞愧。张老师再一次关注强强，并开始研究强强，后来经过自己的学习与请教，张老师制定了整套指导方案。在张老师的指导和教育下，强强原来的毛病得到彻底改变。

三 幼儿园教师职业道德自我修养的原则与过程

（一）幼儿园教师职业道德自我修养的原则

1. 知行合一原则

知行合一原则是把学习道德理论、提高道德认识同自己的行动统一起来，做到理论与实践相结合。知行合一原则要求教师不断地学习道德理论，激发自己的创造热情，增强自身的道德意志和信念，为形成道德品质打下基础。

2. 动机和效果统一原则

动机和效果原则是指将人的主动意向和愿望与对道德修养效果的追求统一起来。动机和效果，是人的行为互为存在、互为转化的两个要素。动机为人的行为提供思想动力，没有离开动机的行为，没有动机的行为也就谈不上什么效果。效果反映一定的动机，是不断产生新动机的基础。动机和效果统一原则要求教师在开展道德修养时，首先要树立正确的动机；其次要将动机转化为效果，避免动机成为毫无意义的空想；最后要避免不讲动机、单纯追求效果的行为。

3. 自律和他律相结合原则

自律是指行为主体的自我约束、自我管理，强调行为主体不受外界约束和情感支配，依据自己的善良意志，按自己的道德规律而行事。他律是指凭借外部奖惩以及各种制度规范等手段，对行为进行调节和控制，服从于自身以外的权威和规则的约束而行事。自律和他律的关系，实质是内因和外因的关系。在教师职业道德修养中，教师自律起着决定作用。自律和他律相结合原则，是指在教师职业道德修养中以自律为基础，同时有效地运用外部的他律形式，将外在约束与主观能动性结合起来，以促进教师职业道德水平与品质的提高。自律和他律相结合原则，首先要求教师加强自我管理、自我要求、自我提升，努力学习职业道德的理论与政策，做到言行一致、从教廉洁，做人正派；其次要求教师加强教师道德规范的执行，对失德的教育言行进行严厉处理。

4. 个人和社会相结合原则

个人是指具有一定身体素质、思想道德和文化素质，以及某种个性和特殊利益的社会一分子。社会是指以生产劳动为基础，按照各种社会关系结合在一起的人类生活共同体。在教师职业道德的修养中，个人与社会相互作用、相互影响。个人和社会相结合原则，是指教师在职业道德修养过程中，将个人与社会结合起来，把自我价值与社会价值结合起来，用社会对教师职业道德的要求来检视自己的言行，提高认识、付诸实践，在为社会做出贡献的同时，不断塑造自身人格，实现自身价值。个人和社会相结合原则，首先要求教师在职业道德修养过程中，将个人追求和理想与中华民族伟大复兴结合，将个人利益与国家利益结合起来，将个人命运与祖国的命运结合起来；其次要求教师多了解社会、研究社会，将社会合理需求作为自己言行的出发点，将社会评价和监督作为调整个人行为的准则。

5. 继承和创新相结合原则

2 延伸阅读
扫一扫，查看幼儿园师德修养总结。

教师职业道德作为社会道德的一个组成部分，同属于社会意识形态，具有历史继承性。同时，教师的职业道德也会随着社会经济关系的发展变化而不断发展变化。所以，教师在进行职业道德修养时，应遵循继承和创新相结合原则。继承和创新相结合原则，是指教师在教师职业道德修养中，应在当代社会主义经济政治的基础上，在新的教育实践中，借鉴传统的优秀师德，重建新的、更高的社会主义师德。继承和创新相结合原则，要求教师在职业道德修养过程中，承担新的历史使命，不断加强在社会主义条件下职业道德规范体系与内容的创新。

（二）幼儿园教师职业道德自我修养的过程

幼儿园教师职业道德修养的过程，是道德情感、道德意志、道德信念和道德行为习惯等要素从无到有、从低到高、从旧质到新质的矛盾运动过程，也是一个解决社会道德要求与个人现有道德水平之间的矛盾，解决自己思想品质中新旧道德因素的矛盾和知与行矛盾的过程。幼儿园教师通过解决这些矛盾，实现职业道德修养的提升。在自我修养过程中，幼儿园教师可以通过采用以下策略来实现。

1. 强化教师职业道德的认识，激发自我欲望，发掘修养动力

教师道德修养的自觉性不是与生俱来的，而是来自教师对职业社会价值的认识和对教师道德修养意义的理解。如果教师能将对自己的教师身份、对自己在社会生活中的地位和作用，以及对自己的言行举止在学生中产生的影响的认识，转化为自己内在的迫切需要和强烈欲望，就能让教师激发出真挚的情感，形成坚定的信念，发掘修养的动力以及进行有效的自我监督。

2. 加强道德理论学习提高遵循道德规范的自觉性，打下修养的良好基础

加强道德理论学习，是提升教师职业道德修养的必要途径与前提条件。幼儿园教师首先应认真学习马列主义、毛泽东思想、邓小平理论、"三个代表"重要思想，习近平新时代中国特色社会主义思想，树立正确的世界观、人生观、价值观；其次，认真学习教师职业道德的理论，深刻理解教师道德规范和要求，明辨道德是非，提高遵守师德规范和要求的自觉性；最后，还要学习教育科学理论和科学文化知识，掌握教书育人的本领，为提高教师职业道德修养打下良好的基础。

3. 评估自己的道德修养水平，严格要求自己，增进修养层次

3　延伸阅读
扫一扫，查看《幼儿园教师师德承诺书》。

教师道德修养的水平是有层次的。每个教师在进行职业道德修养的过程中，都应当正确地估计自己的道德修养水平，从自己的实际水平出发，确定自我修养的目标与步骤，然后严格要求自己、脚踏实地进行自我提升，增进修养的层次。

4. 积极投身教育实践，丰富情感体验，强化修养效果

在教师道德自我修养中，不能只停留在增强职业道德认识和自我反省上，还需要积极投身于教育实践中。在幼儿园保教活动中，幼儿园教师通过处理与幼儿园同事、领导、幼儿和家长的关系，丰富道德情感体验，强化自我修养的效果。

微案例

侯老师是桃花街道中心幼儿园园长。她工作兢兢业业、一丝不苟，得到大家的认可和上级领导的肯定。曾多次获得镇级"优秀教师""优秀德育工作者"及县级"优秀教师""优秀少先队辅导员""师德标兵"等荣誉称号。

自从成为一名"人民教师",她时时处处严格要求自己,把师德建设放在首要位置,严于律己,践行社会主义核心价值观,做"四有"好老师。她非常注重自身素质的全面提升,从理论水平到实践能力,从专业素养到业务技能,都不断充实和更新。她常用陶行知先生的名言"你的教鞭下有瓦特,你的冷眼里有牛顿,你的讥笑里有爱迪生"鞭策自己。她的一言一行、一举一动都体现了用一颗"爱心"去塑造学生的心灵,用"大手"去挽回学生生活中的不良习惯,用"人格"去陶冶学生的思想情操,用"耐心"去引导学生的进步。她在教书的同时没有忘记去育人,她时刻关注着每一位学生的健康成长。她严格要求自己,坚持"己所不欲、勿施于人",要求别人做到的,自己首先做到。她既做全园工作的带头人,又做全园带头工作的人,以德服众,同事们都以她为榜样和标杆。正是有了她自身点点滴滴的修养和积累,获得大家的充分认可和肯定,2021年被评为县教委嘉奖的"师德标兵"。

课证融通

1. 下列不属于教师职业道德基本原则的是( )。

　　A. 坚持动机和效果的统一　　　　　　B. 坚持知行统一

　　C. 坚持个人和他人相结合　　　　　　D. 坚持继承和创新相结合

2. 当前教师队伍中存在着以教谋私、热衷于"有偿家教"的现象,这实际上违背了( )的职业道德。

　　A. 爱岗敬业　　　B. 关爱学生　　　C. 终身学习　　　D. 为人师表

3. 师德修养的继承性特点需要教师( )。

　　A. 随时代变化,彻底变革师德内涵

　　B. 向西方发达国家学习,重新确立师德规范

　　C. 与时俱进,丰富和发展中华民族的优秀师德

　　D. 以不变应万变,守护祖国的师德传统

4. 加强师德建设是具有社会意义的重要工程,是贯彻( )的现实需要。

　　A. 依法治国　　　B. 以德治国　　　C. 以人为本　　　D. 均衡发展

5. 培养（　　）是形成道德品质的关键所在。

A. 道德信念　　　B. 道德情感　　　C. 道德意志　　　D. 道德行为

6.【2012年真题】刘老师正在上课，学生路路突然站起来，指出刘老师讲解中的错误。刘老师板着脸说："路路，老师不如你，以后就由你来上课好了！"说完，刘老师若无其事地继续上课。下列选项中，对该教师行为评价正确的一项是（　　）。

A. 维护了正常的教学秩序　　　　　B. 漠视了学生的主导地位

C. 体现了教师的主导地位　　　　　D. 挫伤了学生的积极性

7.【2012年真题】教师要崇尚科学精神，树立终身学习理念，拓宽知识视野，更新知识结构。潜心钻研业务，用于探索创新，不断提高专业素养和教育教学水平。这说明教师要树立（　　）职业道德。

A. 教书育人　　　B. 爱岗就业　　　C. 为人师表　　　D. 终身学习

8.【2015年真题】王老师在教室里贴了一个"坏孩子"榜，哪些爱讲话爱打闹的小朋友都榜上有名，汪老师的做法（　　）。

A. 合理，有助于维护教师权威　　　B. 合理，体现了对幼儿的严格要求

C. 不合理，没有认真备课上课　　　D. 不合理，没有尊重幼儿人格

 4　课证融通
扫一扫，查看参考答案。

课内实训

一、实训任务

1. 实训情境

2020年9月教育部向全国教育系统发出了向张桂梅同志学习的通知，要求学习张桂梅同志矢志不渝跟党走、痴心执着办教育、无私无我育新人的崇高品格和坚守教育报国的初心，牢记立德树人使命，扎根贫困地区四十多年，立志用教育扶贫斩断贫困代际传递的精神。

张桂梅同志是云南省丽江市华坪县女子高级中学党支部书记、校长，是忠诚践行习近平总书记

关于教育的重要论述，特别是"四有"好老师要求的榜样。她倾力建成全国第一所全免费女子高中，让1600余名贫困山区女学生圆梦大学，托举起当地群众决战决胜脱贫攻坚的信心与希望。

张桂梅年轻时，响应党的号召，毅然到云南支援边疆建设，跨越千里、辗转多地，无怨无悔。在从教过程中，她坚决贯彻党的教育方针，将坚定的理想信念融入办学体系，用红色教育为师生铸魂塑形。2000年，她在领取劳模奖金后，把全部奖金5000元一次性交了党费。她把对党的忠诚和对人民的热爱渗透在血脉里，在她身上充分体现着一名共产党员初心如磐的精神品质和至诚至深的家国情怀。

张桂梅同志拥有爱岗敬业、爱生如子的高尚师德。她为了不让一名女孩因贫困失学，坚持家访11年，遍访贫困家庭1300多户，行程十万余公里。她长期拖着病体工作，超量的付出透支了原本赢弱的身体，但换来了女子高中学生学习的好成绩。她不遗余力践行着"只要我还有一口气，就要站在讲台上"的诺言，用实际行动铺就贫困学子用知识改变命运的圆梦之路。

张桂梅同志心怀大我，对自己近乎苛刻的节俭，却把工资、奖金和社会各界捐款一百多万元全部投入贫困山区教育。她长期义务兼任华坪福利院院长，多方奔走筹集善款，20年来含辛茹苦养育136名孤儿，被孩子们亲切称呼为"妈妈"。她把全部身心献给了祖国西南贫困山区的教育和福利事业，在她身上充分体现了人民教师以德施教的仁爱之心和至善至美的师者大爱。

2. 实训任务

请阅读上述材料和各大媒体报道的张桂梅事迹，分析张桂梅师德修养的实践过程，然后按其历程制作张桂梅师德实践图册。

二、实训成果

每个小组提供1份张桂梅师德实践图册，要求图文结合，条理清晰。

三、实训准备

1. 材料工具准备

连接网络的计算机、Office 或 WPS 等软件。

2. 知识准备

（1）张桂梅的从教历程以及师德表现。通过网络或报纸，梳理出张桂梅从支边到创办女校各个阶段的关键事件，深入体会她矢志不渝跟党走、痴心执着办教育、无私无我育新人的崇高品格。

（2）图册编排知识。通过网络搜索相关课程，了解图册编辑的基本方法。

3. **相关能力准备**

（1）网络搜索能力和计算机操作能力；

（2）Office 中的 Publisher 软件操作能力；

（3）WPS 软件操作能力。

四、实训评价

请使用实训评价表（见"课外活动"后），进行自我评价或师生共同评价。

拓展阅读

一、《关于加强和改进新时代师德师风建设的意见》概要

5 政策法规
扫一扫，查看《关于加强和改进新时代师德师风建设的意见》全文。

教育部等七部门为了贯彻落实《新时代公民道德建设实施纲要》，深入推进实施《中共中央、国务院关于全面深化新时代教师队伍建设改革的意见》，全面提升教师思想政治素质和职业道德水平，在 2019 年 12 月颁布了《关于加强和改进新时代师德师风建设的意见》（以下简称《意见》）。全文从总体要求、加强教师思想政治工作、提升教师职业道德素养、师德师风建设要求、社会尊师重教氛围营造和师德师风建设责任落实等六方面，阐述新时代师德师风建设工作。

1. **师德师风建设总体要求**

《意见》要求师德师风建设以习近平新时代中国特色社会主义思想为指导，把立德树人的成效作为检验学校一切工作的根本标准，把师德师风作为评价教师队伍素质的第一标准，将社会主义核心价值观贯穿师德师风建设全过程，严格制度规定，强化日常教育督导，加大教师权益保护力度，倡导全社会尊师重教，激励广大教师努力成为"四有"好老师，着力培养德智体美劳全面发展的社会主义建设者和接班人。

《意见》提出了师德师风建设目标：经过 5 年左右的努力，基本建立起完备的师德师风建设制度体系和有效的师德师风建设长效机制。教师思想政治素质和职业道德水平全面提升，教师敬业立学、崇德尚美，呈现新风貌。教师权益保障体系基本建立，教师安心、热心、舒心、静心从教的良好环境基本形成，师道尊严进一步提振。全社会对教师职业的认同度加深，教师政治地位、社会地

位、职业地位显著提高，尊师重教蔚然成风。

《意见》要求在师德师风建设过程中应遵循坚持正确方向、坚持尊重规律、坚持聚焦重点、坚持继承创新等基本原则。

2. 全面加强教师队伍思想政治工作

《意见》要求用习近平新时代中国特色社会主义思想武装教师头脑，健全教师理论学习制度，开展习近平新时代中国特色社会主义思想系统化、常态化学习，使广大教师学懂弄通、入脑入心，自觉用"四个意识"导航，用"四个自信"强基，用"两个维护"铸魂。在师德师风建设中应坚持价值导向，引导教师带头践行社会主义核心价值观。将社会主义核心价值观融入教育教学全过程，体现到学校管理及校园文化建设各环节中，进一步凝聚起师生员工思想共识，使之成为共同价值追求。同时，坚持党建引领，充分发挥教师党支部和党员教师作用。加强教师党支部建设，使教师党支部成为涵养师德师风的重要平台。建好党员教师队伍，使党员教师成为践行高尚师德的中坚力量。

3. 大力提升教师职业道德素养

《意见》提出要充分发挥课堂主渠道作用，引导广大教师守好讲台主阵地，将立德树人放在首要位置，融入渗透到教育教学全过程，以心育心、以德育德、以人格育人格。把握学生身心发展规律，实现全员全过程全方位育人，增强育人的主动性、针对性、实效性，避免重教书轻育人倾向。同时，要求突出典型树德，开展优秀教师选树宣传，大力宣传新时代广大教师阳光美丽、爱岗敬业、甘于奉献、改革创新的新形象，充分发挥典型引领示范和辐射带动作用。此外，《意见》还要求突出规则立德，强化教师的法治和纪律教育，以学习《中华人民共和国教师法》、"新时代教师职业行为十项准则"系列文件等为重点，提高全体教师的法治素养、规则意识，提升依法执教、规范执教能力。

4. 师德师风建设要求

《意见》提出要将师德师风建设要求贯穿教师管理全过程。为此《意见》从以下四个方面提出要求：第一，严格招聘引进，把好教师队伍入口；第二，严格考核评价，落实师德第一标准；第三，严格师德督导，建立多元监督体系；第四，严格违规惩处，治理师德突出问题。

5. 社会尊师重教氛围营造

《意见》要求通过强化教师地位提升、教师权利保护、尊师教育和社会各方面联系来激发教师工作热情，维护教师职业尊严，厚植校园师道文化，最终在全社会营造尊师重教氛围。

6. 师德师风建设责任落实

《意见》要求各地各校要把加强师德师风建设、弘扬尊师重教传统作为教师队伍建设的首要任务，夯实学校主体责任，压实学校主要负责人第一责任人责任。各地各校要建立健全责任落实机制，坚持失责必问、问责必严。

二、青年教师杰出代表王红旭先进事迹

王红旭同志是重庆市大渡口区育才小学教师，因奋不顾身救出两名落水儿童英勇牺牲，他的感人事迹，引起师生群众和社会各界强烈反响，2021年9月教育部向教育系统发文，要求全国教育系统的人员向王红旭同志学习。

王红旭同志出身教育世家，秉承一家三代热爱教育事业、从事教师职业的优良家风，把对教育事业的忠诚和对教师职业的热爱，化作敬业奉献、立德树人的至诚行动，在平凡的教学岗位上创造出不平凡的业绩。身为一名青年教师，他从教12年来，勤奋耕耘在体育教学一线，钻研创新教学方法，注重培养学生健全人格和强健体魄，育人成效突出；身为班主任，他始终把学生放在第一位，关心关爱学生，及时为学生排忧解难，是学生的良师益友；身为学校田径队教练，他训练有方，所带团队参加市级、区级各类比赛满载荣誉；身为深受学生喜爱的老师，他心怀大爱，在两名儿童落水的危难时刻，义无反顾跳进江中奋力施救，将生的希望留给孩童，自己被卷入江中。

王红旭同志将人生追求融入党和人民教育事业，体现了崇高的精神追求，以舍己救人的英勇壮举，深刻诠释了人民教师的精神品格，以至诚至深的教育情怀，彰显了教育世家的精神风范，以胸怀大爱的师者仁心，铸就了师爱永恒的精神丰碑。学习王红旭，就是要学习他坚定理想信念，厚植教育情怀，立足本职岗位，立志为祖国和人民贡献力量，创造无愧于时代的一流业绩；学习他爱岗敬业、爱生如子，争做党和人民满意的"四有"好老师；学习他弘扬高尚师德，潜心立德树人，努力培养德智体美劳全面发展的社会主义事业建设者和接班人；学习他心怀大我，无私奉献，不断增强社会责任感和职业使命感，用模范行动践行新时代人民教师的光荣职责和神圣使命。

课外活动

1. 阅读案例，完成材料后面的问题。

大（二）班的故事活动中，周老师让幼儿根据"大灰狼和某动物"续编一个小故事，强强想象力特别丰富，故事编得很有趣，孩子们听得津津有味，可是故事的结局却把大家吓了一跳。强强说小动物们把大灰狼打败了，还把它的头砍下来。孩子们很害怕，琪琪一下子哭了起来。周老师立刻把她抱在怀里："琪琪不怕，老师在这儿。"然后，周老师带着孩子们玩了一个令人愉快的小游戏，转移孩子们的注意力。

自由活动时，周老师在图书角拿起绘本《你看起来好像很好吃》，带领大家一起阅读，读完后问："孩子们，你们最喜欢故事中的谁呀？"有的孩子说"霸王龙"，有的孩子说"小甲龙"。周老师又问："为什么呢？能告诉我你的理由吗？"琴琴说："霸王龙很有爱心，他没有把小甲龙吃掉，还照顾它！"小牟说："小甲龙很可爱他很爱霸王龙！"小雨说："霸王龙很善良，把小甲龙送到爸爸妈妈身边。"周老师说："小朋友们说得都非常在理！无论是大的生物还是小的生物，自然界的一切，我们都要爱护，保护它们，做一个有爱心、善良的孩子，好吗？"

　　问题：请结合材料，从教师职业道德的角度，评价周老师的教育行为。

2. 请你从师德建设的角度讨论这位教师存在什么问题，应该如何加强修养？

　　笑笑是幼儿园中班的小朋友，一次回家跟妈妈学舌，问妈妈："什么是弱智，什么是弱智学校？"妈妈奇怪女儿为什么会问这个问题。笑笑说："今天我们老师对我们班的小鸣说'你就该去弱智学校'。"

项目六　任务1实训评价表

A级（优秀）	B级（良好）	C级（及格）	D级（稍弱）	E级（较差）
1. 人物师德实践资料完整、充实、阶段齐全； 2. 图册内容反映了人物师德实践的主要特点与阶段； 3. 图片能很好地表现师德实践，内容说明简洁，紧扣内容； 4. 图册排版合理、美观	1. 人物师德实践资料完整、充实； 2. 图册内容反映了人物师德实践的主要阶段； 3. 图片能很好地表现师德实践，紧扣内容； 4. 图册排版合理、美观	1. 人物师德实践资料完整、充实； 2. 图册内容与人物师德实践的内容相关； 3. 图片能表现师德实践，紧扣内容； 4. 图册排版合理	1. 人物师德实践资料丰富； 2. 图册内容与人物师德实践的内容有相关性； 3. 图片与人物师德实践有关； 4. 画册有排版	1. 有人物师德实践资料； 2. 图册内容与人物师德实践的内容无相关性； 3. 图片与人物师德实践无关； 4. 图册没有排版
学生自评		（　）级，符合（　）级第（　）条		
小组评价		（　）级，符合（　）级第（　）条 建议：		

任务 2　自塑成为新时代 "四有" 好老师

一、"四有" 好老师的内涵及其价值

（一）新时代 "四有" 好老师的内涵

2014 年，习近平总书记在第 30 个教师节前夕，来到北京师范大学考察，在与北京师范大学师生座谈时，语重心长地勉励广大教师，要求全国广大教师做 "有理想信念、有道德情操、有扎实学识、有仁爱之心" 的 "四有" 好老师，为发展具有中国特色、世界水平的现代教育，培养社会主义事业建设者和接班人做出更大贡献。

1. 有理想信念

理想信念是一种对未来生活的乐观憧憬，是一种可以激励人们积极面对生活的动力；也是憧憬未来的生活目标时潜在的精力、体力、智力和其他各种能力。理想是人们在实践过程中形成的、有实现可能性的、对未来社会和自身发展的向往与追求，是人们的世界观、人生观、价值观在奋斗目标上的集中体现。信念是人们在一定认识基础上确立的对某种思想或事物坚信不疑并身体力行的心理态度和精神状态。这里的理想信念是指党的理想信念，即为中国人民谋幸福、为中华民族谋复兴的初心和使命。它是中国人实现中华民族伟大复兴的共同思想基础，是共产党人精神上的 "钙"。对于教师来说，理想信念是好老师的人格基石，体现了思想育人的导向。百年大计，教育为本，教师又为教育之本，教师的理想与信念，直接影响着学生的健康成长，进而关系着中国梦的实现。幼儿园教师要有理想信念，首先，要在思想上保持先进性、纯洁性，要始终坚持共产主义理想信念，始终同党和人民站在一起，自觉做中国特色社会主义的坚定信仰者和忠实实践者，忠诚于党和人民的教育事业；要用好课堂讲坛，用好校园阵地，用自己的实际行动，来倡导社会主义核心价值观。其次，要有坚定的政治信念，做学生人生道路的引路人，在学生的心中播下梦想的种子。再次，教师要有 "四种意识"，做到 "四个自信"，永远把政治建设摆在首位，使自己成为政治上的明白人，让学生 "亲其师，信其道"，成为学生心目中践行社会主义核心价值观的灯塔。

2. 有道德情操

道德情操是指生活在社会中的人要有坚定而高尚的品德，其思想情感始终以社会的道德要求为准则，表现在个人思想上，就是能够做到不为权力所动、不被利益所惑，并始终坚守符合社会伦理

道德规范的道德信念；在行动上，始终以一定的道德原则做事。道德情操是好教师的重要条件，体现了道德育人的导向。"师者，人之模范也"①，教师是学生的一面镜子，教师为人处世、于国于民、于公于私所持的价值观都会影响学生。"好老师"的高尚道德情操会让学生效仿、思齐，并努力超越。而一个教师如果不讲是非、曲直不分、善恶混淆、失义讲利、患得患失，学生的思想道德也会滑坡。幼儿园教师要做到有道德情操，首先要做以德立教的楷模，坚守精神家园、坚守人格底线，弘扬传统美德，率先垂范于学生；其次要做到教书育人，要把教育工作当作崇高事业来奋斗，把好金钱关、物欲关、名利关，要取法乎上、见贤思齐，不断提高道德修养，提升人格品质。

3. 有扎实学识

扎实学识是指具有深厚的自然科学知识和社会科学知识。教师要给学生一碗水，先要有一桶水、一潭水，"学高"才能为师。扎实学识是对教师的起码要求，它体现了知识育人的导向。幼儿园教师要有扎实学识，首先，必须树立终身学习理念，紧跟时代的变化，将最新最先进的知识纳入自己的知识结构。其次，教师构建合理的知识结构：既要有卓越的人文知识、精深的学科知识、灵活的教育教学知识；又要有运用理论知识和实践经验，开展教学的知识和解决教学、科研问题的知识。另外，还要有开展科研和教研的知识。"好老师"离不开科研，教师通过科研，能提升自身的学术水平，并提高教学层次，掌握本学科最先进的知识，满足学生进一步的求知需求。

4. 有仁爱之心

爱是教育的灵魂，没有爱就没有教育。仁爱之心，字面含义是指有一颗仁义慈爱的心。对于教师来说，仁爱之心是指教师接纳每一个学生，尊重每个学生的天性，内心深处去爱每一个学生，关心、体贴、爱护、教导他们。有仁爱之心，是教师从事的职业所需，体现了和谐育人的导向。幼儿园教师要有仁爱之心，首先要求教师与学生建立平等关系，接近与学生的距离，把自己的温暖和情感倾注到每一位学生身上，用欣赏来增强学生的信心，用信任来树立学生的自尊，让每一位学生都健康成长，让每一位学生都享受成功带来的喜悦；其次要求教师拥有教育情怀，即从事教育工作不是为了个人利益，而是为了教育事业和国家社会利益；最后要求教师在处理教育教学问题时，要用爱心去帮助学生找到学习动力与乐趣，使学力较弱的学生不掉队，用爱心去消除隔阂，让每个学生的精神世界滋润起来，让每个学生对未来充满信心。

6 延伸阅读
扫一扫，查看苏霍姆林斯基相关信息。

---

① 杨雄. 法言 [M]. 北京：中华书局，2012.

> **微案例**
>
> 在苏霍姆林斯基工作的学校里曾有一位一年级的女学生季娜,在一个寒冬,季娜的祖母病得很重,就在她一心想给病中的祖母找到一些欢乐,全然忘记了校规,擅自摘下了学校暖房里受全校师生喜爱的一朵鲜花时,恰巧碰到了走进暖房的苏霍姆林斯基,当苏霍姆林斯基看到季娜手里的鲜花时,他大为吃惊。但是,不久他就注意到了季娜眼里那种无邪的、恳求的目光。当他了解季娜这一举动背后的原因后,说出了让人非常意外的一段话,他告诉季娜:"你再采三朵花,一朵给你,为你有一颗善良的心;另外两朵送给你的父母,为他们教育出了一个善良的人。"这样的结局让所有人都匪夷所思,但这也正体现了苏霍姆林斯基对学生的仁爱之心。

(二)"四有"好老师重要论述的价值

1. "四有"好老师是实现国家富强、民族振兴、教育发展的奠基者

习近平总书记指出:"一个人遇到好老师是人生的幸运,一个学校拥有好老师是学校的光荣,一个民族源源不断涌现出一批又一批好老师则是民族的希望。"习近平总书记言简意赅,意味隽永地指出教师队伍在教育事业乃至整个国家和民族发展中的关键地位和战略意义。我国现在进入了全面建成社会主义现代化强国的新发展阶段,跨入了实现中华民族伟大复兴不可逆转的新历史进程,正意气风发向第二个百年奋斗目标迈进。要实现第二个百年奋斗目标,需要靠大量的人才,而人才培养离不开教育。教育是国家发展的基石,教师是这块基石的奠基者。习近平总书记提出的"四有"好老师是从战略和全局的高度阐述了教师在国家发展、民族复兴和教育发展中的极端重要作用。

2. "四有"好老师是建设教师队伍的指南针,对全面提升教师队伍质量和水平,加快推进教育现代化,具有重大而深远的历史意义

习近平总书记指出"党和国家事业发展需要一支宏大的师德高尚、业务精湛、结构合理、充满活力的高素质专业化教师队伍,需要一大批好老师。"没有好的教师,就没有好的教育。当前,我国正处于全面深化改革的新时期,教育领域综合改革正在逐步深入,广大教师身处教育一线,是教育改革的先行者、主力军,没有广大教师的认同和参与,教育改革就不可能达到预期的成效。习近平总书记提出的"四有"好老师,为新时期进一步加强教师队伍建设指明了方向,也为培养高素质专业化创新型教师提供了行动指南。

3. "四有"好老师,承担着办好人民满意的教育和建设高质量教育体系的重任

党的十八大以来,习近平总书记把人民"期盼更好的教育"作为"人民对美好生活的向往"的重中之重,并明确为"我们的奋斗目标",要求在幼有所育、学有所教上持续用力。办好人民满意的教育是党的不变初心、不倦使命，也是教师的价值所在、责任所系。目前，我国教育还明显存在发展不平衡不充分的问题，教育质量特别是人才培养质量相对滞后，面临着在较好解决了"有学上"的问题基础上，如何满足人民群众对"上好学"的强烈期盼等问题。习近平总书记在党的二十大报告中提出"加快建设高质量教育体系"的要求。满足人民群众对高质量的教育期盼，建设高质量教育体系，需要广大教师坚定理想信念、厚植爱国主义情怀、加强品德修养、增长知识见识、培养奋斗精神、增强综合素质，既做"经师"也做"人师"。幼儿园教师也是参与高质量教育体系的建设者，为此，幼儿园教师首先要精通专业知识，积极探索新时代教育教学方法，推进数字化学习，不断提升教书育人本领，提高教育保育能力；其次还要严格要求自己，涵养德行，有热爱教育的定力、淡泊名利的坚守，把师德师风建设摆在首要位置，严守行为底线，强化价值引领。

二、"四个引路人"和"四个相统一"

（一）"四个引路人"的内涵

2016年9月9日，在第32个教师节来临之际，习近平总书记来到他小学和初中学习过的地方——北京市八一学校看望慰问师生。在座谈会上，习近平总书记向广大教师提出了做"四个引路人"的殷切希望："广大教师要做学生锤炼品格的引路人，做学生学习知识的引路人，做学生创新思维的引路人，做学生奉献祖国的引路人。"

1. 做学生锤炼品格的引路人

品格能决定人生，它比天资更重要。如果说天资决定了一个人的起点，那么品格影响着一个人的未来。起点高的人，并不一定终点就远；品格好的人，一定走得远、走得好。"做学生锤炼品格的引路人"就是要求教师不仅仅关注学生的学业成绩，更要引导学生敢于面对各种困难和挫折，自觉培养不畏艰难、顽强奋进的意志品质。

2. 做学生学习知识的引路人

培根曾说，知识像烛光，能照亮一个人，也能照亮无数的人。知识是人类进步的阶梯和必要条件，人类有了知识才能不断发展。"做学生学习知识的引路人"，要求教师不仅要教给学生先进的知识，还要能引导学生如何获得知识，教给学生学习的方法，这样才能让学生不断地充实自己，适应社会的发展。

3. 做学生创新思维的引路人

创新是引领发展的第一动力，是建设现代化经济体系的战略支撑。国家发展需要创新型人才。"做学生创新思维的引路人"就是要求教师重视学生创新思维的培养，将创新思维带进课堂，通过自己对于创新的实践，引导学生认识到创新思维的重要性，掌握创新思维的方法。

4. 做学生奉献祖国的引路人

个人命运与祖国命运休戚与共，强大的祖国能给个人带来尊严。如果祖国衰败，就没有了个人的尊严与幸福。"做学生奉献祖国的引路人"就是要求教师通过自身的无私奉献和伟大的爱国主义情怀，引导学生认识到祖国的强大离不开人民的奉献，理解"位卑未敢忘忧国"的家国情怀，帮助学生成为胸怀祖国、恪尽职守、爱岗敬业奉献担当的奋斗者和祖国的建设者。

> **微案例**
>
> 郭文艳，女，汉族，中共党员，河南省新乡市辉县市西平罗乡中心幼儿园园长、教师。她积极探索自然教育理念，带领团队开荒建立生态种植园，让孩子们亲近大自然，构建出适合孩子发展的园本课程。
>
> 她注重保教课程创新，带领团队开发乡土课程资源，实施生态教育，引领乡村学前教育发展。她成立了以幼儿园为依托的乡村社区大学——川中社区大学，为村民提供社区教育空间，为助力乡村振兴贡献教育人的力量。曾获河南省"李芳式的好老师""河南省最美教师"等荣誉。2021年，被中宣部、教育部授予"全国教书育人楷模"称号。

（二）"四个统一"的内涵

2016年12月，习近平总书记在全国高校思想政治工作会议上强调，要加强师德师风建设，坚持教书和育人相统一，坚持言传和身教相统一，坚持潜心问道和关注社会相统一，坚持学术自由和学术规范相统一。"四个统一"虽然是在高校思想政治工作会上提出的，针对的是高校教师的师风师德建设，但是对幼儿园教师来说，也可以将此作为师风师德建设的根本遵循。

1. 坚持教书和育人相统一

教书就是向学生传授科学知识，帮助学生发展能力；育人就是对受教育者进行德育、智育、体育、美育等多方面的教育，将学生培养为国家所需要的人。"坚持教书和育人相统一"要求教师不仅要用自己渊博的见识、扎实的专业知识去教好书，同时，也要帮助学生养成良好的道德品行。

2. 坚持言传和身教相统一

言传就是教师用言语来传授知识，用言语来与学生沟通，用言语来影响与教育学生。身教是指教师在行动上以身作则，在日常生活中发挥模范带头作用，通过自身示范，潜移默化地影响学生、教育学生。言传在先、身教在后，身教大于言传。"坚持言传和身教相统一"要求教师必须保证自己"言之有物""传得精巧"。同时，要求教师在教书育人过程中注重细节，为人师表，率先垂范，以良好的师德师风影响和带动学生。

3. 坚持潜心问道和关注社会相统一

潜心问道是指专心从事教学与学术研究，探索规律和真理；关注社会是要深入了解社会情况、关注国家与人民利益，承担起自己的社会责任。"坚持潜心问道和关注社会相统一"要求教师坚持教育者先受教育，努力成为先进思想文化的传播者、党执政的坚定支持者，更好地担起学生健康成长指导者和引路人的责任，将个人价值和社会价值相统一。

4. 坚持学术自由和学术规范相统一

任何自由均是有条件的，离开纪律的强制性，自由也就无法实现。学术自由和学术规范是辩证统一的关系。学术活动的健康发展离不开学术规范，社会进步与发展离不开理论创新，学术自由为理论创新提供了前提和保障，为学者们发挥思想库作用创造了条件。"坚持学术自由和学术规范相统一"要求教师在教学中不断研究、不断创新，同时还要坚守学术规范，践行学术伦理，做到不侵犯他人的知识产权，不弄虚作假。

> **微案例**
>
> 我国著名教育家张伯苓十分注意对学生进行文明礼貌教育，并且身体力行，为人师表。一次，他发现有个学生手指被烟熏黄了，便严肃地劝告那个学生："烟对身体有害，要戒掉它。"没想到那个学生有点不服气，俏皮地说："那您吸烟就对身体没有害处吗？"
>
> 张伯苓对于学生的责难，歉意地笑了笑，立即唤工友将自己所有的吕宋烟全部取来，当众销毁，还折断了自己用了多年的心爱的烟袋杆，诚恳地说："从此以后，我与诸同学共同戒烟。"果然，打那以后，他再也不吸烟了。

三 "四有"好老师与"四个引路人""四个相统一"的关系

习近平总书记提出"四有"好老师、"四个引路人"和"四个相统一"的重要论述内涵丰富、思想深刻，三者之间逻辑严密、论述严谨。三者不仅从理论上，而且还从实践上为新时代我国教师队伍发展指明了方向。

1. "四有"好老师是做学生"四个引路人"的前提条件

（1）没有理想信念，"引路人"将失去正确方向

习近平总书记指出，理想指引人生方向，信念决定事业成败。没有理想信念，就会导致精神上"缺钙"。对于教师来说，理想信念是教师的"指路明灯"，支配教师教与学，贯穿于教育整个过程。教师在教育过程中，如果没有正确理想信念指引方向，就会失去正确的政治方向，就无法引领学生

信仰与践行社会主义核心价值观，无法将学生培养成为新时代中国特色社会主义事业的建设者。

(2) 没有道德情操，"引路人"将无法完成立德树人任务

习近平总书记指出"人才培养一定是育人和育才相统一的过程，而育人是本。人无德不立，育的根本在于立德。这是人才培养的辩证法。"这说明育才与育人的根本在于培养学生的德行。教师引导学生锤炼品质、学习知识、创新思维和奉献祖国，其实质就是引导学生立德成才。"师以德为本，育人品当先"，教师的职业特性决定教师要完成立德树人任务，教师必须有高尚的道德，是道德上的合格者，这是因为教师的一言一行、一举一动，都会成为学生效仿的对象。

(3) 没有扎实的学识，"引路人"无法成为学生学习知识的活水源头

我们常说教师要给学生"一杯水"，首先自己要有"一桶水""长流水"。习近平总书记也指出"扎实的知识功底、过硬的教学能力、勤勉的教学态度、科学的教学方法是教师的基本素质，其中知识是根本基础"这说明扎实的学识对于教师的重要性。教师要做学生学习知识和创新思维的引路人，没有扎实学识作基础，是无法完成的。尤其是在当今科学技术发展日新月异，新生事物不断涌现，知识更新加快，教师如果不能与时俱进、树立终身学习的理念，将无法引领学生去学习先进科学知识，无法引领学生去抢占创新的制高点。

(4) 没仁爱之心，"引路人"无法教育工作

习近平总书记指出："教育是一门仁而爱人的事业，爱是教育的灵魂，没有爱就没有教育。"爱是教育的灵魂，没有爱心的人不可能成为"好老师"。教师不仅要爱学生，而且也要爱祖国、爱人民。只有教师心中有学生、有祖国、有人民，才能有宽广的胸怀去尊重、包容、欣赏每一个学生。

2. "四个引路人"是"四有"好老师的神圣职责

(1) 引导学生锤炼品格是"四有"好老师的职责根本所在

品格是指道德习惯的总和，它既包括良好的道德习惯，也包括一些不良的行为习惯。锤炼品格就是通过历练锻造使人具备优秀的品格。对于新时代的学生来说，就是要锻造出坚强勇敢的意志品格、敏而好学的学习品格、自信乐观进取的个性品格和奉献有担当的道德品格。托马斯·里克纳认为"道德教育的终极目的是良好品格的养成，品格教育即是教授美德、培养德性的有意识努力。"①所以锤炼品格的过程其实质就是道德教育过程，即教师"立德树人"的过程。引导学生锤炼品格，不仅是"四有"好老师要完成的根本教育任务，也是教师职责的根本所在。

(2) 引导学生学习知识是"四有"好老师的主体职责

学生的主要任务是学习知识，即学习人类文化知识、掌握科学的学习方法，养成良好的学习习惯。对于教师来说，是在学生学习知识的过程中帮助传道授业解惑的人，其中传授知识是其重要使命。一个"好老师"，要用自己丰富的知识来滋润学生、启发学生。教师教书，不纯粹是传授文化知识给学生，更为重要的是让学生掌握学习知识的方法，点燃学生学习知识的火花，引导学生主动

---

① 郑富兴. 现代性视角下的美国新品格教育［M］. 北京：人民出版社，2006.

发现知识、探索知识,让学生从"学会知识"变为"会学知识",并养成终身求知的良好习惯。因此,引导学生学习知识,是"四有"好老师承担的主体职责。

(3) 引导学生创新思维是"四有"好老师承担的关键职责

习近平总书记对知识分子的创新寄予厚望,他强调"广大知识分子要增强创新意识,敢于走前人没有走过的路,敢于抢占国内国际创新制高点。要把握创新特点,遵循创新规律,既奇思妙想、'无中生有',努力追求原始创新,又兼收并蓄、博采众长,善于进行集成创新和引进消化吸收再创新"。创新是推动国家发展的动力,知识分子是创新的主力军,学生是创新思维最为活跃的群体。培养学生的创新思维是教师的重要任务,也是其承担职责的关键所在。

(4) 引导学生奉献祖国是"四有"好老师落实自身职责的落脚点

习近平总书记强调:"对新时代中国青年来说,热爱祖国是立身之本、成才之基。"在中华人民共和国成立70周年时,他谈道:"爱国主义情感让我们热泪盈眶,爱国主义精神筑起民族脊梁。"同时,他还告诫当代青年:"爱国,不能停留在口号上,而是要把自己的理想同祖国的前途、把自己的人生同民族的命运紧密联系在一起,扎根人民,奉献国家。"可见,教师引导学生奉献祖国,应当教育学生把个人追求与国家、民族的命运紧密结合起来,将个人发展与民族复兴、国家富强紧密结合起来。作为一名"好老师",应当让学生理解国家、集体利益高于一切,时刻胸怀祖国,帮助他们自觉抵御社会不良风气影响、摒弃多元文化价值观,引导学生树立热爱祖国、奉献祖国的情感。

3. "四个相统一"是"四有"好老师的必然要求

(1) 完成立德树人的任务,要求"四有"好老师做到教书和育人相统一

教,上所施,下所效也;育,养子使作善也。正如前文所述,"教书"是指教师向学生传授系统的科学文化知识,传授学生科学的学习方法,发展学生的智能;育人是指教师通过教学活动、师生互动以及教师的言行促进学生全面和谐发展。教书和育人相互联系、相互促进。教书是育人的前提与基础,育人是教书的落脚点和归宿。为此,教书者必先学为人师,育人者必先行为垂范。所以,"好老师"必然要将教书与育人统一起来,既做学生的"经师",也做学生的"人师"。

(2) 润物无声的道德教化,要求"四有"好老师成为言传与身教的典范

孔子提到"其身正,不令而行;其身不正,虽令不从。"① 这充分说明言传身教对于教育学生的重要作用。言传身教是对学生进行思想道德教育的基本方式,也是最有效的教育手段。"四有"好老师除了自己具有崇高的理想信念和高尚的道德情操外,更重要的职责是要利用自身思想品德、人格魅力与扎实学识,去做学生锤炼品格和奉献祖国的"引路人"。而要做好"引路人"这一角色,言传身教是有效的基本教育方式。

(3) 传道授业的职业使命,要求"四有"好老师既要潜心问道,又要关注社会

潜心问道是教师岗位的要求,是教师应该追求的崇高的职业道德,也是教师在终身学习中要遵

① 朱振家. 论语全解 [M]. 上海:上海古籍出版社,2014.

循的法则。关注社会是一种责任，天下兴亡、匹夫有责。教师作为知识分子，更应该有义务去承担历史和社会发展赋予的责任。教师要跟上时代的步伐和"道"的发展，就要走出书斋、关注社会，加强对社会发展实际的认识和了解，不能搞脱离社会的潜心问道。其实，只有关注社会的"潜心问道"，才能体现其内在的巨大价值。而那些与社会脱节所问的"道"，只能成为一种摆设，无益于社会发展。"四有"好老师要做学生学习知识的引路人，离不开教师潜心问道，"四有"好老师要做学生创新思维和奉献祖国的引路人，要求教师关注社会。正如习近平总书记所强调的："学到的东西，不能停留在书本上，不能只装在脑袋里，而应该落实到行动上"，做到学以致用，关注社会，知行合一。

（4）自我完善的实现，要求"四有"好老师追求学术自由的同时，注意学术规范

科研是教师提升创新能力、实现自我完善的重要途径。科研也是教师的成长必经之路。学术自由不是从事学术的学者想什么就干什么，学术自由是学者在不受学术以外的因素干扰的情况下，理智地决定自己的研究、教学、学习计划和事务的权利，它是学术管理范式下的一个概念。学术自由是有一定限制的自由，是符合一定规范的自由。从教师学术活动的实践来看，教师学术自由的权利也只有在学术规范下才能得到保证。所以，教师在开展科研时，应该做到学术自由与学术规范相统一。

四 "四有"好老师的养成策略与途径

习近平总书记在视察北京师范大学时强调："国家繁荣、民族振兴、教育发展，需要我们大力培养造就一支师德高尚、业务精湛、结构合理、充满活力的高素质专业化教师队伍，需要涌现一大批好老师。希望广大教师认清肩负的使命和责任，努力为发展具有中国特色、世界水平的现代教育，培养社会主义事业建设者和接班人做出更大贡献！"。作为学前教育专业的学生，大部分同学将加入到幼儿园教师队伍中来，那么我们如何成为"四有"好老师呢？

7 视频资料
扫一扫，观看优秀教师工作。

1. 以培养"理想信念"为导向，加强自身道德修养，成为一个合格的"引路人"

理念信念不仅为教师事业发展指明了方向，而且也决定了教师事业的成败。作为一名准幼儿园教师，如果想在教育事业上有所成就，首先必须树立远大的理想，并为之不断努力奋斗。教师拥有坚定的信念和伟大的理想，才有可能成为学生的引路人。因此，作为一名准幼儿园教师要坚定教书

育人信念,把教书育人真正当作毕生的伟大使命,通过自己的言行举止不断引导幼儿,真正成为幼儿的引路人。

2. 树立终身学习理念,强化自身的育人功能,厚植自己的学识

树立终身学习理论是时代发展的要求,当今社会进入了知识信息大爆炸的时代,人类的知识不断更新迭代,这要求我们必须保持终身学习的能力与态度。另外,从教师的职能来看,学高为师,拥有扎实学识是成为"好老师"的根本,也是教师立身之本。教师要教书育人,应站在知识发展的最前沿,掌握最新的科学知识,树立起终身学习的理念,不断更新专业知识,积累教学经验,不断增强教育教学研究能力,并通过理论研究与教学实践,提升自身的"育人"功能。

3. 保留一颗童心,优化自己的言行,丰富自身的仁爱之心

没有爱的教育不是真正的教育。爱是教育的灵魂,教育的爱体现在教师的爱,教师的爱体现在对学生的爱。教师的爱,是一种没有功利的爱,是一种大爱,一种没有血缘的爱。教师的爱不是一般的宠爱,而是能够把学生看作独立完整的社会人,尊重学生的人格发展和身心发展规律,能够清晰认识到学生是学习的主体,引导学生自我探索、自我教育、自我发展,能够以关怀的心态对待学生,关注学生的身心发展。英国教育家斯宾塞认为野蛮产生野蛮,仁爱产生仁爱,教师以仁爱之心教育学生,学生才会以仁爱之心尊重教师,才会"亲其师"而"信其道",才会构建美好和谐的师生关系。

对于一名幼儿园教师来说,有仁爱之心,首先,要有一颗童心,童心是教师通往每个孩子的心灵世界的桥梁。拥有童心的老师,才能与幼儿站在同一视角,去看待周围的事物,才会理解孩子的一言一行,与孩子产生共鸣;教师只有拥有了童心,才会把自己变成一把钥匙,用心去开启学生的心灵之门;才会像儿童一样对世界充满好奇心,会习惯儿童之间的相处方式。其次,要有亲和力。大量事实证明,训斥的语言、干枯的语言、命令的语言都难以打动孩子,而鼓励的语言、滋润的语言、商量的语言、欣赏的语言能吸引孩子。最后,要能让孩子对自己产生亲近感,即教师在与孩子交往的过程中,注意自己的仪表和行为方式。大方美观的仪表仪态能吸引孩子,并影响孩子对自己的观感。孩子一旦对教师有了良好的观感,就会产生接近老师的愿望。

4. 坚定职业理想,使自己成为优秀的"四有"好老师

教师不是一个普通的职业,而是幼儿成长路上的引路人,教师的一言一行会对幼儿未来的发展产生影响。另外,幼儿教育是一项琐碎又繁重的工作,教师在教育过程中不仅要付出很多的精力,也要付出巨大的体力。教师要想真正地搞好幼儿教育事业,首先要对幼儿教育事业充满热爱,对幼儿成长和发展有着强烈的责任感。其次教师就要坚定职业理想,明确教育追求,需要明确自己的职业多么伟大,明确自己不仅是传授知识,更是在为幼儿的未来打基础。同时,教师应该将本人职业规划与幼儿教育事业发展结合起来,在日常教学活动中严格要求自己,以"四有"好老师的标准要求自己,在教学中积累经验,提高自身的才干,正视工作中的苦与乐,最终实现自己的职业理想,成为一名优秀的"四有"好老师。

五 成为一名优秀教师

如果说"四有"好老师是每个教师应达到的基本标准，那么优秀教师则是"四有"好老师中的杰出代表。作为准幼儿园教师，首先要努力成为一名"四有"好老师，然后成为一名优秀的"四有"好老师，这里简称为优秀教师。

（一）优秀教师概念与特点

1. 优秀教师的概念

"优秀"，古时指艺人的技艺出众，后来引申为文人的才艺出众。现如今，"优秀"指的是出色、非常好的意思。《辞海》将其解释为："优者，优良、美好之谓也"[①]，指的是（成绩、品行等）极好。《现代汉语词典》将其解释为"（品行、学问、质量、成绩等）非常好。"[②]

"优秀教师"，照字面解释，是指非常好的教师，是相对于普通教师而言的。多数时候，优秀教师是作为人们心中一种理想模型的反应，泛指教师群体中的模范人物和杰出者。还有学者将其内涵进一步扩大化，认为优秀教师还包括高级教师、特级教师、骨干教师、教学能手、名师、专家型教师等。

在学界，"优秀教师"一词还没有一个固定的概念，目前对优秀教师的定义主要从优秀教师的作用、特征和成果等三个方面来定义。从优秀教师的作用来定义，认为优秀教师要站在新的历史起点上，积极开展教师教育创新实践，在服务基础教育的导向下，探索科学教师教育改革，优秀教师不仅自己要足够优秀，而且还要能影响或帮助其他教师成长。从优秀教师的特征来定义，认为优秀教师是指具有高度责任心和使命感，在教育教学中取得优异成绩，在教育教学中能发挥指导、引领作用；从优秀成果来定义，认为优秀教师在一定的时间和空间范围内，得到同行专家确认，综合运用创造思维能力和创造实践能力进行创造性劳动，探索新设想，制作新产品，对教育领域的发展做出较大贡献的教师。

正如前文所述，优秀教师是普通教师的优秀者，是"四有"好老师中的杰出代表。它的优秀不仅表现在个人品质，还表现在在教育实践上取得的成果，因此，我们认为优秀教师是指具有理想信念、有道德情操、有扎实学识、有仁爱之心，在先进教育理念指导下，做到"四个相统一"，围绕立德树人根本任务，运用扎实理论知识和专业知识，围绕教育目标进行创造性教育教学活动，并取得优异成绩，得到同行专家认可，学生喜爱，能发挥"四个引路人"作用的一类教师。

---

① 陈至立.《辞海》（缩印本）[Z]. 7版. 上海：上海辞书出版社，2022.
② 中国社会科学院语言研究所词典编辑室. 现代汉语词典 [Z]. 6版. 北京：商务印书馆，2012.

2. 优秀教师的特征

对于优秀教师的特征，有人通过归纳优秀教师的人格特征和胜任力，总结出优秀教师具有以下人格特征：关爱他人、诲人不倦、敬业爱业、一丝不苟、长于学习，不断进取、热情乐群、悦纳他人、合作互助、真诚待人、信赖他人、踏实肯干。还有学者通过对大学生心目中的优秀教师的调查研究，选用其描述优秀教师的词汇，可以发现优秀教师具有以下特征：公正平等，师德高尚；讲课生动，见解独到；大方得体，成熟稳重；专业过硬，科研水平高。裴跃进通过检视考察一些优秀的心智品质、专业素养和教育行为，认为优秀教师有以下特征：①进步的教育思想；②饱满的教学热情；③娴熟的专业知识；④过硬的业务能力；⑤持续的学习欲望；⑥自觉地反思习惯；⑦清晰的语言表达；⑧沉稳的心理状态；⑨不懈的研究行为。① 心理学家斯滕伯格通过对专家型教师的研究，认为优秀教师具有三方面的共同特点：①专家的知识水平；②高效；③创造性的洞察力。②

由于幼儿园教师的教育对象的特殊性，以及幼儿园教师工作岗位内容的全面性、教育任务的细致性和教育手段的示范性，决定了优秀幼儿园教师的特征也有不同于其他学段的优秀教师。通过研究国内优秀幼儿园教师发现，优秀幼儿园教师除了具有前面所述"四有"、"四个相统一"和"四个引路人"等特征以外，还具有以下特征。

（1）对幼儿教育事业充满热情和使命感

幼儿教育事业是一项崇高而又艰辛的事业，它不仅要求幼儿园教师投入情感，在工作中有爱心、耐心、细心、责任心，还要求幼儿园教师把这份职业当成自己的生命去热爱，把每个孩子都当作自己的孩子去照顾。此外，幼儿教育事业的发展还要求幼儿园教师站在为党育人、为国育才的高度，在工作中做到恪尽职守、不计较报酬、公平公正，将时间与精力倾心于幼儿与幼儿教育事业，不断追求进步，对幼儿教育事业满怀使命感。优秀幼儿园教师总是把幼儿教育事业当成自己毕生追求的事业，为做好这份事业奉献一生。

（2）对教育教学工作敬业创新且效果显著

优秀幼儿园教师对幼儿教育教学工作总是怀着高度责任感和无私奉献的精神，做好每一天的工作。他们常常每天早早来到幼儿园，和孩子在一起，熟悉、了解孩子，尽心尽责地做好每一项工作。在课余，以积极的态度与家长进行沟通，搭建家园桥梁，推进家园共育的实施。优秀幼儿园教师常常不满足于日常教育教学任务的完成，他们善于反思，乐于创新，他们会根据不同幼儿的特点，探索最适宜的教育教学方法，引导幼儿健康、全面地发展。此外，优秀幼儿园教师还特别关注教育教学的有效性，他们的教育教学效果总是得到上级、同行、家长和幼儿的认可。

（3）在对待幼儿上，能以幼儿为本，以幼儿发展为导向

优秀幼儿园教师具有正确的儿童观和教育观。他们尊重幼儿权利，公平对待幼儿，关注幼儿成长需求，具有帮助幼儿和满足幼儿正当需求的愿望，把发掘潜力和满足幼儿的成长，作为教学行动

---

① 裴跃进. 优秀教师基本特征的检视［J］. 重庆文理学院学报（社会科学版），2008（2）：100-103.
② 郑颖，盛群力. 如何成为一名专家型教师——斯滕伯格论专家型教师的基本特征［J］. 远程教育杂志，2010（6）：29-34.

的出发点和努力的方向。优秀幼儿园教师不仅在教育目标的确定、教育内容的筛选、教育过程的设计、教学方法的使用和教育评价的方式上，能围绕幼儿发展来进行，而且还要注意以幼儿发展为导向，开发隐性课程和教师自身言行的示范作用。

（4）保持对环境的敏感，灵活利用环境因素

环境被称为幼儿园的第三任教师。环境在幼儿发展的过程中起着积极作用，它为幼儿发展提供了许多可能性。优秀幼儿园教师与普通教师的一个重要区别在于优秀幼儿园教师把环境作为幼儿发展的一个重要因素，始终保持对环境的敏感度，他们会根据环境的变化，灵活调整自己的工作内容与方法，并且还善于把握教育契机，把各种环境要素转化为教育要素，从而将环境的利用最大化。

（5）拥有良好的情绪和和谐的人际关系

优秀幼儿园教师知道教师的情绪失控会让幼儿心理受到创伤，他们在教育活动中不会将私人的情绪带到幼儿面前，更不会把"生气"等负面情绪作为幼儿管理的手段。优秀幼儿园教师是一个情绪控制的高手，即使有负面的情绪，也会采取措施将它降到最低，避免出现负面的行为。另外，优秀幼儿园教师面对复杂的人际关系时，能很好地与幼儿、上级、同事和家长之间建立和谐的人际关系，并利用这些关系来保证或促进工作的顺利完成。

（6）具有较强的科研能力和终身学习的理念

现代社会对幼儿园教师的要求越来越高。它要求幼儿园教师不仅要成为一个教育者，还要求幼儿园教师是一个教育的反思者与研究者。优秀幼儿园教师除了完成日常工作之外，需要对在工作中遇到的问题，进行反思与研究，带领普通教师开展教研活动，开发园本课程，撰写研究报告或论文，发挥优秀教师的带头和引领作用，成为普通教师教研的引路人。此外，现代社会和教育发展还要求优秀幼儿园教师对新事物、新观点保持强烈的求知欲，能善于利用各种资源去学习，并且乐于学习，勤于学习。通过不断学习，拓宽自己的眼界，并在先进理念的指导下开拓创新，不断地形成自己独特的教育风格和教育智慧。

（二）优秀幼儿园教师的成长

1. 优秀幼儿园教师的成长阶段

优秀幼儿园教师的成长是一个积极的希望、选择、奔向某一个目标的过程，也是一个教师专业化的过程。一个优秀幼儿园教师的成长需要经历：学习他人从教阶段、按部就班执教阶段、整合和创新阶段和形成个人风格的优秀阶段。

（1）学习他人从教阶段。幼儿园教师在这个阶段，因没有经验积累，常常是跟着有经验的教师，并模仿他们的具体做法。

（2）按部就班执教阶段。幼儿园教师在这个阶段，不再模仿有经验的教师，而是按照相关规定或操作手册，按部就班地完成教育任务。这个时候幼儿园教师处理教育问题的灵活性明显不足。

（3）整合和创新阶段。幼儿园教师在这个阶段，对幼儿教育有深刻的理解，树立了正确幼儿教

育观，处理教育问题的灵活性增强，也积累了丰富的经验，能有效整合环境要素用于教育，并能根据具体情况创新方法。这时候的教师可以称为成熟的教师。

（4）形成个人风格的优秀阶段。幼儿园教师在这个阶段，不仅教育手段娴熟，而且在远大理想信念的指引下，开始形成较为稳定的风格，其能力与品德得到同行的认可，并在一定区域起着带头和引领作用。

2. 优秀幼儿园教师成长的影响因素

影响优秀幼儿园教师成长的因素主要有外部因素与个人因素。

（1）外部因素

外部因素有家庭因素和幼儿园因素。家庭因素对优秀幼儿园教师的成长影响很大。家庭中的父母等亲属对幼儿教育事业的理解，会影响优秀幼儿园教师理想信念和教育理念的形成，家庭中夫妻对另一半的支持，会影响幼儿园教师专业化的提升、时间与精力付出以及职业情感的稳定。幼儿园因素主要包括幼儿园的政策、氛围、管理方式和教师文化等。这些因素都影响优秀教师的成长。

（2）个人因素

个人因素包括幼儿园教师的身心状况、对事业的追求、自我发展意识和自我反思能力与习惯等。优秀幼儿园教师往往有远大的理想信念、高尚的道德情操，身体健康、积极向上、乐观自信，他们把教育事业看作自己毕生的追求和人生理想，他们不仅忠诚于自己的事业，有良好的职业道德，热爱、关心每一位孩子，而且为了幼儿的发展，不断自主学习，提高自己的知识和文化素养。优秀幼儿园教师具有强烈的自我发展意识，他们常常把"育人"与"育己"结合起来，具有强烈的专业发展内驱力。此外，优秀幼儿园教师还具有反思意识。他们不仅积极与外部世界建立联系，还把自己作为认识和实践的对象，不断反思自己的教育保育实践。他们不满足于完成岗位任务，他们会通过对经验进行反思成就自己的发展，他们从来不停止学习和思考的脚步，他们会把学习和反思作为生活中的一种习惯，并通过回顾、重建和批判性分析，不断超越自己，最后成为一名优秀的幼儿园教师。

课证融通

1. 习近平总书记提出老师既要做"经师"，也要做"人师"。"经师"与"人师"相统一。其意思是（　　）。

  A. 言传与身教相统一　　　　　　　　B. 教书与育人相统一

  C. 潜心问道与关注社会相统一　　　　D. 学术自由与学术规范相统一

2. 习近平总书记提出做好老师，要有理想信念、要有道德情操、要有扎实学识，要有（　　）。

  A. 高尚品德　　B. 诚实态度　　C. 仁爱之心　　D. 奉献精神

3. "其身正，不令而行；其身不正，虽令不从。" 这说明教师在指导学生时有（　　）作用。

　　A. 言传身教　　　　B. 传道授业　　　　C. 创新探究　　　　D. 立德树人

4. 教师要做学生的"四个引路人"即做学生锤炼品格的引路人、做学生学习知识的引路人、做学生创新思维的引路人和（　　）。

　　A. 做学生奉献祖国的引路人　　　　　　B. 做学生升学成才的引路人
　　C. 做学生人生成长的引路人　　　　　　D. 做学生实现梦想的引路人

5. 你如何理解"四有"好老师？

6. "四个引路人"是什么？谈谈你的理解。

　　8　课证融通
　　　　　　扫一扫，查看参考答案。

课内实训

一、实训任务

1. 实训情境

莲花湖幼儿园作为一所省级示范园，幼儿园向来重视教师政治理论学习，并且把政治学习作为幼儿园教师教研活动的第一议题。党的二十大刚闭幕，幼儿园刘园长就组织全体教职工学习二十大报告，重点研读了报告中关于"教育"的章节。刘园长结合报告，谈了她的看法。

她认为，教育是提高人民综合素质、促进人的全面发展的重要途径，是民族振兴、社会进步的重要基石，是对中华民族伟大复兴具有决定性意义的事业。强国必先强教，中国式现代化需要教育现代化的支撑。党的二十大报告从"实施科教兴国战略，强化现代化建设人才支撑"的高度，对"办好人民满意的教育"作出专门部署。办好人民满意的教育，加快建设教育强国，是满足广大人民群众对更好教育期盼的重要途径，事关国家安全和人民幸福。办好人民满意的教育是以立德树人根本任务为使命，努力培育时代新人的高质量教育。要办好人民满意的教育，离不开优秀教师。正如习近平总书记于 2013 年 9 月 9 日向全国广大教师致慰问信时指出："百年大计，教育为本。教师是立教之本、兴教之源，承担着让每个孩子健康成长、办好人民满意教育的重任。"2021 年 3 月 6 日，习近平总书记在看望参加全国政协十三届四次会议的医药卫生界教育界委员时发表重要讲话，再次指出："教师是教育工作的中坚力量。有高质量的教师，才会有高质量的教育。"什么是高质量的教师呢？刘园长认为高质量的教师首先应该是"四有"好老师。刘园长为了帮助教师深刻理解四有好老师的内涵，准备找一些习总书记关于教师队伍建设的"金句"，再配上相关的图案或图片，张贴在幼儿园内。

2. 实训任务

摘录习近平总书记论述教师的"金句"，制作 1 份宣传海报。

二、实训成果

每个小组提供 1 份海报，要求摘录正确，主题突出，排版简洁、美观。

三、实训准备

1. 材料工具准备

连接网络的计算机、Office 或 WPS 等软件。

2. 知识准备

（1）习总书记论述教师的"金句"。搜索政府网站，摘录出习近平总书记论述教师队伍建设的"金句"，结合时代背景，理解"金句"的深刻含义。

（2）给文字配图的知识。给"金句"选配的图片要清晰，符合主题要求。如果是一组图片，应保持风格、色调协调。

3. 相关能力准备

（1）图片编辑能力；

（2）网络搜索能力；

（3）计算机操作能力。

四、实训评价

请使用实训评价表（见"课外活动"后），进行自我评价或师生共同评价。

拓展阅读

一、习近平给"优师计划"师范生的回信

为贯彻落实习近平总书记关于教育的重要论述，特别是关于教师队伍建设的重要讲话精神，以及落实《中华人民共和国国民经济和社会发展第十四个五年规划和2035年远景目标纲要》有关要求，加强中西部欠发达地区教师的定向培养，造就一批有理想信念、有道德情操、有扎实学识、有仁爱之心的"四有"好老师。教育部、中央宣传部等九部门于2021年8月印发《中西部欠发达地区优秀教师定向培养计划》。该培养计划由教育部直属师范大学与地方师范院校采取定向方式，每年为832个脱贫县和中西部陆地边境县中小学校培养1万名左右的师范生。

2022年教师节前夕，北京师范大学"优师计划"师范生代表给习近平总书记写信，汇报入学以来的学习收获，表达了毕业后扎根基层教书育人的决心。9月7日，习近平总书记给北京师范大学"优师计划"师范生回信，习近平总书记在回信中说："入学一年来，你们通过课堂学习和支教实践，增长了学识，开阔了眼界，坚定了到基层教书育人的信念，我感到很欣慰。"同时，习近平总书记指出，北京师范大学是我国最早的现代师范教育高等学府，为国家培养了一大批优秀教师。希望你们继续秉持"学为人师、行为世范"的校训，珍惜时光，刻苦学习，砥砺品格，增长传道授业解惑的本领，毕业后到祖国和人民最需要的地方去，努力成为党和人民满意的"四有"好老师，为培养德智体美劳全面发展的社会主义建设者和接班人贡献力量。

习近平总书记的回信，在教育界引起强烈反响。"我将在毕业后回到我的家乡——贵州黔东南，扎根基础教育，努力做教育改革的奋进者、教育扶贫的先行者、学生成长的引导者，在祖国和人民最需要的地方挥洒自己的无悔青春！"收到习近平总书记的回信后，北京师范大学"优师计划"师范生熊国锦说。

为贯彻落实习近平总书记给北京师范大学"优师计划"师范生的重要回信精神，2022年9月，教育部办公厅印发《关于进一步做好"优师计划"师范生培养工作的通知》。通知在厚植扎根基层教育报国情怀、锻造传道授业解惑过硬本领、优化过程管理激发学习动能、深化协同机制支持终身发展等方面提出要求，要求师范院校在师范生培养共性要求的基础上，切实做好"优师计划"师范生培养工作，为国家和人民最需要的地方造就一批"四有"好老师。

二、案例

"四有"好老师李广

李广，男，满族，1958年5月出生，中共党员，河北省承德市围场县棋盘山学区莫里莫幼儿园教师。莫里莫幼儿园位于河北省围场满族蒙古族自治县哈里哈乡莫里莫村，一个距县城50多公里的偏僻、贫穷、落后的深山沟里。

2004年，随着农村学校的布局调整，原村小学改办成幼儿园。当时的条件很差，校园破烂不

堪，一遇大雨天，沙石遍地。李广以校为家，不等不靠，努力改善山村落后的办学条件。他擅长木工、泥瓦工活，用肩扛、手搬，独自为学校砌围墙、垒月台、砌台阶、平整院落，硬化活动场地。他用自备的工具做橱柜，改制桌凳，焊制安全护栏。在没有报酬、没有帮工的条件下，他挤时间、赶进度，年复一年、日复一日地在学校忙碌着，李广一人撑起一所学校。自办幼儿园起，他一直扮演着园长、教师、保姆以及园林工、清洁工等多重角色。每逢冬季，他早早把学校锅炉生暖，遇到下雪天，把院落的积雪清理干净；夏季中午，他会给孩子熬好绿豆汤，做好可口的小菜。遇到家长农活儿太忙没时间接孩子，他亲自把孩子送到家长面前；遇到孩子生病，他会用自行车带着孩子到十几里外的村卫生所治病。李广历尽艰辛，凭自己的顽强毅力和坚强信念，靠执着和灵巧的双手，用多彩的创意把一个破烂不堪的校舍建成美丽的"世外桃源"；他用自己的勤勉独创了"室内外交替，同上一科，大带小，助手帮教"的山村教学点复式班教学模式；他用辛勤的汗水开辟了100亩校山，用自己勤劳的双手建设了一所花园式的幼儿园，用自己的智慧为孩子们独创了八百多件玩教具。

李广用拳拳的爱心点燃孩子们的梦想，以信仰、责任、真诚、纯朴、坚毅、执着的情怀，守护山里娃一点点茁壮成长，如今，李广的学生已遍及村里三代人，分布在全国各地。2014年，他被评为全国教书育人楷模，2018年9月，他荣获全国"四有"好老师奖，在平凡的岁月中铸就了辉煌。

课外活动

1. 阅读案例，通过阅读支月英的事迹，你从她身上学到了什么？

支月英2017年被评为"感动中国2016年度人物"，2019年被授予"最美奋斗者"称号。2021年荣获"全国五一劳动奖章"。2021年11月，被授予"第八届全国道德模范"称号。支月英的事迹感动了许多人，支月英，女，汉族，1961年5月生，江西进贤人，中共党员，江西省宜春市奉新县澡下镇白洋教学点教师。

1980年，江西省奉新县边远山村教师奇缺，时年只有十九岁的支月英不顾家人反对，远离家乡，只身来到离家200多公里、离乡镇45公里、海拔近1000米且道路不通的泥洋小学，成了一名深山女教师。几十余年来，支月英坚守在偏远的山村讲台，从"支姐姐"到"支妈妈"，教育了大山深处的两代人。

因长期超负荷工作，支月英这些年常常头晕眼花，她患有甲状腺功能减退、高血糖、高血脂、高血压、声带结节等病症，2006年因视网膜出血，她的一只眼睛已经看不见。但是，支月英割舍不下孩子们，"我每个月都存不下钱，很多花在看病吃药上，每天都要吃药。上课嗓子实在太累，讲不动了，我就放课件光碟给孩子们看。"

她努力创新教学方法，总结出适合乡村教学点的动静搭配教学法。她关爱孩子，资助贫困生，不让一个孩子辍学。她走得最多的是崎岖山路，想得最多的是如何教好深山里的孩子。由于她突出的贡献，获得过"全国模范教师""全国岗位学雷锋标兵"，2017年2月8日，获"感动中国2016

年度人物"。2017年11月,荣获"第六届全国道德模范"提名奖。2019年9月,被授予"最美奋斗者"称号。2021年4月,荣获"全国五一劳动奖章"。2021年11月,被授予"第八届全国道德模范"称号。

2. 如何理解"筑梦人"的深刻含义?

2014年教师节前夕,习近平总书记到北京师范大学考察,在考察时他指出,今天的学生就是未来实现中华民族伟大复兴中国梦的主力军,广大教师就是打造这支中华民族"梦之队"的筑梦人。你是如何理解教师是"筑梦人"的?

9 视频资料
扫一扫,体验教师魅力馆。

项目六 任务2 实训评价表

A级(优秀)	B级(良好)	C级(及格)	D级(稍弱)	E级(较差)
1. 摘录的"金句"与教师队伍建设主题吻合,至少5句;	1. 摘录的"金句"与教师队伍建设主题吻合,至少3句;	1. 摘录的"金句"与教师队伍建设主题相符,"金句"少于3句;	1. 摘录的"金句"与教师队伍建设主题相关,只有1句;	1. 摘录的"金句"与教师队伍建设主题无关,只有1句;
2. 画面内容健康、美观,符合"金句"内涵;	2. 画面内容健康、美观,符合"金句"内涵;	2. 画面内容健康,符合"金句"内涵;	2. 画面内容健康,与"金句"内涵基本相符;	2. 画面内容健康,与"金句"内涵不相关;
3. 图画为小组成员创作;	3. 图画使用他人作品;	3. 图画使用他人作品;	3. 图画使用他人作品;	3. 图画使用他人作品;
4. 宣传画设计美观	4. 宣传画设计美观	4. 宣传画有一定的设计	4. 宣传画设计较差	4. 图文随意摆放,没有设计
学生自评		( )级,符合( )级第( )条		
小组评价		( )级,符合( )级第( )条 建议:		

参考文献

[1]　本书编写组. 习近平总书记教育重要论述讲义[M]. 北京：高等教育出版社，2020.

[2]　侯耀先. 教师职业道德与教育政策法规[M]. 长沙：中南大学出版社，2022.

[3]　杨晓萍，张利洪. 学前教育政策法规与职业道德[M]. 重庆：西南大学出版社，2022.

[4]　周小虎，郎国东. 学前教育政策与法规[M]. 北京：中国人民大学出版社，2019.

[5]　何杰. 学前教育法规理论与实务[M]. 北京：北京师范大学出版社，2017.

[6]　李红霞，朱萍，范文明. 学前教育政策法规[M]. 北京：高等教育出版社，2019.

[7]　杨莉君. 学前教育政策法规概论[M]. 长沙：湖南师范大学出版社，2008.

[8]　蔡军，路娟. 学前教育政策法规[M]. 北京：科学出版社，2020.

[9]　左志宏. 幼儿园教师职业道德[M]. 2版. 北京：北京师范大学出版社，2020.

[10]　线亚威，关松林，杨桦. 幼儿园教师职业道德读本[M]. 北京：高等教育出版社，2013.

[11]　刘星，申利丽. 幼儿园教师职业道德[M]. 成都：西南交通大学出版社，2017.

[12]　郭正良，颜旭. 幼儿园教师职业道德[M]. 2版. 长沙：湖南大学出版社，2014.

[13]　步新民，姬生凯，李园园. 幼儿园教师专业伦理[M]. 上海：复旦大学出版社，2014.

[14]　王正平. 教师伦理学[M]. 北京：人民教育出版社，2023.

[15]　钱焕琦. 中国教育伦理思想发展史[M]. 北京：改革出版社，1998.

[16]　夸美纽斯. 夸美纽斯教育论著选[M]. 任宝祥，熊礼贵，鲍晓苏，等译. 北京：人民教育出版社，2005.

[17]　许慎. 说文解字[M]. 北京：中华书局，2013.

[18]　朱熹. 论语集注[M]. 北京：中国社会出版社，2013.

[19]　王先谦. 荀子集解[M]. 北京：中华书局，2012.

[20]　黎靖德. 朱子语类[M] 北京：中华书局，2020.

[21]　陈至立. 《辞海》（缩印本）[Z]. 7版. 上海：上海辞书出版社，2022.

[22]　钱逊. 孟子[M]. 北京：中华书局，2018.

[23]　胡平生，张萌. 礼记[M]. 北京：中华书局，2017.

[24]　中华文化讲堂. 墨子[M]. 北京：团结出版社，2017.

[25]　杨伯峻. 孟子译注[M]. 北京：中华书局，2019.

[26] 中国社会科学院语言研究所词典编辑室. 现代汉语词典 [Z]. 6 版. 北京：商务印书馆, 2012.

[27] 王文锦. 大学中庸译注 [M]. 北京：中华书局, 2019.

[28] 陈荣捷. 朱子新探 [M]. 重庆：重庆出版社, 2021.

[29] 张百熙, 荣庆, 张之洞. 奏订学堂章程析//舒新城编. 中国近代教育史资料上册 [M]. 北京：人民教育出版社, 1981.

[30] 杨静云.《论共产党员的修养》导读 [M]. 北京：中国工商联合出版社, 1999.

[31] 杨雄. 法言 [M]. 北京：中华书局, 2012.

[32] 郑富兴. 现代性视角下的美国新品格教育 [M]. 北京：人民出版社, 2006.

版 权 声 明

为了方便学校课堂教学,促进知识传播,便于读者更加直观透彻地理解相关理论,本书选用了一些网络平台上公开发布的案例、图片和视频资源。为了尊重这些内容所有者的权利,特此声明,本书中涉及的相关内容的权益,均属于原作品的版权所有者。

在此向这些作品的版权所有者表示诚挚的谢意!由于客观原因,我们无法联系到您,如您能与我们取得联系,我们将在第一时间更正任何错误或疏漏。

与本书配套的二维码资源使用说明

本书部分课程及与纸质教材配套数字资源以二维码链接的形式呈现。利用手机微信扫码成功后提示微信登陆，授权后进入注册页面，填写注册信息。按照提示输入手机号码，点击获取手机验证码，稍等片刻收到4位数的验证码短信，在提示位置输入验证码成功，再设置密码，选择相应专业，点击"立即注册"，注册成功。（若手机已经注册，则在"注册"页面底部选择"已有账号立即注册"，进入"账号绑定"页面，直接输入手机号和密码登录。）接着提示输入学习码，需刮开教材封底防伪涂层，输入13位学习码（正版图书拥有的一次性使用学习码），输入正确后提示绑定成功，即可查看二维码数字资源。手机第一次登录查看资源成功以后，再次使用二维码资源时，只需在微信端扫码即可登录进入查看。